ゴルフ場企業グループ＆系列　目次

ゴルフ場企業別コース、ホール数ランキング	9
本書の手引き	14

I　大手専業グループ・2大大手

【アコーディア・ゴルフグループ】	16
＜アコーディア・ゴルフ＞	16
＜アコーディアの運営受託コース＞	17
＜㈱アコーディアAH01（旧・アコーディアAH11）＞	17
＜㈱アコーディアAH12（旧・アコーディアAH12）＞	17
＜㈱アコーディアAH36＞	18
＜㈱アコーディアAH41＞	19
＜㈱アコーディアAH42＞	19
＜㈱アコーディア東関東＞	19
＜アコーディア・ゴルフが親会社の個別企業保有＞	19
＜アコーディア・ゴルフ・アセット合同会社（AGA）＞	19
＜アコーディアグループ入りしたゴルフ場＞	21
＜アコーディア・GSグループから離脱したゴルフ場＞	21
【平和・PGMグループ】	22
＜PGMの運営受託ゴルフ場＞	22
＜PGMプロパティーズ㈱＞	23
＜PGMプロパティーズ5㈱＞	25
＜恵那ゴルフ㈱＞	26
＜㈱鹿島の杜カントリー倶楽部＞	26
＜㈱滋賀ゴルフ倶楽部＞	26
＜福岡飯塚ゴルフ㈱＞	26
＜富津田倉ゴルフ㈱＞	27
＜千葉竹岡ゴルフ㈱＞	27
＜GRAND PGM＞	27
＜PGMグループ入りしたゴルフ場＞	27
＜PGMグループから離脱したゴルフ場＞	27

II　大手専業・準大手グループ

＜大手専業＞	28
【明智GC・房総CCグループ（旧・富士Cグループ）】	28
【GCEグループ（熊取谷稔）】	28
【JGM（ロイヤルGC）グループ】	29
【新日本観光グループ】	30
【太平洋グループ（マルハングループ）】	30
【デイリー社グループ】	31
＜準大手専業＞	32
【朝日コーポレーショングループ】	32
【熱海ゴルフ（熱海倶楽部グループ・AGグループ）】	32
【エビハラスポーツマングループ】	32
【鹿沼グループ】	33
【静岡カントリーグループ】	33
【信和ゴルフグループ】	33
【鈴鹿CC（名阪観光）グループ】	33
【北陸観光開発】	33
【松岡グループ（松岡茂）】	34
【山田グループ】	34
【レイクウッド・グループ・日土地グループ】	34

III　専業グループ

【アーマット（旧・烏山城CC）グループ】	35
【あいがわCC】	35
【青葉ゴルフ】	35
【青山GC】	35
【朝日開発】	35
【朝日観光グループ】	35
【旭国際グループ】	36
【亜細亜観光】	36
【安達事業グループ】	36
【厚木国際CCグループ】	36
【姉ケ崎CCグループ】	36
【あららぎCCグループ】	37
【有馬ロイヤルGC（レジェンド）グループ】	37

- 1 -

ゴルフ特信・ゴルフ場企業グループ＆系列【目次】

【池田CCグループ】	37	【泉南CCグループ】	44
【伊豆にらやまCCグループ】	37	【袖ケ浦CCグループ】	44
【岩手中央観光】	37	【大樹開発】	44
【インターファイヴグループ】	37	【ダイヤエステート】	45
【恵庭開発グループ】	37	【大和産業グループ】	45
【大分観光開発】	38	【高槻GCグループ】	45
【大場商事】	38	【詫間興業】	45
【小郡CCグループ】	38	【タニミズグループ】	45
【鹿島総業】	38	【多摩興産系列】	45
【カネキ】	38	【タラオCC(三栄建設)】	46
【唐沢観光グループ】	38	【チームトレイン】	46
【川崎圧延グループ】	39	【千葉カントリーグループ】	46
【川崎定徳グループ】	39	【中央ゴルフ】	46
【関文グループ】	39	【千代田開発観光】	46
【キノシタグループ】	39	【千里浜CCグループ】	46
【京都日吉観光】	39	【津軽CCグループ】	46
【協豊開発】	39	【東京グリーングループ】	47
【グリーンアカデミーCC】	40	【東松苑GCグループ】	47
【グリーンライフ】	40	【東条の森】	47
【栗橋國際CC】	40	【東神商事】	48
【京滋観光開発】	40	【東濃CCグループ】	48
【旧・ケンインター(水野健)グループ】	40	【東名御殿場CCグループ】	48
【郷原CC】	40	【東名ゴルフ】	48
【国際開発興産(平井守)】	41	【戸田GCグループ】	48
【国際桜ゴルフ(東京国際から変更)】	41	【中山・武蔵野・川越グループ(旧・総武都市グループ)】	
【国武関連】	41		48
【小平商事(旧・小平興業グループ)】	42	【奈良開発興業】	49
【佐賀CC】	42	【南部富士CC】	49
【佐野GC系】	42	【西日本観光】	49
【三田レークサイドCCグループ】	42	【日動】	49
【山武グリーンCC】	42	【日本ゴルフ場企画】	49
【塩屋崎CCグループ】	43	【日本中央開発】	49
【品野台CCグループ】	43	【日本緑地開発㈱】	49
【ジャパンスポーツコム(小野敏雄、旧・千代田観光開発)】		【沼津GCグループ】	50
	43	【能勢CCグループ】	50
【上総観光開発】	43	【バンリューゴルフ】	50
【湘南シーサイドCC】	43	【東城陽GCグループ】	50
【スギー産業グループ】	44	【東日本振興グループ】	50
【㈱ゼルコバグループ】	44	【日高CCグループ(高橋正孝)】	51
【センチュリーグループ】	44	【日田国際GCグループ】	51

- 2 -

ゴルフ特信・ゴルフ場企業グループ＆系列【目次】

【ビッグスギGC】	51
【日吉ハイランド】	51
【平岩観光】	51
【福高観光開発】	51
【富士平原グループ】	51
【星田ゴルフ】	52
【穂高CCグループ】	52
【舞鶴CC(グリーンメンバーズ)】	52
【丸五観光開発】	52
【緑産業(平山誠一)グループ】	52
【箕面GCグループ】	52
【宮古CCグループ】	52
【武蔵CCグループ】	52
【名神八日市CCグループ】	53
【やおつ】	53
【山形GC】	53
【㈱横浜国際ゴルフ倶楽部】	53
【リゾートマネジメント＜旧・富士ランドグループ＞】	54
【六甲国際GCグループ】	54

Ⅳ　外資系

＜韓国系＞	55
【イーケーカンパニー】	55
【エーヴランドGC】	55
【SYSホールディングス】	55
【ngc】	55
【韓国産業洋行グループ(エイチ・ジェイ)】	56
【姜(カン)佰賢氏(韓国の実業家)】	56
【龜尾(グミ)開發】	56
【ケービーアイジャパン】	57
【祁答院リゾート】	57
【コパン】	57
【Golf and Art Resort Japan】	57
【Compass Blue Japan】	57
【サイカンホールディングス】	57
【水山ジャパン】	58
【チサングループ】	58
【清光(チョンガン)グループ】	58
【チョン・クリストファー・ヤン氏他韓国人実業家】	58
【T＆Gネットワークジャパン】	58
【都和(トファ)総合技術公社グループ】	59
【東廣(トンガン)グループ】	59
【那須伊王野CC】	59
【ニューユーアイ】	59
【ノマドツアー】	59
【パインヒールズ】	59
【BANDO】	59
【ハンファグループ】	60
【大京(ペギョン)TLS】	60
【ボボスジャパン】	60
【ユニオンエースGC(京安グループ)】	61
【廉(ヨム)英燮氏他韓国人実業家】	61
【英(ヨン)流通】	61
【ワイエイチビー・ジャパン】	61

＜その他外資系＞	62
【一達国際投資㈱】	62
【サクセスユニバースグループ】	63
【董(トウ)学林氏】	63
【パララックスキャピタル】	63
【日源】	64
【PCCW】	64
【マレーシア系の投資家グループ】	64
【ワイ・ティー・エル・コーポレーション・バーハット】	65

Ⅴ　不動産・観光系

【アイランドゴルフグループ】	66
【アジアゲートホールディングス】	68
【穴吹興産】	69
【アパグループ】	69
【一条工務店】	69
【ASKグループ】	70
【ATP】	70
【エムディアイ(MDI)】	70

ゴルフ特信・ゴルフ場企業グループ＆系列【目次】

【桜庵(旧・東京石亭,羽根田知也)グループ】	70	【パインコーポレーション】	81
【大谷グループ】	70	【光観光開発】	82
【㈱片山】	71	【ヒロユキ観光】	83
【カネヒロ】	71	【富士観光開発】	83
【加森観光】	71	【富士スタジアムグループ】	83
【キタコー】	71	【藤田観光】	83
【近畿エル・エス】	72	【船橋CC】	83
【クラシックグループ】	72	【フューチャーインベストメント】	84
【ケンコーポレーション】	73	【平城開発】	84
【ザイマックス】	73	【星野リゾート】	84
【サクセス・プロ(旧・サクセスファクトリー)】	73	【ホスピタリティオペレーションズ】	85
【ザナショナルCCグループ(富士合同会社)】	73	【ホテル三日月グループ】	85
【㈱三共グループ】	74	【ホテルモントレ】	85
【サンクチュアアセットマネジメント】	74	【マックアース】	85
【三恵観光(旧・サンケイ観光)】	74	【丸和セレクトホーム】	86
【三和地所】	74	【美登】	86
【シーエイチアイ】	75	【南グループ(日本観光開発)】	86
【シンクス】	75	【森トラスト(旧・森ビル開発)グループ】	87
【神東観光】	75	【森ビルグループ】	87
【スターツ】	76	【旧・ライオンゲイン】	87
【ゼネラルビルディンググループ】	76	【リサ・パートナーズ】	87
【セラヴィリゾート】	76	【リゾートトラストグループ】	88
【第百ゴルフクラブ】	76	【リゾートソリューション(リソル)】	88
【大松産業】	76	【リビエラコーポレーション】	89
【ダイヤモンドソサエティ】	76	【緑化開発(安蔵優)グループ】	90
【太陽グループ】	77	【ルートイングループ】	90
【大和地所】	77	【レーサム(旧・レーサムリサーチ)】	90
【高橋正明氏】	77	【六本木トラスト】	90
【チェリーゴルフグループ】	78	【ワシントン】	90
【千代田トレーディング】	79		
【司観光開発】	79		
【塚本總業】	79	**VI　大企業集団・一般産業**	
【鶴屋産業(紀州鉄道)グループ】	79		
【東京建物】	79	住友グループ	92
【東建コーポレーション】	80	【SRI(住友ゴム)グループ】	92
【遠山偕成】	80	【住友金属鉱山系(泉建設)】	92
【南大門グループ】	80	【住友商事系】	92
【日動グループ(札幌)】	80	【住友不動産系】	92
【日商太平】	81	【住友林業系】	92
【日神不動産】	81		

【三井住友銀行系(旧・住友銀行系)】	93	【吉備システム】	101
三井グループ	93	【九州電力】	102
【昭和飛行機工業系】	93	【協栄興業】	102
【三井化学(旧・三井東圧化学)系】	93	【京セラ】	102
【三井鉱山系】	93	【倉商SK(旧・愛宕原GC)グループ】	102
【三井住友銀行系(旧・さくら銀行系)】	93	【クラレグループ】	102
【三井造船系】	93	【コーユーグループ】	102
【三井不動産系】	94	【西部ガス系】	102
三菱グループ	94	【SANKYO(三共)】	103
【JX(新日本石油)グループ】	94	【三甲】	103
【三菱化学系】	95	【賛光電器産業】	103
【三菱地所系】	95	【サンヨー食品】	103
【三菱重工業】	95	【サンレックス(旧・三洋石油)】	103
【三菱マテリアル系】	95	【三和物産】	104
		【JFEグループ】	104
一般産業	96	【ジェルシステム】	104
【IHI(旧・石川島播磨重工業)】	96	【シキボウ】	104
【葵会グループ】	96	【シャトレーゼ・グループ】	104
【昭産業】	96	【ジャパンバイオ】	105
【アサヒ商会】	96	【ジュン】	105
【アマダグループ】	97	【松安産業】	105
【綾羽(旧・綾羽工業)系】	97	【常磐興産】	105
【アルファクラブグループ】	97	【新日鉄(新日鐵住金)グループ】	106
【アルペン】	97	【スズキ】	106
【石井グループ(ネッツトヨタ秋田)】	97	【セガサミーHD】	106
【一家明成氏】	98	【セコム】	106
【伊藤忠グループ】	98	【セントラルメディカル】	106
【今治造船】	98	【染宮製作所(染宮公夫オーナー)】	107
【インターナショナル通商】	98	【大王製紙】	107
【宇部興産】	98	【太平洋セメント(旧・日本セメント)】	107
【NHG(田渕道行代表)】	99	【タカガワグループ】	107
【エヌジーエス】	99	【高瀬グループ】	108
【オリオンビール】	99	【達川(砕石業)グループ】	108
【オンワード樫山】	100	【タニグチ(砕石業)グループ】	108
【カイタック】	100	【ツネイシグループ】	108
【カバヤ食品・オハヨー乳業】	100	【つるや】	109
【川上産業】	101	【東京タワー(日本電波塔)】	109
【川崎重工グループ】	101	【東京電力】	109
【川嶋グループ】	101	【トーシン】	109
【関西電力】	101	【DOWAグループ】	110

ゴルフ特信・ゴルフ場企業グループ＆系列【目次】

【土佐屋】 110
【トヨタ自動車系列】 110
【中島一族(パチンコ台メーカー・平和の創業者一族)】 110
【浪速企業グループ】 110
【成本コンテナー】 111
【日医工】 111
【日菱】 111
【日清食品】 111
【日本ガイシ】 111
【日本製紙】 112
【貫井グループ】 112
【ノザワワールド】 112
【日立製作所グループ】 112
【ビックカメラ】 112
【百又グループ】 112
【平川商事グループ】 113
【芙蓉グループ】 113
【ブリヂストン(石橋一族所有)】 113
【ベルーナ】 113
【本田開発興業】 114
【本坊グループ】 114
【前川製作所】 114
【松屋】 114
【丸正製粉】 114
【マルナカホールディングス】 114
【丸松金糸㈱・宇治田原CCグループ】 114
【ミオスグループ】 115
【ミナミグループ】 115
【見村(東銀興産)グループ】 115
【武蔵野】 115
【メナード化粧品】 115
【森永製菓グループ】 115
【ヤマサキ(福岡)】 116
【ヤマザキマザック】 116
【ヤマハ(旧・日本楽器)グループ】 116
【ヤンマー】 116
【㈱ユニテックス】 116
【ユニマットグループ】 117
【淀川製鋼所】 118
【ヨネックス】 118
【喜びフーヅ】 118
【ライジングプロモーション】 118
【リョービ】 118
【ロート製薬】 118

Ⅶ 銀行・金融系

【アドミラルキャピタル㈱】 119
【オリックスグループ】 119
【旧・加藤正見グループ】 121
【岐阜信用金庫】 121
【京都中央信用金庫系】 121
【群馬銀行系】 121
【小林洋行】 121
【大和証券グループ】 121
【旧・東京相和銀行(長田一族)】 122
【東和銀行】 122
【西山ホールディングス(旧・西山興業グループ)】 122
【ニューセントラル(中央建物)グループ】 122
【ネオラインクループ】 122
【野村證券グループ】 122
【プロミス】 122
【ほくほくフィナンシャルグループ】 122
【みずほフィナンシャルグループ】 122
【三菱UFJフィナンシャルグループ】 124
【もみじ銀行(旧・広島総合銀行)】 124
【りそなグループ】 124

Ⅷ 鉄道・運輸系

【アルピコグループ(旧・松本電鉄)】 125
【飯山陸送】 125
【岩崎産業】 125
【小田急グループ】 125
【柿木交通グループ】 125
【近鉄グループ】 125
【京王電鉄】 126

- 6 -

【京成電鉄グループ】	126		【熊谷組】	137
【京阪電鉄】	126		【鴻池組】	138
【京浜急行電鉄】	126		【國場組】	138
【国際興業】	126		【佐藤工業】	138
【佐川急便グループ】	127		【鈴縫工業グループ】	138
【JR(日本旅客鉄道)】	127		【大成建設グループ】	138
【西武グループ】	127		【大和ハウス工業】	139
【全日空】	128		【竹中グループ】	139
【玉村グループ】	128		【千代田アクタス(磯子CC)系】	139
【東急グループ】	129		【日成工事】	139
【東都自動車グループ】	130		【日本国土開発】	140
【東武鉄道グループ】	130		【ビック(旧・大明建設)】	140
【南海電鉄グループ】	130		【㈱福島総合開発(旧・真田興産)】	140
【南国交通グループ】	130		【本間組】	140
【広島電鉄グループ】	131		【前田建設工業】	140
【富士急グループ】	131		【本山】	140
【丸善グループ】	131			
【南日本運輸倉庫】	131		**X　報道・出版・宗教・公社・公団**	
【宮崎交通】	131			
【明治海運】	131		【秋田魁新報社系列】	141
【名鉄グループ】	131		【朝日放送(ABC)系列】	141
【ヤマコー(ユトリアグループ)】	132		【㈱あつまるホールディングス】	141
			【河北新報社系列】	141
IX　建設・造園・土木			【北日本新聞社】	141
			【廣済堂グループ】	141
【青木あすなろ建設(旧・青木建設系)】	133		【ゴルフダイジェスト社】	142
【秋田土建】	133		【主婦と生活社】	142
【明輝建設】	133		【瀬戸内海放送(KSB)】	142
【安達建設グループ】	133		【大日本印刷】	142
【市川ゴルフ興業グループ】	134		【中国新聞】	142
【市川造園土木グループ】	135		【中日新聞】	142
【今井建設】	135		【中部日本放送(CBC)系列】	142
【植木組】	135		【名古屋放送】	143
【植村組(南九州開発=ブルーパシフィックC)】	136		【西日本新聞社】	143
【大林組】	136		【福島民報社】	143
【鹿島建設】	136		【フジサンケイグループ】	143
【北野建設】	136		【UMK(テレビ宮崎)】	143
【協和道路】	137		【読売グループ】	143
【櫛谷組(湯田上CC)グループ】	137		【桑名CCグループ】	144

【群馬県営】	144
【神戸市営】	144
【埼玉県営】	144
【一般社団法人札幌GC】	145
【長野県公社公団】	145
【野田市営】	145
【PL教団】	145
【広島CCグループ】	145
【三好ゴルフ倶楽部】	145
【山口福祉文化大学(旧・萩国際大学)】	145

主な運営受託企業

【㈱ゴルフ・アライアンス】	146
【㈱チュウブ】	146
【㈱ティアンドケイ】	146
【東急リゾートサービス】	147
【トミーグループ】	147
【パシフィック・ゴルフ・マネージメント】	147
【リゾートソリューション】	147

巻末資料　149

都道府県別名称変更コース一覧	150
都道府県別経営交代ゴルフ場一覧	154
都道府県別法的整理ゴルフ場一覧	162
ゴルフ場売買事例	166
ゴルフ場用地でのメガソーラー計画一覧	173
再開場不明な閉鎖ゴルフ場	180
企業・グループ名索引	184
ゴルフ場名索引	188

2018年ゴルフ場企業グループ＆系列 コース・ホール数ランキング

ゴルフ特信編集部では建設中、認可未着工を含む国内ゴルフ場と、日本企業が経営する海外ゴルフ場を企業グループ、系列でまとめた（平成30年4月1日段時点）。

ゴルフ場を保有する企業グループのランキング（国内既設ゴルフ場のホール数基準）で、今回もトップは平和・PGMグループとなった。昨年同期からは5コース増、ホール（以下Hと略）数としては90H増で、国内既設137コース、2997Hとなった。2014年8月にアコーディアグループがアセットライト施策を取って以来、平和・PGMグループがトップに立っており、これで4年連続の首位。

2位はアコーディアグループから分離し、シンガポールで組成されたビジネストラスト（BT）向けのアコーディア・ゴルフ・アセット合同会社（AGA）で90コース、1906Hで変わらず。

3位はアコーディア・ゴルフグループ本体で、3コース増1コース減で昨年4月比では2コース、36H増の43コース、909Hとなった。同グループは昨年1月にアジア系の投資ファンド・MBKPグループ傘下となっている。

4位はオリックスグループで前年と同じ39コース、792H。5位は北海道CCプリンスC（旧・函館大沼プリンス、北海道）が昨年6月に10年振りに営業再開した西武グループで、1コース18H増の29コース、675Hとなった。

6位は前年から3コース、54H増の28コース、531Hの市川ゴルフ興業グループで、前年の7位から1ランクアップした。

7位は前年と同じ26コース、522Hの東急グループ。阿蘇東急GC（18H、熊本）は熊本地震の影響から営業を休止していたが、今年7月に9Hで営業再開する予定（ただし一時的な営業休止は本紙で保有コースに数えており、保有コース数は変わらず）。

8位はチェリーゴルフグループ。保有数は20コース、369Hでこの1年間では買収や売却・閉鎖はなかったが、前年に22コース432Hで8位だったGIグループ（前年はアイランドゴルフグループと表記）が、ゴルフ場経営からの完全撤退となったことで、チェリーゴルフグループが1つ繰り上がった。

9位は昨年同様17コース、333Hの太平洋クラブ。10位は18コース、324Hのユニマットグループ。

11位は16コース、324Hのシャトレーゼグループで変化はなかった。

12位はGCEグループ。関連に上場企業等があるもののゴルフ場事業を統括する窓口を設けておらず詳細は不明だが昨年、鶴ケ島GC（27H、埼玉）を買収してエーデルワイスCCとの提携利用により、オリムピックナショナルGC名での会員募集も始めて話題を撒いた。

２０１８年 国内保有ホール数ランキング

順位	グループ名	国内既設 コース数	H数
1	平和・PGMグループ	137	2997
2	アコーディア・ゴルフ・アセット	90	1906
3	アコーディア・ゴルフ	43	909
4	オリックスグループ	39	792
5	西武グループ	29	675
6	市川ゴルフ興業	28	531
7	東急グループ	26	522
8	チェリーゴルフ	20	369
9	太平洋グループ	17	333
10	ユニマット	18	324

平成30年4月1日時点

13位の明智GC・房総CCグループは保有数に変化はなかったが前後のグループが移動したことにより2ランクアップ、14位のリゾートトラストも2ランクアップした。

逆にランクを下げたのがリソルグループ。ゴルフ場の売却や業態の変更で2コースが減少する一方、1コースの共同経営が加わり差し引き1コース減の13コース、270Hとなった。前年の13位から2ランクダウンの15位。同グループは今年1月から備前GC（岡山）を閉鎖しており、営業中の保有数は12コースとなっている。

18位には1コース、36H増で11コース、234HとなったJGMグループが入り、前年から1ランクアップした。

またGIグループが上位ランクから消えたことにより、20位には大和ハウス工業が10コース、189Hで入った。189Hはデイリー社グループや加森観光もあったが、ともに9コースで、コース数が10コースと多い大和ハウス工業をランク上位とした。

一方、GIグループが韓国系に3コース、中国系に1コース売却するなどで外資系が今回6コース増加した。うち2コースはアジアファンド傘下のアコーディアだった。

ところで、GIグループのゴルフ場経営撤退は素早かった。同グループは元々、人材派遣事業を手掛けていたが、同事業の売却資金をもとに10年前の2008年にOGIホールディングスを設立して、ゴルフ場など不動産事業にも進出。ゴルフ場は2016年に22コースまで拡大し、グループ保有数ランクは7位まで駆け上がった。㈱アイランドゴルフをゴルフ場経営会社として急拡大したが、同年にはオーナーチェンジサポートも標榜して変革を目指し、昨年秋から今年3月までの半年ほどで新しい経営先と売却締結を行った。

ゴルフ場経営環境の変化から撤退を決める企業もあれば、新たに参入する経営者も現れる。金融系のファンドや韓国、中国系の外資系の経営者も増えようとしている。ファンド入りしたグループの受け皿も気になるところだ。

なお、バブル崩壊（平成3年）以降の法的整理件数は表の通り。平成23以降の都道府県別法的整理ゴルフ場、経営交代、ゴルフ場売買事例一覧、閉鎖ゴルフ場、ゴルフ場用地でのメガソーラー計画等の一覧は巻末資料に収録している。

法的整理件数等推移

年	件数	既設コース数	建設認可コース数	負債総額
平成3年	2		2	4,066
4年	3	3		1,626
5年	6	5	3	4,304
6年	3	2	1	237
7年	6	6		2,120
8年	4	2	2	1,216
9年	9	29	4	4,501
10年	11	14	2	5,094
11年	27	20	9	6,416
12年	25	26	4	12,076
13年	57	63	3	14,464
14年	98	130	5	30,239
15年	80	132	3	20,192
16年	82	110	4	19,239
17年	71	80	4	14,004
18年	52	59	2	5,781
19年	41	48		6,199
20年	30	32		3,949
21年	26	29		2,656
22年	26	27		1,485
23年	26	27		2,085
24年	26	44		3,110
25年	10	10		672
26年	13	14		525
27年	17	19		1,111
28年	16	16		745
29年	9	9		330
30年	7	8		317
計	783	964	48	168,766

負債総額の単位は億円、平成30年は3月末段階

2018年ゴルフ場企業グループ国内既設ゴルフ場保有ランキング

●は現状営業休止中(保有に含む)、△は増加、▽は減少、▲は増加予定、▼は減少予定

国内既設H数ランク 2018	2017	グループ名	2018年国内既設 コース数	2018年国内既設 H数	2017年国内既設 コース数	2017年国内既設 H数	増減 コース数	増減 H数	この1年間の動向と今後の見込み(括弧内はホール数)
1	1	平和・PGMグループ	137	2,997	132	2,907	5	90	▽伊勢原CC(27→18)、△福岡レイクサイドCC(18)、滋賀GC(18)、東京ベイサイドGC(18)、随縁CC竹岡(18)、南総ヒルズCC(旧・エンゼルCC、18)、神戸グランドヒルGC(旧・西宮甲YGC、18、保有は18H換算165-5コース、運営受託等含む運営は139コース(18H換算170コース3060H)
2	2	アコーディア・ゴルフ・アセットトラスト合同会社(AGA)	90	1,906	90	1,906	0	0	2014年8月にアコーディア・ゴルフからビィ・ネストラスト(BT)により90コースの資産(ゴルフ場会社株式)を引受け、保有は18H換算105-9コース
3	3	アコーディア・ゴルフ(AG)	43	909	41	873	2	36	マリブラルビスGC(18→閉鎖中)、H29年5月16日廃業で保有1コース減、3HのアコーディアGガーデン(ショートコースで本誌のカウント外)H29年4月末で営業終了、△IWAFUNE GC(旧・岩舟GC、18)、麻生の杜GC(18)、富士の杜GC(18)、保有は18H換算50-5コース、AGA含む保有コース数は133コース2815H、他に運営受託等3コース72H含む運営は136コース288H、米アジア系の投資ファンド・MBKPグループ傘下に
4	4	オリックスグループ	39	792	39	792	0	0	18H換算44コース
5	5	西武グループ	29	675	28	657	1	18	△2017年6月北海道CCプリンスC(旧・函館大沼プリンスGC、18)再開場
6	7	市川ゴルフ興業グループ	28	531	25	477	3	54	市川金次郎氏の個人事業で従来の市川造園土木グループとは独立して展開、△下呂CC(18)、赤穂国際CC(18)、東海CC(18)
7	6	東急グループ	26	522	26	522	0	0	●阿蘇東急GCは熊本地震の影響でH28年4月中旬から営業休止中もH30年7月9Hで再開予定
8	8	チェリーゴルフグループ	20	369	20	369	0	0	※チェリーG猪名川CはH29年4月1日営業再開
9	9	太平洋グループ	17	333	17	333	0	0	※㈱マルハンの子会社
10	11	ユニマットグループ	18	324	18	324	0	0	
11	12	シャトレーゼ	16	324	16	324	0	0	
12	14	GCEグループ	14	324	13	297	1	27	△オリムピックナショナルGCWEST(旧・鶴ヶ島GC、27)
13	15	明智GC・房総CCグループ	10	297	10	297	0	0	
14	16	リゾートトラスト	13	288	13	288	0	0	
15	13	リソルグループ	13	270	14	297	-1	-27	▽福石川ICC(27)はH29年6HのショートC、△ジェイトン営業形態変更、西東京GC(18)、△中京GC(18)、◆備前GC(18)H30年1月から閉鎖で賃12コース252H
16	17	東京建物	12	243	12	243	0	0	
17	18	新日本観光グループ	9	243	9	243	0	0	
18	19	JGM(ロイヤルGC)グループ	11	234	10	198	1	36	△JGMサラブレッドGC(36)
19	20	安達建設グループ	8	198	8	198	0	0	
20	22	大和ハウス工業	10	189	10	189	0	0	
【外資系】トータル			186	3,733	180	3,733	6	136	内訳は韓国系45コース873H(3コース増・63H増)、その他外資14コース2986H(3コース増・63H増)

H30年4月1日段階、更生法・再生法でのスポンサー内定段階(手続中)のゴルフ場はスポンサー側のグループに集計していない、アコーディア2社は外資系でカウント。

2018年グループ別、総ホール数ランキング

2018総合ランク	2017総合ランク	グループ名	種別	総コース数	総H数	2018国内ランク	2017国内ランク	国内既設 コース数	国内既設 H数	海外既設 コース数	海外既設 H数
1	1	PGMグループ	I	137	2,997	1	1	137	2,997		
2	2	アコーディア・ゴルフ・アセット合同会社（AGA）	I	90	1,906	2	2	90	1,906		
3	3	アコーディア	I	43	918	3	3	43	909		
4	4	オリックスグループ	VII	39	792	4	4	39	792		
5	5	西武グループ	VIII	32	738	5	5	29	675	3	63
6	6	東急グループ	VIII	26	522	7	6	26	522		
7	7	市川ゴルフ興業グループ	IX	24	459	6	7	28	531		
8	10	GCEグループ（熊取谷稔）	I	17	378	12	14	14	324		
9	9	チェリーゴルフグループ	V	20	369	8	9	20	369		
10	11	ユニマットグループ	VI	19	342	10	11	18	324		
11	12	シャトレーゼ・グループ	VI	17	342	11	12	16	324	1	18
12	13	太平洋グループ	I	17	333	9	10	17	333		
13	14	明智GC・房総CCグループ	I	10	306	13	15	10	297		
14	16	リゾートトラストグループ	V	13	288	14	16	13	288		
15	15	リソルグループ	V	13	270	15	13	13	270		
16	17	東京建物	V	12	243	16	17	12	243		
17	18	新日本観光グループ	I	9	243	17	18	9	243		
18	20	JGM（ロイヤルGC）グループ	I	11	234	18	19	11	234		
18	19	市川造園土木グループ	IX	11	234	25	27	8	180		
20	21	安達建設グループ	IX	8	198	19	20	8	198		
21	24	大和ハウス工業	IX	10	189	20	22	10	189		
22	25	デイリー社グループ	I	9	189	21	23	9	189		
22	25	加森観光	V	9	189	21	23	9	189		
24	40	バンリューゴルフ	III	9	180	23	38	9	180		
24	28	川島グループ	VI	9	180	23	26	9	180		
26	21	クラシック	V	7	180	26	20	7	180		
27	29	レイクウッド・グループ	II	6	171	28	28	6	171		
28	27	ホテルモントレ	V	9	162	29	25	9	162		
29	32	韓国産業洋行（エイチ・ジェイ）	IV	8	162	27	31	8	171		
30	33	朝日コーポレーショングループ	II	7	162	30	32	7	162		
30	33	信和ゴルフグループ	II	7	162	30	32	7	162		
32	23	鹿島建設	IX	7	156	38	40	7	138		
33	35	サクセス・プロ	V	8	153	32	34	8	153		
33	35	東武鉄道グループ	VIII	8	153	32	34	8	153		
35	37	インターファイヴ	III	6	147	104	104	3	54	3	93
36	38	三井不動産系	VI	7	145	34	36	7	145		
37	31	タカガワグループ	VI	8	144	35	30	8	144		
37	39	近鉄グループ	VIII	8	144	35	37	8	144		
39	41	松岡グループ（松岡茂）	II	5	144	37	39	5	144		
40	42	熱海ゴルフ	II	8	135	39	41	8	135		
41	43	アジアゲートホールディングス	V	6	135	40	42	6	135		
42	44	高瀬グループ	VI	5	135	41	43	5	135		
42	29	西山ホールディングス（旧・西山興業グループ）	VII	5	135	41	28	5	135		
44	45	エビハラスポーツマングループ	II	6	126	43	44	6	126		
45	46	鹿沼グループ	II	4	126	44	45	4	126		

2018年グループ別、総ホール数ランキング

2018総合ランク	2017総合ランク	グループ名	種別	総コース数	総H数	2018国内ランク	2017国内ランク	国内既設 コース数	国内既設 H数	海外既設 コース数	海外既設 H数
46	47	山田グループ	II	6	117	45	46	6	117		
46	47	アルペン	VI	6	117	45	46	6	117		
46	47	サンヨー食品	VI	6	117	83	84	3	63	3	54
49	50	読売グループ	X	6	108	47	48	6	108		
50	51	カバヤ食品・オハヨー乳業	VI	5	99	48	49	5	99		
51	79	明輝建設	IX	4	99	49	74	4	99		
52	53	静岡カントリーグループ	II	4	91	50	50	4	91		
53	54	マックアース	V	5	90	51	51	5	90		
53	54	NHG(田渕道行代表)	VI	5	90	51	51	5	90		
53	54	東都自動車グループ	VIII	5	90	51	51	5	90		
53	54	植村組(南九州開発=ブルーパシフィックC)	IX	5	90	51	51	5	90		
53	54	群馬県営	X	5	90	51	51	5	90		
58	59	三菱地所系	VI	4	90	56	56	4	90		
58	59	国際興業	VIII	4	90	56	56	4	90		
58	59	貫井グループ	VI	4	90	74	74	3	72	1	18
58	59	岩崎産業	VIII	4	90	172	175	2	36	1	36
62	63	鈴鹿CC(名阪観光)グループ	II	3	90	58	58	3	90		
63	64	北陸観光開発	II	2	90	59	59	2	90		
64	65	タニミズグループ	III	4	81	60	60	4	81		
64	65	東条の森	III	4	81	60	60	4	81		
64	8	アイランドゴルフグループ	V	4	81	60	8	4	81		
64	65	大和地所	V	4	81	60	60	4	81		
64	65	アサヒ商会	VI	4	81	60	60	4	81		
64	65	今治造船	VI	4	81	60	60	4	81		
64	51	芙蓉グループ	VI	4	81	60	60	4	81		
64	65	グリーンライフ	III	4	81	137	136	2	45	2	36
72	72	カネキ	III	3	81	67	67	3	81		
72	72	ルートイングループ	V	3	81	67	67	3	81		
72	72	ほくほくフィナンシャル	VII	3	81	67	67	3	81		
75	75	宇部興産	VI	4	72	70	70	4	72		
75	75	小田急グループ	VIII	4	72	70	70	4	72		
75	75	京成電鉄グループ	VIII	4	72	70	70	4	72		
75	109	丸善グループ	VIII	4	72	70	104	4	72		
79	79	旭国際グループ	III	3	72	74	74	3	72		
79	79	姉ケ崎CCグループ	III	3	72	74	74	3	72		
79	79	日本ゴルフ場企画	III	3	72	74	74	3	72		
79	79	平城開発	V	3	72	74	74	3	72		
79	79	西部ガス系	VI	3	72	74	74	3	72		
79	79	ニューセントラル(中央建物)グループ	VII	3	72	74	74	3	72		
79	79	富士急グループ	VIII	3	72	74	74	3	72		
79	79	㈱横浜国際ゴルフ倶楽部	III	3	72	121	120	2	54	1	18
87	79	フジサンケイグループ	X	2	72	74	83	2	72		

総合ランクは総ホール数(国内既設・建設・認可未着工、海外既設・海外建設)によるランキング、国内ランクは国内既設H数のランキング

ゴルフ特信・ゴルフ場企業グループ＆系列

本書の手引き

　グループ＆系列は2012年版からゴルフ場専業の［Ⅰ大手専業・２大大手］［Ⅱ大手専業・準大手専業］［Ⅲ専業］［Ⅳ外資系］に変更、その他一般産業との兼営や大手資本系のゴルフ場企業群は従来通り［Ⅴ不動産・観光系］［Ⅵ大企業集団・一般産業］［Ⅶ銀行・金融系］［Ⅷ鉄道・運輸系］［Ⅸ建設・造園・土木］［Ⅹ報道・出版・宗教・公社・公団］に分類して集計。近年多くなった投資業・ファンド業は［不動産・観光系］で収録、上場企業など著名企業系列は１コースでも収録した。

　大手専業は国内営業中１８０ホール以上、準大手専業グループは国内営業中90ホール以上で分類。またすべてのグループにおいて、国内営業中３コース以上を有するゴルフ場企業は原則的にグループ基幹会社の本社・運営統括事務所所在地、ホームページアドレス等を掲載した。

　【　】で括ったグループ名の右側に、グループのコース数、ホール数を表記している。
・［既1(18)］は国内営業中が１コースで18ホール規模を有していることをさす。
・［建2(45)］は国内建設中が２コースで、その合計が45ホールとなることをさすが、一部には営業中ゴルフ場の増設分が含まれる場合があり、その際には増設のホール分のみ加算。
・［認1(27)］は国内で開発許認可を取得し未着工が１コースで、27ホールであることをさす。増設が含まれる場合は、建設中と同様。
・［海1(18+18)］は海外で営業中あるいは建設中のコースと、（　）内でそのホール数をさす。（　）内で［＋］の表記がないものは営業中ホール数、［＋］の右側に表記している数値は建設中ホール数をさす。

　特に表記がない場合と＜系列＞は当該グループで原則50％以上の出資、＜関連＞は50％未満の出資等を意味する。**グループ総体のコース数、ホール数には＜関連＞のコースのデータは含んでいない。**コース名はGGやCC等の略称で表記している。**注釈の▽は原則的に2015年から2017年3月までの動向、▼は原則的に2017年4月以降の１年間の動向。2018年4月以降に移動するゴルフ場は強調して表記。**

『2018年ゴルフ場企業グループ＆系列』　CD版のお知らせ

　一季出版では本書のＣＤ版を同時発売している。本書内容をテキスト形式（文字のみ）で、巻末資料をエクセル形式で収録した他、主要企業の住所、郵便番号、電話番号、約４８５グループのゴルフ場数を「企業一覧」としてテキスト形式及びエクセル形式で収録している。

　　定価　ゴルフ特信購読者１万円　非購読者１万5000円
　　過去のグループ別フロッピー・ＣＤ版購入者8000円
　　　　（消費税別・送料サービス、本書購入者は差額割引）
　　　　問合せ・申込み　一季出版株式会社　ゴルフ特信資料集係
　　　　　　　　TEL03-3864-7821　FAX03-3864-7820

２０１８年ゴルフ場企業グループ＆系列

収録ゴルフ場数

総４８１グループ　延べ１４１３コース
（関連含め延べ１６０４コース）
国内既設１３６９コース

I　大手専業・２大大手　　国内既設数（関連含む総数）
　　　　２グループ　１８０コース（２７５コース）

II　大手専業・準大手専業
　　　　１７グループ　１２８コース（１２９コース）

III　専業
　　　　１１０グループ　２０９コース（２２５コース）

IV　外資系
　　　　４０グループ　５７コース（５７コース）

V　不動産・観光系
　　　　７８グループ　２００コース（２３０コース）

VI　大企業集団・一般産業
　　　　１２５グループ　２６０コース（２７８コース）

VII　銀行・金融系
　　　　２０グループ　６５コース（７１コース）

VIII　鉄道・運輸系
　　　　２９グループ　１２６コース（１３４コース）

IX　建設・造園・土木
　　　　３０グループ　９２コース（１０１コース）

X　報道・出版・宗教・公社・公団
　　　　３０グループ　５２コース（５４コース）

ゴルフ特信・ゴルフ場企業グループ＆系列【大手専業・２大大手】

Ⅰ　大手専業・２大大手

２大大手　アコーディア・ゴルフグループ

【アコーディア・ゴルフグループ】　既43（909）建（9）　http://www.accordiagolf.co.jp/
アコーディア・ゴルフ・アセット合同会社（AGA）保有の既90（1906）建（9）を含めると既133（2815）建（18）

※㈱アコーディア・ゴルフは、H26年8月1日にアコーディア・ゴルフ・アセット合同会社（AGA）に90コース（計1906ホール）売却。同時にAGAはビジネストラスト（BT）を目的に「アコーディア・ゴルフ・トラスト」を組成しシンガポール証券取引所で上場。これによりアコーディア・ゴルフ直轄保有とBTのAGAを併せアコーディア・ゴルフグループの表記に。

★㈱アコーディア・ゴルフ　田代祐子代表取締役会長兼社長CEO　資本金１億円
注：H30年4月10日の取締役会で田代祐子代表取締役会長が代表取締役会長兼社長CEOに就任、代表取締役副社長COOにスポンサー側から望月智洋社外取締役が就任した
※H18年11月1日東証一部上場も外資（アジア）系投資ファンドMBKパートナーズ㈱系の㈱MBKP Resort（加笠研一郎代表取締役）の株式公開買付け（TOB）がH29年1月18日に成立しH29年3月23日に上場廃止

運営受託93コース（内AGA90コース）と自社コースを含め運営コース総数は計136コース2887H

［本社］　〒140-0002　東京都品川区東品川4-12-4　品川シーサイドパークタワー9階　℡03-6688-1500
［㈱アコーディア・ゴルフ会員課］　℡03-6688-1605

H15年5月＝㈱アコーディア・ゴルフは、米国のゴールドマン・サックス（GS）グループがH13年12月に株式を取得し傘下に収めた日東興業㈱（現・アコーディアAH01）のゴルフ場の運営を受託。その後GS保有の他のゴルフ場の運営を順次受託。H17年3月＝スポーツ振興㈱（現・アコーディアAH02）等の株式をGSグループから取得しゴルフ場経営に進出。H17年12月＝日東興業㈱の株式をGSグループから取得。その後もゴルフ場を順次GSグループから取得するとともに独自に取得。H18年11月1日＝東証一部に上場。H23年2月＝GSがアコーディアの保有株式を売却したため過半数が国内企業等の所有になり、外資系企業ではなくなった。H24年4月2日＝当時の竹生道巨社長以下のコンプライアンス問題に端を発し役員間の内紛にPGMグループとその母体等も関与。PGM側はアコーディアとの経営統合を提案したが、株主総会（H24年6月28〜29日）でPGMグループの提案を否決。H24年11月＝PGMグループのアコーディア株の公開買付け（TOB）も不成立。H25年10月21日＝アセットライトの計画をH24年に続き発表。H26年8月1日＝保有コースの内90コースをアコーディア・ゴルフ・アセット合同会社に譲渡、合同会社をベースにしたビジネストラストを目的にしたアコーディア・ゴルフ・トラストをシンガポール証券取引所で上場するとともに、自社株式のTOBを実施。H29年3月23日＝外資系の投資ファンドの㈱MBKP ResortのTOBが成立し子会社化し上場廃止。H29年7月以降＝㈱MBKP Resortと合併し解散も会社名は㈱アコーディア・ゴルフに変更予定で実質は従来と同じ。H29年12月31日資本金を1億円に減資。H29年11月に㈱エイチ・アイ・エス元副会長の平林朗氏を取締役に迎え入れ（30年1月代表取締役社長就任）一転して岩舟GC（新・IWAFUNE GC、栃木）、麻生CC（新・セントラルGC麻生C、茨城）、富士の杜GC（静岡）と3コースの買収を発表。なお、平林朗社長の辞任申出により、H30年4月10日の取締役会で田代祐子会長が社長兼任CEOに就任。室内でのゴルフレッスン事業等展開のRIZAPグループ（瀬戸健代表）とH30年5月15日新サービスの共同開発について合意。

H30年4月1日現在＝アコーディアの保有ゴルフ場数はH23年3月11日の東日本大震災で営業不能だったリベラルヒルズGC（18ホール、福島）のH29年5月16日付けクラブ廃止で保有1コース減、一方で旧・岩舟GCなど3コース買収で2コース減の43コース909Hに。

ゴルフ特信・ゴルフ場企業グループ&系列【大手専業・2大大手】

<アコーディアの運営受託コース(スポンサー契約、コンサル、部分委託含む)> アコーディアの保有数にはカウントせず
①札幌リージェントGC新C・旧C(旧・廣済堂札幌CC36、36H、北海道)
②札幌リージェントGCトムソンC(旧・廣済堂トムソンCC、18H、北海道) ③タカガワオーセントGC(18H、兵庫)
④〜93のアコーディア・ゴルフ・アセット合同会社(AGA)に売却した全国90コース
▽廣済堂札幌CC36(現・札幌リージェントGC新C・旧C)と廣済堂トムソンCC(現・札幌リージェントGCトムソンC)をH24年4月1日から運営、H26年3月1日にタカガワグループのタカガワオーセントGCの運営を受託、H29年4月1日現在の運営受託コースは、アセットライトの計画でアコーディア・ゴルフ・アセット合同会社に譲渡した90コースを引き続き運営しており、計93コース

——アコーディア・ゴルフグループの保有ゴルフ場　計43コース——
<㈱アコーディアＡＨ01(旧・アコーデイアＡＨ11、元・日東興業㈱) 他> 既11(261)
※ビジネストラストの関係でH26年7月31日の吸収分割でアコーディアAH11からゴルフ場所有権等を承継
　★㈱アコーディアＡＨ01
①習志野CCキング・クイーンC(36H、千葉)　②習志野CC空港C(18H、千葉)　③フクイCC(27H、福井)
④万壽GC(18H、奈良)　⑤宮城野GC(18H、宮城=27HもH27年4月30日に9H売却)　⑥霞台CC(36H、茨城)
⑦関東国際CC(27H、栃木)　⑧オーク・ヒルズCC(18H、千葉)　⑨グレンオークスCC(18H、千葉)
⑩大月ガーデンGC(旧・ブリティッシュガーデンC、18H、山梨)　⑪おおむらさきGC(27H、埼玉)
▽㈱アコーディアＡＨ01(旧・㈱アコーディアAH11、元・日東興業関連)=H13年12月にGSグループ入りした日東興業の株式をH17年12月に取得(取得後合併やゴルフ場売却行う)、H18年〜H20年にかけ西野商事グループ・東和ゴルフグループ・霞台CCなどを吸収、H21年3月1日の大合併で東海開発㈱(6コース保有)を吸収、H21年8月4日に社名を㈱アコーディアAH11と変更し、H21年10月1日に㈱アコーディアAH23を吸収、一方で所有ゴルフ場の処理(売却)なども順次実施しH25年12月2日には岡山御津CC(18H、岡山)を新設分割で売却、アコーディア・ゴルフがアセットライトを実施した関係でアコーディアAH11はH26年8月1日に吸収分割を行い、新会社のアコーディアAH01が56コース中の12コース取得、他44コースはアコーディア・ゴルフ・アセット合同会社の所有となり、アコーディアグループから「半離脱」となる、H27年10月1日に越前CC(18H、福井)を新設分割でアミューズメント事業を展開する㈱ムラタ(福井市)に売却
▼リベラルヒルズGC(18H=H23年3月から閉鎖中、福島)がH29年5月16日付けクラブ廃止で保有1コース減、参考で掲載していた3HショートコースのアコーディアGガーデン(3H、千葉、ミニコース)も閉鎖で削除、宮城野GC(宮城)を18H表記に修正、㈱アコーディアAH11はH30年1月におおむらさきGCのピーエスアール武蔵㈱を吸収合併

<㈱アコーディアＡＨ02(旧・アコーディアＡＨ12)> 既12(252)建(9)
※ビジネストラストの関係でH26年7月31日の吸収分割でアコーディアAH12からゴルフ場所有権等を承継
　★㈱アコーディアＡＨ02
①ザ・サザンリンクス・GC(18H、沖縄=元・㈱琉球リゾート経営)　②パームヒルズGR(18H、沖縄)
③山の原GC(旧・スポーツ振興CC、36H、兵庫)　④房州CC(旧・ラ・コスタCC房州、18H、千葉)
⑤猪名川国際CC(18H、兵庫)　⑥猪名川グリーンCC(18H、兵庫)　⑦石岡GC(18H、茨城)
⑧小名浜オーシャンホテル&GC(旧・小名浜Sホテル&GC、18H、福島)　⑨堺CC(27H、大阪)
⑩ラビーム白浜GC(18H+9H=建、和歌山)　⑪石川GC(27H、石川)
⑫神戸パインウッズGC(旧・神戸ロイヤルパインズGC、18H、兵庫)
▽㈱アコーディアＡＨ02(旧・㈱アコーディアAH12関連、元・㈱琉球リゾート、元・スポーツ振興関連)=スポーツ振興㈱(関連17社、当時は既設計30コース)は更生法申請しH14年5月の更生手続開始決定でGSがスポンサーに、スポーツ振興はH17年3月

- 17 -

ゴルフ特信・ゴルフ場企業グループ＆系列【大手専業・２大大手】

31日にアコーディアの100％子会社に、H21年3月1日のアコーディアグループ大合併でスポーツ振興㈱が㈱アコーディアAH22（石川GCと三井住友建設の5コース経営）＋㈱アコーディアAH28（土浦CC等2コース）＋㈱ケイ・ティ・シー（ハウステンボスCCジャックニクラウスC1コース）を吸収、その後ゴルフ場の買収・売却を実施、H22年10月1日にスポーツ振興㈱はアコーディアAH12（旧・琉球リゾートでざ・サザンリンクスの保有会社）に吸収される

　H23年4月2日〜H24年4月1日までに4コース（ラ・ヴィスタGR、旧・グリーンエースCC、旧・埼玉GC、旧・嘉穂CC）の各経営会社の株式を取得して子会社に、H23年8月1日にパブリックの日光GP：ハルレ（18H、栃木）を不動産会社の㈱ゼフィアに売却、独立させた東那須CC（18H、栃木）をH23年12月1日にOGIホールディングスグループに売却、H23年12月2日に閉鎖中のヴィレッジ那須GC（18H、栃木）を㈱エコ・24に売却、H24年4月2日に阪神電気鉄道㈱等の会社分割で設立されたタイガースGCを保有するアコーディアAH37の株式を取得し子会社にしゴルフ場名を東条パインバレーGCに（会員は未承継）、H24年8月23日にPSRからおおむらさきGの経営株を取得し子会社に、H24年8月23日にPSRから相武CCを経営する㈱相武カントリー倶楽部の株式を取得し子会社に、H24年12月14日に日本車輌製造㈱の会社分割で設立されたかずさCCを経営する㈱アコーディアAH38の株式を取得し子会社に、H25年2月20日に㈱淺沼組から奈良万葉CCを経営する㈱奈良万葉カンツリー倶楽部の株式を取得し子会社に、アコーディアAH12の会社分割で嬉野CC（18H、三重）をH24年5月1日にNKスティール㈱に売却、アコーディアAH12の会社分割で福島CC（18H、福島）をH24年10月1日にOGIグループに売却、アコーディアAH12の子会社でさいたまGCを経営するアコーディアAH36は取手桜が丘GCから樽前CCまでの子会社8コース・8社を吸収、H25年10月1日に「TROPHIA GOLF（トロフィア・ゴルフ）」ブランドの第1号の石岡GC（18H、茨城）はプレー会員権を100万円で販売しパブリックから会員制に、会社分割でH25年11月1日に周防CC（18H、山口）をタカガワグループの㈱タカガワエージェンシーに売却、H26年1月8日から「EVERGOLF（エバー・ゴルフ）」の第1号として習志野CC空港コースをリニューアルオープン、H26年3月31日に太平洋クラブに運営を全面委託（H17年10月から委託していたラ・ヴィスタGRの運営委託契約を解除しアコーディア・ゴルフの直営と、アコーディア・ゴルフがアセットライトを実施した関係で、アコーディアAH12の関連75コースはH26年8月1日の吸収分割と子会社の独立（アコーディアの直接子会社となる）で新会社のアコーディアAH02は14コースに激減、また75コースの内45コースはアコーディア・ゴルフ・アセット合同会社の所有となりアコーディアグループから「半離脱」、なおアコーディアAH12の子会社でアコーディアの孫会社だった㈱アコーディアAH36を含めAH12のゴルフ場保有子会社はすべてアコーディア・ゴルフの直接子会社となった、会社分割により設立した水府GC（18H、茨城）の承継会社の㈱水府ゴルフクラブの全株式をH28年3月1日に疾測量グループ（山梨県甲斐市）の㈱セフティ・グリーンに譲渡、H28年9月1日に千歳CC（18H、北海道、㈱千歳CC）の全株をバイオシステム㈱（東京都中央区）へ譲渡

＜㈱アコーディアＡＨ36＞　　既11(198)
　　　　　　　　※H25年3月1日にさいたまGCを保有するAH36（旧・㈱埼玉カントリー倶楽部）が他社の事業を承継
①さいたまGC（旧・埼玉GC、18H、埼玉）　②取手桜が丘GC（旧・藤代GC、18H、茨城）
③ニュー南総GC（18H、千葉）　④広島安佐GC（旧・広島中央GC、18H、広島）
⑤南市原GC（旧・天ケ代GC、18H、千葉）　⑥やしろ東条GC（旧・グリーンエースCC、18H、兵庫）
⑦かほGC（旧・嘉穂CC、18H、福岡）　⑧鈴鹿の森GC（旧・鈴鹿の森CC、18H、三重＝旧・アコーディアAH26）
⑨ラ・ヴィスタGR（18H、千葉）　⑩東条パインバレーGC（旧・タイガースGC、18H、兵庫）
⑪相武CC（18H、東京）
▼H30年1月1日付けで8コースの所有会社だった㈱アコーディアAH36が㈱グリーンヴィスタゴルフ倶楽部（ラ・ヴィスタGR、H23年5月9日に国内ファンドから株式を取得）、㈱アコーディアAH37（東条パインバレーGC、H24年4月2日に阪神電鉄及び子会社の共同新設分割で株式を取得）、㈱相武カントリー倶楽部（相武CC、H24年6月12日にＰＳＲから株式を取得）を合併し8コースから11コースに

ゴルフ特信・ゴルフ場企業グループ＆系列【大手専業・２大大手】

＜㈱アコーディアＡＨ38＞　　　既４(99)
　※H24年12月14日に日本車輌製造㈱の会社分割で株式を取得
　①かずさCC（27H、千葉）　②美濃関CC（旧・ボゥヴェールCC、18H、岐阜）　③奈良万葉CC（18H、奈良）
　④スカイウェイCC（18H、千葉）
　▼H30年1月1日付けで㈱アコーディアAH38（かずさCC経営）が㈱岐阜関スポーツランド（美濃関CC=旧・ボゥヴェールCC、H25年10月30日にアコーディアがスポンサーの再生計画案可決）、㈱奈良万葉カンツリ倶楽部（奈良万葉CC、H25年2月20日に㈱浅沼組から株式を取得）、㈱スカイウェイカントリー倶楽部（スカイウェイCC、H27年9月2日に再生計画可決でH27年10月27日付けで株式を取得）を合併し1コースから4コースに

＜㈱アコーディアＡＨ41＞　　　既１(18)
　①岩舟GC（新・IWAFUNE GC、18H、栃木）
　▼H29年12月に全研グループから岩舟GCの所有・運営会社の株式取得で買収・商号を㈱アコーディアAH41に、H30年6月1日リニューアルで「IWAFUNE GC」に名称変更

＜㈱アコーディアＡＨ42＞　　　既１(18)
　①富士の杜GC（18H、静岡）
　▼H30年3月1日に㈱秀地コーポレーション等の株式取得し富士の杜GC（静岡）買収・合併等で商号を㈱アコーディアAH42に

＜㈱アコーディア東関東＞　　　既１(18)
　①麻生CC（新・セントラルGC麻生C、18H、茨城）
　▼兼松系の麻生観光開発㈱と売買契約を行いH30年3月30日に新設会社の株式取得し商号を㈱アコーディア東関東に、H30年7月1日リニューアルで「セントラルGC麻生C」に名称変更

＜㈱アコーディア・ゴルフが親会社の個別企業＞
【成田ゴルフ倶楽部㈱】　※H22年1月18日にGSから成田ゴルフ倶楽部㈱の株式を取得
　①成田GC（18H、千葉）
【㈱グランベール京都ゴルフ倶楽部】　※H26年10月1日のJR西日本の会社分割で取得
　①グランベール京都GC（36H、京都）
　＜その他＞　参考=アコーディア・ガーデン志津C（旧・小田急志津GC、ショートコース、9H、千葉=㈱アコーディアAH39）

＜アコーディア・ゴルフ・アセット合同会社＞　既90(1906)　※H26年8月1日にアコーディアから移管
　★アコーディア・ゴルフ・アセット合同会社　※ＡＧＡ、運営はアコーディア・ゴルフに委託
　　http://www.accordiagolftrust.com/jp/home.html
【元・日東興業、東和ゴルフグループ系】
①伊豆国際CC（18H、静岡）　②ノーザンCC錦ケ原G場（43H=2009年版グループ別から45Hを43Hに調整、埼玉）
③ノーザンCC赤城G場（27H、群馬）　④ノーザンCC上毛G場（18H、群馬）　⑤大平台CC（27H、栃木）
⑥名松・GC（18H、三重）　⑦大沼レイクGC（27H、北海道）　⑧湯の浦CC（18H、鹿児島）
⑨新陽CC（18H、岐阜）　⑩緑野CC（18H、群馬）　⑪青島GC（18H、宮崎）　⑫花の杜GC（18H、宮城）
⑬花生CC（18H、千葉）　⑭藤原GC（27H、三重）　⑮長崎パークCC（18H、長崎）

ゴルフ特信・ゴルフ場企業グループ＆系列【大手専業・２大大手】

⑯別府の森GC(旧・別府ニットーGC、27H、大分)　⑰ツインレイクスCC(18H、群馬)　⑱レインボースポーツランドGC(18H、宮崎)
⑲セントラルGC(36H、茨城)　⑳愛鷹6OOC(18H、静岡)　21セントラルGCNEWC(旧・セントラルGCJ.T.C、18H、茨城)
【元・東和ゴルフグループ（元・東和ランド）】　※H18年1月1日に吸収合併
22皆川城CC(18H、栃木)
【元・播磨興産グループ】　※H18年1月1日に吸収合併される
23愛宕原GC(27H、兵庫)
【元・東海開発㈱】　※H21年3月1日のアコーディアグループの大合併で吸収
24双鈴GC土山C(18H、滋賀)　25双鈴GC関C(18H、三重)　26水戸GC(36H、茨城)　27山陽国際GC(36H、山口)
28佐世保国際CC三川内G場(18H、長崎)　29大和高原CC(18H、奈良)
【元・㈱アコーディアＡＨ23】　※H21年10月1日のアコーディア・ゴルフグループ会社再編で吸収
30広陵CC(27H、栃木)　31甘楽CC(18H、群馬)　32ルート25GC(旧・アイ・ジィ・エーCC、18H、三重)　33白鷺GC(18H、兵庫)
34おおさとGC(18H、宮城)　35喜連川CC(27H、栃木)　36セントラル福岡GC(18H、福岡)　37二丈CC(18H、福岡)
38金沢セントラルCC(18H、石川)　39秩父国際CC(18H、埼玉)　40小田原GC松田C(18H、神奈川)
41フォレストみずなみCC(旧・瑞浪トーカイCC、18H、岐阜)　42ワイルドダックCC(旧・チャーミングRワイルドダックCC、18H、茨城)
43藤岡GC(旧・チャーミングR藤岡GC、36H、群馬)　44関越ハイランドGC(旧・チャーミングR関越ハイランドGC、27H、群馬)
【元・スポーツ振興】※H15年11月30日に会社更生計画認可、H21年10月1日の大合併で㈱アコーディアＡＨ12が吸収
45播磨CC(18H、兵庫)　46大厚木CC本C(27H、神奈川)
47福岡フェザントCC(旧・福岡スポーツ振興CCフェザントC、18H、福岡)　48菊池CC(18H、熊本)
49大厚木CC桜C(18H、神奈川)　50加西CC(旧・スポーツ振興加西CC、18H、兵庫)
51奈良の杜GC(旧・奈良スポーツ振興CC、18H、奈良)　52竹原CC(旧・スポーツ振興竹原CC空港C、18H、広島)
53亀岡GC(旧・亀岡スポーツ振興CC、18H、京都)　54岬CC(18H、大阪)　55天瀬温泉CC(18H、大分)
56泉佐野CC(27H、大阪)　57鴨川CC(18H、千葉)
【元・個別企業経営ゴルフ場】
58レイクフォレストR(旧・レイクフォレストGC、45H、京都)　59彩の森CC(旧・セントヒルズGC、元・ザフォーラムCC、18H、埼玉)
60石岡GCウエストC(旧・西茨城CC、18H、茨城)　61アクアラインGC(旧・CCザ・ファースト、18H、千葉)
62寄居CC(18H、埼玉)　63土浦CC(27H、茨城)　64ハウステンボスCC(18H、長崎)　65サンクラシックGC(18H、岐阜)
【元・東京湾観光㈱系列】　※H16年4月再生計画認可
66東京湾CC(旧・東京湾SCC、27H、千葉)　67成田東CC(旧・成田SCC、18H+9H=建、千葉)
68千葉桜の里GC(旧・千葉SCC、18H、千葉)　69三島CC(旧・三島SCC、18H、静岡)
【元・緑営開発㈱系列】　※H16年4月再生計画認可
70大新潟CC出雲崎C(旧・新潟SCC出雲崎GC、18H、新潟)　71大新潟CC三条C(旧・新潟SCC三条GC、18H、新潟)
72山形南CC(旧・山形SCC、18H、山形)　73妙義CC(旧・妙義SCC、18H、群馬)
74こだま神川CC(旧・児玉SCC、18H、埼玉)　75佐原CC(旧・佐原SCC、18H、千葉)
76玉川CC(旧・玉川SCC、18H、埼玉)
【元・私市グループ】　※H17年6月30日会社更生計画認可、旧・スポーツ振興㈱にH17年10月に吸収合併される
77きさいちCC(27H、大阪)　78加茂CC(36H、京都)　79協和GC(18H、京都)
【元・㈱アコーディアＡＨ22】　※H21年3月1日のアコーディアグループの大合併で旧・スポーツ振興㈱に吸収される
80ヴィレッジ東軽井沢GC(旧・サンランドGC東軽井沢C、18H、群馬)　81十里木CC(18H、静岡)　82本郷CC(18H、広島)
【元・㈱アコーディアＡＨ33】　※H22年4月1日に8コース(8社)を統合
83キャッスルヒルCC(18H、愛知＝旧・城山開発㈱)　84霞GC(18H、三重＝旧・ジー・ケー開発㈱)

- 20 -

85フォレスト芸濃GC（旧・JG芸濃、18H、三重＝旧・有限会社芸濃ゴルフプロパティー）
86四日市の里GC（旧・JG四日市C、18H、三重＝旧・有限会社四日市ゴルフプロパティー）
87大津CC西C（18H、滋賀＝旧・㈱大津カントリークラブ）　88大津CC東C（27H、滋賀＝旧・㈱大津カントリークラブ）
【旧・東愛知ゴルフ倶楽部㈱】
89つくでGC（旧・つくでGC：カムズ、18H、愛知）　90樽前CC（27H、北海道＝旧・㈱アコーディアAH27）
▽H26年8月1日に保有コースの内90コースをアコーディア・ゴルフ・アセット合同会社に譲渡、運営は引き続きアコーディア

《H29年4月2日以降にグループから離脱したゴルフ場》
《H29年4月2日～H30年4月1日にアコーディアグループ入りしたゴルフ場＝法的整理で計画案が可決したゴルフ場含む》
・岩舟GC（新・IWAFUNE GC、栃木）　・麻生CC（新・セントラルGC麻生C、茨城）　・富士の杜GC（静岡）
《H29年4月2日以降にグループから離脱したゴルフ場》
・リベラルヒルズGC（18H＝H23年3月から閉鎖中、福島）がH29年5月16日付けクラブ廃止で保有1コース減
《売却・破産処理等でアコーディア・GSグループから離脱したゴルフ場》
・阿蘇やまなみRホテル&GC（27H、熊本）・佐渡GC（現・ときの郷GC、18H、新潟）
・鹿北GC（18H、熊本）　・猪苗代GC（現・猫魔ホテル猪苗代GC、18H、福島）
・岐阜SCC（現・岐阜スプリングGC、18H、岐阜）　・双園GC児玉C（18H＝建、埼玉）＝H16年にGCEグループへ売却
・沼田SCC（現・GCスカイR、18H、群馬）＝H18年に売却　・那須グリーンCC（27H、栃木）＝H20年11月1日に売却
・双園GC栃木C（18H、栃木）＝H20年8月20日にケービーアイジャパン㈱に売却
・四万十CC（旧・スポーツ振興四万十CC黒潮C、18H、高知）＝H20年9月20日に株式を㈱パーマに売却
・津山GC（旧・スポーツ振興津山CC、27H、岡山）＝H20年12月1日に経営株を㈱フラワ・プロパティに売却
・上宝CC&RH（旧・上宝トーカイCC、18H、岐阜）＝H21年2月2日に経営株を㈱P・T・Cに売却
・栗駒GC（27H、岩手）＝H21年4月6日に会社分割で共栄運輸㈱の高橋一見社長に売却
・播州CC（18H、兵庫）＝会社分割でH21年4月6日にチェリーゴルフグループに売却
・金沢GC（27H、石川）＝会社分割でH21年4月6日にチェリーゴルフグループに売却
・川西GC（18H、兵庫）＝会社分割でH21年11月6日にチェリーゴルフグループに売却
・日光GP：ハルル（現・日光プレミアGC、18H、栃木）＝H23年8月1日に不動産会社の㈱ゼフィアに売却
・東那須CC（現・アイランドGパーク東那須、18H、栃木）＝H23年12月1日にOGIホールディングスグループに
・ヴィレッジ那須GC（18H、栃木）＝H23年12月2日に㈱エコ・24（えこ・にじゅうよん）に売却
・グリーンアカデミーCC（18H、福島）＝H24年3月16日にピエラレジェンヌ㈱に売却
・男鹿GC（18H、秋田）＝H24年3月23日に㈱男鹿興業社に売却
・北陸グリーンヒルG（現・アイランドパーク北陸グリーンヒル、18H、石川）をH24年10月1日にOGIグループに売却
・嬉野CC（18H、三重）をH24年5月1日にNKスティール㈱に売却
・福島CC（18H、福島）をH24年10月1日にOGIグループに売却
・周防CC（18H、山口）をH25年11月1日にタカガワグループに売却
・岡山御津CC（18H、岡山）をH25年12月2日に山陽空調工業㈱に売却
【アコーディアのアセットライト関連】前記掲載の全国90コースをH26年8月1日にアコーディア・ゴルフ・アセット合同会社に売却
・越前CC（18H、福井）をH27年10月1日に㈱ムラタに売却
・水府CC（18H、茨城）をH28年3月1日に㈱セフティ・グリーンに売却
・千歳CC（18H、北海道、㈱千歳CC）の全株をH28年9月1日にバイオシステム㈱（東京都中央区）へ譲渡

ゴルフ特信・ゴルフ場企業グループ＆系列【大手専業・２大大手】

２大大手　平和・ＰＧＭグループ

【平和・ＰＧＭグループ】　既137(2997)　http://www.pacificgolf.co.jp/
　※H23年12月5日付けで、パチンコ・パチスロ機メーカーで一部上場の㈱平和（嶺井勝也社長、東京都台東区1-16-1）が、PGMグループで一部上場のＰＧＭホールディングス㈱（H27年12月15日東証一部上場）の株式をTOBで米国系ファンド系のローンスター（LS）グループなどから取得して連結子会社に、㈱平和はＰＧＭホールディングス㈱の株式を100％取得し完全子会社化（ＰＧＭホールディングス㈱はH27年8月1日上場廃止）
　★ＰＧＭホールディングス㈱（ＰＧＭＨＤ）　田中耕太郎代表取締役社長　資本金127億9100万円
　　［本社］〒110-0015　東京都台東区東上野1-14-7 アイエムタワー　TEL03-4413-8800（代表）
　　［運営会社］パシフィックゴルフマネージメント㈱（PGM、PGMHD連結子会社）　田中耕太郎社長、住所・電話＝PGMHDと同
　　　［会員サービス部］住所＝PGMHDと同　TEL03-4413-8520
　　　※PGMHDの連結子会社でゴルフ場運営（グループ保有137コースとリース・運営受託2コースの計139コースを運営）
　　［資産管理会社］パシフィックゴルフプロパティーズ㈱（PGP、PGMHD連結子会社）田中耕太郎社長、住所・電話＝PGMHDと同
　　　※PGMHDの連結子会社で系列ゴルフ場の保有会社の株式を管理

> H13年4月＝米国投資ファンドのローンスター(LS)グループが日本国内で取得したゴルフ場の運営会社としてパシフィックゴルフマネージメント㈱(PGM)を設立し設立時にLSグループのフォレスト三木GCの運営を受託、受託第1号。H16年12月9日＝LSグループはパシフィックゴルフマネージメント㈱とゴルフ場を保有するパシフィックゴルフプロパティーズ(PGP)等の持株会社としてパシフィックゴルフグループインターナショナルホールディングス㈱(PGGIH)を設立。H17年12月15日＝東証一部上場。H22年7月1日＝PGGIHの商号を現商号のPGMホールディングス㈱(PGMHD)に変更。H23年12月5日＝一部上場の㈱平和がTOBでLSグループ等から80・49％の株式を取得し連結子会社に。H24年4月2日＝PGMグループは竹生社長以下のコンプライアンス問題に端を発した役員間の内紛に関与し、アコーディアとPGMHDとの経営統合も提案したがアコーディアの株主総会(H24年6月28～29日)で否決。H24年11月＝PGMグループはアコーディア株の公開買付け(TOB)も計画したがH25年1月16日不成立。H27年7月29日に上場廃止し、H27年8月1日に㈱平和がPGMHDを完全子会社化（株式交換で割当比率は平和「1」に対してPGMHD「0・54」）。H28年7月25日＝本社を東京都台東区へ移転。H29年7月ハイグレードゴルフ場ブランド「GRAND PGM（グラン・ピージーエム）」当初8コースでスタートし30年7月で11コースに拡大
> 　H30年4月1日現在＝PGMの保有ゴルフ場数は137コース（2997H）。H29年4月1日比較では保有ゴルフ場は5コース増、ホール数は90ホール増となった。H29年4月2日からH30年4月1日までのゴルフ場の動きは福岡レイクサイドCC（福岡）、滋賀GC（滋賀）、東京ベイサイドGC（旧・随縁CC竹岡C、千葉）、南総ヒルズCC（旧・エンゼルCC、千葉）、神戸グランドヒルGC（旧・西宮六甲GC、兵庫）の5コースを取得、売却したゴルフ場はゼロだったが伊勢原CCが27Hから18Hに縮小。H30年4月2日以降のグループ入りないしグループ入り内定はなし（H30年6月時点）。

＜ＰＧＭの運営受託ゴルフ場（グループ外ゴルフ場）＞　※ＰＧＭグループの保有数にはカウントせず
①サンヒルズCC（36H、栃木＝リース契約）　②広島紅葉CC（27H、広島）
▽サンヒルズCCは再生計画に基づきH21年4月1日から運営受託、H27年5月1日から広島紅葉CC（27H、広島）の運営を㈱アジアゲートホールディングスのグループから受託、リース契約のサンヒルズCCはPGMグループのオーナー石原昌幸グループ会長（㈱石原ホールディングス社長）が代表を務めるエンドレス合同会社がH28年7月1日に取得＝リース契約は継続
▼赤穂国際CC（18H、兵庫）はH19年7月にダイワボウからの運営（リース契約）を受託も市川ゴルフ興業への売却でH30年1月末受託終了

ゴルフ特信・ゴルフ場企業グループ＆系列【大手専業・2大大手】

ーーＰＧＭグループの保有ゴルフ場　計１３７コースーー

＜ＰＧＭプロパティーズ㈱(旧・㈱地産)＞　既120(2628)※㈱地産はH15年7月31日更生計画認可、H22年3月31日に㈱地産から商号変更、H22年7月1日にPGMプロパティーズ1㈱を吸収、H23年10月1日にPGMプロパティーズ2㈱を吸収、H29年2月1日にPGMプロパティーズ4㈱、㈱利府ゴルフクラブ、PGMプロパティーズ3㈱、総武カントリークラブ㈱の4社を吸収
①チサンCC銭函(18H、北海道)　②松島チサンCC松島・仙台C(36H、宮城、2011年版から松島チサンCCは2コースカウント)
③松島チサンCC大郷C(18H、宮城、同)　④岡部チサンCC(36H、埼玉)　⑤クリアビューGC&H(旧・大利根チサンCC、18H、千葉)
⑥富士チサンCC(27H、静岡)　⑦名阪チサンCC(45H、三重)　⑧チサンCC北条(18H、愛媛)　⑨チサンCC遠賀(27H、福岡)
⑩チサンCC森山(27H、長崎)　⑪チサンCC御船(18H、熊本)
【旧・ＳＴＴ開発】　※STT開発はH16年12月に地産に吸収合併され解散
⑫千成GC(18H、栃木)　⑬千代田CC(27H、茨城)　⑭グランドスラムCC(27H、茨城)　⑮パーシモンCC(27H、福島)
⑯プレステージCC(36H、栃木)　⑰ピートダイGCロイヤルC(18H、栃木)　⑱ザ・GC竜ケ崎(18H、茨城)
⑲ピートダイGCVIPC(18H、栃木)　⑳富岡CC(18H、群馬)　21ヤシロCC(18H、兵庫)　22ザ・インペリアルCC(27H、茨城)
【旧・日本ゴルフ振興グループ】　※H16年9月30日更生計画認可　H18年6月に㈱地産が日本ゴルフ振興㈱吸収
23東名厚木CC(27H、神奈川)　24中央都留CC(18H、山梨)　25グレート仙台CC(18H、宮城)　26新城CC(27H、愛知)
27岸和田CC(27H、大阪)　28神有CC(18H、兵庫)　29法隆寺CC(18H、奈良)　30岡山国際GC(18H、岡山)
31笠岡CC(18H、岡山)　32柳井CC(27H、山口)　33広島国際GC(18H、広島)　34松山国際GC(18H、愛媛)
35北九州CC(27H、福岡)　36大博多CC(27H、福岡)　37琴平CC(27H、香川)　38グレート札幌CC(18H、北海道)
39宇和島CC(18H、愛媛)　40霞ケ浦CC(18H、茨城)　41グレート岡山GC(18H、岡山)　42尾道GC(18H、広島)
43大分富士見CC(18H、大分)　44レオマ高原GC(18H、徳島)　45関西空港GC(18H、大阪)
【旧・プレミアゴルフ㈱】　※H14年7月再生法成立、H23年1月1日にPGMプロパティーズ㈱に吸収される
46若木GC(18H、佐賀)　47たけべの森GC(18H、岡山)　48桂GC(18H、北海道)　49美浦GC(18H、茨城)
50アークよかわGC(18H、兵庫)　51阿見GC(18H、茨城)　52富貴GC(18H、埼玉)　53大宝塚GC(36H、兵庫)
54大日向CC(27H、栃木)　55サンパーク札幌GC(27H、北海道＝旧・サンパーク㈱)　56扶桑CC(27H、茨城)
57CC・ザ・レイクス(27H、茨城)　58セゴビアGC・イン・チヨダ(18H、茨城)　59枚方国際GC(18H、大阪)
60かさぎGC(旧・大笠置GC、18H、京都)　61木津川CC(27H、奈良)　62ライオンズCC(27H、兵庫)
【旧・ＰＧＭプロパティーズ１㈱(旧・フォレスト三木㈱)＝元・大洋緑化㈱等含む】　※H20年に大洋緑化㈱とPGPAH4㈱を吸収、H22年7月1日にPGMプロパティーズ㈱に吸収される
63フォレスト三木GC(18H、兵庫)　64川越グリーンクロス(27H、埼玉)　65赤坂レイクサイドCC(18H、岡山)
66エヴァンタイユGC(18H、栃木)　67皐月GC鹿沼C(27H、栃木)　68皐月GC佐野C(18H、栃木)
69KOSHIGAYAGC(旧・越谷GC、18H＝H20年11月に36H営業から18Hに、埼玉)
70玉造GC若海C(18H、茨城)　71玉造GC捻木C(18H、茨城)　72皐月GC竜王C(旧・RKB皐月GC竜王C、18H、福岡)
73皐月GC天拝C(旧・RKB皐月GC天拝C、18H、福岡)　74京CC(18H、千葉)　75三日月CC(18H、兵庫)
76丸の内C(18H、千葉)　77ワールドCC熊本C(18H、熊本)　78長太郎CC(18H、千葉)　79貴志川GC(18H、和歌山)
80ローレルバレイCC(27H＝東日本大震災以降18H営業、福島)　81中央道晴ケ峰CC(18H、長野)
82松山ロイヤルGC(18H、愛媛)　83多治見北GC(18H、岐阜)
【旧・モルガン・スタンレー・グループ】　※H23年12月にモルガン・スタンレー・グループからセントレジャーGC亀山、H24年はセントレジャーGC市原、H25年10月1日にセントレジャーGC千葉とセントレジャーGC鞍手を取得
84亀山GC(旧・セントレジャーGC亀山、36H、三重)　85ムーンレイクGC市原C(旧・セントレジャーGC市原、18H、千葉)

ゴルフ特信・ゴルフ場企業グループ＆系列【大手専業・２大大手】

86ムーンレイクGC鶴舞C（旧・セントレジャーGC千葉、18H、千葉）　87ムーンレイクGC鞍手C（旧・セントレジャーGC鞍手、27H、福岡）
　　　　参考＝亀の子ショートコース（9H、ショートコース、三重）

【旧・ＰＧＭプロパティーズ２㈱（元・㈱秦野カントリー倶楽部）】※H23年10月にPGMプロパティーズ㈱が吸収
88秦野CC（18H、神奈川）　89新千歳CC（36H、北海道）　90仙台ヒルズGC（旧・ニューワールドGC、27H、宮城）
91中峰GC（18H、新潟）　92土佐山田GC（18H、高知）　93大山アークCC（18H、鳥取）
94札幌北広島GC（旧・札幌北広島プリンスG場、54H、北海道）　95花の木GC（18H、岐阜）
96名古屋ヒルズGCローズC（旧・セラヴィGCローズC、18H、岐阜）
97イーグルレイクGC（旧・芝山グリーンヒルGC、18H、千葉）　98笠間CC（18H、茨城）　99飯能くすの樹CC（18H、埼玉）
100勝田GC（18H、茨城）　101入来城山GC（18H、鹿児島）　102近江ヒルズGC（旧・近江富士CC、27H、滋賀）
103別府GC（36H、大分）　104成田の森CC（旧・ダイナシティGC成田C、18H、千葉）
105グレースリッジCC（旧・ビックライザックCC、18H、宮城）　106シルクCC（18H、群馬）

☆ＰＧＭプロパティーズ㈱（旧・㈱地産）＝▽㈱地産はH15年7月31日更生計画案認可で正式にLSグループに、STT開発はH16年12月1日付けで地産に吸収合併され解散、H18年夏に日本ゴルフ振興㈱保有の26コース中24コースを吸収等、㈱地産がH22年3月31日に商号変更し「PGMプロパティーズ㈱」に、東日本大震災で被害に遭い閉鎖した松島チサンCC松島・仙台CはH23年9月1日に営業再開したことにより大震災でクローズしたPGMグループのゴルフ場はすべて営業再開、H23年12月20日にモルガン・スタンレー・グループからセントレジャーGC亀山の信託受益権を取得してゴルフ場名を亀山GCに変更、H23年10月1日にPGMプロパティーズ２㈱を吸収して1社で100コースを超えるゴルフ場を保有する会社に、H24年11月30日にセントレジャーGC市原をモルガン・スタンレー・グループから事業譲渡を受けゴルフ場名をムーンレイクGC市原Cに変更、H25年7月5日に那須チサンCC（現・那須CC、18H）を㈱ホスピタリティオペレーションズに売却、H25年10月1日にセントレジャーGC千葉とセントレジャーGC鞍手をモルガン・スタンレー・グループから取得しゴルフ場名を変更、36Hだった越谷GCは江戸川の堤防工事の関係でH23年から変則営業を行ったが新コースが完成しH25年10月から18H営業、越谷GCはH25年10月までにはクラブハウスを解体し新ハウス（BBQレストラン等新スタイルのハウス）の建設に着手しH26年4月26日にゴルフ場名をKOSHIGAYAGCに変更後のH26年6月13日にグランドオープン、H26年5月9日に会社分割できぬがわ高原CC（18H、栃木）を市川ゴルフ興業に売却、H26年7月8日に新設分割で徳山CC（27H、山口）を個人投資家に売却、H27年9月8日にPGP子会社のPGMプロパティーズ㈱の新設分割により設立した㈱フォレスト市川ゴルフ倶楽部にフォレスト市川GC（18H、兵庫）の事業を承継させた上で個人投資家に売却、H29年2月1日にPGMプロパティーズ４㈱、㈱利府ゴルフクラブ、PGMプロパティーズ３㈱、総武カントリークラブ㈱の4社を吸収

【旧・ＰＧＭプロパティーズ４㈱（元・日本ゴルフ振興（沖縄）㈱）】※H29年2月1日にPGMプロパティーズ㈱が吸収
107宮崎国際GC（27H、宮崎）　108PGMGR沖縄（旧・沖縄国際GC、27H、沖縄）
109茨木国際GC（27H、大阪＝旧・国際ゴルフ㈱）　110東広島CC（36H、広島＝旧・東広島ゴルフ振興㈱）
▽宮崎国際GCと沖縄国際GCは旧・日本ゴルフ振興グループ、旧・個別企業保有ゴルフ場＝茨木国際GCはH20年3月25日締切りの書面投票で更生計画案が可決しPGMの傘下に、茨木国際GC・東広島CC・鹿児島シーサイドGCを吸収、H20年7月8日に再生計画案が可決した鹿児島シーサイドGC（現・チェリーG鹿児島シーサイドC、18H、鹿児島）をH23年4月8日にチェリーゴルフグループに売却、H27年4月から沖縄国際GCはコース改造で9Hを閉鎖し18H営業（3年計画でH30年終了予定）、H27年2月1日に茨木国際GCが新クラブハウス建設に着手、H28年4月に沖縄国際GCの新クラブハウス着工、沖縄国際GCは新クラブハウスをH29年4月8日から使用、同日からゴルフ場名は「PGMゴルフリゾート沖縄」へ改称

【旧・ＰＧＰプロパティーズ３㈱（元・イトーピア栃木㈱）】※H29年2月1日にPGMプロパティーズ㈱が吸収
111ハーモニーヒルズGC（旧・イトーピア栃木GC、18H、栃木、PGMプロパティーズ３㈱）
112三木の里CC（18H、静岡＝旧・ジャパンレジャー開発㈱経営）
113アバイディングCGソサエティ（18H、千葉＝旧・㈱ビーアイビーホールディングス経営）
▽伊藤忠商事グループからH21年3月31日にイトーピア栃木GC（旧・イトーピア栃木㈱）を取得しゴルフ場名をハーモニーヒルズGC

に、保有企業名をPGMプロパティーズ3㈱とした上でジャパンレジャー開発㈱(三木の里CC保有、H20年6月27日に株式を河合楽器製作所グループから取得)と㈱ビーアイピーホールディングス(アバイディングCGソサエティ保有、H19年12月19日に株式を前オーナー等から取得)をH21年7月1日に吸収合併する

【旧・総武カントリークラブ㈱(元・総武都市開発㈱)】　※H29年2月1日にPGMプロパティーズ㈱が吸収、H19年8月22日再生計画案可決(H20年4月1日認可決定確定)、H21年に相良CC㈱とイトーピア千葉㈱を吸収

114総武CC総武C(27H、千葉)　115総武CC印旛C(18H、千葉)　116総武CC北C(9H、千葉)
117スプリングフィルズGC(18H、茨城)　118相良CC(18H、静岡=旧・相良CC㈱経営)
119ムーンレイクGC茂原C(旧・ムーンレイクGC、元・イトーピア千葉GC、18H、千葉=旧・PGPAH6㈱、元・イトーピア千葉㈱経営)

▽4コースを経営する総武都市開発はH19年4月3日にPGMグループをスポンサーとして民事再生法を申請、H20年4月1日に認可決定確定となりPGMグループ入り、その総武都市開発㈱は会社分割しゴルフ場事業を引き継いだ総武カントリークラブ㈱の株式をパシフィックゴルフプロパティーズ㈱がH20年6月2日付けで正式に取得、印旛Cはハウス等リニューアルしH21年3月20日にリニューアルオープン、相良CCはH20年3月26日に再生計画案が可決し傘下にし所有の相良CC㈱をH21年7月1日に吸収合併する、伊藤忠商事からイトーピア千葉GCをH21年4月28日M&Aで取得しコース名をムーンレイクGCに変更、ムーンレイクGCを保有するPGP千葉㈱(元・イトーピア千葉㈱)をH21年7月1日に吸収合併する、H22年総武CC総武Cの新ハウス建設に着手、H23年4月22日に総武CC総武Cの新クラブハウスが完成し使用開始、新ハウスはH23年12月にグランドオープン、H25年5月に総武CC総武Cは日本プロゴルフ選手権の会場

【旧・㈱利府ゴルフクラブ(元・伊藤忠グループ)】　※H29年2月1日にPGMプロパティーズ㈱が吸収、H21年3月26日に伊藤忠商事から取得

120利府GC(18H、宮城=㈱利府ゴルフクラブ)

▽伊藤忠商事㈱から利府GCを経営する利府ゴルフクラブ㈱の株式をH21年3月26日に取得、イトーピア栃木GCを経営するイトーピア栃木㈱の株式をH21年3月30日に取得しゴルフ場名をハーモニーヒルズGCに変更、伊藤忠商事㈱からイトーピア千葉GCを経営するイトーピア千葉㈱の株式をH21年4月28日に取得しゴルフ場名をムーンレイクGCに変更、ムーンレイクGC保有会社はPGPAH6㈱となるもH21年7月1日に関連の総武カントリークラブ㈱に吸収される、ハーモニーヒルズGCの保有会社はPGMプロパティーズ3㈱となり、H21年7月1日にPGMグループの他2コースを吸収したためPGMプロパティーズ3㈱の欄に、利府GCは東日本大震災でハウス被害に遭うもH23年7月1日に営業再開

＜PGMプロパティーズ5㈱(旧・東海開発㈱)＞　既10(243)　※H28年10月1日にグループ8社を吸収、H27年7月22日に再生計画可決で
①伊勢原CC(18H=27Hから縮小、神奈川)　②大秦野CC(18H、神奈川)
③神戸グランドヒルGC(旧・西宮六甲GC、18H、兵庫)

▽H27年7月22日にPGPをスポンサーとした民事再生計画案が可決、退会会員への弁済率は54%、継続会員は54%が新預託金に、株式取得日(PGP)・運営開始日はH27年10月1日、H28年10月1日にグループ8社を吸収し傘下ゴルフ場は10コース
▼伊勢原GCはH29年6月から18Hに縮小、PGMプロパティーズ㈱がH29年7月6日競売により西宮六甲GC(18H、兵庫)の不動産を取得・同9月2日神戸グランドヒルGCとしてオープン

【旧・㈱三島ゴルフ】　※H29年2月1日にPGMプロパティーズ5㈱が吸収、H25年10月1日に国際興業㈱から取得
④三島GC(18H、静岡)

▽H25年10月1日に国際興業㈱から取得、会員制だったが会員に順次預託金を返還、三島GCはH28年4月1日に会員募集開始し、パブリック制から会員制に

【旧・アサヒ開発㈱】　※H29年2月1日にPGMプロパティーズ5㈱が吸収、H26年2月27日にPGPが取得し子会社に

⑤あさひヶ丘CC（27H、栃木）
▽H26年2月27日にファンド系企業からM&AでPGPが買収、それまではリソルが運営していた
【旧・笹平ゴルフ㈱】　※H29年2月1日にPGMプロパティーズ㈱が吸収、H26年3月19日にPGPが取得し子会社に
⑥笹平CC（18H、岐阜）
▽H26年3月19日にM&AでPGPが買収、売却した側については未公表
【旧・山岡ゴルフ㈱】　※H29年2月1日にPGMプロパティーズ5㈱が吸収、H26年3月19日にPGPが取得し子会社に
⑦山岡CC（18H、岐阜）
▽H26年3月19日にM&AでPGPが買収、売却した側については未公表
【旧・富津ゴルフ㈱】　※H29年2月1日にPGMプロパティーズ5㈱が吸収、H27年3月17日にPGPが取得し子会社に
⑧総丘CC（18H、千葉）
▽H27年3月17日にPL教団系列の㈱光丘の新設分割で設立された富津ゴルフ㈱の株式をPGPが取得し傘下に
【旧・㈱内原カントリー倶楽部】　※H29年2月1日にPGMプロパティーズ5㈱が吸収、H27年5月15日にPGPが取得し子会社に
⑨内原CC（18H、茨城）
▽H27年5月15日に個人株主から株式を取得
【旧・㈱千葉国際カントリークラブ】　※H29年2月1日にPGMプロパティーズ5㈱が吸収、H27年6月10日に再生計画可決で
⑩千葉国際CC（45H、千葉）
▽H27年6月10日にPGPをスポンサーとした民事再生計画案が可決、退会会員への弁済率は54％、継続会員は54％が新預託金に、株式取得日（PGP）・運営開始日はH27年9月1日
【旧・福岡国際ゴルフ㈱】　※H29年2月1日にPGMプロパティーズ5㈱が吸収、H27年12月1日にPGPが取得し子会社に
⑪福岡国際CC（36H、福岡）
▽H27年12月1日に松尚開発㈱の新設分割で設立の福岡国際CCを承継した福岡国際ゴルフ㈱の株式を取得

＜恵那ゴルフ㈱＞　既1（18）
①ニューキャピタルGC（18H、岐阜）
▽H28年10月14日に㈱ZERO・Managementの会社分割で新設された恵那ゴルフ㈱の株式を取得し傘下に

＜㈱鹿島の杜カントリー倶楽部＞　既1（18）
①鹿島の杜CC（18H、茨城）
▽H28年9月28日可決した民事再生計画に基づき㈱鹿島の杜CCの株式を取得し傘下に

＜㈱滋賀ゴルフ倶楽部＞　既1（18）
①滋賀GC（18H、滋賀）
▼PGMグループをスポンサーとした滋賀GCの更生計画案がH29年2月28日認可決定、PGPが同年5月1日に株式取得

＜福岡飯塚ゴルフ㈱＞　既1（18）
①福岡レイクサイドCC（18H、福岡）
▼福岡レイクサイドCC（福岡）経営の福岡国際リゾート㈱が設立した福岡飯塚ゴルフ㈱の株式をPGPがH29年6月1日取得

＜富津田倉ゴルフ㈱＞　既1（18）
①南総ヒルズGC（旧・エンゼルCC、27H、千葉）
▼エンゼルCCを経営していた森永製菓グループが新設した富津田倉ゴルフ㈱の株式をPGPがH29年7月までに取得（森永側は会員に預託金全額返還）、PGMグループでは同7月3日から南総ヒルズGCに名称変更して運営開始

＜千葉竹岡ゴルフ㈱＞　既1（18）
①東京ベイサイドGC（旧・随縁CC竹岡C、18H、千葉）
▼H29年6月15日にホテルモントレグループ（マルイト系）から新設の千葉竹岡ゴルフ㈱の株式をPGPが取得・同8月8日に東京ベイサイドGコースに変更

《GRAND PGM（グラン・ピージーエム）》　H29年7月スタートのハイグレードゴルフ場ブランド
①総武CC総武C（27H、千葉）　②美浦GC（18H、茨城）　③ザ・GC竜ケ崎（18H、茨城）　④千代田CC（27H、茨城）
⑤セゴビアGCイン・チヨダ（18H、茨城）　⑥プレステージCC（36H、栃木）　⑦PGMGR沖縄（27H、沖縄）
⑧サンヒルズCC（36H、リース契約、栃木）　⑨茨木国際GC（27H、大阪）　⑩桂GC（18H、北海道）　⑪利府GC（18H、宮城）

《H29年4月2日～H30年4月1日にPGMグループ入りしたゴルフ場》
福岡レイクサイドCC（福岡）、滋賀GC（滋賀）、東京ベイサイドGC（旧・随縁CC竹岡C、千葉）、南総ヒルズCC（旧・エンゼルCC、千葉）、神戸グランドヒルGC（旧・西宮六甲GC、兵庫）

《H30年4月2日以降にPGMグループ入りないしグループ入り予定のゴルフ場》
特になし

《過去に売却等でPGMグループから離脱したゴルフ場》
①チサンCC秋田（現・秋田プレステージGC、18H、秋田）＝H17年3月に経営株を㈱パインランドに売却
②桂ケ丘CC（18H、茨城）＝H17年10月17日勝田環境㈱に経営株を売却
③チサンCC黒羽（現・大田原GC、27H、栃木）＝H18年2月1日に㈱染宮製作所の染宮公夫社長に売却
④GCゴールデンウッド（18H、栃木）＝H18年6月末に経営株を個人に売却
⑤常磐CC（現・いわきプレステージCC、18H、福島）＝H18年11月20日に経営株を㈱パインランドに売却
⑥加賀セントラルGC（18H、石川）＝H19年3月30日に経営株を韓国系の米国実業家に売却
⑦グレート旭川CC（18H、北海道）＝H19年8月31日に経営株を㈱須賀ログビルダーに売却
⑧金沢国際GC（18H、石川）＝H21年10月8日に経営株をチェリーゴルフグループに売却
⑨北方GC（18H、宮崎）＝H22年10月8日にチェリーゴルフグループに売却
⑩鹿児島シーサイドGC（現・チェリーG鹿児島シーサイドC、18H、鹿児島）＝H23年4月8日に経営株をチェリーゴルフグループに売却
⑪チサンCC人吉（現・チェリーG人吉C、18H、熊本）＝H23年4月8日に経営株をチェリーゴルフグループに売却
⑫昇仙峡CC（27H、山梨）＝H23年12月5日までに同CCを保有するLSグループがPGMグループから離脱したため消滅
⑬那須チサンCC（現・那須CC、18H）＝H25年7月5日にPGPの新設分割で㈱ホスピタリティオペレーションズに売却
⑭きぬがわ高原CC（18H、栃木）＝H26年5月9日に新設分割で市川ゴルフ興業に売却
⑮徳山CC（27H、山口）＝H26年7月8日に会社分割で東証一部上場会社の代表取締役に売却
⑯フォレスト市川GC（18H、兵庫）＝H27年9月8日にPGP子会社のPGMプロパティーズ㈱の新設分割により設立した㈱フォレスト市川ゴルフ倶楽部に同GC事業を承継させた上で個人投資家に売却

ゴルフ特信・ゴルフ場企業グループ＆系列【大手専業】

Ⅱ 大手専業・準大手専業グループ

大手専業（国内営業中180H以上）

【明智GC・房総CCグループ（旧・富士カントリーグループ）】 既10（297）認（9）
　※各倶楽部は会社別に独立経営
★㈱明智ゴルフ倶楽部（旧・㈱富士カントリー明智ゴルフ倶楽部）　http://akechi-club.com/
　　本部＝〒505-0003　岐阜県美濃加茂市山之上町3300-1　℡0574-23-1188　戸谷隆平社長
★㈱可児ゴルフ倶楽部　http://www.kani-club.jp/
　　〒509-0224　岐阜県可児市久々利221-2　℡0574-64-1111　遠藤広康社長
★㈱房総カントリークラブ　山村章夫社長　http://www.boso-cc.com/
　　〒299-4493　千葉県長生郡睦沢町妙楽寺2300　℡0475-43-0111　山村章夫社長
★㈱笠間ゴルフクラブ　http://www.kasama-club.com/
　　〒309-1602　茨城県笠間市池野辺2523　℡0296-72-8111　牧長一喜社長
＜房総CC・富士C笠間C東京事務所＞　〒104-0031　東京都中央区京橋1-4-11
　　　　　　　　　　　　　　　　房総＝℡03-3275-1302　笠間＝℡03-3275-1465
①明智GC明智G場（旧・富士C明智GC明智G場、54H、岐阜）
②明智GC賑済寺G場（旧・富士C明智GC賑済寺G場18H、岐阜）
③明智GCかしおG場（旧・富士C明智GCかしおG場、18H+9H＝認、岐阜）
④明智GCひるかわG場（旧・富士C明智GCひるかわG場、27H、岐阜）
⑤明智GC荘川G場（旧・富士C明智GC荘川G場、18H、岐阜）
⑥富士C可児C可児G場（54H、岐阜）　⑦富士C可児C美濃G場（27H、岐阜）
⑧房総CC房総G場（36H、千葉）　⑨房総CC大上G場（18H、千葉）　⑩富士C笠間C（27H、茨城）
▽H19年に明智GC5コース経営の㈱明智ゴルフ倶楽部（旧・㈱富士カントリー明智ゴルフ倶楽部）と2コース経営の㈱可児ゴルフ倶楽部（旧・㈱富士カントリークラブ）、2コース経営の㈱房総カントリークラブ、1コース経営の㈱笠間ゴルフ倶楽部は株式の持合いで旧・富士カントリーグループから独立、㈱可児ゴルフ倶楽部他2社で子会社化していた広島西CC（18H、広島）はH19年1月に地元の企業家に経営株を売却し離脱、房総CCはH21年12月に自社が発行する経営株やプレー権付き株式を1株14万2000円で公開買付けを行い、一般の株主会員やグループの明智GC・可児GCから経営株やプレー権付き株式を取得し消却、これにより房総CCのプレー権付き株式は5307株から4393株に減少した

【GCEグループ（熊取谷稔）】 既14（324）建2（36）認1（18）
※会員サポートセンター＝℡050-3733-6820
関連会社にパチンコ機器販売のコスモ・イーシー㈱（東京都台東区東上野2-24-1）
関連企業にマミヤ・オーピー㈱やキャスコ㈱、キャスコ花葉Cの会員権販売はコスモ・イーシー㈱第三営業部（℡03-3527-9558）等
オリムピックナショナルゴルフクラブ㈱（馬場園文章代表取締役、東京都台東区東上野2-9-1、℡050-3733-6823）
①リバーサカワGC（旧・酒匂ロイヤルGC、18H、神奈川）　②ゴールデンレイクスCC（27H、栃木）
③かんなみスプリングスCC（18H、静岡）　④オリムピックナショナルGC EAST（旧・エーデルワイスGC、18H、埼玉）
⑤オリムピックCC（27H、山梨）　⑥オリムピック・スタッフ都賀GC（18H、栃木）
⑦オリムピック・スタッフ足利GC（18H、栃木）　⑧オリムピック・CCレイクつぶらだC（旧・新武蔵CC、18H、埼玉）

⑨双園GC児玉C（18H＝建、埼玉）　⑩オリムピックナショナルGC WEST（旧・鶴ケ島GC、27H、埼玉）
【系列・マミヤＯＳグループ】
　　　※マミヤ・オプティカル・セキュリティシステム㈱　戸澤茂社長　住所はGCEと同、℡06-6944-3611、GCEグループと連動
①ムロウ36GC（旧・室生ロイヤルCC宝池C・室生C、36H、奈良）　②神戸三田GC（旧・三田国際GC、18H、兵庫）
③キャスコ花葉C空港C（旧・キャスコ花葉Cナリタ、元ナリタGC、18H、千葉）
④キャスコ花葉C本C・花葉C（旧・キャスコ花葉C本C、元・小御門CC、45H＝36Hから9H増、千葉）
⑤神戸CC神戸C（旧・神戸CC、18H、兵庫）　⑥神戸CC淡路シーサイドC（旧・野島LGC、18H＝建、兵庫）
⑦神戸北GC（18H＝認、兵庫）
▽神戸CC淡路シーサイドCはH23年4月25日に工事着手も中断、神戸三田GCはH24年3月からベント化で9H営業、神戸CC神戸CはH25年中にオープン予定とするもH25年5月に無届け募集による「会員契約適正化法」違反で行政処分、ミツノグループからナリタGC（18H、千葉）と小御門CC（27H、千葉）をH25年6月に買収・グループ会社のキャスコを冠にして名称変更し会員募集、ヴィレッジC大子GC（18H、茨城）は営業不振と館内配管破裂でH26年1月から閉鎖し会員はグループ8コースを利用、H27年4月6日官報でグループの㈱オー・エス・エー（浅井瑛夫代表取締役、東京都千代田区神田松永町）が吸収分割で足利GC、㈱オー・エス・ティ（浅井代表、東京都豊島区）が吸収分割で都賀GCを承継と公告、建設中だった神戸CC神戸CはH26年7月20日開場、H19年から建設再開の花葉CC（18H計画）は旧・小御門CCと合体（27Hから36Hに）してH26年11月開場（さらに9H増設してH28年に45Hに）、同グループは文京区後楽から事務所移転、グループ中核はパチンコ関連事業等のコスモイーシー㈱（熊取谷稔社長、東京都台東区東上野2-24-1トータテ上野ビル2F）、グループ第1号のゴルフ場会社の㈱ジーシーイー（旧・ゼネラル・コースト・エンタープライズ）はH27年5月11日付けで㈱アール・エス（浅井代表、横浜市神奈川区）に会社分割、ヴィレッジC大子GC（18H、茨城）はメガソーラー転用で既設1コース減、キャスコ花葉C本C・花葉C（45H、千葉）がコース再編成でH28年秋に36Hから9H増でグループH数増加、神戸CC淡路シーサイドCは用地の一部がメガソーラーに転用で事実上ゴルフ場開発断念
▼エーデルワイスCC隣接の鶴ケ島GCを取得・提携したとしてオリムピックナショナルゴルフクラブ㈱が45Hが利用できる共通クラブとしてH29年10月から会員募集開始・2コースとも同年10月5日名称変更

【ＪＧＭ（ロイヤルGC）グループ】　既11（234）　http://www.jgmgroup.co.jp/
　　各ゴルフ場所有＝㈱関東管財マネージメント（遠藤武雄社長　東京都中央区京橋3-4-2　℡03-3573-2828）
　　各ゴルフ場運営＝★㈱ジャパンゴルフマネージメント（JGM、吉澤大造社長、〒104-0004　東京都港区新橋2-21-1　新橋駅前ビル2号館5F　℡03-3289-8111）
①鷹羽ロイヤルCC（18H、福岡）　②JGMやさと石岡GC（旧・JGMGCやさと石岡C、元・やさと国際GC、18H、茨城）
③JGM笠間GC（旧・JGMGC笠間C、元・かさまロイヤルGC、27H、茨城）
④埼玉ロイヤルGCおごせC（旧・JGMおごせGC、18H、埼玉）
⑤JGM宇都宮GC（旧・JGMGC宇都宮C、元・宇都宮ロイヤルGC、18H、栃木）
⑥JGMベルエアGC（旧・JGMGC高崎ベルエアC、元・ベルエアCC、18H、群馬）
⑦美らオーチャードGC（旧・ユニマット沖縄GC、元・大京CC、18H、沖縄）
⑧JGMセベ・バレステロスGC（旧・セベ・バレステロスGC、18H、茨城）　⑨JGM霞丘GC（旧・JGM霞丘CC、元・霞丘CC、27H、茨城）
⑩JGMセベ・バレステロスGCいわき（旧・セベ・バレステロスGC泉C、18H、福島）
⑪JGMサラブレッドGC（旧・サラブレッドCC、36H＝18Hに縮小へ、福島）
▽グアムインターナショナルはH19年5月に取得後クローズしH20年1月にリニューアルオープン、ロイヤルオークCCの経営会社の株式をH20年3月31日に山甚物産グループから取得し大手専業となりグループ名はロイヤルGCからJGMグループに、ロイヤルオークCCはH21年6月から9ホール閉鎖し18ホール営業、H22年9月に東京都港区に施設内ゴルフ施設「JGMゴルフクラブ赤坂スタジオ」開設、H23年9月22日にユニマットグループからユニマット沖縄GCを取得しコース名を美らオーチャードGCに変更、H24年から25年にかけ国内6コースでコース名

称をJGMを冠に統一変更、白金GC(北海道)はグループ入り後18H営業に縮小したため修正、廃業宣言したという㈱トップジャパンサンリョウから茨城のセベ・バレステロスGCと霞丘CCの運営をH25年6月から継承(所有権は不明確)、H25年1月閉鎖で破産となった東宇都宮CC(27H、栃木)をグループ会社が取得も営業再開せずメガソーラー事業に転売、営業不振でH26年3月26日からJGMGC益子C(旧・ましこロイヤルGCましこC、元・ウイルソンロイヤルGCましこC、18H、栃木)を閉鎖しメガソーラーに転換へ、白金GC(北海道)はH26年から営業せず運営から撤退・関連会社申立でコース競売に、運営していたJGMセベ・バレステロスGC(旧・セベ・バレステロスGC、18H、茨城)とJGMGC霞丘C(旧・JGM霞丘CC、元・霞丘CC、27H、茨城)・それにセベ・バレステロスGC泉C(18H、福島)を関連会社の取得でグループ入り、既設1コース減2コース増で11コース・216Hとなり準大手専業から大手専業に移動して掲載、JGMロイヤルオークGC(旧・JGMGC高崎ロイヤルオークC、元・ロイヤルオークCC、18H=旧27H、群馬)はH28年12月末でゴルフ場閉鎖し会員には転籍を案内(グループは再び10コースに)、埼玉ロイヤルGCおごせC(埼玉)とJGMやさと石岡(茨城)はH29年5月に会員権発行会社が会員権の償却を要請し運営のJGMグループが無償でプレー会員権発行し2コース相互利用可に、JGM霞丘GC(茨城)とJGMセベ・バレステロスGC(同)もH28年末から同様に要請
▼グアムインターナショナルCC(18H、グアム)は撤退済みのため削除、H29年9月1日に西山ホールディングスグループからサラブレッドCCを取得・H30年1月にJGMサラブレッドGCに名称変更・同年6月末でオークスC閉鎖しダービーC18Hのみの営業に

【新日本観光グループ】　既9(243)　http://www.shinnihonkanko.co.jp/
　★新日本観光㈱　糸山英太郎代表取締役会長兼社長　資本金16億3298万円
　〒108-0073　東京都港区三田3-7-18　TEL03-3452-3741
①千葉新日本GC(36H、千葉)　②名岐国際GC(36H、岐阜)　③桑名国際GC(36H、三重)
④潮来CC(27H、茨城)　⑤牧野パークG場(18H、大阪)　⑥明石GC(18H、兵庫)
⑦大神戸GC(36H、兵庫)　⑧新奈良GC(18H、奈良)　⑨浦和GC(18H、埼玉)
▽H20年4月1日付けで糸山英太郎代表取締役会長兼社長が代表取締役社主となり、後任の代表取締役社長に長男の糸山太一朗取締役が就任、糸山太一朗社長はH25年までに退任、H26年10月に新日本ホールディングス㈱を創立、新日本観光㈱が子会社に

【太平洋クラブ(マルハングループ)】　既17(333)　http://www.taiheiyoclub.co.jp/
【太平洋クラブ】　※H24年1月23日に民事再生法申請、再生計画案成立せず、H24年10月31日に更生手続開始、H25年10月31日に更生計画認可
　★㈱太平洋クラブ　韓俊代表取締役社長　資本金25億円
　〒105-0013　東京都港区浜松町1-31　文化放送メディアプラス6F　TEL03-6430-2031
＜太平洋クラブ会員単独利用＞　※太平洋C市原CはH26年7月1日からクラブ・アソシエイツ両会員共用に
①太平洋C軽井沢R(旧・太平洋C軽井沢C、36H、群馬)　②太平洋C相模C(18H、神奈川)
③太平洋C御殿場C(18H、静岡)　④太平洋C六甲C(18H、兵庫)　⑤太平洋C御殿場ウエスト(18H、静岡)
⑥太平洋C成田C(18H、千葉)⑦太平洋C宝塚C(旧・東宝塚GC、18H、兵庫)
＜太平洋クラブ会員と太平洋アソシエイツ会員の共用＞　※太平洋A及び太平洋C&AはH26年7月1日から太平洋Cの冠に統一
①太平洋C高崎C(旧・太平洋C&A高崎C、18H、群馬)
②太平洋C益子PGAC(旧・太平洋C益子C=H27年6月1日名称変更、18H、栃木)
③太平洋C有馬C(旧・太平洋C&A有馬C、18H、兵庫)
④太平洋C札幌C(旧・太平洋C&A札幌C、27H、北海道)
⑤太平洋C白河R(旧・太平洋C&A白河R、18H、福島)

⑥太平洋C江南C（旧・太平洋C&A江南C、元・江南バードレイクCC、18H、埼玉）
⑦太平洋C美野里C（旧・太平洋C&A美野里C、元・美野里GC、18H、茨城）
⑧太平洋C市原C（18H、千葉＝H27年からアソシエイツ会員利用可能に）
＜クラブ会員とアソシエイツ会員の共用＞　※H26年7月1日から両会員共用、同時に名称も新名称に
①太平洋C佐野ヒルクレストC（旧・太平洋A・佐野ヒルクレストC、元・ヒルクレストGC、18H、栃木）
②太平洋C大洗シャーウッドC（旧・太平洋A・大洗シャーウッドC、18H、茨城）
　　　＜参考・レシプロ契約の海外ゴルフ場＝会員同士相互交流提携＞
　　　①ザ・クリアウォーターベイG&CC香港（中国・香港）　②ザ・ナショナルGC（豪）　③ザ・ロイヤルコロンボGC（スリランカ）
　　　④GCビエラ・ベトゥーレ（イタリア）　⑤クアラルンプールG&CC（マレーシア＝H28年1月から）
　　　⑥ザ・シンガポール・アイランド・CC（シンガポール＝H28年2月から）
　　　⑦アマタスプリングCC（タイ＝H28年6月から）　⑧コモンウェルスGC（豪＝H28年11月から）
　　　⑨エミレーツGC（UAE・ドバイ＝H29年2月から）　⑩ドバイ・クリーク（UAE・ドバイ＝H29年2月から）
　　　⑪ヤスリンクス（UAE・アブダビ＝H29年2月から）
　　　マカオG&CC（中国・マカオ＝案内は休止）　H29年11月からハワイの8クラブ・30年から仏3コースと優待提携契約
▽H24年1月23日に㈱太平洋クラブ他6社が民事再生法を申請、㈱アコーディア・ゴルフをスポンサーとしたプレパッケージ型だが、会員等が反発、H24年10月3日に再生計画案を決議する債権者集会が開かれたが、会員の反対で否決され再生手続き廃止に、会員有志が債権者集会前に申し立てていた会社更生法の適用を東京地裁が採用し、H24年10月31日に更生手続開始、スポンサーは最終的に太平洋クラブの担保権付き債権を確保し会員組織も推薦したマルハンとH25年5月13日にスポンサー契約を締結、H25年10月28日に更生計画認可決定で㈱マルハン系列となり再出発、理事会を一般社団法人化、ゴルフ場所有会社は㈱太平洋クラブに合併し統一、運営受託・利用提携のラ・ヴィスタGR（18H、千葉、保有は㈱アコーディア・ゴルフ）はH26年3月末で運営受託契約解消し会員の利用契約もH26年8月末で終了、太平洋Cを冠にゴルフ場名称を変更統一し、H26年7月1日から太平洋クラブ会員の利用ゴルフ場が国内2コース（佐野ヒルクレストCと大洗シャーウッドC）プラスとなり計17コース（㈱太平洋クラブの全保有コース）に、H27年1月からアソシエイツは1コース（市原C）追加で国内10コース利用可に、H27年1月からプレー会員権で太平洋クラブ会員540万円・アソシエイツ会員324万円等の募集開始、H28年1月以降に海外レシプロ契約を増やす、太平洋クラブはH29年3月6日から同9月末の予定で一時名変再開
▼H29年8月から12月末まで追加会員募集、H30年1月下旬から7月にかけ営業しながら御殿場Cのコース改修、H30年1月2次募集・既存会員も年会費改定、仏の3コースと優待提携契約、同4月から9月末まで名変再開

【デイリー社グループ】　既9（189）　http://www.dailysha.com/
★㈱デイリー社　北村守代表取締役会長　※ゴルフ場は関連会社で独立経営
　〒550-0012　大阪市西区立売堀3-6-17　TEL06-6533-3345
①名阪ロイヤルGC（18H、三重）　②京阪CC（旧・京阪ロイヤルGC、27H、滋賀）　③青森ロイヤルGC（18H、青森）
④岐阜国際CC（18H、岐阜）　⑤デイリー瑞浪CC（旧・ベルエナG、18H、岐阜）　⑥デイリー郡上CC（旧・郡上高原CC、27H、岐阜）
⑦吉川ロイヤルGC（旧・Gパーク吉川GC、18H＝27Hから縮小、兵庫）　⑧スーパーGCC（18H、栃木）
⑨デイリー信楽CC（旧・Gパーク信楽GC、27H、滋賀）
▽旧・ニチゴのゴルフ場事業を大阪日日新聞経由でデイリー社が承継、海外のニチゴR&CC（27H、タイ）は現地法人が破産法に基づく管財人管理となりグループから離脱、名阪ロイヤルGCはH25年9月にグループ支援の再生計画認可、H26年4月から閉鎖の紀泉CC（旧・紀泉ロイヤルGC、18H、和歌山）を経営する紀泉カントリー㈱は清算する方向、会員は転籍で同CCは廃業との判断でグループゴルフ場から外し1コース減に、吉川ロイヤルGC（兵庫）はH27年5月から三田C（9H）閉鎖しグループでH28年6月からメガソーラー稼働開始

ゴルフ特信・ゴルフ場企業グループ＆系列【準大手専業】

準大手専業　（国内営業中90H以上、180H未満）

【朝日コーポレーショングループ】　既7(162)

★㈱朝日コーポレーション　手塚寛社長　※運営統括
〒107-0052　東京都港区赤坂3-15-4　AKASAKAバリ島ビル4F　TEL03-5549-7701
①東我孫子CC(27H、千葉)　②足利CC(36H、栃木)　③美岳CC(27H、岐阜)　④守礼CC(18H、沖縄)
⑤フォレスト旭川CC(18H、北海道)　⑥函館シーサイドCC(18H、北海道)
＜系列＞①こぶしGC(18H、岐阜)

▽H13年8月に朝日観光グループから独立、朝日コーポ4コースと朝日観光グループとの提携利用は継続、H15年12月に函館シーサイドCCとこぶしGCを取得、函館シーサイドCCは中間法人の設立等を会員に提案しH16年10月15日に中間法人設立、こぶしGC経営の㈱こぶしGCはH16年11月再生法申請しH17年7月5日に再生計画案可決、H20年3月19日にJALグループからフォレスト旭川CCを経営する旭川リゾート開発㈱の株式を取得し傘下に、東我孫子CCの新クラブハウスはH25年9月にグランドオープン、フォレスト旭川CC(北海道)は償還問題で再生法申請しH26年3月自主再建型の再生計画認可、H27年2月1日付けで㈱朝日コーポレーションが旭川リゾート開発㈱等を合併しフォレスト旭川CCを直営に、㈱朝日コーポレーションの手塚寛社長がH29年5月日本ゴルフ場経営者協会(NGK)の理事長に就任

【熱海ゴルフ（熱海倶楽部グループ）】　既8(135)　http://www.atamigolf.jp/

★㈱熱海ゴルフ　中西宏之代表取締役
〒413-0002　静岡県熱海市伊豆山1171　TEL0557-82-5335(熱海GC)
①熱海GC(9H、静岡)　②高崎KGCC(18H、群馬)　③ミッションヒルズCC(18H、埼玉)　④金砂郷CC(18H、茨城)
⑤琵琶池GC(旧・25メンバーズC琵琶池C、18H、栃木)　⑥箱根くらかけG場(18H、神奈川)
⑦熱海C東軽井沢GC(旧・松井田妙義GC、元・東軽井沢GC、18H、群馬)　⑧吉井南陽台GC(18H、群馬)

▽㈱熱海ゴルフを設立し昭和14年開場の熱海GCを買収しH15年7月から営業、高崎KGCCはH18年11月7日に再生計画認可決定確定で㈱ニコフ系列から熱海ゴルフの傘下に、破産会社からH22年9月にミッションヒルズCC(埼玉)を買収、更生手続中のパシフィックホールディングス㈱(PHI)傘下のPSRからH23年3月に金砂郷CC(18H、茨城)琵琶池GC(旧・25メンバーズC琵琶池C、18H、栃木)箱根くらかけG場(18H、神奈川)松井田妙義GC(旧・東軽井沢GC、18H、群馬)吉井南陽台GC(18H、群馬)の計5コースを取得し全体で8コースとなる、松井田妙義GCをH26年4月から熱海C東軽井沢GCに名称変更

【エビハラスポーツマングループ】　既6(126)

★エビハラスポーツマン㈱　海老原寿人社長　資本金5000万円
〒104-0061　東京都中央区銀座8-12-10　銀座槙町ビル8F　TEL03-3248-8282
①水戸グリーンCC山方C(18H、茨城)　②夏泊GL(18H、青森)
＜系列＞①松ケ峯CC(27H、新潟)　②球磨CC(27H、熊本)　③びわの平GC(18H、青森)
④津軽高原G場(18H、青森)

▽エビハラスポーツマン㈱はH18年2月17日再生法申請、再生法申請した同社の直営は水戸グリーンCC山方C・同照田Cと夏泊GLの3コースでH18年9月7日に自主再建型の再生計画認可決定を受ける、津軽高原G場(18H、青森)をウインターガーデン・リゾーツ㈱の会社分割でシティグループからH21年3月30日取得し1コース増、東京本社事務所移転、球磨CC経営の㈱球磨カントリー倶楽部はH26年9月自主再建型の再生計画認可、水戸グリーンCC照田C(27H、茨城)はH28年12月末で閉鎖しメガソーラー事業用に転売しゴルフ場1カ所減

【鹿沼ｸﾞﾙｰﾌﾟ】　既4(126)　http://www.kanuma-g.com/
　　★鹿沼ｸﾞﾙｰﾌﾟ　福島範治代表
　　〒322-0532　栃木県鹿沼市藤江町1548-61　TEL0289-71-1031＝本部
①鹿沼CC(45H、栃木)　②鹿沼72CC(45H、栃木)　③富士御殿場GC(18H、静岡)　④栃木ケ丘GC(18H、栃木)
▽鹿沼ｸﾞﾙｰﾌﾟの4社(富士御殿場GCのｻﾝﾕｳ産業除く)はH16年3月31日に再生法、自主再建型の再生計画案はH16年11月9日成立、鹿沼72CCは増設27Hの許認可をH17年中に取下げ、鹿沼CCはH21年3月24日にISO9001の認証取得

【静岡ｶﾝﾄﾘｰｸﾞﾙｰﾌﾟ】　既4(91)　http://www.scg.jp/
　　★㈱東興　川村裕二相談役、川村憲久社長　資本金5000万円　※ゴルフ場毎に別会社
　　〒427-0193　静岡県島田市船木503-1　TEL0547-38-1255＝本部
①静岡C島田GC(18H、静岡)　②静岡C浜岡C&H(37H、静岡)　③静岡C袋井C(18H、静岡)
④三河CC(18H、愛知)
▽静岡C浜岡C&HはH21年8月下旬から3名無記名式等3種類の会員募集も休止、ｸﾞﾙｰﾌﾟの「日本平ﾎﾃﾙ」は全面建替えでH24年9月にｵｰﾌﾟﾝ(80室)

【信和ｺﾞﾙﾌｸﾞﾙｰﾌﾟ】　既7(162)　http://www.shinwagolf.co.jp
　　★㈱信和ｺﾞﾙﾌﾒﾝﾃﾅﾝｽ(ｸﾞﾙｰﾌﾟ7ｺｰｽの運営)　國府宏匡社長　資本金1000万円
　　〒604-0903　京都市中京区河原町通夷川上ﾙ指物町328　増井ﾋﾞﾙ　TEL075-253-6511
※8ｺｰｽの運営受託会社、信和ｺﾞﾙﾌ㈱は信楽CCの2ｺｰｽと瑞陵GCを保有、その他は各法人保有
①信楽CC杉山C(27H、滋賀)　②信楽CC田代C(18H、滋賀)　③滋賀CC(18H、滋賀)　④ｼﾞｬﾊﾟﾝｸﾗｼｯｸCC(36H、三重)
⑤ｺﾞｰﾙﾃﾞﾝﾊﾞﾚｰGC(18H、兵庫)　⑥ﾁｪﾘｰﾋﾙｽﾞGC(27H、兵庫)　⑦瑞陵GC(18H、岐阜)
▽信和ｺﾞﾙﾌ㈱ｸﾞﾙｰﾌﾟ5社は自主再建型の再生計画がH17年9月26日認可、ﾊﾟｲﾝﾚｰｸGC(18H、兵庫)はH18年3月15日再生計画案認可決定で業務委託契約やｸﾞﾙｰﾌﾟ利用も解消しその後ｸﾞﾙｰﾌﾟ外に、H26年5月10日に金秀ｸﾞﾙｰﾌﾟの喜瀬CC(沖縄)と会員の交流で協定締結、関西の計7ｺｰｽ(ｼﾞｬﾊﾟﾝｸﾗｼｯｸは2ｺｰｽとｶｳﾝﾄ)144Hを会員料金でﾌﾟﾚｰできるｺﾞｰﾙﾄﾞﾒﾝﾊﾞｰ募集

【鈴鹿CC(名阪観光)ｸﾞﾙｰﾌﾟ】　既3(90)　※関連で東京ドイツ村(千葉)も運営
　　★明和興産㈱　古村純子社長　〒460-0022　名古屋市中区金山1-7-13　TEL052-322-9371
①鈴鹿CC(54H、三重)　②ｾﾝﾄﾚｲｸｽGC(18H、三重)　③ｼｰﾀﾞｰﾋﾙｽﾞCC(18H、岐阜)
▽系列会社でﾊﾟﾁﾝｺﾎｰﾙ経営の明和興産㈱がH17年2月に再生会社からｼｰﾀﾞｰﾋﾙｽﾞCCを買収

【北陸観光開発】　既2(90)　http://www.katayamazugc.co.jp/
　　★北陸観光開発㈱　温井伸社長　資本金6億3335万円
　　〒922-0401　石川県加賀市新保町ﾄ1-1　TEL0761-74-0810
①片山津GC片山津G場(54H、石川)　②片山津GC山代山中G場(36H、石川)

【松岡ｸﾞﾙｰﾌﾟ(松岡茂)】　既5(144)
　　★東和開発㈱　松岡敏和社長　資本金4500万円(ﾚｲｸｸﾞﾘｰﾝGC、ﾜｰﾙﾄﾞﾚｲｸGC経営)　※ゴルフ場毎に独立採算
　　〒505-0112　岐阜県可児郡御嵩町美佐野字押山2652-1　TEL0574-67-5555(ﾚｲｸｸﾞﾘｰﾝGC)

ゴルフ特信・ゴルフ場企業グループ＆系列【準大手専業】

①日本ラインGC（36H、岐阜）　②春日井CC（36H、愛知）　③レイクグリーンGC（36H、岐阜）　④オールドレイクGC（18H、愛知）
⑤ワールドレイクGC（18H、岐阜）
▽むらさき野CC（18H、岐阜）とさくらCC（18H、岐阜）経営の㈱やおつはH19年9月10日再生法を申請し自主再建型の計画案がH20年3月11日認可決定、役員・会員・従業員で株式を取得し松岡グループから離脱、鷲ケ岳高原GC（18H、岐阜）はH25年3月21日にスキー場等経営で志賀高原CCを保有する㈱マックアースに売却、松岡茂氏は会長を退任

【山田グループ】　既6（117）　http://www.yc21.co.jp/
　★㈱山田クラブ21　成元善一社長　資本金1億円　※運営・管理統括、ゴルフ場はそれぞれ独立
　〒150-0002　東京都渋谷区渋谷2-10-6　山田青山ビル　TEL03-5467-0117
①日立高鈴GC（18H、茨城）　②万木城CC（27H、千葉）　③南茂原CC（18H、千葉）
④レイク相模CC（18H、山梨）　⑤平成C鉢形城C（18H、埼玉）　⑥山田GC（18H、千葉）
＜関連＞21センチュリーC富岡C（18H、群馬）
▽山田地建からグループ名表記を変更、山田グループ6コース（21センチュリーC富岡C除く）の会員に株主転換での共通会員制移行を提案（H15年5月）し「山田クラブ21」として発足、6コース共通の株主会員権をH18年12月～H19年3月にかけ352・5万円で募集、H19年7月に共通の株主会員募集を再開、山田クラブ21はH21年5月15日から名変を開始

【レイクウッド・グループ・日土地グループ】　既6（171）　http://www.lake-wood.co.jp
　★㈱レイクウッドコーポレーション　高野直人社長　資本金4億8000万円　運営＝レイクウッドゴルフサービス㈱
　〒259-0105　神奈川県中郡大磯町黒岩169（レイクウッドGC内）　TEL0463-72-9132
①平塚富士見CC（36H、神奈川）　②レイクウッドGC（36H、神奈川）　③レイクウッドGCサンパーク明野C（18H、山梨）
④レイクウッドGC富岡C（旧・富岡レイクウッドGC、27H、群馬）　⑤レイクウッド大多喜CC（旧・大多喜CC、27H、千葉）
⑥レイクウッド総成CC（旧・総成CC、27H、千葉）
▽湘南観光開発はH16年に特別清算申請、H17年1月25日協定案成立、㈱レイクウッドコーポレーションがゴルフ場事業継承、スポンサー先はみずほ銀行親密企業の日本土地建物㈱とその系列会社、清水建設・損保ジャパン・伊藤忠商事等に、特別清算の大多喜CCをH23年5月10日付けで新設会社の㈱レイクウッド大多喜が事業を継承しレイクウッド大多喜CCに名称変更、特別清算の協定案は同10月12日付けで認可、H23年11月11日に民事再生法を申請した総成CCのスポンサーとなる、総成CCはH24年5月18日再生計画案可決でコース名をレイクウッド総成CCに、H26年11月1日付けで代表取締役が中村和夫氏から高野直人氏に交代

Ⅲ 専業グループ

【アーマット（旧・烏山城CC）グループ】　既1（18）
①ミッションバレーGC（18H、福岡）
▽烏山城CC（H15年8月末に再生計画案が可決）が離脱したためグループ名表記をアーマットグループに変更

【あいがわＧＣ】　既1（9）
①あいがわGC（旧・あいがわCC、9H=H20年1月に18H営業から9H営業に、大阪）
▽あいがわCCは用地問題等でクラブの移転を計画、るり渓GCを阪急電鉄㈱からH18年11月17日に買収、あいがわCCの会員はるり渓GCに移籍へ、あいがわCCはH20年1月6日で18Hの営業を終了し同年1月10日からイン9Hパブリック運営により営業を再開（あいがわゴルフコースへ改称）、H19年10月からH20年3月末にかけて移籍手続き、るり渓GC（27H、京都）をH23年9月30日に㈱ユナイテッドパーク（京都市左京区）に経営権譲渡しグループは1コースに縮小

【青葉ゴルフ】　既2（36）認（18）
　　★㈱青葉ゴルフ　竹村元博社長
　　〒980-0811　仙台市青葉区大町2-2　TEL022-223-0258
＜青葉ゴルフ＞①仙台ハイランドCC（18H、宮城）　②ミヤヒル36GC（18H+18H=認、宮城）
＜関連・㈱西仙台ゴルフ場＞　仙台市青葉区芋沢横向山33西仙台CC内　TEL022-394-2109
①西仙台CC（18H=27Hから縮小、宮城）　②OISHIDAGC（18H、山形=賃貸）
▽㈱青葉ゴルフはH18年5月24日に再生法を申請、H19年7月17日に自主再建型の再生計画認可決定、東日本大震災で宮城県3コース被災するもH23年4月9日までに営業再開、OISHIDAGCはH25年4月から㈱ウォータヴァリ（水谷徳夫社長、副社長は新関善美プロ）に5年間賃貸、青葉ゴルフと西仙台G場は分離し青葉ゴルフのオーナーは髙橋英人氏、西仙台CCは髙橋成幸（宏政）代表に、西仙台CCはH28年3月から9H閉鎖し18H営業・閉鎖9Hは太陽光発電用地に賃貸

【青山GC】　既2（36）
①青山GC（18H、兵庫）　②龍野クラシックGC（18H、兵庫）
▽青山GCを経営する青山開発㈱はマンション経営等の白鳥開発㈱とH27年に合併

【朝日開発】　既1（27）
①平尾CC（27H、愛知）
＜関連＞ウッドフレンズ森林公園G場（旧・森林公園G場、36H、愛知）
▽戸建住宅等のウッドフレンズ等とともにPFI事業で愛知県からH19年4月1日に森林公園G場の運営を20年間受託、森林公園G場は運営会社に主体で出資のウッドフレンズが県のネーミングライツに応じH25年4月から3年間社名を冠に、計画していたバードレイクGC（12H+6H=建、愛知）はH25年3月31日をもって閉鎖しメガソーラーに転換（会員は平尾CCに移籍）

【朝日観光グループ】　既3（54）　http://www.asahi-kanko.co.jp
　　★朝日観光㈱　中野渡正樹代表　※保有する修善寺CCは別運営に
　　〒247-0052　神奈川県鎌倉市今泉5-1026（鎌倉CC内）　TEL0467-43-1367　会員課=TEL0467-43-1391
①鎌倉CC（18H、神奈川）　②鎌倉PG場（18H、神奈川）　＜㈱修善寺CC＞③修善寺CC（18H、静岡）

ゴルフ特信・ゴルフ場企業グループ＆系列【専業】

▽旧・朝日グループの東我孫子CC等4コースは新設の㈱朝日コーポレーションが承継しH13年に独立も提携利用関係は継続、H21年5月21日付けで霞丘CC（27H、茨城）セベ・バレステロスGC（18H、茨城）セベ・バレステロスGC泉C（18H、福島）を保有する常陸開発㈱の全株式をトップジャパングループに売却、その結果グループゴルフ場は3コースとなり準大手専業から専業に、修善寺CC運営の㈱修善寺CC（手塚俊代表）設立しH23年10月から運営移管・修善寺CCはH24年4月ハウスリニューアル、鎌倉PG場はH27年4月クラブハウスリニューアル、運営等統括の朝日観光㈱はH28年7月1日付けで中野渡正樹代表取締役に交代

【旭国際グループ】　既3（72）　http://www.asahi-group.co.jp
　★旭国際開発㈱　河崎久美代表取締役　資本金1000万円　※H18年12月再生計画認可
　〒669-1204　兵庫県宝塚市長谷字道谷6-15　TEL0797-91-1471
　①旭国際宝塚CC（18H、兵庫）　②旭国際浜村温泉GC（36H、鳥取）　③旭国際姫路GC（18H、兵庫）
▽5コース経営の旭国際開発㈱の再生計画案はH18年12月に認可決定、同計画案により旭国際東條CC（現・東条の森CC東条Cと東条の森CC大蔵Cに分割、45H、兵庫）と宇城CC（現・東条の森CC宇城C、18H、兵庫）の2コース（現3コース）はファンドのアマンテスG&RにH19年3月末売却し旭国際グループは3コースに

【亜細亜観光】　既2（45）
　①アジア下館CC（18H、茨城）　②アジア取手CC（27H、茨城）

【安達事業グループ】　既3（54）　http://www.adachiweb.com/
　★㈱東京商事　安達暁子代表　※ゴルフ場は個別に独立経営・グループ本社＝TEL03-5155-7337
　〒169-0051　東京都新宿区西早稲田3-14-3　早稲田安達ビル　TEL03-5155-7312（ゴルフ事業部）
　①大沼国際CC（18H、北海道）　②東条湖CC（18H、兵庫）　③プリンスランドGC（18H、群馬）
▽専門学校・ホテル・テーマパーク等も展開する安達事業グループ、H20年秋に筑波国際CC（18H、茨城）とトーヨーCC（18H、千葉）を北海道・函館の実業家に売却、サンモリッツCC（27H＝H27年12月21日から閉鎖、栃木）はH21年4月1日付けで松本秋夫氏が新オーナーとなりグループ離脱（松本氏は㈱山一商事を経営し同CCを産廃処分場に転用とH26年9月説明会開く）、H21年4月頃に栃の木CC（18H、栃木）経営の東日本興産㈱と上武CC（27H、群馬）経営の上信レジャー開発㈱の株式を横浜市在住の木村圭一氏（ファンド系）に売却し木村氏が両ゴルフ場の代表取締役となる、同時期に木曽御岳CC（36H、長野）はゴルフ場施設を木村氏に売却（木曽御岳CCの経営会社は㈱安達・グリーンワールドから㈱木曽御岳観光開発＝木村代表に、その後代表者交代し同CCを運営委託し自己破産決議）、その結果グループゴルフ場は3コースとなり準大手専業から専業に、旧関連の栃の木CC（18H、栃木）と上武CC（27H、群馬）の経営会社がH23年12月21日自己破産申請

【厚木国際CCグループ】　既1（36）
　①厚木国際CC（36H、神奈川）
▽厚木国際CCはH26年2月19日から9Hずつ閉鎖し東C大改造・H31年9月まで27H営業、ハワイカイGC（18H、ハワイ）はH27年9月米国企業へ売却

【姉ケ崎CCグループ】　既3（72）　http://www.heiwanosan.co.jp/
　★平和農産工業㈱　菅千太郎社長
　〒104-0061　東京都中央区銀座7-5-4　毛利ビル6F　TEL03-3573-3322　TEL3572-1188（立野クラシック）
　①姉ケ崎CC（36H、千葉）　②立野クラシックGC（18H、千葉）　③セブンミリオンCC（18H、福岡）

【あららぎCCグループ】　既2(45)　※ゴルフ場はそれぞれ独立経営
①あららぎCC(旧・あららぎ高原CC、18H、長野＝東名サービス43％出資)　②名倉CC(27H、愛知)

【有馬ロイヤルGC(レジェンド)グループ】　既2(54)　※H15年9月に自主再建型の計画案で成立
①有馬ロイヤルGC(36H、兵庫)　②ジャパンメモリアルGC(18H、兵庫)

【池田CCグループ】　既1(27)
①池田CC(27H、大阪)
▽ウエストワンズCC(18H、兵庫)CC経営の㈱ウエストワンズは川島グループをスポンサーとする再生計画案がH26年7月18日成立しグループ1コースに

【伊豆にらやまCCグループ】　既2(45)
①伊豆にらやまCC(27H、静岡)　②いわむらCC(18H、岐阜)
▽いわむらCC経営の岩村観光開発㈱はH21年2月5日再生法申請、H21年9月1日に自主再建型の再生計画認可決定となり預託金は事実上永久債に
▼いわむらCC(18H、岐阜)はH30年3月1日に経営の岩村観光開発㈱の代表者が交代

【岩手中央観光】　既2(45)
　★岩手中央観光㈱　前川浩社長　資本金2億7000万円
　〒020-0054　岩手県盛岡市猪去釈迦堂44-3(盛岡ハイランドCC内)　℡019-656-2531
①八幡平CC(18H、岩手)　②盛岡ハイランドCC(27H、岩手)
＜関連＞ローズランドCC(18H、岩手)
▽H25年に不動産業でショートコース運営のみどりG場を経営する岩手緑産業㈱と合併

【インターファイヴグループ】　既3(54)海3(93)
　※3コースとも別会社設立し株主・預託金併用制に　㈱インターファイヴ　℡052-702-8000
①茶臼山GC(18H、長野)　②秋葉GC(18H、愛知)　③ブナの嶺GC(18H、長野)
＜海外＞①サザンウッドGC(18H、米)　②シュガーミルウッドCC(27H、米)　③ワールドウッドGC(48H、米)
▽国内3コースは新会社3社を設立しH14年9月に経営移行、会員に株式51％を無償譲渡し株主預託金併用制に

【恵庭開発グループ】　既3(63)
　★恵庭開発㈱　柴田和徳会長、柴田陽子社長
　〒065-0008　札幌市東区北8条東11-1-5　℡011-733-8811　恵庭CC＝℡0123-33-0001
①恵庭CC(27H、北海道)②登別CC(18H、北海道)
＜運営受託＞マオイGR(27H、北海道)
＜伊達観光開発＞
①伊達CC湘南C(18H、北海道)　＜運営受託＞ニューしのつG場(18H、北海道)
▽恵庭開発㈱は柴田和徳社長が製版業のコスモグラフィック(名古屋市)を母体にH15年に発足し恵庭CCを買収し再建、スポンサーとなった登別リゾート開発㈱の民事再生計画がH23年3月に可決し登別CCがグループに、H28年秋から伊達CC湘南C経営とニューしのつG場運営受託の伊達観光開発㈱の株式取得し傘下に、恵庭開発は夕張郡長沼町からマオイ

ゴルフ特信・ゴルフ場企業グループ＆系列【専業】

GR(27H、北海道)のH29年から5年間の指定管理業者に選任される、恵庭開発グループはゴルフ場の他にホテル経営や太陽光発電事業にも進出

【大分観光開発】　既2(36)
①大分CC月形C(18H、大分)　②大分CC吉野C(18H、大分)
▼2コース経営の大分観光開発がH30年3月22日民事再生法申請・スポンサーに運輸業で九州で4コース経営する丸善グループが名乗り

【大場商事】　既2(45)
①大甲賀CC油日C(27H、滋賀)　②大甲賀CC神C(18H、滋賀)
▽大場高資郎代表がH20年1月24日死去し同2月1日付けで大場まり子氏が代表に就任

【小郡CCグループ】　既3(63)
　★㈱小郡カンツリー倶楽部　水田芳夫社長　資本金1億5000万円
　〒838-0106　福岡県小郡市三沢1788(小郡CC内)　℡0942-75-4181
①小郡CC(27H、福岡)　②志摩シーサイドCC(18H、福岡)　③茜GC(18H、福岡)

【鹿島総業】　既1(27)
①鹿島CC(27H=営業は18Hで継続、福島)
▽鹿島CCは地権者等とのトラブルでH16年3月16日から急遽一時営業停止も同4月15日から18Hで営業再開、H17年から従来通り27H営業に、鹿島CCは福島第一原発の30キロ圏内で一時営業休止もH23年6月4日から18Hで仮営業再開

【カネキ】　既3(81)
　★㈱カネキ　木村武義代表　〒961-0951　福島県白河市中町14　℡0248-21-7317
①白河国際CC(36H、福島)　②郡山熱海CC(18H、福島)
③大玉CC(旧・大玉TAIGACC、元・大玉VIPロイヤルCC、27H、福島)
＜運営受託＞
①勿来CC(旧・勿来TAIGACC、元・勿来VIPロイヤルCC、18H、福島)
▽H20年8月13日再生法申請の㈱アーバンコーポレイション系・㈱アーバンクラシックから白河国際CC(36H、福島)と郡山熱海CC(18H、福島)の2コースをH20年11月5日付けで取得、㈱カネキは白河国際CCの理事長や会員有志が設立、㈱カネキはH26年9月1日から福島の大玉CC・勿来CC・西の郷CC(旧・那須TAIGACC)を3コース保有の一条工務店から運営受託、㈱カネキは代表者が大槻良太郎氏から木村武義氏に交代、運営受託の西の郷CC(旧・那須TAIGACC、元・那須ロイヤルCC、18H、福島)は施設所有の一条工務店が太陽光発電向けに売却しG場営業はH28年11月30日までで終了、運営受託の大玉CCは一条工務店からH28年10月27日に取得と発表、運営受託の勿来CCは向こう1年間の運営受託契約更新

【唐沢観光グループ】　既2(36)
①唐沢GC唐沢C(18H、栃木)　②唐沢GC三好C(18H、栃木)
▽筆頭株主の三井観光開発の株式をH15年に地元企業・株主が引き受けて専業グループとなり、三井グループから移動、グループ名表記を唐沢観光開発グループから修正、会員の株式と預託金の一部拠出で一般社団法人唐沢ゴルフ倶

楽部設立（H29年3月30日正式発足）し、唐沢観光から施設賃借し運営

【川崎圧延グループ】 既2（63）
①鎌ケ谷CC（27H、千葉）　②一の宮CC（36H、千葉）

【川崎定徳グループ】 既1（9）
①25那須Gガーデン（旧・25メンバーズC那須Gガーデン、9H、栃木）
▽25那須Gガーデンの運営は㈱共立メンテナンスグループ「ウェルネスの森那須」に委託、25メンバーズC琵琶池C（現・琵琶池GC、18H、栃木）は再生事業の㈱アクティオ21の傘下となりH18年4月再生法申請・上場企業PMC系列をスポンサーとしてH18年7月に同ゴルフ場を営業譲渡、ブリストルヒルGC（旧・リゾートビラ富津、18H、千葉）は米穀物メジャーのカーギル社等が出資でFWフロントの宅地を1～3億円で分譲、ブリストルヒルGCはH21年10月1日にグランドオープンし独立したため関連から外す

【関文グループ】 既3（63）　http://www.kanbun-group.co.jp/
　★関東文化開発㈱　森川英幸社長　資本金4555万円
　〒160-0023　東京都新宿区西新宿7-5-3　斎藤ビル　TEL03-3366-2511（関文グループ総本社）
①GMG八王子G場（27H、東京）　②長瀞CC（18H、埼玉）　③鴻巣CC（18H、埼玉=三宝開発㈱）

【旧・紀ノ国屋開発】
▽紀ノ国屋開発が所有のグリーンメドウCCはH18年4月から運営委託会社を㈱オークグリーントータルサービスから栗橋國際CC系列の㈱クリスタルカントリークラブに変更しクラブ名もクリスタルCCに、オークウッドGC（18H、北海道）は紀ノ国屋開発の旧関連だった㈱オークウッドの所有も運営は転々としH25年からは合同会社HOKKAIDO RESORTの運営となりHOKKAIDO RESORTオークウッドGCとして運営・関連性薄くなりグループ表記を解除、クリスタルCC（旧・グリーンメドウCC、18H、群馬）はH28年12月31日をもって営業終了、競売でファームランド㈱（前橋市）が落札しメガソーラー関連を計画

【キノシタグループ】 既1（27）
①釧路空港GC（27H、北海道）
▽H23年1月に弟子屈CC（18H、北海道）を北海道・東北でパチンコ店38店舗展開の㈱合田観光商事（札幌市）に売却、H25年10月末に中部国際GC（18H、岐阜）と下呂CC（18H、岐阜）を㈱ジー・プロジェクト（東京都千代田区、齊藤博史代表）に売却、H26年4月までに滝川丸加高原CC（18H、北海道）を地元の竹中組に売却、計3コース売却で前年の準大手専業グループから専業グループに移動、㈱キノシタ（木下茂社長、名古屋市、TEL052-737-6778）は信州伊那国際GC（36H、長野）をH26年12月に社長交代し立直し図るも㈱ジー・プロジェクトに売却しグループコースは1コースに

【京都日吉観光】 既2（36）　※サッカーの釜本邦茂氏がオーナー
①クラウンヒルズ京都GC（18H、京都）　②太閤坦CC（18H、京都）
▽H24年1月26日に閉鎖し経営会社が破産した太閤坦CC丹波Cを買収し太閤坦CCに変更へ、太閤坦CCがH24年4月23日新生オープンし2コースに

【協豊開発】 既2（45）　※H15年8月に自主再建型の再生計画案成立
①ヤマトCC（27H、奈良）　②阿騎野GC（18H、奈良）

【グリーンアカデミーＣＣ】 既1(18)
①グリーンアカデミーCC(旧・グリーンアカデミーCC白河C、元・ザ・ダイナミックGC、18H=H28年7月再開場、福島)
▽アコーディアからグリーンアカデミーCCを当初化粧品販売の㈱ピエラレジェンヌ(東京都中央区銀座)が引受け、㈱グリーンアカデミーCCを事業会社として破産のザ・ダイナミックGCを取得しグリーンアカデミーCC白河Cに名称変更してH28年7月再開場目指す、石川町の旧・グリーンアカデミーCC(18H、福島)は白河市のクラブに会員移籍でH28年11月30日までで営業終了、白河市のゴルフ場を改修しH28年10月からグリーンアカデミーCCに改称

【グリーンライフ】 既2(45)海2(36)
　★㈱グリーンライフ　小口大介社長　資本金1200万円　※関越は㈱関越GC
　〒153-0041　東京都目黒区駒場4-6-13　TEL03-6407-0188
①諏訪レイクヒルCC(27H、長野)　②関越GC中山C(18H、群馬)
＜海外＞①メドウガーデンズGC(18H、加)　②フォートラングレーGC(18H、加)
▽小口泰史前社長死去、H26年10月子息の小口大介氏が代表者に就任
▼諏訪レイクヒルCCは小田原GC日動御殿場C(18H、静岡)と提携コースに

【栗橋國際CC】 既1(18)
①栗橋國際CC(18H、茨城)
▽H18年4月からクリスタルCCの運営を栗橋國際CC関連の㈱クリスタルCCが受託し関連コースに、筑波学園GC(茨城)の再生手続きで会員債権者のスポンサーに立候補するも債権者集会で否決される、運営面で関与していたクリスタルCC(18H、群馬)がH28年12月31日をもって営業終了・競売でファームランド㈱(前橋市)が落札しメガソーラー関連を計画

【京滋観光開発】 既3(54)
　★京滋観光開発㈱　杉本喜俊社長　資本金1000万円
　〒528-0235　滋賀県甲賀市土山町市場北ノ丘991(名神栗東CC内)　TEL0748-67-0168
①名神栗東CC(18H、滋賀)　②新大阪GC(18H、大阪)
＜名張観光㈱＞①名張CC(18H、三重)

【旧・ケンインター(水野健)グループ】 既1(18)
①東京国際空港GC(18H、千葉)
＜関連・海外＞オロマナGL(18H=H30年4月から閉鎖、ハワイ)
▽鶴ケ島GC・東京国際空港GC・オロマナGLが主に平日安くプレーできる「クラブエコル」の会員募集(入会金は無料・年会費は1万円)、開発当時関連していたギャツビィGC(旧・東名小山CC、18H、静岡)は2009年グループ別から関連掲載を削除、鶴ケ島GC(27H、埼玉)はH29年1月16日から27ホールのうち西C(9H)を閉鎖して改修工事を開始し9月末頃まで18Hの営業に
▼鶴ケ島GC(現在はオリムピックナショナルGCWESTに名称変更、27H、埼玉)をオリムピックナショナルゴルフクラブ㈱が取得したとして離脱、また以前使用権を持っていたハワイのオロマナGLはH30年4月から閉鎖したことが判明

【郷原CC】 既1(18)
①郷原CC(18H、広島)
▽クロセPG(9H、広島)はH16年10月閉鎖、郷原CC経営の郷原ゴルフ観光㈱は寿グループのケムコ商事㈱関連

【国際開発興産（平井守）】　既1(27)
①神奈川CC（27H、神奈川）

▽国際開発興産㈱（東京都）は株式分割で新設する岩見沢雉ケ森ゴルフ場㈱に岩見沢雉ケ森CCを承継、株主総会の承認決議はH25年4月26日、H25年11月12日に民事再生法申請した岩見沢雉ケ森ゴルフ場㈱（平井祥雄代表取締役）はH26年4月25日に国際開発興産㈱の支援受ける再生計画認可

▼系列で経営していた岩見沢雉ケ森CC（18H、北海道）を札幌の不動産会社に売却・同CCはH29年6月からコンサル業のの㈱ジアス（川口晃範代表取締役、名古屋市中区）が経営、また神奈川CCは国際開発興産㈱の社長に浅野勇夫が就任し経営改善中・ネットサイトのみんかぶで会員募集し話題に

【国際桜ゴルフ（東京国際から変更）】　既1(27)　※H19年3月31日会社更生計画認可決定
　㈱国際桜ゴルフ（代表者・資本金同）　三根健一代表取締役　資本金500万円
①国際桜GC（旧・桜GC、27H、茨城）

▽東京国際CC（東京）と桜GC（茨城）経営の㈱東京國際カントリークラブは債権者から会社更生法申立を受け同社含む3社はH17年3月31日に更生手続開始決定を受けて大久保グループから離脱、H19年3月31日にスポンサー支援も最終的に会員主導の経営となる更生計画認可決定で東京国際で独立して掲載、㈱東京國際カントリー倶楽部は更生計画に基づきH19年に会社分割を行い、東京国際CCの保有会社を㈱東京国際ゴルフとし、桜GCの保有会社を㈱国際桜ゴルフにすると共にスポンサーは会員とRSインベストメント㈱とミネルヴァ債権回収㈱、運営はT&KでH19年9月20日に両ゴルフ場名を変更、H20年1月25日に両ゴルフ場の名義書換再開、東京国際GCはH22年4月から名変預託金制度（正200万円、平120万円）を導入、国際桜GCはH22年1月20日から3月までに正会員を50万円で募集し定員を上回る58名が入会、東京国際GCはH24年4月23日にシャトレーゼグループが取得・名変預託金制度廃止し納入者に返還、グループ名を東京国際から「国際桜ゴルフ」に変更して表記

▼H30年2月末に会員が運営会社の㈱桜ゴルフオペレーション（新倉俊夫代表）を立ち上げてTKSゴルフオペレーション㈱への運営委託契約を解除

【国武関連】　既2(45)
　※国武㈱、仙台藤屋産業㈱、国際グリーン㈱の旧大久保グループ3社、笠間桜CCと仙台グリーンGCは槻木修幸代表で姉妹コース関係

【国武㈱】①笠間桜CC（旧・新水戸CC、27H、茨城）　【仙台藤屋産業㈱】①仙台グリーンGC（18H、宮城）

▽大久保グループ3社の民事再生計画が成立（スポンサーはシグマ・ゲイン㈱もシグマ・ゲインの管理本部は関与を否定）しスポンサー先にグループ移動、グループ親会社のゲイン・キャピタル㈱（中山茂代表）が民事再生中のキクオカ綜業㈱から山岡CC（18H、岐阜）と笹平CC（18H、岐阜）を取得してゴルフ場事業拡大、ニセコG&R（18H、北海道）はH20年頃にフリージアホーム㈱（東京都）が買収したことが判明しグループから削除、ゲイン・キャピタル㈱は山岡ゴルフ㈱と笹平ゴルフ㈱の2社にゴルフ場を移管、同グループがスポンサーだった国武㈱（新水戸CC）、国際グリーン㈱（久慈川CC）、仙台藤屋産業㈱（仙台グリーンGC）の3社（H18年10月11日再生計画認可決定）とは関係がなくなったという説明で山岡GCと笹平GCは不動産・観光系「ゲイン・キャピタル」のグループ表記から「山岡G・笹平G」のグループ名に変更して専業に移動（その後のH26年3月19日にPGMグループが両コース買収）、笠間桜CC（旧・新水戸CC、27H、茨城）等3コースは専業の国武関連で新掲載、久慈川CC（18H+9H=認、茨城）はH25年8月30日から閉鎖中・旧・久慈川CCの用地の大半を取得した㈱サンクチュアアセットマネージメントがH26年6月からサンクチュアリ久慈GCとして運営開始、旧・久慈川CC（現・サンクチュアリ久慈CC、18H+9H=認、茨城）はさらに韓国系に移動

ゴルフ特信・ゴルフ場企業グループ＆系列【専業】

【小平商事（旧・小平興業グループ）】 既1(18)
①水戸レイクスCC（18H、茨城）
▽小平興業の事業は第三者に渡ったため、グループ別2007ではグループ名変更し建設・造園・土木のグループから専業に、秋田森岳温泉36G場（36H、秋田）は自己破産を申立てH19年2月21日に破産開始決定となり市川造園グループにH19年4月19日買収される、栃木インターCC（18H、栃木）はH19年3月19日に民事再生法を申請しスポンサーによる再建を目指す、栃木インターCCはH19年8月8日にオリックスグループをスポンサーとした再生計画案が可決し、小平商事から離脱しゴルフ場名は「アゼリアヒルズCC」に、水戸レイクスCC（茨城）経営の水戸レイクスカントリークラブ㈱（室井俊一社長）と運営の水戸温泉開発㈱はH22年11月19日に再生法申請・水戸温泉開発㈱（関口利雄社長）を存続会社としてH23年6月22日再生計画認可

【佐賀ＣＣ】 既2(45)
①佐賀CC（18H、佐賀） ②フジCC（27H、佐賀）
＜管理・運営＞嘉瀬川リバーサイドG場（9H、佐賀）
▽フジCC経営の富士CC㈱の再生計画がH15年11月認可で佐賀CC経営の西九州観光開発㈱が営業譲受、H15年12月から佐賀CC系の富士観光開発㈱が運営、H26年10月から富士観光開発㈱が一般財団法人・嘉瀬川水辺環境整備センターから河川敷の嘉瀬川リバーサイドG場の管理・運営を受託

【サニーＣＣグループ】
▽サニーCC（27H、長野）は旧・経営会社の斑尾高原開発㈱の会社分割でH16年11月に清水栄吉氏（元・STT開発㈱代表取締役社長）がオーナーに、月夜野CCはH19年7月30日に再生計画案が可決、その後清水氏が代表を務める月夜野カントリーが運営受託、一時運営を引き受けていた月夜野CC（18H、群馬）はメガソーラー転用が決まりH27年11月23日をもって閉鎖、サニーCC経営の望月サニーカントリー㈱の再生計画案（H28年6月23日決議）は月夜野CC（18H=H27年11月23日で閉鎖、群馬）のスポンサーでもあった不動産業の㈲パインコーポレーションがスポンサーに、このため不動産業に移動して掲載しグループ削除

【佐野GC系】 既1(36)
①佐野GC（36H、栃木）
＜関連＞那須小川GC（18H=36Hのうち18H売却で、栃木）
▽H21年春に那須小川CCで湧出した温泉水を利用したトラフグ養殖に「環境生物化研究所」が成功、佐野GCの親族が経営する那須小川CC経営の那須八溝物産㈱（篠崎暢宏社長）と関連2社はH23年1月17日再生法申請・自主再建型で同9月27日再生計画認可、那須小川GCは36Hのうち18H売却でチャレンジコースの営業をH25年12月15日をもって終了、那須小川GCは18H+練習場3H規模に、旧チャレンジコースを利用してメガソーラーに転用（㈱タカラレーベンが推進）

【三田レークサイドCCグループ】 既2(45)
①三田レークサイドCC（27H、兵庫） ②キングスロードGC（18H、兵庫）

【山武グリーンCC】 既2(36)
①山武グリーンCC（18H、千葉） ②グリッサンドGC（旧・ザ プリビレッジGC、18H、千葉）
▽関係会社のグリーントラストが他の債権をまとめザ プリビレッジGCの経営権取得しH15年4月から新名称で営業、山武グリーンCCの経営会社がH17年3月14日民事再生法申請しH17年8月に再生計画成立（同CCの運営に関してはH17年3

月からPGMグループと業務提携)、H19年に前オーナーの土地明渡訴訟等の勝訴で前オーナーとの問題は解決、山武グリーンCCの石橋オーナーがゴルフ場会社に土地を賃貸して得た収入で腎移植の推進及び腎移植患者の支援を行う団体「石橋由紀子記念基金」(西川善文代表理事＝三井住友銀行元頭取)を設立しH25年4月1日に内閣府から公益財団法人の移行認定受ける、山武グリーンCCはPGMへの運営委託解消しH27年4月1日から㈱山武グリーンカントリー倶楽部(加藤定晴社長)の直営に

【塩屋崎CCグループ】　既2(45)
①塩屋崎CC(27H、福島)　②吉備高原CC(18H=27Hから縮小、岡山)
▽吉備高原CCはH29年3月26日までで百合C(9H)の営業を終了し18H営業に、一部を練習場として利用

【品野台CCグループ】　既1(18)
①品野台CC(18H、愛知)

【旧・島崎観光開発】
▽九州CCの9Hを閉鎖(当初計画はH16年2月から)し宅地用に売却する計画は延期、島崎観光開発は阿蘇GC赤水C(27H、熊本)と九州CC春日原G場(18H、福岡)を事業再編で手放す、別府GC(36H、大分)の運営は㈱別府カントリークラブ(旧・ケーエスグリーン㈱、山田尚司社長)に、別府GCはH19年4月10日に競売の売却決定となりPGMグループがH19年5月に施設を取得、PGMグループは別府GCの運営会社との問題をクリアしてH19年12月21日から運営開始、このため島崎観光開発㈱の既設ゴルフ場は消滅、以前所有していた阿蘇GC赤水Cは運営していた㈱阿蘇CCが土地問題で敗訴しH25年5月1日から隣接のホテル運営会社が阿蘇高原GC赤水C(27H、熊本)に名称変更して暫定営業、東別府GCでメガソーラー建設計画浮上、阿蘇高原GC赤水Cは㈱雇用促進事業会H25年11月に買収し「あつまる阿蘇赤水GC」に、H25年11月にメガソーラー着工、以前経営の九州CC春日原G場(6H=本紙基準外に、福岡)の関連会社である㈱九州CC(小林信富代表清算人)はH27年3月16日特別清算開始・同CC経営は㈲GIFで従来通りと、東別府GC(18H=認、大分=三セク)はH25年9月廃止し韓国ハンファグループがメガソーラーを建設

【ジャパンスポーツコム(小野敏雄、旧・千代田観光開発)】　既1(18)
①常陽CC(18H、茨城)
▽会員制の札幌台CC(27H、北海道)はH19年5月にアサヒ商会に売却、アサヒ商会は「新札幌台CC」とゴルフ場名を変更しH19年7月からパブリック制で営業を開始

【上総観光開発】　既3(63)
　★上総観光開発㈱　松井雅弘社長　資本金1億円
　〒104-0061　東京都中央区銀座6-6-1　Tel03-3573-1181
①大千葉CC(27H、千葉)　②大倉CC(18H、栃木)　③桃里CC(18H、栃木=㈱桃里カントリー倶楽部)
▽銀座東芝ビル建替えに伴い本社事務所を上記に移転、松井茂社長死去で松井雅弘氏が新社長に

【湘南シーサイドCC】　既1(18)
①湘南シーサイドCC(18H、神奈川)
▽親族が経営していたソウルレイクサイドCC(54H、韓国)は遺族間で係争に、その後関連なくなる

ゴルフ特信・ゴルフ場企業グループ＆系列【専業】

【上武CCグループ】
▽安達事業グループから木曽御岳CC含め3コースがファンド系となり独立、上武CC（27H、群馬）経営の上信レジャー開発㈱と、栃の木CC（18H、栃木）経営の東日本興産㈱の代表は木村圭一氏に代わり原嘉道氏がH21年12月に交代、木曽御岳CC（36H、長野）経営の㈱木曽御岳観光開発は木村氏に代わり北島晃治氏がH22年7月に代表に就任・同開発は木曽御岳CCを別会社の㈱木曽御岳ゴルフ倶楽部に運営委託（H23年4月20日からゴルフ場名を御岳G&RHに変更）、上武CCの上信レジャー開発㈱と栃の木CCの東日本興産㈱はH24年1月27日破産開始決定、H24年3月から上武CCは抵当権者であった電子ブレーカー製造の㈱ジェルシステム（東京都世田谷区）の子会社が譲り受ける・18Hの浄法寺CはE上武ゴルフマネージメント㈱（小林孝光代表取締役）、9Hの鬼石Cは㈱オージーシー（小林代表）、栃の木CCはゴルフ場運営の㈱チームトレインが買収しH24年3月1日から運営、御岳G&RHの会員課はH24年3月12日から上武ゴルフマネージメント㈱が引受け

【スギー産業グループ】　既1（27）
①知多CC（27H、愛知）
▽飛騨ハイランドCC（現・飛騨CC、18H、岐阜）はH18年12月に㈱P・T・Cに売却

【㈱ゼルコバグループ】　既2（36）
①グリーンヒル長岡GC（18H、新潟=㈱グリーンバレー）　②櫛形GC（18H、新潟=有限会社MVゴルフ新潟中条）
▽㈱ゼルコバは長岡市の地元有志が出資した「中越復興ファンド」から資金提供受け、再生手続中のグリーンヒル長岡GCを傘下に、H22年12月に櫛形GCの経営会社をM&Aで取得

【センチュリーグループ】　既2（36）
①センチュリー吉川GC（18H、兵庫）　②センチュリー三木GC（18H、兵庫）
▽両ゴルフ場を経営する細川開発㈱はH20年4月24日に神戸地裁へ民事再生法を申請、細川開発は自主再建型の再生計画案がH21年3月18日に認可決定

【泉南CCグループ】　既2（27）
①泉南CC（18H、大阪）　②泉南PC（旧・泉南CCPC、9H、大阪）

【袖ケ浦CCグループ】　既2（36）
　㈱袖ケ浦カンツリー倶楽部　本社=袖ケ浦CC袖ケ浦C内　TEL043-291-1111
①袖ケ浦CC袖ケ浦C（18H、千葉）　②袖ケ浦CC新袖C（18H、千葉）

【太閤坦グループ】
▽太閤坦CC丹波C（18H+9H=建、京都）はH24年1月26日に閉鎖し経営の京都東山観光㈱が破産、サッカーの釜本邦茂氏がオーナーの京都日吉観光㈱が買収し太閤坦CC（18H、京都）としてH24年4月23日新生オープン、太閤坦CC東山C（9H、京都）は競売でH23年秋頃に都債権回収㈱（京都市）が落札しゴルフ場は閉鎖のままでグループゴルフ場なくなる

【大樹開発】　既2（45）
　★有限会社大樹開発　門前則雄代表取締役
　〒489-0937　愛知県瀬戸市南菱野町465　TEL0561-85-0101
①GC大樹豊田C（旧・豊田PG場、18H、愛知）　②GC大樹　旭C（旧・旭CC、27H、愛知）

▽2カ所の大型ゴルフ練習場経営の有限会社大樹開発はH21年2月24日付けで豊田PG場をジャパンゴルフプロジェクトからM&Aで取得しコース名変更、また民事再生法を申請した旭CCのスポンサーとなりH21年12月24日の再生計画案可決でグループ傘下にしコース名変更

【ダイヤエステート】 既2(36)
①飯能パークCC(18H、埼玉)　②武蔵松山CC(18H、埼玉)

【大和産業グループ】
＜関連＞モダンGCシーサイドC(18H=建、福島)
▽岩代・小浜城GC(18H、福島)は㈱トータルグリーンに経営交代しH17年7月から岩代グリーンCCに、さらに㈱サンフィールドが買収しH18年3月15日からサンフィールド二本松GC(経営=㈱サンフィールド二本松GC、18H、福島)に

【高槻GCグループ】 既2(36)
①高槻GC(18H、大阪)　②吉川インターGC(18H、兵庫)

【詫間興業】 既1(18)
①詫間CC(18H、香川)
▽旭PGC(9H、香川)はメガソーラー用に売却でH26年5月14日で営業終了で既設1コースに

【伊達CCグループ】
▽トーヤレイクヒルGCはH15年2月再生法申請、自主再建型の計画案H15年7月認可、伊達CC関連のトーヤレイクヒルGC(27H、北海道)を経営する洞爺湖リゾート㈱は、香港資本で不動産・コンサルティング会社の日本千博㈱(早川泰雄社長、東京都)がH22年7月1日付けで買収し早川泰雄氏が代表取締役に就任・伊達CC関連から外れる、系列から離れたトーヤレイクヒルGC(27H、北海道)はH25年5月のGW明けから改造のためクローズも工事着手せず閉鎖継続、伊達CC経営の伊達観光開発は三セク会社からニューしのつG場の指定管理者の選定(H31年12月まで)受けH27年から運営、伊達CC(18H、北海道)経営の伊達観光開発㈱の株式を恵庭開発グループに譲渡し運営受託のニューしのつG場(18H、北海道)ともども伊達CCグループ消滅

【タニミズグループ】 既4(81)　http://www.tanimizu.jp/
★タニミズ企画㈱　谷水利行代表取締役　資本金4000万円　※タニミズホールディングス㈱設立
〒823-0017　福岡県宮若市倉久1-3　ザ・クラシックGC内　TEL0949-33-1244
①皇子山CC(18H、滋賀)　②西日本CC(18H、福岡)　③ザ・クラシックGC(27H、福岡)　④佐賀クラシックGC(18H、佐賀)
▽ゴルフ場レストランの運営受託に進出、若宮CC(福岡)のコース管理をH23年3月から受託、同9月からレストランも受託

【多摩興産系列】 既3(54)　http://www.tamakousan.com/
★多摩興産㈱　曽谷正和社長　資本金2000万円
〒104-8109　東京都中央区銀座4-11-2　丸正ビル　TEL03-3542-2044
①多摩CC(18H、東京)　②富士グリーンヒルGC(18H、静岡)　③富士ヘルスCC(旧・富士ヘルス&CC、18H、静岡)

ゴルフ特信・ゴルフ場企業グループ＆系列【専業】

【タラオCC(三栄建設)】 既2(63)
①タラオCC(36H、滋賀)　②伏尾GC(27H、大阪)
▽タラオCC関連の三栄建設㈱が更生手続きの伏尾GCのスポンサーとなる(H16年8月30日に計画案成立)し既設2コースに、H17年にタラオCCと伏尾GCの会員相互利用可に

【チームトレイン】 既2(36) http://www.team-train.net/
　㈱チームトレイン　山口智三代表取締役
①やくらいGC(18H、宮城)　②栃の木CC(18H=運営は委託、栃木)
▽ゴルフ場の運営受託事業、やくらいGCを自社所有しH24年3月に栃の木CCも買収、やくらいGCはH25年10月の町議会でゴルフ場の土地を町が購入し賃貸することに決定、希望丘CC(18H、栃木)の運営受託を解消、栃の木CCは詳細不明も運営は別会社に委託

【千葉カントリーグループ】 既3(63) http://www.chibacc.co.jp/
　★㈱千葉カントリー倶楽部　藤原保之社長　資本金4億6606万円
　〒278-0041　千葉県野田市蕃昌4(千葉CC野田C内)　TEL04-7122-1551
①千葉CC梅郷C(18H、千葉)　②千葉CC野田C(18H、千葉)　③千葉CC川間C(27H、千葉)
▽H21年10月12日に野田Cにアプローチ練習場を新設、北越谷PC(18H、埼玉)はスーパー堤防の整備事業のためH25年10月から完全クローズとなり1ゴルフ場減少

【中央ゴルフ】 既2(36) http://www.chuogolf.co.jp/
　★中央ゴルフ㈱　緒方正朋社長　資本金3600万円
　〒869-1205　熊本県菊池市旭志川辺1217(くまもと中央CC内)　TEL096-293-3300
①大分中央GC(18H、大分)　②くまもと中央CC(旧・熊本中央CC、18H、熊本)
▽ショートコースの熊本中央ファミリーG場(9H、熊本)は土地を他に転用し閉鎖、中央ゴルフ㈱は大分中央GC(18H、大分)のゴルフ場事業を新設分割で㈱大分中央ゴルフに承継とH29年5月19日に官報公告

【千代田開発観光】 既1(18)
①茨城パシフィックCC(18H、茨城)
＜旧・関連＞新千葉CC(54H、千葉)
▽オーナーの人見隆清社長はH19年5月9日死去、茨城パシフィックCCの千代田開発観光㈱(伊藤眞理代表取締役)は預託金問題でH20年6月19日民事再生法申請しH21年1月14日に自主再建型の計画案認可

【千里浜CCグループ】 既1(18)
①千里浜CC(18H、石川)
▽ザ・CC(18H、滋賀)はH15年12月再生計画成立でサーベラスグループ入りもH19年2月にリゾートトラストグループへ売却

【津軽CCグループ】 既1(18)認(9)
①津軽CC(18H+9H=認、青森)
＜関連＞津軽CC岳C(旧・岩木町営岳運動公園G場、9H、青森=町所有のG場運営管理)

【旧・帝産グループ】

▽旧・帝産グループの日本平GC(9H、静岡)と菊川CC(18H、静岡)はH15年から富士農商事㈱や立体駐車場の稲森グループに移動していたためグループ削除、日本平GCはクラブ解散・預託金返還し施設は地元の有力企業・鈴与系が取得しH29年7月1日パブリックでリニューアルオープン予定

【東京グリーングループ】　既2(36)

　★東京グリーン富里カレドニアン㈱　早川治良代表取締役会長　資本金5000万円

　〒102-0083　東京都千代田区麹町4-3-29 VORT紀尾井坂2F　TEL050-5803-1260

①富里GC(18H、千葉)　②カレドニアン・GC(18H、千葉)

▽東京グリーン㈱はH16年4月にRCCの債権を支援会社が買収しRCCの債務なくなる、支援会社にはアメリカの不動産売却で債務の8割を早期弁済、残りを3年間で分割弁済する方針、会員は中間法人を通じて間接株主の形に、東京グリーンは大方の返済終了しH21年3月には無借金経営に、カレドニアンGCは隣接の圏央道開通後に9H増設計画、H22年に東京グリーン㈱は会社分割しゴルフ場運営は新会社の東京グリーン富里カレドニアン㈱に、平成28年5月30日本社事務所移転(上記は新本社、TELは従来通り、通常TEL03-3237-8411)

【東松苑GCグループ】　既2(36)

　★東松苑㈱　中島篤志社長　※東松苑GC経営で基幹会社、他ゴルフ場は別会社

　〒329-4217　栃木県足利市駒場町1234　東松苑GC内　TEL0284-91-1661

①東松苑GC(18H、栃木)　②五浦庭園CC(18H、福島)

▽東松苑GCはH13年4月再生計画可決、マカレイ・ハワイCC経営の総観㈱はH14年12月再生法申請、H15年11月に計画案成立しハワイのゴルフ場は売却方針でマカレイ・ハワイCC(18H、ハワイ)はグループから外す、五浦庭園CCはH17年4月22日に再生法を申請しH17年10月19日に再生計画成立、海南島三亜国際GC(18H、中国)はH21年3月に中国の投資企業に売却し会員には預託金の20%を返還、東松苑GCはH26年6月8日の集中豪雨被害でインコース閉鎖余儀なくされるも復旧工事進み同10月14日リニューアルオープンし18H営業再開

【東条の森】　既4(81)

　★㈱東条の森　三品智加良社長

①東条の森CC東条C(旧・旭国際東條CC東条C、18H、兵庫)

②東条の森CC大蔵C(旧・旭国際東條CC大蔵C、27H、兵庫)　③東条の森CC宇城C(旧・宇城CC、18H、兵庫)

④しがらきの森CC(旧・紫香楽国際CC、18H、滋賀)

▽㈱東条の森はアマンテスの撤退に伴いH26年10月23日にアマンテスでの経営にも関与していた三品氏が代表取締役に就任、また同12月26日同様にアマンテスから引き受けていた紫香楽国際CC(滋賀)運営の㈱スポーツコネクション(三品社長、東京都渋谷区)も吸収合併し滋賀・兵庫の4ゴルフ場の運営会社に、三品氏はゴルフ場設計・運営受託・再生事業等の㈱GSI(東京都渋谷区)を経営し海外コース設計家のエージェントも行い・コンサル事業手掛ける、2016年版から運営受託企業からゴルフ場専業に移動して掲載、H26年12月に傘下としたパブリックの紫香楽国際CCをH27年6月26日からしがらきの森CC(滋賀)に改称、その後同CCも使える特典付きで東条の森CCが会員募集も開始、東条の森CCはH28年1月4日に営業終了したクリスタルリンクス(岡山)の会員組織を「クラブ・イン・クラブ」として受入れ、またPGAゴルフアカデミーも東条の森CCでH28年に開校

ゴルフ特信・ゴルフ場企業グループ&系列【専業】

【東神商事】 既3（54）
★東神商事㈱　小寺新吉社長　資本金4500万円
〒561-0856　大阪府豊中市穂積1-1-18　TEL06-6866-6700
①大垣CC（18H、岐阜）　②名神竜王CC（18H、滋賀）　③高槻CC（18H、大阪）

【東濃CCグループ】 既2（36）
①東濃CC（18H、岐阜）　②クラウンCC（18H、岐阜）
▽窯炉・セラミックプラントメーカーの高砂工業㈱（岐阜県土岐市）系列、H20年9月に再生法を申請したクラウンCCは親会社の高砂工業㈱の支援を受けて再建する再生計画案がH21年2月9日認可決定

【東名御殿場CCグループ】 既1（18）
①伊那エースCC（18H、長野）
▽東名御殿場CC（18H、静岡）はクラブハウスが競落され営業も休止しグループ離脱、競落したグループの㈱ATP（神奈川県厚木市）によりレンブラントGC御殿場としてH27年4月21日グランドオープン

【東名ゴルフ】 既2（54）
★東名ゴルフ㈱　加藤義孝社長　資本金4000万円
〒470-0352　愛知県豊田市篠原町大沢3（東名古屋CC内）　TEL0565-48-1331
①東名古屋CC（36H、愛知）　②名古屋広幡GC（18H、愛知）
▽先代の加藤清社長がH22年8月死去し加藤義孝社長が就任、東名根羽CC（18H、長野）はH26年4月末にゴルフ事業売却のため会員には預託金全額返還か東名古屋CCへの平日会員移行を提案・ゴルフ場は市川ゴルフ興業に譲渡（H26年5月1日から根羽CCに名称変更）し既設2コース54Hに減少

【戸田GCグループ】 既2（27）
①戸田PGC（9H、埼玉）　②長竹CC（18H、神奈川）

【旧・トップジャパングループ】
▽㈱トップジャパンホールディングス（山本高裕社長）傘下の㈱トップジャパンサンリョウでゴルフ場事業参入、朝日観光㈱からH21年5月21日付けで霞丘CC（27H、茨城）セベ・バレステロスGC（18H、茨城）セベ・バレステロスGC泉C（18H、福島）を保有する常陸開発㈱の全株式をトップジャパングループの㈱トップジャパンサンリョウが取得、運営も移管、同グループは土木事業や不動産事業など12事業を行う企業体で同社はその1社、トップジャパングループはセベ・バレステロスGC泉C（18H、福島）が個別で離脱後、ゴルフ場運営の㈱トップジャパンサンリョウの廃業（事務所解散）により霞丘CC（現・JGM霞丘CC、27H、茨城）とセベ・バレステロスGC（現・JGMセベ・バレステロスGC、18H、茨城）の運営はJGMグループが引受け、グループゴルフ場消滅

【中山・武蔵野・川越グループ（旧・総武都市グループ）】 既3（63）
★グループ事務所＝〒135-0042　東京都江東区木場1-4-12　名古路木場ビル
　名変窓口＝中山（TEL047-459-5677）　武蔵野（TEL03-5665-5511）　川越（TEL03-5665-4466）
①中山CC（18H、千葉）　②武蔵野GC（18H、東京）　③川越CC（27H、埼玉）
＜関連＞妙高CC（18H、新潟）
▽総武CC総武C（27H、千葉）総武CC印旛C（18H、千葉）総武CC北C（9H、千葉）の3コースを経営する総武都市開発㈱と軽

井沢森泉GC（18H、長野）を経営する㈱軽井沢森泉ゴルフクラブはH19年4月3日に民事再生法を申請、軽井沢森泉GC（現・グランディ軽井沢GC）の再生計画案はH19年8月14日に再生計画案が可決しリゾートトラスト入り、総武都市開発㈱はPGMグループをスポンサーとした再生計画案がH19年8月22日に可決も再生計画案を不服とした会員が即時抗告、しかし東京地裁に棄却されH20年4月1日に再生計画認可決定確定でグループ離脱

＜編集部注＝基幹の総武都市開発㈱がPGMグループ傘下となったため、2008年グループ別からグループ名を総武都市開発グループから中山・武蔵野・川越グループと改めた、妙高CCは当初関係していたが薄めていたため関連で表記

【奈良開発興業】 既2（36）

①プレディアG（旧・奈良CC大野C、18H、奈良）　②奈良CC（旧・奈良CC五條C、18H、奈良）

▽奈良開発興業はH19年3月から奈良CC大野Cを「プレディアゴルフ」に名称変更、奈良CC五條Cは奈良CCの表記に

【南部富士CC】 既1（27）

①南部富士CC（27H、岩手）

▽南部富士CCはH16年3月に会社分割し預託金制から株主会員制への転換を提案、南部富士CC玉山C（18H＝認、岩手）は建設の目途立たずH18年3月に許可を返上

【西日本観光】 既2（36）

①青山台GC（18H、兵庫）　②篠山GC（18H、兵庫）

▽篠山GC（旧・27H、兵庫）はH27年3月1日から18H営業に

【日動】 既1（18）

①小田原GC日動御殿場C（18H、静岡）

▽小田原GC御殿場C経営で小田原GC松田C施設所有・会員権発行の㈱日動はH15年5月19日再生法申請、御殿場Cを自主再建、松田Cをアコーディア・ゴルフに譲渡する再生計画案は同7月8日認可決定確定、小田原GC松田C（18H、神奈川）はH18年末に正式にアコーディア・ゴルフの経営となり離脱、愛野CC（18H、長崎）はH18年10月20日に2度目の民事再生法を申請・スポンサーで韓国資本の㈱エイチ・ジェイにH19年1月1日付けで営業譲渡

【日本ゴルフ場企画】 既3（72）

★日本ゴルフ場企画㈱　山村博文社長　資本金1600万円

〒103-0007　東京都中央区日本橋浜町2-17-9　美術館ビル　℡03-3661-1872

①相模野CC（27H、神奈川）　②プレジデントCC山陽（27H、山口）　③塩山CC（18H、山梨）

▽細川道子前社長がH26年3月7日死去

【日本中央開発】 既2（36）

①富士高原GC（18H、静岡）　②篭坂GC（18H、静岡）

【日本緑地開発㈱】 既2（36）

①うぐいすの森GC&H馬頭（旧・セントレジャーGC馬頭、18H、栃木）

②うぐいすの森GC水戸（旧・セントレジャーGC水戸、18H、茨城）

▽日本緑地開発㈱（東京都中央区築地1-12-13、℡5551-1121、山﨑恭嗣代表取締役）がH21年11月29日にモルガン・ス

タンレー・グループから事業譲渡を受けて翌30日から経営、H22年3月1日から「うぐいすの森」を付けたゴルフ場名に変更、日本緑地開発のオーナーは鹿児島県の奄美大島でマグロの養殖を行っている日本マグロ資源研究所㈱を経営する山本秀男氏

【沼津GCグループ】　既2（45）
①沼津GC（27H、静岡）　②富士宮GC（18H、静岡）
▽沼津GC・富士宮GCともH14年11月再生法申請、富士宮GCは会員参加の中間法人導入した自主再建型の計画案でH16年3月認可、沼津GCも会員参加の中間法人導入した自主再建型の計画案でH16年6月認可

【能勢CCグループ】　既1（18）
①能勢CC（18H、兵庫）
▽H20年4月11日に創業者の上西荘三郎氏死去、関連の南燕湾GC（18H、中国）はH22年に売却し関連から外れる

【バンリューゴルフ】　既9（180）
　★㈱バンリューゴルフ　村上真之助代表取締役　兵庫県姫路市楠町99-5　※グループ連絡先＝徳山CC
①グリーンパーク大山GC（18H、鳥取）　②徳山CC（27H、山口）　③フォレスト市川GC（18H、兵庫）
④武生CC（18H、福井）　⑤新山口CC（旧・タカガワ新山口CC、18H、山口）　⑥東ノ宮CC（27H、栃木）
⑦井原GC（18H、岡山）　⑧上石津GC（旧・アイランドGガーデン上石津、18H、岐阜）
⑨美和GC（旧・アイランドGガーデン美和、18H、山口）
▽エスフーズ㈱は東証一部上場で「こてっちゃん」などの食品加工会社、H23年12月に民事再生手続中のグリーンパーク大山GCのスポンサーとなりゴルフ場事業初進出、H26年7月8日付けでPGMグループの徳山CCを取得、H28年4月にはタカガワ新山口CC（18H、山口）を取得しゴルフ場名を新山口CCと変更し同年4月28日から運営開始、ゴルフ場事業はエスフーズ㈱の村上真之助代表取締役が㈱バンリューゴルフ（村上真之助代表取締役、兵庫県）を設立して進めている事業で従来一般産業のエスフーズで掲載も2017年版より専業で掲載、H27年9月にPGMからフォレスト市川GC（18H、兵庫）取得、H27年9月に元の大津CC（滋賀）関連の社長から武生CC（18H、福井）取得、H28年7月にOGMから東ノ宮CC（27H、栃木）取得、H28年12月20日に井原GC（18H、岡山）経営会社の株式85％を取得して傘下に、グループ7コースに急拡大
▼H29年11月17日にGIグループからアイランドGガーデン上石津（18H、岐阜）の㈱アイランドゴルフ上石津、アイランドGガーデン美和（18H、山口）の㈱美和ゴルフクラブの2社を買収・それぞれ名称変更

【東城陽GCグループ】　既2（36）
①東城陽GC（18H、京都）　②茨木高原CC（18H、大阪）
▽両ゴルフ場の経営会社を統合し、H19年7月社名を「和なり創建㈱」にする

【東日本振興グループ】　既2（54）
　★東日本振興㈱　井口三郎会長　井口晴雄社長　資本金1000万円　※利根パークG場の運営は東日本興産㈱
　〒105-0003　東京都港区西新橋3-15-12　西新橋JKビル8F　TEL03-3434-7611
①取手国際GC（36H、茨城）　②利根パークG場（18H、茨城）
▽H26年7月28日井口三郎社長は会長に、取手国際GCはH27年11月東コース改造終了（青木功プロ監修）
▼取手国際GCは開場60周年迎えH30年4月からの年会費の導入と高額額面対象者向けプレミアム会員権発表

【日高CCグループ（高橋正孝）】　既2（54）
①日高CC（27H、埼玉）　②大相模CC（27H、神奈川）
▽関連の太陽CCはH19年7月から㈱東急リゾートサービスに運営を委託もH20年3月末に契約通り委託を解消、関連の東千葉CC（36H、千葉）はH20年7月23日に再生計画認可後にトラブルが発生しH21年1月31日付けで更生手続きとなり関連でなくなる、関連で掲載していた太陽CC（27H、静岡）は地権者から破産申請受けH24年10月24日破産開始決定で同12月17日から閉鎖し管財人がスポンサー探すも地権者と合意できず、地権者側が㈱秀地ゴルフマネージメント（菊地健代表取締役）に賃貸してH25年4月8日に「富士の杜CC」として再オープン、当面18Hも将来27H復活目指す、日高CCは駐車場屋根等で太陽光発電事業・H26年8月売電開始

【日田国際GCグループ】　既2（36）
①日田国際GC（18H、大分）　②ローレル日田CC（18H、大分）

【ビッグスギGC】　既1（18）
①龍の舞ビッグスギGC（旧・ビッグスギGC、18H、北海道）
▽道央産業の破産管財人から札幌有明GC（18H、北海道）を傘下にするもH16年には手放す、不動産業の㈱ジー・ピー・カムズが冠スポンサーとなり「龍の舞」を冠にH28年3月名称変更

【日吉ハイランド】　既1（18）
①日吉ハイランドC（18H、岐阜）
▽中仙道GC（18H、岐阜）はH20年7月10日に入澤康彦氏に売却しグループ離脱・その後のH20年12月24日に新経営者となった同GC経営の㈱中仙道が民事再生法申請（H21年8月27日に自主再建型の再生計画案成立）、㈱日吉ハイランドの小栗榮輝社長が一般社団法人日本ゴルフ場事業協会（現・日本ゴルフ場経営者協会）理事長に就任（H25年5月）、小栗榮輝社長はH29年5月に一般社団法人日本ゴルフ場経営者協会（NGK）の会長に就任

【平岩観光】　既1（27）
①八幡CC（27H、千葉）
▽系列で平岩牧場等も経営、昭和47年開場の日高国際CCはクラブ解散しH20年11月24日をもって営業終了とするが、支配人や会員等が出資して運営会社の合同会社ひだかの森ゴルフ倶楽部を設立・ゴルフ場を賃借してH21年から「ひだかの森GC」の名称でパブリックで運営、施設所有のひだかの森GC（旧・日高国際CC、18H、北海道）はH26年までで閉鎖していたが、跡地で合同会社ひだかの森が21メガ規模の太陽光発電事業に着手（H29年11月売電開始予定）で関連ゴルフ場消滅

【福高観光開発】　既1（18）
①芥屋GC（18H、福岡）
＜関連＞①福岡雷山GC（18H、福岡）　②筑紫ケ丘GC（27H、福岡）
▽福岡雷山GCはH19年頃に・筑紫ケ丘GCはH20年12月にSPC（特別目的会社）となり、ゴルフ場不動産を証券化、福高観光開発㈱は両コースのSPCに関与

【富士平原グループ】　既1（27）
①富士平原GC（27H、静岡）

ゴルフ特信・ゴルフ場企業グループ＆系列【専業】

▽白水GC（18H、群馬）はH17年10月再生法申請、富士平原が連帯保証して自主再建型の再生計画がH18年3月27日成立、白水GCはH19年9月28日に四国でスーパーを経営するマルナカグループに売却して1カ所減

【星田ゴルフ】　既2(36)
①北六甲CC東C（18H、兵庫）　②北六甲CC西C（18H、兵庫）
▽北六甲CC経営の星田ゴルフ㈱はH16年4月27日再生手続終結決定、星田ゴルフはH18年1月に金融債務を一本化し金融債務半減、独自の株主会員制を会員に提案するも、H20年2月までに提案を撤回

【穂高CCグループ】　既1(18)
①穂高CC（18H、長野）
＜関連＞あづみ野CC（18H、長野）　古河GL（18H、茨城＝運営受託）
▽あづみ野CC（長野県信連と旧・協和銀行系列）は預託金償還対策で中間法人設立、関連で三セクのクラシック島根CC（18H、島根）はH17年12月に再生法申請（H18年4月に不動産投資の㈱レイコフに営業譲渡）、カワカミヴィラージュCC（現・カワカミバレーCC、18H、長野）はH19年9月25日に民事再生法を申請しH20年3月26日の債権者集会で再生計画案が成立、ゴルフ場事業は成立前のH19年12月1日にスポンサーである㈱ノザワワールドに譲渡

【舞鶴CC（グリーンメンバーズ）】　既1(18)
①舞鶴CC（18H=H27年7月に27Hから縮小、京都）
＜関連＞加西インターCC（旧・山陽CC、18H、兵庫＝運営）、舞鶴CCはグレードアップのためH27年7月から18H営業に変更

【丸五観光開発】　既1(18)
①宮崎GC（18H、宮崎）
▽亀の甲CC（18H、宮崎）はH26年10月1日から閉鎖・メガソーラーに用地賃貸方針でグループは1コースに

【ミツノグループ】
▽小御門CC（27H、千葉）とナリタGC（18H、千葉）経営のミツノ㈱の株をH25年6月にGCEグループのマミア・オプティカル・セキュリティシステム（マミアOP）に売却したためグループゴルフ場なくなる

【緑産業（平山誠一）グループ】　既2(63)
①江戸崎CC（36H、茨城）　②芳賀CC（27H、栃木）
▽日吉ハイランドの2コースとは関係薄くなり、緑産業グループとして独立表記

【箕面GCグループ】　既2(36)
①箕面GC（18H、大阪）　②奈良柳生CC（18H、奈良）

【宮古CCグループ】　既2(36)
①宮古CC（18H、岩手）　②松島国際CC（18H、宮城）

【武蔵CCグループ】　既2(36)
①武蔵CC豊岡C（18H、埼玉）　②武蔵CC笹井C（18H、埼玉）

▽武蔵CC笹井Cがﾊｳｽ建て替え・ｺｰｽ改造のためH15年5月7日からH26年3月31日までｸﾛｰｽﾞ

【名神八日市CCｸﾞﾙｰﾌﾟ】 既1(27)
①名神八日市CC(27H、滋賀)

【やおつ】 既2(36)
①むらさき野CC(18H、岐阜) ②さくらCC(18H、岐阜)
▽両ｺｰｽ経営の㈱やおつはH19年9月10日に民事再生法を申請し、再生計画案がH20年3月11日に認可決定となり、役員・会員・従業員で株式を取得し松岡ｸﾞﾙｰﾌﾟから独立

【山岡G・笹平G】
▽ｹﾞｲﾝ・ｷｬﾋﾟﾀﾙ㈱(中山茂代表)が民事再生中のｷｸｵｶ綜業㈱から山岡CCと笹平CCを取得もｹﾞｲﾝ・ｷｬﾋﾟﾀﾙ㈱は山岡ｺﾞﾙﾌ㈱と笹平ｺﾞﾙﾌ㈱の2社にｺﾞﾙﾌ場を移管、同ｸﾞﾙｰﾌﾟがｽﾎﾟﾝｻｰだった国武㈱(新水戸CC)、国際ｸﾞﾘｰﾝ㈱(久慈川CC)、仙台藤屋産業㈱(仙台ｸﾞﾘｰﾝGC)の3社(H18年10月11日再生計画認可決定)とは関係がなくなったという説明で不動産・観光系の「ｹﾞｲﾝ・ｷｬﾋﾟﾀﾙ」のｸﾞﾙｰﾌﾟ表記から「山岡G・笹平G」のｸﾞﾙｰﾌﾟ名に変更して専業に移動して新掲載、笠間桜CC(旧・新水戸CC、27H、茨城)等3ｺｰｽは専業の国武関連に独立して掲載、山岡CC(18H、岐阜)笹平CC(18H、岐阜)はH26年3月19日にPGMｸﾞﾙｰﾌﾟに売却・ｸﾞﾙｰﾌﾟ消滅

【山形GC】 既1(18)
①山形GC(18H、山形)
＜関連・指定管理者＞県民G場(18H、山形)
▽更生法申請の大洋緑化ｸﾞﾙｰﾌﾟから会員有志の出資で独立、H23年4月から県民G場の指定管理者に指定される、H21年からは農業法人を買い取った上で山形GCの隣接用地を買収しﾄﾏﾄ栽培等の農業にも本格進出

【㈱横浜国際ｺﾞﾙﾌ倶楽部】 既2(54)海1(18)
★㈱横浜国際ｺﾞﾙﾌ倶楽部 相山武靖社長
〒240-0035 横浜市保土ヶ谷区今井町1025(横浜CC内) TEL045-351-1001
①横浜CC(36H、神奈川) ②伊豆下田CC(18H、静岡)
＜海外＞①ｷｱﾀﾆCC(18H、ﾀｲ)
▽旧・相武総合開発ｸﾞﾙｰﾌﾟ8社(6ｺｰｽ)がH15年8月再生法申請、H16年6月までに各再生計画案が成立し相武総合ｸﾞﾙｰﾌﾟのｺﾞﾙﾌ場なくなる、徳島CC月の宮C(18H、徳島)経営の阿波総合開発㈱と㈱横浜国際ｺﾞﾙﾌ倶楽部はそれぞれ独立経営、伊豆下田CCはH15年9月に中間法人を設立し会員は預託金の一部ないし全部を同法人に出資する移籍手続がH20年5月に完了、ｸﾞﾙｰﾌﾟのｵｰﾌﾞｽ㈱がH17年2月から経営参画(日本ｺﾞﾙﾌ振興から継承)していたﾊﾞﾝﾌﾟﾗGCのｸﾗﾌﾞﾊｳｽ改修がH20年に終了、ﾀｲでは他にｵｰﾌﾞｽがｶｵｷｵGCの運営を受託、㈱横浜国際GCはH20年に創業50周年、横浜CCはH22年に開場50周年でH22年1月12日から東ｱｳﾄｺｰｽの大改造に着手、横浜CCは東Cの改造をH22年秋に終了、関連会社のｵｰﾌﾞｽ㈱はH26年1月からｸﾞﾘｰﾝｳｯﾄﾞGC(27H、ﾀｲ)の運営受託、横浜CCはH26年8月から西ｺｰｽの改造(改造監修=ｸｱ&ｸﾚﾝｼｮｰ)で一時27Hや18Hで営業、横浜CCの西ｺｰｽはH28年9月上旬ｵｰﾌﾟﾝで36H営業本格復活、同西ｺｰｽでH30年度の「日本ｵｰﾌﾟﾝ」開催決定、㈱横浜国際ｺﾞﾙﾌ倶楽部はH28年12月26日を効力発行日として㈱伊豆下田ｶﾝﾄﾘｰｸﾗﾌﾞを新たに設立して伊豆下田CCのｺﾞﾙﾌ場事業を承継

ゴルフ特信・ゴルフ場企業グループ＆系列【専業】

▼バンプラGC（18H、タイ）の運営はH28年10月までで終了、カオキオGC（27H、タイ）とグリーンウッドGC（27H、タイ）の契約も終了、現地法人との協働で法人設立しキアタニGCの土地及び諸施設を2018～2055年まで賃貸契約・すべて解体し新しくゴルフコース造成し2019年オープン予定

【リゾートマネジメント〈旧・富士ランドグループ〉】　既2（36）
　㈱リゾートマネジメント　会員部＝TEL0550-87-0990
①御殿場GC（18H、静岡）　②ベルビュー長尾GC（18H、静岡）
▽グループ別独立掲載、御殿場GCとベルビュー長尾GCの2コース経営の富士ランド㈱はH18年11月27日特別清算申請（H19年3月7日開始決定）、㈱フェニックスインベストメントアドバイザーズ（PIA社）系で再建へ、従来から運営の㈱リゾートマネージメント（横山久一会長、勝亦和彦社長）がPIAの出資でゴルフ場を経営、旧経営会社の富士ランド㈱はH19年7月4日に特別清算協定認可に、ベルビュー長尾GCはオールセルフ・スループレーのアメリカンスタイル（浴場・厨房なし）でのカジュアルコースに転換しH27年4月リニューアル

【六甲国際GCグループ】　既2（45）
　㈱タイセイ
①六甲国際GC（36H、兵庫）　②六甲国際PC（旧・六甲国際北GC、9H、兵庫）
▽H27年10月に六甲国際GC東コースで日本オープン開催

Ⅳ 外資系

韓国系　既45（873）

【イーケーカンパニー】　既1（18）　※韓国でゴルフ場を経営
①KAOGC（旧・鹿央GC、18H、熊本）
▽H18年12月8日からイーケーカンパニー㈱（崔盛弼代表）に、H28年10月からゴルフ場名を鹿央GCからKAOGCに変更

【イーヒョングループ】　※韓国で観光事業を展開
　★イーヒョン観光㈱　權俊惠代表　母体は韓国の「GOOD MORNING T&S」グループ
▽H22年7月29日に新白河GCの経営会社の代表取締役に韓国の洪性準氏が就任、株式は高橋正明氏関連から取得、H24年7月には韓国系のHONMA佑成から阿蘇高森GCを取得、H27年3月に新白河GC（18H、福島）を日本企業の㈱エスジーシーに売却、H29年1月に競売公告も不成立、5月の再度の競売で現経営とは別の韓国系が落札
▼阿蘇高森GC（18H、熊本）を落札したのは韓国のノマドツアーでイーヒョングループのゴルフ場なくなる

【エーヴランドGC】　既1（18）
①エーヴランドGC（18H、北海道）
▼グループ新掲載、H29年5月11日に浅見GC（茨城）の達川グループから買収、ただし韓国系というだけで詳細不明

【SYSホールディングス】　既3（63）　※韓国の家電量販店・電子ランド等のグループ
①三田SYSGR（旧・アイランドGR三田、27H、兵庫）
②リージャスクレストGCグランド（18H、広島）　②リージャスクレストGCロイヤル（18H、広島）
▼グループ新掲載、韓国で家電量販店等を展開する中堅財閥企業SYSホールディングスグループ、日本のGIグループからH29年9月に3コース買収

【ｎｇｃ】　既2（36）
①野母崎GC（18H、長崎）　②日の隈CC（18H、佐賀）
▼グループ新掲載、H29年夏に明輝建設建設系から韓国のグループが合同会社ｎｇｃ（成周憲代表社員）設立して経営、同系列で日の隈CCも買収

【Erum Holdings Co., Ltd（エルム社）】　※韓国の投資顧問会社
　★㈱パシフィックブルーゴルフアンドリゾート（合同会社P&Bコーポレイション）
▽会社更生手続中の㈱ビー・エフ・アールからH21年6月30日にゴルフ場事業（BFRGC＝大分）の譲渡を受ける、Erum Holdings Co., Ltd（エルム社）がH21年から経営のパシフィックブルーG&R国東（旧・BFRGC、18H、大分）は大分地裁で競売にかかり、韓国系のCompass Blue Japanが落札しH28年4月10日からパシフィックブルーCCとして営業を開始・グループ外れる

【韓国産業洋行グループ（エイチ・ジェイ）】　既8（171）
　※劉氏は韓国・ソウルで韓国産業洋行（ゴルフ場メンテ機器・乗用カート商社）を経営
　★㈱エイチ・ジェイ　劉信一代表（会長）、浜正広代表（社長）　資本金1億円

ゴルフ特信・ゴルフ場企業グループ＆系列【外資系・韓国系】

〒290-0525　千葉県市原市米原1639-1（米原GC内）　TEL0436-89-2811
①米原GC（旧・米原CC、18H、千葉）　②ﾍﾟﾆﾝｼｭﾗｵｰﾅｰｽﾞGC（18H、長崎）　③千葉夷隅GC（27H、千葉）
④愛野CC（18H、長崎）　⑤仙台空港CC（18H、宮城）　⑥福井国際CC（27H、福井）
⑦島原CC（18H、長崎）　⑧わかさCC（27H、福井）
▽旧・米原CC経営の房総観光開発㈱の再生計画がH15年7月に成立し㈱ｴｲﾁ･ｼﾞｪｲは初めてｺﾞﾙﾌ場を取得、以降ﾍﾟﾆﾝｼｭﾗｵｰﾅｰｽﾞGC、福岡ﾚｲｸｻｲﾄﾞCCを取得、H17年5月には千葉夷隅GCと那須黒羽GC経営の㈱ｸﾞﾘｰﾝｸﾗﾌﾞの株式を取得し同年9月9日民事再生法を申請しH18年2月1日に自主再生型の再生計画案成立、H18年6月に那須黒羽GCを廉（ﾖﾑ）英燮氏他の韓国人実業家に売却、再生手続中の愛野CCをH19年1月1日に営業譲受で取得、愛野CCはH19年6月13日に2回目の再生計画案成立、H20年6月1日に韓国系のﾙｰﾄﾝ･ｸﾞﾙｰﾌﾟから仙台空港CCの経営権をｸﾞﾙｰﾌﾟのSW開発㈱が取得、ｸﾞﾙｰﾌﾟの佐賀国際ﾘｿﾞｰﾄ㈱が佐賀GC七山C（現・福岡ｾﾌﾞﾝﾋﾙｽﾞGC、18H、佐賀）をH20年6月26日買収も同ﾘｿﾞｰﾄを韓国系の金融会社ｸﾞﾙｰﾌﾟに売却、H21年8月26日に福井国際CCを京阪電気鉄道から取得後、経営指導していた関連の祁答院GC（18H、鹿児島）はH23年時点で離脱、米原GCがH25年6月に圏央道開通記念150万円100口募集、H26年4月1日にＰＬ教団からM&Aで島原CCを取得しその遊休地でﾒｶﾞｿｰﾗｰ建設計画、2014年発行のｸﾞﾙｰﾌﾟ＆系列からｸﾞﾙｰﾌﾟ名をｴｲﾁ･ｼﾞｪｲから韓国産業洋行ｸﾞﾙｰﾌﾟと変更、H27年1月に愛野CC経営の愛野ﾘｿﾞｰﾄ開発㈱が島原CC経営の㈱ｷｸの権利義務を承継、H27年4月から米原GC170万円他で正会員募集継続、福岡ﾚｲｸｻｲﾄﾞCCは経営会社の会社分割で新設された福岡飯塚ｺﾞﾙﾌ㈱が承継しH29年6月1日PGMｸﾞﾙｰﾌﾟ入りへ
▼H29年6月に福岡ﾚｲｸｻｲﾄﾞCC（18H、福岡）を平和・PGMｸﾞﾙｰﾌﾟへ売却、一方でわかさCC（27H、福井）をH29年9月29日に再生会社から譲り受ける、ｺｰｽ数増減なしも9H増に

【姜（カン）佰賢氏（韓国の実業家）】　既1（18）
①宇都宮ｶﾞｰﾃﾞﾝGC（18H、栃木）
▽H21年9月1日にｼﾞｬﾊﾟﾝｺﾞﾙﾌﾌﾟﾛｼﾞｪｸﾄ（JGP）からｶﾞｰﾃﾞﾝｺﾞﾙﾌｸﾗﾌﾞ㈱の株式を取得し傘下に、開場20周年記念でｺｰｽﾘﾆｭｰｱﾙ

【龜尾（グミ）開發】　既3（54）　※韓国の東光ｸﾞﾙｰﾌﾟ（ﾃｸﾞ市、田容司＝ﾃﾞﾝ･ﾋﾛｼ会長）　http://www.jsgolf.jp/
　㈱龜尾（ｸﾞﾐ）開發　慶尚北道龜尾市山東面　※韓国で会員制の善山CCO他P制2ｺｰｽ経営
　★㈱東光（ﾄｳｺｳ）　〒889-2402　宮崎県日南市北郷町郷之原甲2821-1（ｼﾞｪｲｽﾞCC日南C内）　TEL0987-55-3333
①ｼﾞｪｲｽﾞCC小林C（旧・生駒高原宮崎小林GC、18H、宮崎）　②ｼﾞｪｲｽﾞCC鹿屋C（旧・鹿児島鹿屋GC、18H、鹿児島）
③ｼﾞｪｲｽﾞCC日南C（旧・北郷ﾌｪﾆｯｸｽCC、18H、宮崎＝経営はｼﾞｪｲｽﾞ北郷ﾘｿﾞｰﾄ㈱）
▽H20年5月1日に西武ｸﾞﾙｰﾌﾟの㈱ﾌﾟﾘﾝｽﾎﾃﾙから宮崎日向GC（18H、宮崎）生駒高原宮崎小林GC（18H、宮崎）鹿児島鹿屋GC（18H、鹿児島）の3ｺｰｽを会社分割で経営株式を取得（株式取得額20億円）、H22年3月末に米国投資会社のRHJｲﾝﾀｰﾅｼｮﾅﾙから北郷ﾌｪﾆｯｸｽCCを買収し、ｺｰｽ名・社名変更、H22年4月から9月にかけて宮崎日向GC・生駒高原宮崎小林GC・鹿児島鹿屋GCの3ｺｰｽを「ｼﾞｪｲｽﾞCC」を冠にしたｺﾞﾙﾌ場名に変更、同時に経営会社名にも「ｼﾞｪｲｽﾞ」を冠して変更、H23年6月にﾎﾃﾙ「日向ﾊｲﾂ」を取得、H23年9月30日に外資系投資ﾌｧﾝﾄﾞのRHJｲﾝﾀｰﾅｼｮﾅﾙ傘下のﾌｪﾆｯｸｽﾘｿﾞｰﾄ㈱から高原CCの経営会社の株式を取得しｺｰｽ名をｼﾞｪｲｽﾞCC高原C36に変更、ｼﾞｪｲｽﾞCC日向CはH25年の猛暑及び少雨でH25年12月12日から休業、H26年12月12日から日向Cはﾌﾟﾚｵｰﾌﾟﾝもｸﾞﾗﾝﾄﾞｵｰﾌﾟﾝは未定、ｼﾞｪｲｽﾞCC日向C（旧・宮崎日向GC、18H、宮崎）はH28年3月に㈱ﾃｨｰﾃｨｰｴｽ企画（福岡県飯塚市）に売却しｸﾞﾙｰﾌﾟ4ｺｰｽに、ｼﾞｪｲｽﾞCC高原C36は36Hから18Hに営業を縮小しH28年2月から名称変更
▼ｼﾞｪｲｽﾞCC高原C（18H、宮崎）はH29年7月末まで営業し跡地はﾒｶﾞｿｰﾗｰに、既設1ｺｰｽ減

ゴルフ特信・ゴルフ場企業グループ&系列【外資系・韓国系】

【ケービーアイジャパン】　既2(36)　不動産所有・管理等を行っている韓国企業
　★ケービーアイジャパン㈱　〒160-0002　東京都新宿区坂町28　TEL03-3358-5007　白承浩代表取締役
①トミーヒルズGC鹿沼C(旧・双園GC栃木、C18H、栃木)　②矢吹GC(18H、福島)
▽アコーディアからH20年8月20日に双園GC栃木C所有の㈱フェニックス・カントリー・クラブを取得、H22年4月30日に矢吹GCを経営する㈱ワイ・ジー・シー(現・㈱ジーシー矢吹)の株式をリゾートソリューション系列の投資会社から取得し傘下に、矢吹GCはH25年3月末でリゾートソリューションとの利用提携を解消、H26年9月に双園GC栃木の運営をトミーグループに委託してH27年3月1日からゴルフ場名をトミーヒルズGC鹿沼Cに、代表取締役が白承浩(ベクスンホ)に交代

【祁答院リゾート】　既1(18)建1(18)　※オーナーは木材加工業で西ソウルCCも経営する鄭丞煥氏
　★祁答院リゾート㈱　鄭丞煥(チョンスンハン)代表
①祁答院GC(18H、鹿児島)　②宮之城いやしの郷(18H=建、鹿児島)
▽韓国で西ソウルCCを経営する鄭氏がオーナーの祁答院リゾート㈱がエイチ・ジェイ・グループの劉信一代表の協力でH18年10月に旧・新建設系の祁答院GCを競売で落札、H19年1月1日から祁答院リゾート㈱の経営に

【コパン】　既1(18)
①アイランドGガーデン大分(H30年6月1日大分ななせGCに変更、18H、大分)
▼グループ新掲載、H29年12月1日にGIグループからアイランドGガーデン大分を合同会社Ｃｏｐｉｎｅ(コパン、趙昶九代表取締役、奈良市富雄川西1-20-26)が買収、コパンの事業内容は雑貨、家具等の輸入業、旅行業、ホテル業、不動産業で代表者の趙氏は韓国ソウル他で旅行代理店、複数のガススタンド(タクシー専用)を経営

【Golf and Art Resort Japan】　既1(18)
※韓国、アメリカ・中国などでゴルフ場を経営しているコリア・ゴルフ・アンド・アート・ビレッジ
　★スプリングゴルフ&アートリゾート淡路
①スプリングG&アートR淡路(旧・ギャラクシーRGC、18H、兵庫)
▽競売でH19年7月に㈱Golf and Art Resort Japanが取得、H20年にスプリングG&アートR淡路に変えて営業開始

【Compass Blue Japan】　既1(18)　※韓国の投資顧問会社
①パシフィックブルーCC(旧・パシフィックブルーG&R国東、18H、大分)
▽Erum Holdings Co.,Ltd(エルム社)がH21年から経営していたパシフィックブルーG&R国東(旧・BFRGC、18H、大分)を韓国系のCompass Blue Japanが落札(H28年1月開札)、H28年4月10日からパシフィックブルーCCとして営業を開始

【サイカンホールディングス】　既1(18)
※韓国のサイカンホールディングス社の金正律代表はオンラインゲームの「ラグナロクオンライン」を開発した会社を設立した企業家
①武雄・嬉野CC(18H、佐賀)
▽H19年4月に株式を取得し武雄・嬉野CCを傘下に・預託金問題でH20年5月9日に再生法申請、スポンサーに資金提供していた東千葉CC(36H、千葉)はH20年7月23日に再生計画認可もスポンサーのJGMが更生法適用を申請、H27年にゴルフ場事業を推進していた日本法人の㈱サイカンホールディングスは撤退

【ＣＸＣモーターズ】　※韓国の外車輸入販売会社
▽韓国の実業家の尹炫秀氏がH20年11月に佐賀GC七山Cをエイチ・ジェイのグループから取得しゴルフ場名を福岡セブンヒル

ゴルフ特信・ゴルフ場企業グループ＆系列【外資系・韓国系】

ズGCに変更、H22年6月1日に米国大手金融のシティグループのウインターガーデン・リゾーツ㈱の吸収分割でナクア白神GCを含むリゾートを福岡セヴンヒルズGC系列会社が取得、H25年5月30日に外車輸入会社のCXCモーターズが取得し同グループに、H26年7月頃に福岡セヴンヒルズGC(旧・佐賀GC七山C、18H、佐賀)は日本のパチンコホールを経営する日本資本のユーコーグループに売却、H26年9月頃にナクア白神GC(36H、青森)はシンガポールのパララックスキャピタル(バリ島などでリゾート経営)系列に

【水山(スイサン)ジャパン】　既1(18)　※母体は韓国で発電機等のメンテナンス事業を展開
①不知火CC(18H、熊本)
▽H23年1月に韓国系企業から不知火CCを買収、前母体はH20年頃に不知火CCを取得

【大河(ＴＡＩＧＡ)グループ】
★㈱大河　　※当初韓国の食品会社「ヘチャンドル」とゴルフ場経営等の「新天地リゾート」2社の共同出資で設立
▽韓国系の大河(TAIGA)グループが破産の㈱日本ロイヤルクラブから3コースを買収しH16年10月29日から運営開始、H26年6月に那須TAIGACC(旧・那須ロイヤルCC、18H、福島)・大玉TAIGACC(旧・大玉VIPロイヤルCC、27H、福島)・勿来TAIGACC(旧・勿来VIPロイヤルCC、18H、福島)を一条工務店に売却し撤退

【チサングループ】　既1(18)　※韓国でチサン(芝山)フォレストリゾートを経営
★チサンジャパン㈱　柳鎬潤(ユー・ユンホ)社長
①小樽ジサンGC(旧・小樽赤井川GC、18H=H27年から閉鎖中、北海道)
▽小樽赤井川GC買収しH20年4月18日から小樽ジサンGCの名称で営業再開、李信浩代表から柳鎬潤に交代、H25年まで営業もH26年の雪解け後も営業せず従業員も転職し閉鎖、H29年6月時点も連絡不能、管理していない

【清光(チョンガン)グループ】　既2(45)　※清光(ソウル)で、韓国の中堅ディベロッパー
★河東観光開発㈱　許崇(ホ・スン)会長
①ナリ会津CC(旧・会津河東CC、27H、福島)　②GCゴールデンウッド(18H、栃木)
▽H19年末に会津河東CCを経営する河東観光開発㈱(元・鈴縫工業グループ)の株式を前代表から取得、H20年4月1日にコース名をナリ会津CCに、H20年7月に高橋正明氏関連からGCゴールデンウッドの株式を取得

【チョン・クリストファー・ヤン氏他韓国人実業家】　既1(18)
※チョン氏は韓国の上場企業を保有する韓国系米国実業家
★有限会社ヘブンリースポーツ　チョン・クリストファー・ヤン代表
①加賀セントラルGC(18H、石川)
▽PGMグループからH19年4月1日に取得、運営は賃貸借契約を交わしたPGM、H24年4月から有限会社ヘブンリースポーツ(旧・有限会社加賀セントラルゴルフ倶楽部)の直営となる

【Ｔ＆Ｇネットワークジャパン】　既1(27)　※旅行代理店経営、代表者は鄭永眞(チョン・ヨンジン)氏
①阿蘇やまなみホテル&GC(27H、熊本)
▽H25年5月1日に韓国系のマッケンリー・インターナショナルから取得

【都和(トファ)総合技術公社グループ】　既1(18)　※都和総合技術公社は韓国の設計エンジニアリング
★㈱アリジインターナショナル　柳根圭(リュウ・グンキュウ)代表

- 58 -

①アリジCC花垣C（旧・ザ・パークヒルGC、18H、三重）
▽韓国の都和総合技術公社のグループが日本法人として設立した㈱韓朝インターナショナル（柳根圭代表）がH19年2月28日付けでザ・パークヒルGCを買収しコース名変更

【東廣（トンガン）グループ】 既2(36) ※韓国の建設業者、韓国内でもゴルフ場を経営
①矢部サンバレーCC（旧・矢部GC、18H、熊本） ②肥後サンバレーCC（旧・肥後CC、18H、熊本）
▽矢部GCはH20年7月にM&Aで取得、肥後CCはM&Aでリソルグループから H21年に取得しH22年4月1日から運営もリソルから直営（三陽開発㈱）に、H23年4月に韓国の3コースが「サンバレー」の冠となり、日本のコースにも「サンバレー」を付けて統一、H28年4月の熊本地震で矢部サンバレーCCはクラブハウスのコンペルーム天井が落下するなどしたが改修

【那須伊王野CC】 既1(27) ※韓国の企業
★那須伊王野カントリークラブ㈱（住所＝コースと同） 高聲振（コウ・ソンジン）代表取締役
①那須伊王野CC（27H、栃木）
▽リソルグループの那須伊王野CCはH20年12月29日に高聲振氏が経営の那須伊王野カントリークラブ㈱の代表取締役に就任し韓国系に、H21年4月末にはリソルグループとの運営委託契約も解消し直営に、H28年5月に韓国内で出資者が交代・韓国の個人実業家から韓国で焼酎やミネラルウォーター等を扱う企業に

【ニューユーアイ】 既1(18)
★ニューユーアイ㈱
①NEWユーアイGC（旧・ユーアイGC宗像、18H、福岡）
▽韓国系のHONMA佑成からH25年3月までに取得、韓国系とするも、韓国での事業活動は不明、H28年1月からNEWユーアイGCに名称変更

【ノマドツアー】 既1(18)
①阿蘇高森GC（18H、熊本）
▼グループ新掲載、競売で韓国系が経営していた阿蘇高森GCを落札しH29年8月1日から運営、韓国の半導体メーカー関連で観光事業を行う韓国のノマドツアー（ソウル）の関連

【パインヒールズ】 既1(27) ※韓国で金融・インテリア・総合建設などの事業を展開
★㈱パインヒールズ ゴルフ場保有会社で運営は委託
①パインヒールズRCC（旧・広島東城CC、27H＝閉鎖中、広島）
▽広島東城CCの経営権と第一抵当権を取得しH19年3月21日から事実上傘下にしコース名を仮変更し営業、H20年11月26日に競売にかかった広島東城CCを17・7億円で落札しパインヒールズRCCに名称変更、H26年6月にクラブハウスが見積価格5億3502万2000円で競売に、H28年3月にもクラブハウスがヤフージャパンでインターネット公売されるも不落、電話は不通で営業はH28年から停止中の模様

【BANDO】 既2(36) http://bandojapan.co.jp/ ※韓国の建設会社・BANDO（釜山市）グループ
★㈱BANDO・JAPAN 権正峻（ゴン・ショウシュン）代表取締役
①ノースショアCC北浦C（旧・北浦GC、18H、茨城＝㈱T&Kに運営委託） ②加茂GC（18H、千葉）
▽H16年11月にノースショアCC北浦Cを外資系投資会社のムーアから買収しT&Kに運営委託、H20年9月17日に加茂GCを経営

ゴルフ特信・ゴルフ場企業グループ＆系列【外資系・韓国系】

するピーエスアール市原㈱の株式を㈱パシフィックホールディングス㈱(PHI)から取得しH20年11月16日からT&Kに運営委託、H26年2月1日からコースのリニューアル等の事情で加茂GCを直営にする

【ハンファグループ】　既1(18)　※韓国財閥、グループのハンファリゾートは韓国で複数コース経営
　　★アクロパーク・ゴルフ・コープ有限会社
①オーシャンパレスGC(旧・長崎空港CC、18H、長崎)
▽H16年11月末に再生会社から長崎空港CCを営業譲受

【ベアーズタウン】　※韓国のソウル近郊でスキーリゾート「ベアーズタウン」を運営、会員制ゴルフ場も運営
　　★㈱ベアーズタウン
▽宮崎サンシャインCCをH17年4月にハザマが実施した入札で買収しコース名を宮崎サンシャインベアーズタウンCC(18H、宮崎)に変更、H24年10月19日付けで、パチンコホール経営の日本の㈱ミネックス(宮崎県)に売却し系列ゴルフ場はゼロに

【大京(ペギョン)TLS】　既1(18)　※大京TLS(ソウル)で、流通等の事業を展開
　　★㈱別府扇山ゴルフ場　李信浩(イ・シンホ)社長
①別府扇山GC(旧・別府国際GC扇山C、18H、大分)
▽別府扇山GCは三セクながら預託金償還問題でスポンサーを模索し、H19年10月10日に大京TLSが同ゴルフ場を経営する㈱別府扇山GCの増資株2万株を6億円で取得し傘下に、大京TLSの持株比率は66％以上

【北星ゴルフグループ】　※韓国ソウルが本拠
▽北星ゴルフグループがH20年4月中旬にアランチャールズG&R函館CC(18H、北海道)を経営するアラン・チャールズマージェリソンゴルフアンドリゾート㈱の株式を取得し代表に亀川東祐氏が就任もH21年3月下旬から事務所の電話が不通で営業再開の動きなし、アランチャールズG&R函館CC(18H＝閉鎖後H29年2月に競売となる、北海道)はH26年末で既設カウントから削除済み

【HONMA佑成】　※本間ゴルフの韓国販売代理店「ホンマゴルフワンド社」
▽阿蘇高森GC(18H、熊本)を本間ゴルフからH16年4月にユーアイGC宗像(18H、福岡)をH17年4月買収、H25年3月までに阿蘇高森を韓国のイーヒョングループに、ユーアイを韓国系のニューユーアイ㈱に譲渡し系列ゼロに

【ボボスジャパン】　既1(18)
　　★ボボスジャパン㈱　BOBOS JAPAN　※韓国で商業ビル・会員制スポーツクラブ等経営のヘイソリアグループが母体
①ボボスCC久慈川C(旧・サンクチュアリ久慈GC、18H、茨城)
▽サンクチュアリ久慈GC(18H、茨城)をH28年1月16日からグループ傘下に、ボボスカントリークラブ久慈川コースにH28年6月15日名称変更・同7月2日グランドオープン予定

【マッケンリー・インターナショナル】
　　★㈱Mckenly Holdings (マッケンリー・ホールディングス)
▽東京リゾート㈱の破産管財人からH17年5月に新会社を設立して2コースを買収、阿蘇やまなみホテル&GC(27H、熊本)は同じ韓国系のT&Gネットワークジャパンに売却、H26年12月25日に大型ホテル経営の日本のホテルセキアグループ(㈱シーエイチアイ、代表の露崎強氏は中国人実業家)に鹿北GC(18H、熊本)を売却しゴルフ場ゼロに

- 60 -

【ユニオンエースＧＣ（京安グループ）】 既1(18)　※韓国の京安（キョウアン）グループが買収
　★㈱ユニオンエースゴルフクラブ（㈱善山ＪＡＰＡＮを商号変更）
①ユニオンエースGC（18H＝27HもH26年9月に9H閉鎖し18Hに、埼玉）
▽ゴルフ場・ホテル等を競売で落札しH17年2月から経営、当初は善山土建グループだったが京安グループ入り、H26年9月に東コース9H閉鎖し閉鎖地メガソーラーに転用で18H営業に

【尹炫秀（ユン・ヒョンス）氏グループ】　※尹炫秀氏は韓国の実業家
▽佐賀GC七山CをH20年11月にエイチ・ジェイのグループから取得し福岡セヴンヒルズGCに変更、H22年6月1日に米国大手金融シティグループからナクア白神GCを含むリゾートを取得、福岡セヴンヒルズGC（18H、佐賀）とナクア白神GC（36H、青森）をH25年5月30日に韓国の外車輸入会社・CXCモーターズ系列に移行し保有ゼロに

【廉（ヨム）英爕氏他韓国人実業家】 既1(18)
　★㈱ケイ・アール開発　廉（ヨム）英爕氏と三澤晃壹氏の2人代表
①那須黒羽GC（18H、栃木）
▽韓国系の㈱エイチ・ジェイ・グループ（劉信一代表）からH18年6月に那須黒羽GC経営の㈱ケイ・アール開発の株式取得、廉氏が筆頭株主に、H19年6月にリニューアル記念としてプレー会員権の販売を開始、H29年もプレー会員権の募集継続

【英（ヨン）流通】 既1(18)　※英流通はたばこのフィリップモリスの輸入販売等
　★ノーザンアークリゾート㈱　趙徳英（チョー・トクヨン）代表　本社＝コース
①ノーザンアークGC（旧・グランクリュGC、18H、北海道）
▽事業再生を行う㈱フューチャーインベストメント（永田仁代表）を通じ民事再生のグラウンズ社のスポンサーに就任、H20年8月再生認可前の同7月からゴルフ場をノーザンアークリゾート㈱（英流通の100％子会社）が事業譲渡受ける

【ローランド】　※韓国・済州島でゴルフ場を経営のローランド社
　★㈱LOADLAND WAKAYAMA GC
▽H17年9月末にエイチ・ジェイの協力でグリーンヒル和歌山GC買収しコース名を和歌山GC（18H、和歌山）に変更、H24年5月21日に経営の㈱LOADLAND WAKAYAMA GCは民事再生法を申請し、H25年1月29日の債権者集会で再生計画案が成立しスポンサーでパチンコホール等経営の㈱フジ田産業の系列（いなみCCと名称変更）となりゴルフ場ゼロに

【ワイエイチビー・ジャパン】 既1(18)
　★㈱ワイエイチビー・ジャパン　金永善（キム・ヨンサン）代表　本社＝コース　※金永善代表は朝鮮日報の代表者の弟で、ソウルでホテルを経営（㈱コリアナホテルグループ）する他に、米国でホテル、ハワイでゴルフ場等を経営
①愛和宮崎GC（旧・ニュー愛和宮崎GC、18H、宮崎）
▽H19年9月までにゴルフ場施設を買収し現コース名に、会員は引き継がずパブリック制で営業

ゴルフ特信・ゴルフ場企業グループ＆系列【その他外資系】

その他外資系 既8(171)

【RHJインターナショナル（旧・リップルウッド・ホールディングス）】
※米国の投資会社RHJ（旧・リップルウッド）系列
▽更生法申請のフェニックスCC等4コース等を経営するフェニックスリゾート㈱のスポンサーとなり、H13年8月3日の更生計画案の可決で傘下に、H22年3月末日に北郷フェニックスCC（現・ジェイズCC日南C、18H、宮崎）を韓国系の㈱龜尾（グミ）開發に売却、H23年9月30日に高原CC（旧・フェニックス高原CC、現・ジェイズCC高原C36、36H、宮崎）も㈱龜尾開發に売却、H24年2月23日にホテル等の他にゴルフ場の保有がフェニックスCC（27H、宮崎）とフェニックスCCトム・ワトソンC（18H、宮崎）の2コースとなったフェニックスリゾート㈱の株式を4億円でセガサミーホールディングス㈱（セガサミーは4億円の他にフェニックスリゾートに対して54億14百万円を貸し付け）に売却し国内での系列ゴルフ場は消滅

【㈱Izanami（イザナミ）グループ】
▽H19年5月25日に榛名の森CC（旧・響の森CC、18H、群馬）を経営する榛名スポーツ開発㈱の全株式を取得し傘下にし運営をPGMに委託していたがH20年12月末に運営委託契約解除、本千葉CCはH19年9月26日付けで同CCを経営する㈱本千葉カントリークラブの全株を㈱イザナミホールディングス1が取得し傘下に、H20年5月からオーシャンリンクス宮古島（18H、沖縄）をリサ・パートナーズ側から管理・運営もH20年12月末までに契約解除、H22年7月1日に榛名の森CC経営の㈱グリーンエコーの株式をシンガポールに本社を置く「SUN ASIA PACIFIC CORPORATION(SINGAPORE)PTE LTD」に売却、イザナミグループの岩崎拓代表はH23年6月にオーシャンL宮古島（18H、沖縄）を経営する㈱吉野の代表取締役に就任し再生法の適用を申請、H24年1月20日再生計画案認可、H25年6月12日に本千葉CC（27H、千葉）を経営する㈱本千葉カントリークラブの株を㈱サンカジロ（千葉県八千代市）の関連会社に売却し、所有ゴルフ場はゼロに、㈱吉野のオーナーに島尻千洋氏が就任しH27年春に代表取締役に就任・㈱イザナミの岩崎拓氏は退任しイザナミの関連コースもなくなる

【一達国際投資㈱】 既1(18)　※上場の香港の東方グループや中国、香港、シンガポール、カナダ中国系投資家が出資
　★一達国際投資㈱　オーナーは張一達氏
①一達国際PrivateGC（旧・一達国際GC、元・バーデンCCえぞ富士C、18H、北海道）
▽H23年5月12日に設立の一達（いったつ）国際投資㈱がほぼ完成したバーデンCCを取得し、改造工事等を行って新規オープンを目指している、オーナーのプライベートコースにする方針、H26年11月までにコース・クラブハウス完成、H28年6月から「一達国際 Private Golf 倶楽部」の名称で営業

【ゴールドマン・サックス（GS）グループ】　※米・ニューヨークに本拠置く、世界有数の金融グループ
　ゴールドマン・サックス証券　http://www.gs.com/japan/
▽GSグループはH13年12月に日東興業㈱（現・㈱アコーディアAH11）及び日東ライフ㈱の株式を日東総合㈱から買収し、日本のゴルフ場に初参入、その後、緑営グループやスポーツ振興グループ、西野商事グループ、東和ランドグループ、私市グループなど複数のゴルフ場を経営する企業や単独ゴルフ場の経営会社を法的整理あるいは任意で取得するなどで、次々に国内ゴルフ場を傘下に収めた、さらに運営会社として立ち上げた㈱アコーディア・ゴルフに傘下ゴルフ場の運営を次々に委託し、H17年3月からはアコーディアにスポーツ振興㈱等、H17年12月には日東興業㈱を順次売却、オービスグループの成田GCはH18年にGS入りし同年5月からアコーディアの運営に
　㈱アコーディア・ゴルフの株式を放出し同社をH18年11月1日に上場させる、H18年11月1日に土地興業の南総CCとニュー南総GCを取得、H20年1月11日には旧・三井住友建設グループの5コースを含む計8コースをアコーディアに譲渡し保有ゴルフ場数

- 62 -

は3コースとなった、ちなみにH19年10月3日に民事再生法の適用を申請した成田GCはH20年3月の債権者集会でGSグループをスポンサーとした再生計画案が可決、H22年1月18日に成田GCを㈱アコーディアAH12に売却、南総CCとニュー南総GCを経営する芙蓉土地㈱はH22年1月22日に民事再生法を申請、H22年6月23日にニュー南総GCの再生計画案が可決し、その株式をH22年12月27日にアコーディアに譲渡、南総CCを経営する㈱南総カントリークラブはH22年6月23日の債権者集会で再生計画案が否決され、H22年7月20日に更生手続開始決定を受け事実上GSグループから離脱し所有ゴルフ場はゼロとなる

　H24年10月3日に民事再生計画が否決され、H24年10月31日に更生手続き開始決定となった㈱太平洋クラブと子会社のスポンサー選定の入札に参加、H25年1月に2次入札に進んだ3社の内の1社になったが最終的にパチンコホール経営大手のマルハンとなり日本のゴルフ場への再投資は不発に

【サーベラスグループ】　※米・ニューヨークに本拠を置く大手投資ファンド会社
▽ザ・CC(18H、滋賀)はH15年12月に再生計画案認可決定でサーベラスグループ入り、運輸・観光・ゴルフ場経営の国際興業㈱(国内6コース、海外1コース)を金融支援しH16年12月から主要株主に(65%出資)、鹿島の杜CC(18H、茨城)を同系列としたが株式を支配しておらず削除、ザ・CCはH19年3月13日にリゾートトラストに売却、直接支配する保有コースなくなる、西武ホールディングスの大株主で、経営権を把握するため株式の公開買付け(TOB)をH25年3月12日から開始、TOBでサーベラスが保有する西武ホールディングスの株数はH25年6月時点で35・48％になる、ゴルフ場売却等の提案は西武ホールディングスの経営陣が反対し頓挫、西武HDはH26年4月23日に一部上場・売出し価格は1株1600円

【サクセスユニバースグループ】　既1(18)　※香港に本部がある企業
　★㈱グリーンエコー　※サクセスユニバースグループは不動産・観光・金融・カジノ等を傘下にするコングロマリット
①榛名の森CC(旧・響の森CC、18H、群馬)
▽H27年7月1日に榛名の森CC(旧・響の森CC、18H、群馬)経営の㈱グリーンエコーの株式をシンガポールに本社を置くSUN ASIA PACIFIC CORPORATIONグループから取得

【SUN ASIA PACIFIC CORPORATION(SINGAPORE)PTE LTD】　※シンガポールに本社を置く企業
▽H22年7月1日に榛名の森CC(旧・響の森CC、18H、群馬)経営の㈱グリーンエコーの株式をIzanamiグループから取得、H27年8月に榛名の森CC(18H、群馬)を香港に本部があるサクセスユニバースグループに売却して撤退

【董(トウ)学林氏】　既1(18)　※中国大連市在住の実業家
　★㈱湯ケ島ゴルフ倶楽部＆ホテル董苑　董学林代表
①湯ケ島GC&H董苑(旧・伊豆湯ケ島G&R、18H、静岡)
▽伊豆湯ケ島倶楽部G&R経営の㈱アルバトロスの株をH23年春に買収、社名及びゴルフ場名を董学林氏姓を採用

【パララックスキャピタル】　既1(36)　※シンガポール本社のリゾート開発会社
　★青森リゾート㈱　ケビン・チェン代表
①青森スプリング・GC(旧・ナクア白神H&R、36H、青森)
▽H26年9月にバリ島やジャカルタなどでリゾート施設を開発・経営しシンガポールに本社を置くパララックスキャピタルが韓国のCXCモーターズから取得、H27年12月にブランディングでコース名変更

ゴルフ特信・ゴルフ場企業グループ＆系列【その他外資系】

【日源】　既1(27)
①那須陽光GC(旧・アイランドGR那須、27H、栃木)
▼グループ新掲載、H30年1月11日に日源㈱(楊長海代表取締役、神奈川県足柄下郡箱根町仙石原8176)がアイランドGR那須(27H、栃木)と隣接のホテル買収・H30年4月1日に那須陽光GCに名称変更

【ＰＣＣＷ】　既1(18)　※香港の通信大手
　★盈大地産
①HANAZONO G(旧・ニセコ東急GC、18H、北海道)
▽ニセコ東急GCとヒラフスキー場を保有する日本ハーモニー・リゾート㈱の全株式をH19年9月までに豪州のハーモニーリゾートから取得し傘下に、ゴルフ場は従来通り東急不動産㈱に賃貸し同不動産が会員制で経営、H28年3月で東急リゾートサービスとの運営委託契約を満了し、同4月から日本ハーモニーリゾートの直営に・同時にコース名も変更

【Ｆｏｓｕｎグループ】　※中国のコングロマリット
▽H27年12月1日に中国のコングロマリットのFosun(フォースン)が㈱星野リゾートからトマムのゴルフ場とホテルなどを188億円で買収、運営は星野リゾートが継続、星野R・トマムGC(18H、北海道)はH28年10月11日に閉鎖しゴルフ場としての営業終了、跡地は他のレジャー施設(散策やアウトドア体験施設、コース跡地に牧草ベッド等設置)として活用

【マハリシ・グローバル・ディヴェロップメント・ファンド】　※米国の投資会社
▽H13年にマハリシ入りをH21年に確認し掲載、伏見桃山GC(9H＝廃業のためH27年末で既設カウントから削除予定、京都)はH26年6月末まで営業し翌7月廃業、用地は太陽光発電の事業者に賃貸、10メガ以上のメガソーラーに

【マレーシア系の投資家グループ】　既1(18)　※マレーシアの投資会社
　★伊豆ハイツゴルフクラブ＆レジデンス㈱　ロバート・ジェネイド氏とアルバート・ホン氏が出資
①伊豆ハイツGC(18H、静岡)
▽H26年6月21日に印刷会社の㈱アリキ(東京)系列からマレーシアの州王の関連の投資家グループが伊豆GCのオーナーとなり、同年9月にゴルフ場名を伊豆ハイツGCに

【モルガン・スタンレー・グループ】　※国際的な総合金融サービス業
　★㈱セントレジャー・マネジメント
▽H17年3月29日に都築紡績グループから5コース計108Hを亀山開発㈱の更生計画案の成立で取得、亀山開発㈱・三和興業㈱・日本フードサービス㈱の3社をH17年6月に合併し社名を㈱セントレジャーマネジメントに、モルガン・スタンレー・グループのモルガンスタンレー不動産ファンドが東京ドームから5コースとスキー場やホテル、遊園地等をH19年5月31日に取得し、順次「セントレジャー」の冠を付けたコース名に変更、H21年7月24日にセントレジャーGC勝浦(現・日本ダイヤモンドGC、18H、和歌山)を日本土石工業㈱に売却、H21年11月29日にセントレジャーGC馬頭(現・うぐいすの森GC&H、18H、栃木)とセントレジャーGC水戸(現・うぐいすの森GC水戸、18H、茨城)を日本緑地開発㈱に売却、H23年4月15日にセントレジャーGC札幌(現・ダイナスティGC、27H、北海道)を不動産業のキタコー㈱の子会社に売却、H23年12月20日にセントレジャーGC亀山(現・亀山GC、36H、三重)の信託受益権をPGMグループに売却、セントレジャーGC城島高原(現・城島高原CC、18H、大分)をH24年5月1日付けで大分BK系のファンドに売却、セントレジャーGC市原(現・ムーンレイクGC市原C、18H、千葉)をH24年11月30日にPGMグループに売却、H25年10月1日にセントレジャーGC千葉(現・ムーンレイクGC鶴舞C、18H、千葉)、セントレジャーGC鞍手(現・ムーンレイクGC鞍手C、27H、福岡)をPGMグループに売却、同10月1日にセントレジャーGC定光寺(現・定光寺CC、18H、愛知)を砕石業の小西砕石工業所に売却してグループゴルフ

場ゼロに

【ルクセンブルクの投資ファンド】　※外資系の投資ファンド会社
▽会社はルクセンブルクの「Field Point Ⅳ S.a.r.l」で、ロイヤルフォレストGC(18H、茨城)の経営株をH18年12月20日に世紀東急工業㈱から取得、H24年1月30日にロイヤルフォレストGCを日本企業のノザワワールドに売却

【ローンスター（LS）グループ】　※米国の大手ファンド会社
ローンスター・ジャパン・アクイジションズLLC
▽H3年に米・ダラスに本拠を置くローンスターが設立した投資ファンド(プライベート・エクイティ・ファンド)の日本における資本投下会社、LSグループはH12年10月に伊藤忠商事関連経営のパブリック、フォレスト三木GC(18H、兵庫)を買収し日本のゴルフ場経営に初参入、外資系企業の国内初進出となった、その後、単独経営のゴルフ場の他に法的整理に入ったプレミアゴルフ(旧・ゴルフ西洋)や太平洋観光開発・地産・STT開発・大洋緑化グループなど複数のゴルフ場を経営する企業やグループ企業・単独ゴルフ場の経営会社を法的整理あるいは任意で取得するなどで、次々に国内ゴルフ場を傘下に収めた、これにより外資系で1年強遅れて国内ゴルフ場経営に進出したライバルのGSグループと共に国内ゴルフ場の保有数・ホール数で2大勢力となった、H13年4月にゴルフ場運営会社・パシフィックゴルフマネージメント㈱(PGM)を設立しフォレスト三木GCの運営を委託、その後LSグループゴルフ場を次々にPGMに委託、さらにLSグループの大部分のゴルフ場を保有するパシフィックゴルフプロパティーズ㈱(PGP、ハドソンジャパン債権回収㈱のゴルフM&Aチームから移管)とPGMの2社を含む持株会社・パシフィックゴルフグループインターナショナルホールディングス㈱(PGGIH㈱)をH16年12月9日に設立、翌17年12月15日に東証一部に上場した、LSグループはH19年に小倉山CC(18H=建、千葉)から撤退しこの時点ではLSグループが直接保有するゴルフ場はなくなるが、PGGIH㈱(PGMグループでH22年3月に商号をPGMホールディングス㈱に変更＝以下PGMHDに)の株式を過半数以上保有、H21年3月31日にLSグループのスター・キャピタル他1社がサントリー㈱から昇仙峡CC(27H、山梨)を経営する㈱昇仙峡カントリークラブの株式を100%取得しLSグループ傘下とし再度ゴルフ場を保有、上場のPGMHD(PGMグループ)の株式をLSグループは過半数以上を保有し事実上の親会社だったが、パチンコ・パチスロメーカーで上場の㈱平和のTOB(1株5万2000円)を受け入れたことで、PGMグループとの関係がほぼ解消されたためグループ＆系列ではPGMグループではなく＜その他外資＞の欄とした、昇仙峡CC(27H、山梨)はH24年5月18日に民事再生法を申請しシャトレーゼグループをスポンサーとした再生計画案がH24年12月12日に可決、これによりLSグループの系列ゴルフ場は再度ゼロに

【ワイ・ティー・エル・コーポレーション・バーハッド】　既2(36)　※マレーシアの建設会社
★ニセコヴィレッジ㈱
①ニセコGC(18H、北海道)　②ニセコヴィレッジGC(旧・ニセコ東山プリンスホテルG場、18H＝36Hから18Hに縮小、北海道)
▽H22年3月8日に子会社のYTLHPを通じてニセコの2コースやホテル等を経営するニセコビレッジ㈱の株式を米国のシティグループから取得

Ⅴ 不動産・観光系

【アーバンコーポレイション】
　㈱アーバンコーポレイション　※元・東証一部上場の不動産流動化関連、H21年3月18日再生計画認可(不動産事業は極東証券系投資集団へ・広島事業は広島ベンチャーキャピタルに譲渡へ)、ゴルフ場事業は子会社の㈱アーバンクラシック系の㈱クラシックで展開もH20年11月に㈱アーバンクラシックの株式をエーシーキャピタル㈱系と㈱カネキに売却
▽特別清算申請の成井農林からH17年11月に6コースを取得、壮快美健館富士1ばんG(18H、山梨)を買収しH18年4月から営業(コース名はH19年3月から富士クラシックに変更)、阪奈CCの更生計画案H18年6月成立しグループ入り、スポンサーとなった㈱北海道GCの再生計画案H18年10月成立、北海道クラシックGC帯広Cと北海道メイプルGCの2クラブを統合し「北海道クラシックGC帯広」に、和泉の郷GC(旧・トーハト和泉PGC、18H=建、千葉)を支援、H20年6月にも上伊佐野GC(旧・メイフラワーGC、18H、栃木)を傘下に、㈱アーバンコーポレイションはH20年8月13日再生法申請し子会社の㈱アーバンクラシックは既設8コースのうち白河国際CC(36H、福島)と郡山熱海CC(18H、福島)の2コースをH20年11月5日付けで会員有志が設立した㈱カネキ(大槻良太郎代表、福島県白河市)に売却、また残り6コース①北海道クラシックGC(18H、北海道)②北海道クラシックGC帯広(旧・北海道クラシックGC帯広C、元・北海道メイプルGC、36H、北海道)③帯広白樺CC(36H、北海道)④北海道GC苫小牧C(36H、北海道)⑤富士クラシック(旧・壮快美健館富士1ばんG、18H、山梨)⑥阪奈CC(18H、大阪)を保有し建設中の和泉の郷GC(旧・トーハト和泉PGC、18H=建、千葉)を支援していた㈱アーバンクラシックの株式をH20年11月6日付けで事業再生ファンドのエーシーキャピタル㈱(東京都港区)へ譲渡しゴルフ場事業から撤退、エーシーキャピタル㈱に譲渡された6コースと傘下の上伊佐野GCは不動産投資・M&A業のキャムコ傘下(現在はクラシックグループ)に

【アイランドゴルフグループ】　既4(81)　http://www.island-golf.co.jp/
★㈱アイランドゴルフ　川口晃範代表取締役会長、大島均取締役社長　※H30年5月新体制公表
〒106-6029　東京都港区六本木1丁目6番1号　泉ガーデンタワー　TEL03-6703-0555
　※M&A、不動産売買等のGIグループ(㈱OGIホールディングス、http://www.ogigroup.co.jp/)がH23年10月にゴルフ場事業会社の㈱アイランドゴルフを設立してゴルフ場事業急拡大、しかし方針転換しGIグループはゴルフ場事業からの撤退をH29年秋から本格化し最終的に㈱アイランドゴルフの株式をH30年3月16日にコンサル業等の㈱ジアス(川口晃範代表取締役、本店=名古屋市中区栄2-9-5)に売却してゴルフ場事業から完全撤退、ジアス側では㈱アイランドゴルフのままゴルフ場事業承継しH30年5月新体制公表、他にジアスはH29年6月から岩見沢雉ケ森CC(18H、北海道)も経営し5コース90H経営・1コース18H運営受託に
①千羽平CC(27H、富山)　②養老CC(18H、岐阜)　③有馬富士CC(18H、兵庫)
④アイランドGガーデン宇部(旧・常盤ロイヤルCC、18H、山口)
＜運営受託＞紀の国CC(18H=27Hから縮小し営業、和歌山)
＜他のジアス系列＞岩見沢雉ケ森CC(18H、北海道)
▽OGIグループの㈱アイランドホテルズアンドリゾーツがアコーディアからH20年11月に那須グリーンCCを買収してゴルフ場事業に参入、同じくH23年12月に東那須CCを買収して2コースに、H24年6月29日に破産管財人から酒田CC(山形)買収、アコーディアグループの新設分割でH24年10月に福島CC(福島)と北陸グリーンヒルG(石川)の事業会社買収、島根GC(島根)の経営会社の株式を㈱アベキャピタルからH24年10月23日に取得・PGMグループへの賃貸借契約は継続、美和GC(山口)の経営会社の株式を会員有志からH24年10月26日に取得、千草CC(兵庫)の事業会社の株式をバンドー化学㈱から買収、㈱アイランドゴルフがスポンサーとなった御前水GC美々クラシックC(北海道)経営の美々リゾート開発㈱の更生計画案がH24年12月可決しゴルフ場を傘下に、H24年度の1年間で7コース買収は企業グループ別では第1位、H25年8月に丸紅グループから三田C27

(現・アイランドGR三田、27H、兵庫)と加賀芙蓉CC(現・アイランドGガーデン加賀、27H、石川)を取得、H25年8月30日にダンロップスポーツから青木功GC(現・アイランドGガーデン赤穂、18H、兵庫)取得、再生認可会社から上石津GC(現・アイランドGガーデン上石津、18H、岐阜)取得、破産管財人から岐阜中央CC(18H、岐阜)取得しH25年12月18日から営業再開、H25年度の1年間で5コース取得、H26年9月1日に常盤薬品㈱の子会社から会社分割で常盤ロイヤルCC事業承継しアイランドGガーデン宇部(山口)として運営、H26年9月16日にエディオングループのリージャスクレストGCグランド(広島)とリージャスクレストGCロイヤル(同)取得、H26年12月1日に新設分割でニッポーGC(18H、大分)事業を承継、H27年2月4日に㈱室蘭CCの株主4社から全株式取得・会員組織からはすでに㈱室蘭CCが運営事業を譲り受けており室蘭GC(北海道)がグループ入り、H26年度の1年間で5コース取得、H27年6月1日から民事再生成立の紀の国CC(18H=27Hから縮小し営業、和歌山)を10年契約で運営受託、H27年9月30日に太平洋工業㈱等から養老CC(18H、岐阜)経営の太平洋開発㈱の全株式を取得、H28年2月29日に千羽平CC(27H、富山)経営の㈱千羽平ゴルフクラブの全株式を名古屋鉄道から取得、H28年3月24日に新日鐵住金グループから有馬富士CC(18H、兵庫)経営の有馬富士開発㈱の株式を取得し運営開始、ニッポーGCをH28年4月1日アイランドGガーデン大分に名称変更、グループ名表記を2016年版から「OGIグループ」から「アイランドゴルフグループ」に変更、㈱アイランドゴルフはH28年6月に役員改選し新井潤氏が代表取締役社長に就任、同9月の役員改選で新井氏は代表取締役会長に就任、代表取締役社長には菊地健氏が就任、菊地氏は富士の杜GC(18H、静岡)運営の㈱秀地ゴルフマネージメントの代表者も兼任

▼㈱アイランドゴルフから離脱したコースの動向は以下の通り。

・アイランドGR三田(旧・三田C27、27H、兵庫)はH29年9月8日に韓国で家電量販店等展開の中堅財閥企業SYSホールディングスが取得し、30年1月からSYSゴルフリゾートに名称変更、またSYSホールディングスは㈱アイランドゴルフから29年9月にリージャスクレストGCグランド(18H、広島)とリージャスクレストGCロイヤル(18H、広島)も買収

・アイランドGガーデン加賀(旧・加賀芙蓉CC、27H、石川)とアイランドGガーデン千草(旧・千草CC、18H、兵庫)はH29年9月26日に㈱明輝建設の系列に、ともに30年1月から那谷寺GC、千草CCに名称変更

・アイランドGR御前水(旧・御前水GC美々クラシックC、18H、北海道)はH29年10月に北海道ブルックスCC(18H、北海道)も経営する苫小牧緑化開発㈱の親会社である㈱日進LRD(東京都港区)の系列となり30年4月から御前水GCに名称変更

・島根GC(18H、島根=一時期PGMに運営委託)は29年10月27日の売買でクラシック島根CC(18H、島根)を所有する㈱日本アライアンスに交代・運営は㈱ゴルフレボリューション(石川卓代表、東京都)とゴルボとしては29年から運営の旭川メモリアルCC(18H、北海道)を含め3コース目の運営と

・アイランドGP岐阜中央(旧・岐阜中央CC、18H、岐阜)はH29年11月9日にゴルフ練習場経営のオリエンタル商事㈱(岐阜県多治見市)に売却・新経営側では30年1月からOGC岐阜中央GPに名称変更

・アイランドGP酒田(旧・酒田CC、18H、山形)は㈱アイランドゴルフがH29年11月10日に㈱リーフ(東京都豊島区)へ売却後に㈱ZENホールディングス(麦島善光会長、小林憲司社長、東京都千代田区)が引受け㈱ゴルフパーク酒田の商号でH30年4月のシーズンインからGP酒田に名称変更

・アイランドGガーデン上石津(旧・上石津GC、18H、岐阜)とアイランドGガーデン美和(旧・美和GC、18H、山口)はH29年11月17日の売買で㈱バンリューゴルフ(村上真之助代表取締役、兵庫県姫路市)の系列に併せてゴルフ場名はそれぞれ上石津GCと美和GCの旧名称に戻した

・H29年12月1日にアイランドGガーデン大分(旧・ニッポーGC、18H、大分)を韓国系の合同会社Copine(コパン、趙昶九代表取締役、奈良市)に売却・H30年6月1日より大分ななせGCに名称変更

・アイランドGP北陸グリーンヒル(旧・北陸グリーンヒルG、18H、石川)はH29年12月8日の株式売買で㈱明輝建設(京都市)系の㈱上野興産(山下延浩代表取締役、兵庫県)に交代・H30年4月1日北陸グリーンヒルGC(石川)に名称変更

・播備高原開発㈱はアイランドGガーデン赤穂(旧・青木功GC、18H、兵庫)をH29年12月末で閉鎖する方針で特別清算

・アイランドGP東那須(旧・東那須CC、18H、栃木)もH29年12月末で閉鎖

ゴルフ特信・ゴルフ場企業グループ＆系列【不動産・観光系】

・アイランドGR那須(旧・那須グリーンCC、27H、栃木)はH30年1月に中国系の日源㈱(楊長海代表取締役、神奈川県足柄下郡箱根町)の系列となり同4月1日那須陽光GCに名称変更
・H30年2月20日に㈱アイランドゴルフ福島が福島カントリークラブ㈱に商号変更し代表者も交代(新代表・大門康彦氏)した時点で福島CC(18H、福島)がグループ離脱
・H30年6月1日に室蘭GC(18H、北海道)を㈱レゾンディレクション(清川浩志社長、兵庫県尼崎市)に売却・レゾン側では農産物の収穫楽しめる体験型オーベルジュ(宿泊施設付レストラン)も計画と
・上記説明にある通りGIグループはH30年3月16日売買でコンサル業等の㈱ジアス(川口晃範代表取締役、本店＝名古屋市中区栄2-9-5)に㈱アイランドゴルフを売却してゴルフ場事業から完全撤退

【旧・朝日住建グループ】
▽朝日GC広島C(18H、広島)と朝日GC大山C(18H、鳥取)の施設所有・会員権発行の朝日リゾート開発㈱はH21年12月31日に自己破産申請・H22年1月5日破産手続開始、同破産申請日に西日本ゴルフ開発㈱(大阪府、石川洋也代表)に両ゴルフ場を譲渡し同開発系列の㈱セントパインズが広島Cを同3月からセントパインズGC、大山Cを同4月からセントパインズ大山GCに変更して営業再開(その後閉鎖)、旧・朝日住建系は白浜Cのみに、朝日GC白浜C経営の㈱朝日ダイヤゴルフはH27年3月30日再生法申請・自主再建方針も再生計画見直し、朝日GC白浜C(18H、和歌山)はH29年3月1日に南紀白浜GCに名称変更・運営は大阪の不動産会社・㈱ミングルセンターが担当、グループゴルフ場表記は削除

【アジアゲートホールディングス】 既6(135) http://www.asiagateholdings.jp/
★㈱アジアゲートホールディングス 金井壮社長 ※2015年4月に商号変更、グループ略称はAGHグループ
★㈱A.Cインターナショナル 金井壮社長 ※持株会社(ジャスダック上場)の子会社でゴルフ場運営
〒107-6327 東京都港区赤坂5-3-1赤坂BIZタワー27F TEL03-5572-7848 ※会員管理業務の㈱ワシントンを子会社化
①広島紅葉CC(旧・広島高原CC、元・愛和GC新広島C、27H=PGMに運営委託、広島)
②米山水源CC(旧・レイクビュ-G、18H、新潟)
③シェイクスピアCC(旧・C・シェイクスピアサッポロGC、18H、北海道) ④姫路相生CC(旧・西相生CC、18H、兵庫)
＜岩手ホテル&リゾート＞
①安比高原GC(36H、岩手) ②メイプルCC(18H=規模は19H分あり、岩手)
＜関連・ワシントンリゾート＞
①富士箱根CC(旧・南箱根CC、18H、静岡) ②宮崎大淀CC(旧・ニュー愛和大淀GC、18H、宮崎)
▽ゴルフ場運営・金融・建設の投資持株会社・㈱A.Cホールディングス(東京都港区、JASDAQ上場)、ワシントングループから広島紅葉CC(旧・広島高原CC、広島)と米山水源CCの資産を取得、破産会社からC・シェイクスピアサッポロGCをH18年2月に買収、㈱A.Cインターナショナルはゴルフ場子会社3社(㈱シェイクスピアCC、㈱広島紅葉CC、㈱米山水源CC)をH20年7月1日付けで吸収合併、H21年2月17日に4コースの会員管理業務を委託していた㈱ワシントン(H20年10月設立)を子会社化、ワシントングループ運営の福島空港CCを競売で取得(H21年3月27日売却決定)しH21年5月1日から福島空港GC(18H、福島)に名称変更しA.Cインターナショナルが営業、H21年12月25日に㈱ワシントンリゾートの長谷川武司元社長(H21年9月退任)がA.C.Hの社長に就任しワシントングループのゴルフ場事業はA.Cホールディングスが中核となる、賃借営業していた姫路相生CC(旧・西相生CC、18H、兵庫)の債権を7億円で取得しH23年3月に7億14百万円で同CCを落札・所有運営へ、新香木原CC(旧・香木原CC、18H、千葉)の債権を5億円で取得し同CCを11億円で落札・運営は調整中、ワシントンリゾート関連だった藤岡温泉CC(現・ストーンヒル藤岡GC=H27年2月15日をもって閉鎖、旧・西南CC、18H、群馬)はH23年3月の競売で離脱、クリスタルGR(27H、マレーシア)も旧・三重中央CC関連だったため離脱、競売でA.Cが取得の新香木原CCは現在保有のみ、H24年12月26日にA.Cホールディングスは福島空港GC(旧・福島空港CC、18H、福島)の固定資産売却を発表(系列ゴルフ場1コース減)、売却先はサニーヘル

ス㈱でゴルフ場は閉鎖しメガソーラー基地に転用を計画、新香木原CC(現・君津香木原CC、18H、千葉=保有のみ、運営はグループ外)をH25年12月20日に㈱サングリーン(東京都中央区)に売却しグループ1コース減、㈱A.CホールディングスはH25年12月25日の定時株主総会で長谷川武司社長から金井壮社長に交代、H26年6月16日から本社移転(旧〒105-0012 東京都港区芝大門)、H27年4月商号を㈱A.Cホールディングスから㈱アジアゲートホールディングス(ジャスダック上場)に変更のためグループ名変更、H27年5月から広島紅葉CCをPGMに運営委託・他グループ3コースはPGMと経営管理業務のコンサルティング契約結ぶ、㈱アジアゲートホールディングス(AGH)は加森観光㈱から安比高原GC(36H、岩手)やメイプルCC(18H=規模は19H分あり、岩手)等経営の岩手ホテル&リゾートの株式をアジア系の海外投資家グループと共同でH28年6月23日取得、海外投資家グループは今後も日本に投資する方針でその第1弾のパートナーにAGHが選ばれたと説明、また同リゾート会社の2コースの会員預託金は新設会社設立し保全と

【穴吹興産】 既1(18)
①アルファ津田CC(旧・高松スポーツ振興CC、18H、香川)
▽再生手続きの高松スポーツ振興からH15年にゴルフ場買収、大証一部上場の穴吹興産㈱(高松市)

【アパグループ】 既2(36) http://www.apa.co.jp/
　★アパグループ　元谷外志雄代表　※石川県で創業、不動産・ホテル事業中心、ゴルフ場・リゾート事業にも進出
　〒107-0052 東京都港区赤坂3-2-3 アパ赤坂見附ビル TEL03-3505-8200 ゴルフ場運営はアパホテル㈱(元谷芙美子社長)が運営、所有会社は妙高がSTC、栃木がアパマンション㈱
①アパR上越妙高の森GC(旧・アパR妙高パインバレーCC、元・妙高パインバレーGC、18H、新潟)
②アパR栃木の森GC(旧・栃木の森GC、18H、栃木)
▽旧松下興産からH17年7月に総合リゾート施設の妙高パインバレーGC買収、アパR妙高パインバレーCCに、同9月に清水建設関連から栃木の森GC買収しコース名変更、妙高パインバレーGCの閉鎖9Hをランニングコースに、アパR妙高パインバレーCCは北陸新幹線上越妙高駅がH27年春開業予定でH26年4月から名称を変更

【いちごグループ(旧・アセット・マネジャーズ)】
▽大証ヘラクレス上場のアセット・マネジャーズ㈱(東京都千代田区)、湯ケ嶋高原Cの譲渡契約を破産管財人とH17年7月に基本合意、リニューアルし「伊豆湯ケ島倶楽部」としてH18年7月再オープン、事業担当は子会社の㈱アルバトロス、アセット・マネジャーズ㈱はH20年5月1日にアセット・マネジャーズ・ホールディングス㈱に商号変更、アセット・マネジャーズ・ホールディングス㈱はH22年9月1日付けで「いちごグループホールディングス㈱」(TEL03-3502-4800=戦略投資部、筆頭株主はいちごアセット)に商号変更予定、グループ名も変更、同グループは伊豆湯ケ島C(旧・湯ケ嶋高原C、18H、静岡)を経営する㈱アルバトロスの株式をH23年3月11日に売却(現・湯ケ島GC&H董苑、㈱アルバトロスを㈱湯ケ島GC&H董苑に商号変更、清原一義代表取締役会長、董学林代表取締役)

【一条工務店】
　㈱一条工務店(東京本社=東京都江東区木場5-10-10、浜松本社=静岡県浜松市)
＜保有のみ＞
①勿来CC(旧・勿来TAIGACC、元・勿来VIPロイヤルCC、18H、福島)
＜元ゴルフ場＞
新たいらCC(旧・18H、福島) 新セント・フィールズGC(旧・18H、茨城) 伊香保GC清瀧城C(旧・18H、群馬)
伊賀の森CC(旧・18H、三重) 津山GC(旧・27H、岡山) 水俣国際CC(旧・18H、熊本)

ゴルフ特信・ゴルフ場企業グループ＆系列【不動産・観光系】

▽住宅メーカーの一条工務店、太陽光発電(メガソーラー)事業用地用にゴルフ場用地を多数取得中(6カ所判明)、その他韓国系の大河グループから3ゴルフ場施設取得・㈱カネキが運営受託しH26年9月1日から大玉CC・勿来CC・西の郷CC(旧・那須TAIGACC)として運営、施設所有の西の郷CC(旧・那須TAIGACC、元・那須ロイヤルCC、18H、福島)は太陽光発電向けに売却し運営委託先のカネキでのG場営業はH28年11月30日までで終了、運営委託していた大玉CC(旧・大玉TAIGACC、元・大玉VIPロイヤルCC、27H、福島)はH28年10月27日に委託先のカネキに売却、勿来CCはカネキに向こう1年間の運営委託契約更新

【ＡＳＫグループ】 既2(36)　http://www.ace-golf.co.jp/
★㈱エースゴルフ　川島敏夫代表　※ゴルフ会員権、不動産、ビル・ホテル・レストラン経営のＡ（エースＧ）Ｓ（三協）Ｋ（勧業）
〒160-0001　東京都新宿区片町5番地3　エースゴルフビル　TEL03-3356-1911
①エースGC＜藤岡C＞(旧・サンフィールドGC、18H、群馬)　②エースGC＜茂木C＞(旧・那珂川GC、18H、栃木)
＜関連・提携＞梅ノ郷GC(18H、群馬)　千曲高原CC(18H、長野)　鬼怒川CC(18H=27Hから縮小、栃木)
▽H14年11月にサンフィールドGC(日野企画)を管財人から㈱エースゴルフが買収、川島一族長兄関連の梅ノ郷GC2コースと利用提携、再生法申請の那珂川GCからH17年11月末にゴルフ場買収、梅ノ郷GCグループの㈱シズエインターナショナルがH19年1月末までに鬼怒川CCを買収、㈱エースゴルフは茂木Cで梅ノ郷GCグループ3コース含む5コース利用提携の法人無記名会員(4名無記名84万円)を募集、鬼怒川CCはH20年2月の株主総会で㈱シズエインターナショナルの100％子会社に・株主会員権をプレー会員権に差し替え、提携先の鬼怒川CCはH24年6月から閉鎖していた温泉コース(9H)を50億円かけ北関東最大級のメガソーラー基地に転用する計画

【ＡＴＰ】 既1(18)
①レンブラントGC御殿場(旧・東名御殿場CC、18H、静岡)
▽グループでレジャー事業展開の㈱ATP(神奈川県厚木市)が東名御殿場CCのクラブハウス競落しH27年4月21日レンブラントGC御殿場としてグランドオープン、グループでレンブラントホテル経営

【エムディアイ(MDI)】 海1(36+9)
＜海外＞①レオパレスRCC(36H+9H=建、グアム)
▽H14年7月に増設9Hオープンし36Hに

【桜庵(旧・東京石亭、羽根田知也)グループ】 既1(18)建1(27)
①カイト＆フォックスCC(旧・メイフラワーGC札幌、18H+9H=建、北海道)　②サニーヒルGC(18H=建、栃木)
▽メイフラワーGCはH18年12月から六本木トラスト系の㈱上伊佐野GCに運営委託し名称変更、上伊佐野GC(旧・メイフラワーGC、18H、栃木)は合同会社アンカーが土地建物を取得し㈱上伊佐野GCに貸借・桜庵グループを離脱、メイフラワーGC札幌はH20年4月19日のシーズンから㈱カイト＆フォックスカントリークラブが運営会社となりコース名変更、サニーヒルGC(18H=建、栃木)の用地の一部がH23年4月に競売になるも落札者なし、桜庵グループとしての経営実態はすでにない状態

【大谷グループ】 既2(54)
①オータニにしきCC(36H、兵庫)　②オータニ広尾CC(18H、兵庫)
▽2コース経営の大谷実業㈱はH17年11月に民事再生法申請、グループ企業の支援受け自主再建、関連の大谷製鉄㈱(富山県射水市)が支援の再生計画案H18年8月可決

【㈱片山】　既1(18)
①一志GC(18H、三重)
▽㈱片山は名古屋市の不動産会社で練習場も経営、一志GCはH21年9月に㈱片山がリソルから経営権取得、鳥羽CCはジャパンゴルフプロジェクト(JGP)からH22年9月に経営権取得し傘下に、鳥羽CC(18H、三重)はメガソーラー事業用に土地を賃貸することが決定しH27年8月31日まで営業し閉鎖

【カネヒロ】　既1(18)
①岩瀬桜川CC(18H、茨城)
▽債権を取得した岩瀬桜川CCの破産を申立て、同CCと関連事業を破産会社から買収・H16年10月から営業開始、ウッドランドヒル小川(18H=建、茨城)はH24年12月17日事業廃止となりグループは1つのみに

【加森観光】　既9(189)　http://www.kamori.co.jp/golf/
★加森観光㈱　加森公人社長　資本金8億1866万円
〒060-0004　札幌市中央区北四条西4-1　加森ビル3　TEL011-222-3088
①ロイヤルシップ札幌GC(18H、北海道)　②サホロCC(18H、北海道)
③札幌テイネGC(旧・テイネオリンピアGC、27H、北海道)　④オリカGC(旧・オリカG&HR、18H、北海道)
⑤稲取GC(36H、静岡)
＜ルスツリゾートゴルフ72＞
①ルスツRG72タワーC(18H、北海道)　②ルスツRG72リバーC(18H、北海道)
③ルスツRG72ウッドC(18H、北海道)　④ルスツRG72いずみかわC(18H、北海道)
＜関連＞羊蹄CC(18H=閉鎖中でカウントせず、北海道)
＜関連・㈱札幌カントリー倶楽部＞　TEL011-592-4944
①羊ケ丘CC(18H、北海道)　②真駒内CC(36H、北海道)　③滝のCC(27H、北海道)
▽㈱リクルートから安比高原GC・メイプルCC等を経営する㈱岩手ホテル&リゾートの株式をH15年3月末で買収、スポンサーとなったオリカG&HRの再生計画案がH19年2月1日認可、東急グループの伊豆急不動産から稲取GC(36H、静岡)含む伊豆のレジャー施設会社をH19年5月に譲受け、H19年からコース閉鎖の羊蹄CC(18H=閉鎖中、北海道)をH20年内に取得も営業再開は未定でゴルフ場としてはカウントせず、再生法申請のたかを観光㈱に北陸銀行や北海道銀行等道内中心に20社が出資して再建(H20年8月12日認可・9月6日認可決定確定、社名は㈱札幌カントリー倶楽部に変更、加森公人社長は非常勤の代表取締役に就任し運営協力)、函館よこつGC(18H、北海道)はOGIグループの大手町地所㈱に売却し1コース減、登別温泉GC(9H、北海道)はH21年から閉鎖でH26年から既設カウントを外したため既設11コースに、安比高原GC(36H、岩手)やメイプルCC(18H=規模は19H分あり、岩手)等経営の㈱岩手ホテル&リゾートの株式をアジア系の海外投資家グループと組んだ㈱アジアゲートホールディングス(AGH)にH28年6月23日売却しグループコース2コース減、加森観光が主要株主で運営担当の㈱札幌カントリー倶楽部はH29年5月までにマレーシアの13クラブとレシプロカル契約結ぶ

【キタコー】　既2(45)
①ダイナスティGC北広島C(旧・ダイナスティGC、元・セントレジャーGC札幌、27H、北海道)
②ダイナスティGC有明(旧・ダイナスティ有明CC、元・ワークジャパンGC札幌C、18H、北海道)
▽ビル・マンション賃貸業、不動産売買のキタコー㈱(草野馨代表取締役会長、札幌市中央区南1条西6-21-1、TEL011-241-0635)の子会社・㈱マインズコーポレーションがモルガン・スタンレー・グループからセントレジャーGC札幌をH23年4月15日に取得しゴルフ場事業参入、キタコー㈱はH24年12月に民事再生手続中の札幌南GC駒丘C(18H、北海道)のスポンサーに立候補も選定さ

ゴルフ特信・ゴルフ場企業グループ＆系列【不動産・観光系】

れず、H25年4月18日にワークジャパンGC札幌C(旧・札幌セントラルGC、18H、北海道)を買収しゴルフ場2カ所に・ダイナスティ有明CCに名称変更、H28年4月に2コースの名称を変更

【キャムコ】
▽不動産再生・不動産流動化事業の㈱キャムコ(松島二郎社長)はエーシーキャピタル㈱(東京都港区)からゴルフ場運営の㈱クラシックの株主であったためキャムコグループでクラシックグループを掲載も クラシックの親会社の㈱G&Rホールディングが買戻したためグループ掲載を削除、キャムコの親密企業には一時ゴルフ場を保有していた不動産再生・M&Aの㈱パインランド(大阪市中央区、松島裕二郎代表)もあった

【近畿エル・エス】 既2(36)
①宇治CC(18H、京都)　②オレンジシガCC(18H、滋賀)
▽貸しビル業の近畿エル・エスがH14年12月に川崎重工業から宇治CC取得、H23年7月更生手続開始のオレンジシガCC(18H、滋賀)のスポンサーに内定、オレンジシガCCの更生計画案がH24年7月31日認可、近畿エル・エスのゴルフ場が2カ所に

【クラシックグループ】 既7(180)
　★㈱G＆Rホールディング　西村裕司代表取締役　東京都港区　TEL03-6459-2201　※親会社で不動産業等
＜クラシック＞
　★㈱クラシック　小島拓之社長　既7(180)　※ゴルフ場運営会社
　〒574-0012　大阪府大東市大字竜間266-8　TEL072-869-0800　※本社=阪奈CC内
　〒541-0044　大阪市中央区伏見町4-4-9　オーエックス淀屋橋ビル9F　TEL06-4963-3010　※東京クラシック事務所
①帯広白樺CC(36H、北海道)　②北海道クラシックGC帯広(旧・北海道クラシックGC帯広C、旧・北海道メイプルGC、36H、北海道)
③北海道クラシックGC(18H、北海道)　④富士クラシック(旧・壮快美健館富士1ばんG、18H、山梨)
⑤阪奈CC(18H、大阪)　⑥北海道GC(36H、北海道)
＜㈱東京クラシック＞①東京クラシックC(旧・和泉の郷GC、元・トーハト和泉PGC、18H=H28年5月14日仮開場、千葉)
▽再生法を申請したアーバンコーポレイション系の㈱アーバンクラシック(6コースと建設中の和泉の郷GCを支援)の株式を事業再生のエーシーキャピタル㈱(東京都港区)がH20年11月6日付けで取得も、その後同事業は不動産再生・流動化事業の㈱キャムコ(大阪市中央区、TEL06-6949-5773)がエーシーキャピタル㈱と共同でエーシーキャピタルG&Rを設立して㈱アーバンクラシックを傘下に収めていることが判明、㈱クラシックの系列コースをキャムコ(親密企業に秋田プレステージGC、いわきプレステージCCを経営するパインランド)系で掲載、㈱クラシック関連の上伊佐野GCを追加、パインランドはH21年12月いわきプレステージCC(旧・常磐CC、18H、福島)を山陽建設工業㈱に売却、上伊佐野GCはH23年3月以降に㈱アーバンクラシックが㈱上伊佐野GCと所有会社の株式を取得し関連から系列に移動して掲載・H23年7月11日から元のメイフラワーGC名に戻す、阪奈CCは土地問題からコース改造しH25年3月プレオープン、H25年9月までに新レイアウトでグランドオープンへ、㈱クラシックは北海道クラシックGC(北海道)でH28年日本プロ開催決定と発表、㈱クラシックの親会社で不動産投資業等の㈱G&Rホールディング(かつてのアーバンコーポレイション系も西村代表取締役が不動産再生事業等の㈱キャムコからMBOにて買戻し)の子会社となり独立して掲載、㈱G&Rホールディングが中心となった東京クラシックC(18H、千葉)はH28年5月14日新規オープンで首都圏最後の新設コースとも呼ばれる、運営はクラシックグループ、㈱東京クラシックはH28年10月から株主4次1500万円募集・クラブ会員350万円(月会費3万円)募集開始
▼メイフラワーGC(旧・上伊佐野GC、18H、栃木)はH29年11月6日にましこGC(18H、栃木)等経営の㈱ジョイのグループに売却、H28年8月末の台風被害で閉鎖していた北海道クラシックGC帯広は29年4月再開場・クラブ閉鎖の危機に預託金の永久債化について会員9割の同意得る

【ゴルフ特信・ゴルフ場企業グループ＆系列【不動産・観光系】

【ケンコーポレーション】 海1(18)
＜海外＞①CC・オブ・ザ・パシフィック(18H、米グアム)
▽国内ではゴルフ場跡地の旧・東宇都宮CC(旧・27H、栃木)と旧・新里美CC(旧・18H、茨城)を取得しメガソーラー事業計画

【ザイマックス】 既2(36)
①南富士CC(18H、静岡)　②ザ・CCジャパン(18H、千葉)
▽リクルートから独立の㈱ザイマックスはH23年から南富士CCの民事再生計画のスポンサーに、傘下にゴルフ場コンサルの㈱スポーツ・クリエイション(古旗邦夫社長)、H27年6月にザ・CCジャパン(18H、千葉)の経営引受け2コースに

【サクセス・プロ(旧・サクセスファクトリー)】 既8(153)　http://www.success-pro.co.jp/
★㈱サクセス・プロ　十文字弘美代表取締役　資本金9000万円　※ビル賃貸・建設・ゴルフ場運営
※一部上場の㈱ゴールドクレスト創業者・安川秀俊氏100%出資、H17年4月1日サクセスファクトリー㈱を社名変更
〒103-0083　東京都千代田区麹町3-4　トラスティ麹町ビル2F　TEL03-3222-0012　FAX03-3222-0039
①ゴールド木更津CC(旧・アカデミアヒルズCC、18H、千葉)　②ゴールド福井CC(旧・丹生CC、18H、福井)
③ゴールド佐野CC(旧・ヴェルデ佐野CC、18H、栃木)　④ゴールド札幌CC(旧・札幌不二ロイヤルGC、18H、北海道)
⑤ゴールド栃木プレジデントCC(旧・プレジデントCC、27H、栃木)　⑥名張サウスCC(18H、三重)
＜㈱サクセスリゾート(旧・東日本不動産)＞
①ゴールド川奈CC(旧・伊東パークG場、18H、静岡)　②ゴールド越後湯沢CC(旧・湯沢パークG場、18H、新潟)
▽再生法申請の飛島建設系からH16年7月計画案成立で丹生CCの営業譲渡受ける、H16年11月に産業活力再生特別措置法の認定を受けた飯田建材工業㈱からヴェルデ佐野CCの営業譲渡受ける、札幌不二ロイヤルGCは大和証券系からH17年3月傘下に、H17年2月1日に再生法を申請した東日本不動産㈱経営の伊東パークG場と湯沢パークG場のスポンサーに、H17年4月1日サクセスファクトリーの社名を変更しサクセス・プロ㈱に、東日本不動産の再生計画がH17年7月成立し同10月に㈱サクセスリゾートに商号変更、丹生CCはH18年4月名称変更、鹿泉興産系からプレジデントCCをH18年3月末に買収、プレジデントCCをH19年4月にゴールド栃木プレジデントCCに名称変更、H19年に名張サウスCCを取得していたことを公表・名称変更等を検討中、H23年3月本社事務所移転

【ザナショナルCCグループ(富士合同会社)】 既2(45)海1(18)
富士合同会社　※投資運用業、経営コンサルティング、同社は㈱ヴェルディと㈲龍玉の傘下でザナショナルCCの親会社
★㈱ザナショナルカントリー倶楽部　守谷牧代表取締役　※H27年6月に廣済堂開発㈱等3社合併商号変更
〒110-0016　東京都台東区台東1-16-3　TEL03-6803-0302(代)
①ザナショナルCC千葉(旧・千葉廣済堂CC、27H、千葉)
②ザナショナルCC埼玉(旧・廣済堂埼玉GC、18H、埼玉)
＜海外＞
①ヒルデールGC(18H、米)
▽東証一部上場の㈱廣済堂から100%子会社でゴルフ場運営の廣済堂開発㈱(ザ・ナショナルCC保有や海外2コースの親会社)、千葉廣済堂CC保有の㈱千葉廣済堂CC、廣済堂埼玉GC保有の㈱廣済堂埼玉GCの計3社の全株式をH25年3月27日に投資運用業の富士合同会社が取得、廣済堂開発の代表取締役には以前シルクCC(群馬)の社長を務めた守谷牧氏が就任、廣済堂には廣済堂開発の新設分割で㈱トムソンナショナルCCに事業譲渡していたトムソンナショナルCC(18H、栃木)と北京朝陽廣済GCのみ残る、廣済堂開発㈱等の3社はH27年3月4日に再生計画認可決定確定となり6月1日に合併、新会社名は㈱ザナショナルカントリー倶楽部で「ザナショナルカントリー倶楽部グループ」と、コース名は千葉廣済堂CCが「ザナショナルCC千

葉」、廣済堂埼玉GCが「ザ･ナショナルCC埼玉」、ザ･ナショナルCCが「ザ･ナショナルCC富士」、H27年6月に合併で商号変更・コース名称変更するとともに本社事務所移転、キャニオンレークスGC(18H、米)はH27年11月ごろ米企業系に売却してグループを外れる、㈱ザ･ナショナルCCはザ･ナショナルCC富士(旧・ザ・ナショナルCC、18H、静岡)を川島グループの㈱グリーンドリームに事業譲渡する計画で再生計画変更案を提出しH28年10月26日認可・同11月23日に認可決定確定し12月1日から川島グループの㈱G8富士カントリークラブに事業譲渡されグループ離れる、コース名もG8富士CC(18H、静岡)となる
▼本社事務所移転

【㈱三共グループ】 既2(45)
①レークスワンCC(27H、兵庫) ②レークスワンCC美祢C(18H、山口)
▽建設仮設資材の㈱三共(大阪市北区)のグループが準大手ゼネコン鴻池組の関連で2コース経営の鳳興産㈱の株式をH24年8月8日に取得、三共グループの㈱サンキョウホーム(大阪市北区西天満5-2-18三共ビル東館10階、TEL06-6312-1212)の小川富士男社長が鳳興産㈱の代表取締役に就任、2コース経営のセントラルゴルフマネジメント㈱がH26年6月2日再生法申請・グループ支援で再建方針、セントラルゴルフマネジメント㈱はH27年4月27日再生計画案可決し同日認可決定

【サンクチュアアセットマネージメント】 既2(36)
①ウィンザーパークG&CC(18H、茨城) ②霞南GC(18H、茨城)
▽H23年4月末にウィンザーパークG&CCを取得してゴルフ場参入、霞南GCは㈱利根GCの管財人からH25年12月25日にスポンサー先の㈱サンクチュアアセットマネージメント(宮原正敬代表取締役、東京都中央区)の子会社の㈱サンクチュアリ霞南が引受け、㈱サンクチュアアセットマネージメントは債権者として久慈川CC(18H=H25年8月末から閉鎖中、茨城)の施設等を競売で取得、H25年8月30日から閉鎖中の久慈川CC(18H+9H=認、茨城)の用地の大半を取得して㈱サンクチュアアセットマネージメントがH26年6月からサンクチュアリ久慈GCとして運営開始、同社(http://s-a-m.jp/profile.html)は医療の診療報酬等のファクタリング(売掛債権買取)事業や医療再生事業・また㈱サンクチュアリ(宮原正治社長)で都内に初心者向けインドア練習施設「サンクチュアリ」展開、サンクチュアリ久慈GC(旧・久慈川CC、18H、茨城)はH28年早々に韓国系に売却済みで既設2コースに縮小

【三恵観光（旧・サンケイ観光）】 既1(18)
＜三恵観光㈱ 杉本潤明社長＞①サンロイヤルGC(18H、兵庫) ＜参考＞札幌リッチヒルCC(閉鎖中、北海道)
▽スポンサーに内定した武生CCの再生計画案がH17年1月成立、三恵観光と㈱日興は社長が兄弟も別資本で㈱日興を関連に移動、サンケイ観光は三恵観光㈱に社名変更、わかさCC経営の㈱日興関連だった武生CC(18H、福井)は㈱日興のH24年9月の新設分割で越前開発㈱(坂本時男社長)に譲渡され㈱日興から外れる
▼わかさCC(27H、福井)経営の㈱日興はH28年12月1日民事再生法申請・H29年9月29日韓国産業洋行(エイチ・ジェイ)に事業譲渡し離脱

【三和地所】 既1(18)
①ニューブラッサムガーデンC(旧・ブラッサムガーデンC、18H、山形)
▽宮城県でゴルフ練習場2カ所も経営する不動産業の㈱三和地所(和田有弘社長、山形市)が旧・ミサワホーム系の再生法申請会社(H17年7月計画案成立)から2カ所のゴルフ場を買収、アドニスGC(旧・ミサワアドニスGC、18H、岐阜)は別資本のニューアドニス㈱の運営(コース名はニューアドニスGCに変更)となりグループ離脱

【ＧＩグループ】　※従来のアイランドグループから移動して掲載
　※M&A、不動産売買等のOGIグループ(㈱OGIホールディングス、http://www.ogigroup.co.jp/)がH23年10月にゴルフ場事業会社の㈱アイランドゴルフを設立してゴルフ場事業急拡大
▼グループの㈱アイランドホテルズアンドリゾーツがアコーディアからH20年11月に那須グリーンCCを買収してゴルフ場事業に参入、H29年4月時点では22コース・432Hを有するまでになるもゴルフ場経営撤退が始まりH30年3月16日に㈱アイランドゴルフを売却することで完了、その動向は66頁の「アイランドゴルフグループ」を参照

【シーエイチアイ】　既1(18)
①鹿北GC(18H、熊本)
▼グループ新掲載、H26年12月25日に韓国系だった鹿北GC(18H、熊本)をホテルセキアグループ(㈱シーエイチアイ、東京都港区元麻布3-4-41、TEL3404-3988、代表の露崎強氏は中国人実業家)で買収・日本国内でホテルを次々に買収し中国人訪日客向けビジネスを拡大

【シンクス】　既1(18)
①JクラシックGC(18H、徳島)
▽パチンコ店・飲食店経営のシンクス㈱(徳島市)が成井農林グループ(H17年10月特別清算協定認可)からゴルフ場会社(㈱熊倉興産)買収

【神東観光】　既1(18)建1(27)
①東名富士CC(18H、静岡)　②紫式部CC(旧・竜神山CC、27H=建、茨城)

【シンプレクス・インベストメント(ＳＩＡ)グループ】
　★㈱シンプレクス・インベストメント・アドバイザーズ(ＳＩＡ)
　※日興コーディアルグループとシンプレクスグループがH14年に設立したファンド運営等の不動産投資顧問会社、現在はGS系
▽H17年9月30日にラ・ヴィスタGR保有の㈱グリーンヴィスタGC買収、㈱グリーンヴィスタGCは関連の投資事業組合のアマンテスG&RにH18年3月31日譲渡、H19年3月に伊藤忠商事グループから単独で八甲田ビューCCを買収、㈱シンプレクス・インベストメント・アドバイザーズは親会社の日興コーディアルグループ等がTOBに応じゴールドマン・サックス(GS)系となり、H20年3月9日上場廃止、八甲田ビューCC(18H、青森)はH22年4月離れる(㈱八甲田ビューCCの社長はH22年4月1日に茂呂克美氏に)、本社移転
　＜アマンテス・ゴルフ・アンド・リゾーツ投資事業有限責任組合(アマンテスG&R)＞
　※三井不動産グループ(リゾートソリューション含む)と設立のファンド
▽以下アマンテス関連の解説、SIAから㈱グリーンヴィスタGCをH18年3月31日に買収(運営は太平洋クラブ)、H18年4月にリゾートソリューションから東雲GCを買収、H18年に紫香楽国際CCを傘下に、H18年12月に旭国際開発の再生案が成立しH19年3月末に旭国際東條CCと宇城CCを買収、鉄建建設からH19年3月30日に岡崎CCを買収、スポンサーとなったあさひケ丘CC(27H、栃木)の再生計画案がH19年10月3日認可、アマンテスG&Rは東雲GC(18H、栃木)をH21年12月にシャトレーゼグループへ売却し1コース減、アマンテスG&Rはラ・ヴィスタGR(18H、千葉=保有、運営は太平洋クラブに業務委託)をH23年4月にアコーディアに売却、岡崎CC(18H、愛知)をリソルに売却し2コース減、アマンテスで保有していた紫香楽国際CC(18H、滋賀)はグループ離脱、アマンテスで保有していたあさひケ丘CC(27H、栃木)はPGMグループにH26年2月27日売却、三井不動産系と組成したアマンテスG&Rはゴルフ場事業をすべて撤退したため東条の森CC東条C(旧・旭国際東條CC東条C、18H、兵庫)東条の森CC大蔵C(旧・旭国際東條CC大蔵C、27H、兵庫)東条の森CC宇城C(旧・宇城CC、18H、兵庫)の3コースはグループから外す・コンサルの㈱ジー・エス・アイ(三品智加良社長)グループに売却しゴルフ場事業関連なくなる

ゴルフ特信・ゴルフ場企業グループ＆系列【不動産・観光系】

【スターツ】 既1(18) 海1(27)
①スターツ笠間GC(旧・笠間東洋GC、18H、茨城) ＜海外＞①スターツグアムGR(27H、グアム)
▽不動産仲介のピタットハウス・出版のスターツグループ、H16年4月にアルテグアムGR(旧・初穂インターナショナルCC、27H、グアム)を買収してゴルフ事業に参入、笠間東洋GC(18H、茨城)を買収しH24年6月1日から運営開始予定、東洋企業グリーン開発㈱の会社分割により新設されたスターツゴルフ開発㈱がH24年6月1日に笠間東洋GCを買収、運営のスターツ笠間GC㈱を設立して同7月1日からスターツ笠間GCとして営業

【ゼネラルビルディンググループ】 認2(36)
①岩瀬鹿島GC(18H=認、福島) ②東海山江CC(18H=認、熊本)
▽西方GC(18H、栃木)は成美デベロップメント㈱が取得しH17年7月から栃木ウッズヒルGCに、茨城ゼネラルCC(18H、茨城)は債権者の成美デベロップメント㈱が競売で取得しH17年9月からスパ袋田GCに、グランデール久慈CC(現・岩手洋野GC、18H+9H=建、岩手)も競売でH17年12月に成美デベロップメント㈱へ、旧・東京プロスパーGC(18H=建、千葉)もすでに離れる、スパ袋田GCと岩手洋野GCはメガソーラー建設用地のため売却でH25年9月1日をもって閉鎖

【セラヴィリゾート】
＜関連・運営＞丘の公園清里GC(18H、山梨)
▽シンコーGCの再生計画がH14年10月に成立しレストラン・飲食業のセラヴィリゾート㈱(名古屋市)傘下に、山梨交通とウイン・ワールドと組み山梨県営丘の公園の運営管理をH16年4月から開始、セラヴィGCローズC(現・名古屋ヒルズGCローズC、元・シンコーGC、18H、岐阜)はH19年8月31日にPGMグループへ売却、飲食店等経営のセラヴィリゾート㈱(名古屋市)はH20年5月6日東京地裁に会社更生法申請

【ソロン】
▽大分サニーヒルGC(18H、大分)の㈱大分サニーヒルGCと阿蘇大津GC(18H、熊本)の㈱阿蘇大津G場はH20年9月16日再生法申請、オリックスがスポンサーの再生計画案がH21年3月11日認可・H21年5月31日目途にオリックス側に譲渡で2コース離脱、マンション分譲等で元の基幹会社の㈱ソロン(福岡市)は実態がなくなり削除
▼上記の理由によりザ・クイーンズヒルGC(18H、福岡)も系列から外す

【第百ゴルフクラブ】 既1(27)
①千葉セントラルGC(27H、千葉)
▽一部資本移動もあり練習場(横浜市)経営の第百ゴルフクラブ系列で記載

【大松産業】 既1(27)
①関西クラシックGC(27H、兵庫)
▽H15年から株主会員への転換を進めていた関西クラシックGCはH20年末で会員1120名の大半が株主会員に、H22年11月に民事再生申請の関西GC(18H、兵庫)経営の三明㈱はリゾートトラストがスポンサーの再生計画がH23年7月可決しグループ離脱

【ダイヤモンドソサエティ】 既1(18)
①ダイヤモンド滋賀CC(旧・ダイヤモンドR滋賀CC、18H、滋賀)

▽旧・ダイヤモンドリゾートの会員制リゾートクラブ事業を引き継いだ㈱ダイヤモンドソサエティ(大阪市中央区、セコム関連)がダイヤモンドCC(兵庫)を佐用観光から取得しH22年から2コース経営に・コース名も変更して統一、ダイヤモンド佐用CC(旧・ダイヤモンドCC、18H、兵庫)は経営交代で離脱しH28年10月3日にG-styleCC(18H、兵庫)に名称変更

【太陽グループ】 既2(36)

★㈱太陽　田中秀明代表取締役

〒277-0005　千葉県柏市柏4-7-4　TEL04-7166-2051

①アロハCC早来C(旧・リレントCC早来C、18H、北海道)　②アロハCCH&R烏山C(旧・リレントCC烏山C、18H、栃木)

▽H14年6月にイトーグループ(リレント化粧品等)から㈱太陽(千葉県柏市)が経営権取得、コース名もH15年シーズンから変更、リレントCC苫小牧C(27H=建、北海道)は事業廃止で消滅、ヴェローナGC(18H=建、栃木)は計画取下げで消滅、H22年2月に市川造園グループからル・ペタウGの経営会社を買収しグループ3コースに、ル・ペタウG(現・SIRル・ペタウGC、27H、北海道)は㈱アスクプランニングセンター(東京都千代田区)にH23年に売却しグループは2コースに減少、アロハCCH&R烏山Cの営業は基本的に土・日祝日のみ(大口予約でホテルも含め平日も営業)、所有は篭山開発㈱、関連に太陽ホールディング㈱等

【大和地所】 既4(81)

★㈱大和地所　押川雅幸社長　資本金5000万円

〒231-0023　横浜市中区山下町74-1　大和地所ビル　TEL045-663-2980

①ベルビーチGC(18H、沖縄)　②ベルセルバCCさくらC(旧・ベルセルバCC、元・ザ・ミレニアムGC、18H、栃木)

③ベルセルバCC市原C(旧・タクエーCC、27H、千葉)　④ゴールデンパームCC(18H、鹿児島)

▽旧・相武総合グループのベルビーチGCのスポンサーとなった再生案がH16年6月成立、ザ・ミレニアムGCのスポンサーとなった更生案がH16年10月成立しH17年4月からベルセルバCCに名称変更、会員管理の㈱Belleコーポレーションは大和地所が吸収、ベルビーチGCの会員管理は不動産事業部(TEL045-662-4118)で担当、H25年7月にタクエーCCの所有会社取得・H26年4月5日ベルセルバCC市原CとしてリニューアルオープN、栃木のベルセルバCCはベルセルバCCさくらCに、大和地所の押川社長がスポンサー就任したゴールデンパームCC(18H、鹿児島)の吉田ゴルフ開発㈱はH29年2月22日民事再生計画認可でグループ1コース増

【高橋正明氏】 既1(18)

＜㈱フライス＞①新庄アーデンGC(18H、山形)

▽以前に相武総合開発㈱の社長を務めた高橋正明氏が下野新聞系列の塩原CCの社長に就任、以後同CCとは別資本のゴルフ場会社の社長を兼任、㈱GREEN TRUST(高橋代表、東京都港区)がH19年5月末にGCゴールデンウッドの経営会社を買収、同じく破産の富国開発から黒磯CCの不動産を買収しH19年10月再開場、㈱フライス(高橋代表、東京都杉並区)がスポンサーとなる新白河GCの再生計画案H19年6月20日認可、高橋氏は新庄アーデンGC(18H、山形)の経営会社社長も引き受け㈱フライス(高橋正明社長、東京都杉並区)がH20年7月1日に㈱新庄アーデンGCの株式を地元の沼田建設㈱から買収(山形の県民G場は指定管理者制度でH18年4月から5年間運営を継続)、㈱フライスがミッションヒルズCC(18H、埼玉)経営の日栄リゾート㈱から事業譲渡受ける再生計画案H21年3月11日認可、㈱GREEN TRUSTはH20年7月にGCゴールデンウッド(18H、栃木)を韓国系に、H21年2月に黒磯CC(18H、栃木)を冠婚葬祭業のアルファクラブ武蔵野㈱(さいたま市)にそれぞれ売却、㈱フライスはH21年7月に新白河GC(18H、福島)を㈱グリーンホームに売却したことが判明、ミッションヒルズCCは支援金用意できず契約解消、高橋氏はコンサルで就任していた塩原CC(27H、栃木)の代表をH21年11月14日退任、新庄アーデンGC関連で運営受託していた県民G場(18H、山形)はH23年3月31日で契約終了、H26年に一時期、高富GC(岐阜)の再建に関与

ゴルフ特信・ゴルフ場企業グループ&系列【不動産・観光系】

【チェリーゴルフグループ】 既20(369)　http://www.cherry-group.jp

★チェリーゴルフグループ　〒566-0011　大阪府摂津市千里丘東1-11-9　TEL072-621-2266
※グループ代表会社は㈱ナンノHD　南野洋代表　母体は不動産業のナンノグループ http://www.nanno-jp.com
ゴルフ事業会社　㈱チェリーゴルフマネジメント　中西高之代表取締役

①チェリーGC小倉南C(旧・チェリーキャピタルGC、18H、福岡)　②チェリーGC吉和の森C(旧・ステイタス吉和の森G&R、18H、広島)
③和倉GC(18H、石川)　④チェリーG天草C(旧・天草CC、18H、熊本)
⑤チェリーG宇土C(旧・見上CC宇土C、18H、熊本)　⑥金沢GC(27H、石川)
⑦チェリーGC金沢東C(旧・金沢国際GC、18H、石川)　⑧讃岐CC(18H、香川)　⑨延岡GC(18H、宮崎)
⑩屋島CC(18H、香川)　⑪北方GC(18H、宮崎)　⑫ザ・マスターズ天草C(18H、熊本)
⑬チェリーG人吉C(旧・チサンCC人吉C、18H、熊本)　⑭チェリーG鹿児島シーサイドC(旧・鹿児島シーサイドGC、18H、鹿児島)
⑮佐世保・平戸CC(18H、長崎)　⑯パインツリーGC(18H、岡山)

<㈱チェリーゴルフ)>　※兵庫県に所在するゴルフ場保有会社を統合
①播州CC(18H、兵庫)　②チェリーG猪名川C(旧・パインヒルズG、18H、兵庫)
③チェリーG一庫C(旧・一庫レイクサイドCC、18H、兵庫)
④チェリーGときわ台C(旧・ときわ台CC、18H、兵庫)

▽けやきヒルCC(18H、兵庫)はH18年4月にスポンサーとなった再生計画案を提出も更生法申請され白紙に、パインヒルズGはH18年12月再生計画認可でH19年1月名称変更、閉鎖中の山陽チャンピオンズGCをH18年11月に競落し再開場準備、H18年東急不動産から建設途上で中断の計画・久米南GCを買収し工事再開、チェリーGC高梁C(旧・山陽チャンピオンズGC)H19年10月5日仮オープン、見上グループから見上CC宇土C(18H、熊本)買収しH19年9月26日から新名称に、天草CCをH19年10月1日名称変更、H20年3月1日付けで2コース経営の一庫総合開発㈱を経営支援し傘下に・役員を一新し一庫開発㈱に商号変更・2コースの運営はチェリーゴルフグループが受託、ときわ台CC(18H、兵庫)と一庫レイクサイドCC(18H、兵庫)は事実上グループ入りでH21年3月名称変更しチェリーGときわ台C、チェリーG一庫Cに、アコーディアから播州CC(18H、兵庫)と金沢GC(27H、石川)をH21年4月6日取得、PGMからH21年10月8日に金沢国際GC取得、アコーディアからH21年4月6日に川西GC取得、M&AでH22年1月15日に讃岐CC取得、アサヒGC姫路の債権等を取得しH22年6月5日にチェリーGゆめさきCとして仮オープンへ、H22年6月末に延岡GC(18H、宮崎)経営の延岡観光開発㈱の債権取得し全株式も買収、兵庫県でゴルフ場を経営する系列6会社をH22年10月1日付けで合併し㈱チェリーゴルフ(本社・摂津市)の商号に変更、屋島CC(18H、香川)を経営し会社更生手続中の旧・カトキチ高松開発㈱(H23年1月1日付けで社名を㈱チェリーゴルフ屋島に変更)のスポンサーに㈱ナンノHD(南野洋代表)が就任し更生計画がH22年12月31日に認可、PGM系から新設分割の北方GC(18H、宮崎)をH22年10月8日に㈱ナンノHDが買収、㈱メガネスーパーから新設分割のザ・マスターズ天草C(18H、熊本)をH22年11月25日に㈱ナンノHDが買収、チェリーGの宇土C・高梁C・久米南C・一庫・ときわ台を修正、PGM系からチサンCC人吉(現・チェリーG人吉C、18H、熊本)と鹿児島シーサイドGC(現・チェリーG鹿児島シーサイドC、18H+休止中9H、鹿児島)をH23年4月8日に買収、佐世保・平戸CCをH23年7月15日に㈱スルガコーポレーションから経営権譲受け、讃岐CCは自主再建型再生計画がH24年1月17日認可、パインツリーGCはH24年2月29日にグループ入り、川西GCは新名神道の工事の関係でH24年4月から約2年間閉鎖予定、川西GCは新名神道の工事遅れの関係で引渡しも遅れるH28年9月再開予定、不動産賃貸の㈱ナンノコーポレーションは㈱ナンノと㈱南野興産を合併すると公告(H26年9月)、米国系資本のパシフィコ・エナジー㈱がチェリーG久米南C(旧・久米南GC、18H=建、岡山)の用地を取得しメガソーラー事業展開、H27年1月12日に閉鎖したチェリーG高梁C(18H、岡山)はメガソーラー転用で既設から削除、チェリーG猪名川C(旧・パインヒルズG、18H、兵庫)は芝張替えのため約1年間閉鎖しH29年4月再開場、H24年4月から閉鎖中の川西GC(18H、兵庫)は営業再開断念したためH28年末に既設から削除、チェリーGゆめさきC(旧・アサヒGC姫路、18H、兵庫)はH29年1月末をもって閉鎖し太陽光発電を計画、グループ2コース減に

【千代田トレーディング】　建1(18)
①チェスナットヒルズCC(18H=建、北海道)

【司観光開発】　既2(36)
①司ロイヤルGC(旧・キングヒルズGC、18H、熊本)　②司菊水GC(旧・菊水GC、18H、熊本)
▽パチンコ店・ホテル等経営の司観光開発㈱(熊本県玉名市)、日本カントリー開発からキングヒルズGCの営業譲渡を受けH16年5月から司ロイヤルGCに変更してオープン、グループの㈱司企画が菊水ゴルフ㈱(桑名正博代表)から菊水GCの事業譲渡を受けてH22年2月27日から新名称に

【塚本總業】　既1(18)
①源氏山GC(18H、千葉)

【鶴屋産業(紀州鉄道)グループ】　既1(27)
①鶴CC宇都宮C(27H、栃木)
▽系列で掲載していたスキー場とパルコール嬬恋GC(18H、群馬=三セク)経営のパルコール嬬恋㈱はH26年3月31日民事再生法申請・スポンサー型再建ですでにグループ離脱・ゴルフ場はマックアースが引き受けて北軽井沢嬬恋GCに名称変更しH27年6月再オープン

【デリス建築研究所】
▽初穂CCのスポンサーの㈱KTCリゾート(白石和人代表、横浜市戸塚区)がプレパッケージ型で太田双葉CCのスポンサーとなりH23年9月21日再生計画認可、初穂CCは同じグループの㈱デリス建築研究所(青木俊実社長、東京本社・横浜本社)が母体となり前号までのKTCリゾートからデリス建築研究所にグループ名変更、再生時支援していた太田双葉CC(27H、群馬)は系列からすでに離脱が判明しグループ1コースに、デリス建築研究所は初穂CC白沢高原C(18H、群馬)をH28年11月29日に南日本運輸倉庫㈱へ売却しゴルフ場ゼロに

【東京建物】　既12(243)　http://www.j-golfinc.com/
　★東京建物㈱　野村均社長　資本金924億円　※旧・安田財閥系、東証一部上場
　〒103-8285　東京都中央区八重洲1-9-9　Tel 03-3274-0111　※芙蓉グループ
　　東京建物リゾート㈱　輿水秀一郎社長　資本金1億円　※東京建物100%子会社、グループ12コース運営
　〒103-0028　東京都中央区八重洲1-9-9　東京建物本社ビル6F　Tel 03-3274-0865
①ホロンGC(18H、静岡)　②東庄GC(18H、千葉)　③JG霞ケ浦C(旧・JC霞ケ浦、18H、茨城)
④JG鶴ケ島(旧・鶴ケ島CC、18H、埼玉)　⑤河口湖CC(27H、山梨)　⑥東条GC(18H、兵庫)
⑦バイロンネルソンCC(27H、福島)　⑧リバー富士CC(27H、静岡)　⑨赤坂CC(18H、岡山)
⑩鷲羽GC(18H、岡山)　⑪都GC(旧・チャーミングR都GC、18H、山梨)　⑫白河高原CC(18H、福島)
▽H11年からゴルフ場事業に参入、H16年3月31日に日光インターCCを買収、篠ノ井GP：ウィーゴ(18H、長野)の運営受託解消、つくでCCを大成建設からH16年7月買収、再生法でスポンサーとなった鉄建建設系の霞GCの計画案がH16年12月成立、再生法でスポンサーとなったオリエントコーポレーション系のホロンGCの計画案が再決議でH17年1月成立、再生法でスポンサーとなった大京系の東庄GCの計画案H17年2月成立、日産自動車グループの鶴ケ島CC(18H、埼玉)をH17年6月末に経営移管、外資系のバブコック&ブラウンからJC霞ケ浦(18H、茨城)の譲渡受けH17年4月から経営、四日市セントラルGCはH17年11月、芸濃セントラルGCはH17年12月ともに再生会社から取得、キャッスルヒルCCはマキタ子会社の再生会社のスポンサーに就任しH1

ゴルフ特信・ゴルフ場企業グループ＆系列【不動産・観光系】

7年4月認可、加賀セントラルGC(18H、石川)はH18年2月から運営受託、加賀セントラルGCの運営受託をH18年9月13日解消、東京建物はH18年12月に再生法申請した松屋関連の河口湖CCのスポンサーに内定、河口湖CCの再生計画案がH19年5月2日認可、大成建設グループから東条GC買収しH20年2月1日から経営・同様に白河高原CC買収しH20年4月1日から経営、JFEグループからH20年3月3日付けでバイロンネルソンCCとリバー富士CCと赤坂CCと鷲羽GCの4コースを買収、H20年3月末にチャーミング・R都GC(現・都GC、18H、山梨)買収、H19年4月からの1年間で8コース171H買収、H21年12月11日に会社分割等で日光GP:ハルレ(旧・日光インターCC、18H、栃木)つくでGC:カムズ(現・つくでGC、旧・つくでCC、18H、愛知)霞GC(18H、三重)キャッスルヒルCC(18H、愛知)JG四日市C(現・四日市の里GC、旧・四日市セントラルGC、18H、三重)JG芸濃(現・フォレスト芸濃GC、旧・芸濃セントラルGC、18H、三重)の6コースをアコーディアに売却、㈱ジェイ・ゴルフはH25年6月末社長交代、東京建物の100％子会社でホテル運営・管理の東京建物リゾート㈱がH27年4月1日にゴルフ場運営事業の㈱ジェイゴルフとスーパー銭湯運営会社を吸収合併しジェイゴルフの商号消滅、東京建物㈱はH29年4月1日付けで㈱東庄ゴルフ倶楽部が他10ゴルフ場保有会社を承継した後に㈱東庄ゴルフ倶楽部を承継及び東京建物リゾート㈱から河口湖CCに関する権利義務を承継と

【東京ドーム】
▼テリーヒルズG&CC(18H、豪)はH28年3月10日をもって地元企業に譲渡しており、関連ゴルフ場なくなる

【東建コーポレーション】　既2(45)
①東建多度CC・名古屋(旧・多度CC・名古屋、18H、三重)　②東建塩河CC(旧・富士C塩河C、27H、岐阜)

【遠山偕成】　既1(18)
①水海道GC(18H、茨城)
▽2コース経営の㈱水海道ゴルフクラブは親会社で不動産業の遠山偕成㈱にH20年4月1日付けで合併、小淵沢CC(18H、山梨)はH26年12月16日に東証一部のシミックホールディングス㈱の中村和男CEOに売却しグループ1コースに

【南大門グループ】　既1(18)
①ラインヒルGC(18H、栃木)
▽宇都宮市の健康ランド・パチンコ店経営グループ、H28年にラインヒルGCを傘下に

【西日本ゴルフ開発】
▽旧・朝日住建系の朝日GC広島C(18H、広島)と朝日GC大山C(18H、鳥取)の施設所有・会員権発行の朝日リゾート開発㈱がH21年12月31日に自己破産申請・H22年1月5日破産手続開始、同破産申請日に西日本ゴルフ開発㈱(大阪府、石川洋也代表)が両ゴルフ場を買収し同開発系列の㈱セントパインズ(林茂夫代表取締役)が広島Cを同3月からセントパインズGC、大山Cを同4月からセントパインズ大山GCにコース名変更して営業再開、旧関連のセントパインズ大山GC(旧・朝日GC大山C、18H、鳥取)はH26年7月に営業終了しメガソーラーに転用、同様にセントパインズGC(旧・朝日GC広島C、18H、広島)はH26年12月から閉鎖しメガソーラーに転用へ

【日動グループ(札幌)】　既1(18)
①新奈井江CC(旧・奈井江CC、18H、北海道)
▽子会社の㈱アンビックスが日本管財と10億円規模のゴルフ場再生ファンド組成、H17年2月28日に民事再生法を申請した奈井江CC(現・新奈井江CC、18H、北海道)をH17年9月1日に営業譲受、㈱アンビックスはユニ東武CC(27H、北海道)の運営受託をH19年に解消、H19年11月に札幌北広島GC(旧・札幌北広島プリンスG場、54H、北海道)に隣接するホテルとスキー場の2

0年間賃貸契約をPGMグループと締結

【日商太平】 既3(54)

★㈱日商太平　山元淳元代表取締役　北海道函館市湯川町1-26-18 2階
①トーヨーCC(18H、千葉)　②筑波国際CC(18H、茨城)　③リバーヒルGC(旧・植苗CC、18H、北海道)
▽北海道函館市在住で遊技場等経営、ともに安達事業グループからH20年10月に筑波国際CC、同12月にトーヨーCC買収、従来はグループ名をトーヨーCC(山本淳元氏)系列と表記も2017年版から会社名の日商太平を採用、H28年4月1日に東京スポーツ新聞社から植苗CCの経営権を取得し同年7月1日にリバーヒルGCに改称

【日神不動産】 既1(18)海2(36)

①平川CC(18H、千葉)
＜海外＞①フォレストオークスCC(18H、米)　②ハンターズクリークGC(18H、米)
▽平川CC(18H、千葉、H16年12月再生法申請)のスポンサーとなった再生計画がH17年5月認可でグループ入り、パリセーズCC(18H、米)はハリケーン被害等によりH18年5月現地企業へ売却

【旧・野村商事(ワシントンホール)グループ】

▽H19年4月ワシントンC札幌GCは新夕張GCに名称変更、新夕張GC(旧・ワシントンC札幌GC、27H、北海道)所有の札幌ワシントンクラブ㈱はH19年11月7日破産でゴルフ場はアサヒ商会グループが取得し新札幌ワシントンGCとしてH20年4月18日から営業、ワシントンC名阪GCはH19年6月1日付けで新フォレスタCCに名称変更・運営はG・C・マネージメント(西宮元明社長)が受託、以前系列だった新フォレスタCC(旧・ワシントンC名阪GC、27H＝閉鎖、三重)はH27年8月6日から閉鎖、保有会社は破産しコース跡地はメガソーラーに転用の計画

【パインコーポレーション】 既1(27)

①サニーCC(27H、長野)
▽サニーCC(27H、長野)経営の望月サニーカントリー㈱の再生計画案がH28年6月23日認可決定となり、月夜野CC(旧・18H＝太陽光発電用地への賃貸でH27年11月23日をもって閉鎖、群馬)のスポンサーでもあった不動産業の㈲パインコーポレーション(東京都目黒区)の傘下に

【パインランド】

▽不動産業の㈱パインランド(大阪市中央区、℡06-6947-0066)、H17年5月にPGグループからチサンCC秋田買収、H18年11月にPGグループから常磐CC買収し2コース経営に、常磐CCをH19年6月1日に名称変更、㈱パインランドと親密経営の㈱キャムコ(大阪市中央区、℡06-6949-5773)が北海道クラシック等6コース経営の㈱クラシックを事実上傘下に、いわきプレステージCC(旧・常磐CC＝福島第一原発事故の関係で自主避難しH23年5月段階営業休止中、18H、福島)を山陽建設工業㈱に売却、秋田プレステージGC(旧・チサンCC秋田、旧・18H、秋田)は不採算を理由に倶楽部解散を理事会で決議・H26年11月で営業終了、既設の直系コースなくなる

【パシフィックホールディングス(ＰＨＩ)】

パシフィックホールディングス㈱
H20年6月1日付けでパシフィックマネジメント㈱(PMC)から商号変更、PHIはH22年3月31日東京地裁が会社更生計画認可
▽子会社・パシフィックスポーツアンドリゾート東軽井沢㈱が民事再生計画成立の会社から東軽井沢GCをH17年10月買収、H1

ゴルフ特信・ゴルフ場企業グループ&系列【不動産・観光系】

8年3月末に子会社のﾊﾟｼﾌｨｯｸｽﾎﾟｰﾂｱﾝﾄﾞﾘｿﾞｰﾂ㈱(PSR)が相武CCの経営株を小野ｸﾞﾙｰﾌﾟから推定84億円で買収、H18年7月3日に福崎東洋GCの新設分割会社買収、H18年7月再生会社から25ﾒﾝﾊﾞｰｽﾞC琵琶池GC譲受、H18年12月31日にｽﾎﾟﾝｻｰとなったｼﾞｬﾊﾟﾝPGAGCの更生計画認可、H19年1月31日ｽﾎﾟﾝｻｰとなった加茂GC(千葉)の再生案認可、H18年12月27日に金砂郷CCの持株会社買収、H19年3月1日に西武ｸﾞﾙｰﾌﾟからおおむらさきGC等3ｺｰｽの事業を新設分割の株式譲渡で141億円で買収、おおむらさきGCH19年6月から会員募集開始し会員制に、PSRがH19年6月15日付けで新東京GCの経営会社株式買収、PSRがｽﾎﾟﾝｻｰとなったﾐﾙﾌｨｰｭGCの再生計画案H19年12月18日認可、JALｸﾞﾙｰﾌﾟがH20年3月19日に道内企業の㈱ｻﾆｯﾄに売却した苫小牧CCﾌﾞﾙｯｸｽCの運営を受託、H20年7月31日付けでﾎﾃﾙﾓﾝﾄﾚｸﾞﾙｰﾌﾟ(随縁ﾘｿﾞｰﾄ)にｼﾞｬﾊﾟﾝPGAGC(18H、千葉)と福崎東洋GC(18H、兵庫)を売却、H20年9月17日に加茂GC(18H、千葉)経営のﾋﾟｰｴｽｱｰﾙ市原㈱の株式を韓国系の㈱BANDO JAPANに売却、H20年9月19日付けで新東京GC(18H、茨城)経営のﾋﾟｰｴｽｱｰﾙ坂東㈱はﾌｧﾝﾄﾞ系に売却、PHIと子会社2社はH20年3月10日会社更生法を申請、北海道ﾌﾞﾙｯｸｽCC(18H、北海道)は日進LRD系列で民事再生となり運営受託解消、PSRの親会社のPHIはH22年3月31日東京地裁で会社更生計画認可(ｽﾎﾟﾝｻｰはﾖｰﾛｯﾊﾟのﾙｸｾﾝﾌﾞﾙｸに本社を置くKamoulox Investments S.ar.l)で東証一部上場で不動産ﾌｧﾝﾄﾞ運営会社のｹﾈﾃﾞｨｸｽ㈱も一部資金を提供、PSRのｺﾞﾙﾌ場資産売却はｹﾈﾃﾞｨｸｽが窓口に、H23年3月中に松井田妙義GC(旧・東軽井沢GC、18H、群馬)琵琶池GC(旧・25ﾒﾝﾊﾞｰｽﾞC琵琶池C、18H、栃木)金砂郷CC(18H、茨城)吉井南陽台GC(18H、群馬)箱根くらかけG場(18H、神奈川)の5ｺｰｽを㈱熱海ｺﾞﾙﾌに売却、ﾐﾙﾌｨｰｭGC(18H、千葉)経営の㈱ﾐﾙﾌｨｰｭの株式をPSRが資産管理会社の㈱ﾃｲ・ﾜｲ・ｴｯﾁ(さいたま市浦和区)に売却し1ｺｰｽ減少、残り2ｺｰｽの売却交渉も別に進行中、ﾊﾟｼﾌｨｯｸﾎｰﾙﾃﾞｨﾝｸﾞｽの更生管財人が代表を務めるPSRはH24年6月26日に「おおむらさきGC」(27H、埼玉)同8月23日に相武CC(18H、東京)をｱｺｰﾃﾞｨｱへ売却しｺﾞﾙﾌ場の処分終了

【P・T・C】
　㈱P・T・C　※P・T・Cはｺﾞﾙﾌ場経営目的にH17年に設立
▽㈱P・T・C(加蔵保明代表取締役社長)はH18年12月21日にｽｷﾞｰ産業ｸﾞﾙｰﾌﾟの飛騨CC(18H、岐阜)の経営株を取得しｺﾞﾙﾌ場経営に参入し、H19年には高富CC(18H、岐阜)の経営株を取得、H21年2月2日に上宝CC&RH(18H、岐阜)の経営株をｱｺｰﾃﾞｨｱから取得、黒磯CC等を経営する高橋正明氏のｸﾞﾙｰﾌﾟと関係が深い、飛騨CC(18H、岐阜)はH22年3月民事再生法申請、㈱P・T・Cとの連絡が不能となり詳細不明に、高富CCと上宝CC&RHは鶴ケ島GC等のｸﾞﾙｰﾌﾟ傘下になったとの情報も、高橋正明氏との関係も薄れた模様で高橋氏と関係がなくなった黒磯CC等も関連から外す、㈱P・T・CはH22年6月16日破産手続開始しｺﾞﾙﾌ場なくなる、飛騨CC(18H、岐阜)のｽﾎﾟﾝｻｰは不動産業の㈱ﾀｸﾄ(東京)、高富CC(18H、岐阜)はH21年12月から㈱ﾀｶﾄﾐﾄﾗｽﾄの運営に、上宝CC&RH(18H、岐阜)はH22年の春から営業休止中、高富CC(18H、岐阜)はH26年5月9日からｺｰｽ一時閉鎖(ｸﾗﾌﾞﾊｳｽが競売で債権者に所有権移り)、高富CCはH26年10月28日より以前経営に関与した高橋正明氏が㈱大桑ｸﾞﾘｰﾝ・ｺﾞﾙﾌで運営引き受け営業再開・その後宗教法人道徳館関連の㈱大晶企画がH27年1月21日付けで株式や事業引受け

【光観光開発】　既1(18)
①錦江GC(18H=H27年10月頃から閉鎖、鹿児島)
▽錦江GC(18H、鹿児島)はH27年10月頃から閉鎖となり運営会社の元従業員が労基署に「事実上の倒産」を申立て労基署から認められる、ｺﾞﾙﾌ場・ﾎﾃﾙは鹿児島地裁で競売公告される
▼H29年6月の競売で8社の入札があり6億5千万円で落札される、買受可能価額は1億2400万円だった、落札した法人は弘久実業㈱、同一社名でH29年5月19日に法人登記された会社(東京都文京区千石4-24-4、ﾎﾝ・ﾚｲ代表取締役)があり豪在住の中華系が予想されるが詳細不明

【ヒューマックス】
▽㈱ヒューマックス(林瑞祥代表取締役、東京都新宿区)は華僑国際企業㈱(林瑞禎代表取締役、東京都中央区)とH18年1月6日合併を決議、サンヒルズCCは施設名をH19年4月1日から「サンヒルズG&R」に、サンヒルズ㈱はH20年7月18日に再生法申請・ｸﾞﾙｰﾌﾟ会社の㈱ヒューマックスの支援受ける計画案がH20年12月認可決定・ｺﾞﾙﾌ場運営はPGMに委託、レイマーウッドCC(18H、英)はH21年に現地企業に売却、H28年7月1日にサンヒルズCC(36H、栃木=PGMに運営委託)を平和・PGMｸﾞﾙｰﾌﾟの石原昌幸ｸﾞﾙｰﾌﾟ会長が代表を務めるエンドレス合同会社に株式譲渡しｺﾞﾙﾌ場なくなる

【ヒロユキ観光】　既1(45)
①ﾆﾄﾞﾑクラッシックC(45H、北海道)　＜関連＞ｱｰﾚｯｸｽGC(18H=閉鎖中、北海道)
▽H11年7月和議成立、アーレックスGCはヒロユキ観光の会社分割(H23年8月官報公告)で㈱アーレックスGCが継承、アーレックスGC(18H、北海道)は東京のｺﾞﾙﾌ場ｳｪﾌﾞ予約のパー72関連が運営を引き受けるも資金難でH25年5月27日から閉鎖、運営会社の代表者が交代し再建模索

【富士観光開発】　既3(54)　http://www.fuji-net.co.jp/
　★富士観光開発㈱　志村和也社長　資本金1億5000万円
　〒401-0396　山梨県南都留郡富士河口湖町船津3633-1　℡0555-72-1188
①富士レイクサイドCC(18H、山梨)　②富士桜CC(18H、山梨)　③敷島CC(18H、山梨)

【富士スタジアムｸﾞﾙｰﾌﾟ】　既3(54)
　★㈱富士スタジアムゴルフ倶楽部　藪中重三社長　資本金1000万円
　〒520-3423　滋賀県甲賀市甲賀町五反田574　℡0748-88-6600
①富士スタジアムGC南C(18H、滋賀)　②富士スタジアムGC北C(18H、滋賀)
＜系列＞佐久RGC(18H、長野)
▽南Cと北Cの2ｺｰｽ経営の㈱富士スタジアムGCはH24年7月2日に民事再生法を申請しH25年5月10日開催の債権者集会で自主再建型の再生計画案が可決
＜関連　㈱オリエンタルｺﾞﾙﾌ倶楽部＞　安原聖太代表取締役、大阪市北区
①オリエンタルGC(18H、兵庫)
▽㈱ユニマットゴルフマネジメントの新設分割で独立の㈱オリエンタルゴルフ倶楽部の株式を㈱OGM(その後㈱オリエンタルゴルフ倶楽部がOGMと合併し継承)が取得、関連施設に練習場の富士ｺﾞﾙﾌセンター(大阪府堺市)や佐久RGCを紹介、関連含めｸﾞﾙｰﾌﾟ4ｺｰｽ目に

【藤田観光】　既2(45)
①カメリアヒルズCC(18H、千葉)　②能登CC(27H、石川)
＜小川一族関連＞①芦の湖CC(18H、静岡)　②能登CC(27H、石川)
▽小川一族関連の斑尾高原開発は会社分割を用いてサニーCC(27H、長野)と不動産事業を望月サニーC㈱に譲渡、スキー場経営の斑尾高原開発はH17年4月12日再生法申請、サニーCCは経営権譲渡

【船橋ＣＣ】　既2(36)
①船橋CC(18H、千葉)　②伊豆スカイラインCC(18H、静岡)
＜関連＞＜参考＞リトルグリーンヴァレー船橋(9H=ショート、千葉)

▽H22年9月29日に東証一部のエコナックホールディングス㈱(旧・日本レース)が伊豆スカイラインCC(静岡)を買収、エコナックは以前は刺繍レース会社もゴルフ場・不動産・化粧品製造等で多角化、船橋CC(18H、千葉)を傘下に持つ瀬川グループの㈱トーテムが大株主、歌舞伎町の駐車場を温泉施設に賃貸する計画では大株主である㈱船橋CCが第三者割当増資を引受け、瀬川グループ傘下の船橋CCはナーセリー跡地や遊休地を使って太陽光発電事業に進出・H27年3月から売電開始、㈱船カンショートコース(小倉義雄社長、宝和商事㈲100%子会社)がH27年8月に関連会社でもあるエコナックホールディングス㈱(東証一部上場)から伊豆スカイラインカントリー㈱の61.78%の株式を取得し傘下に、このためグループ名を「エコナック」から「船橋CC」に変更して掲載

【フューチャーインベストメント】 既1(27)

①ニュー軽米CC(旧・軽米フェニックスCC、27H、岩手)

▽㈱フューチャーインベストメント(永田仁社長、東京都台東区上野5-11-2)は競売で軽米フェニックスCCを落札(運営は㈱バーディアセットメント)、経営危機にあった伊香保GC岡崎城Cと伊香保GC清瀧城Cを経営する㈱伊香保GCの株式を取得しH19年11月2日に再生法申請・プリパッケージ型で担保権者の㈱スルガコーポレーション(横浜市)をスポンサーとする計画案練るも東京地裁で反発され株主でもある㈱フューチャーインベストメントをスポンサーとする計画案提出、㈱フューチャーインベストメントは韓国系英流通のノーザンアークGC(旧・グランクリュGC、18H、北海道)の民事再生での取得に関し仲介、㈱伊香保GCは㈱フューチャーインベストメントがスポンサーでH20年6月18日認可決定で伊香保リゾート㈱に事業譲渡で永田氏が代表に就任、伊香保GC清瀧城C(18H、群馬)はH26年2月末で廃業で会員には岡崎城Cへの転籍を案内・跡地はメガソーラーに転用、再生法申請時に申請代理人だった田邊勝己弁護士(カイロス総合法律事務所)が伊香保GC岡崎城C(27H、群馬)の経営を引き受けH26年10月から運営をリソルに委託・系列から離れる

【平城開発】 既3(72) http://www.cocopa.co.jp/

★COCOPA RESORT CLUB 福田正興社長 ※平城開発㈱・㈱三重白山ゴルフ倶楽部・白山開発㈱も同

〒515-2603 津市白山町川口6262 TEL059-262-4011(ココパRC白山ヴィレッジGC内)

①ココパRC三重白山GC(旧・三重白山GC、18H、三重=㈱三重白山ゴルフ倶楽部)
②ココパRC白山ヴィレッジGC(旧・白山ヴィレッジGC、36H、三重=白山開発㈱)
③ココパRC三重フェニックスGC(旧・三重フェニックス&RGC、元・フェニックスRGC、18H、三重=平城開発㈱)

▽平城開発と関係2社(上記3ゴルフ場)はH15年1月に再生法申請、H15年9月自主再建型の計画案成立、H21年4月1日に「ココパRC」を冠に名称変更、三重白山GCはH21年8月24日から11月30日までクローズしイベント化

【星野リゾート】 既1(18) http://www.hoshinoresort.com/ ※軽井沢の老舗リゾートホテル経営

①星野R メローウッドGC(旧・メローウッドGC、18H、福島)

▽H15年2月に再生計画成立しメローウッドGC経営の磐梯リゾート開発の主要スポンサーに、アルファRの施設6割を持つ関兵精麦の再生計画成立(H16年3月)でトマムGC等の施設を買収、ユニマットグループからH23年10月に小浜島リゾートを運営受託・H24年4月名称変更、H23年10月トマムRは全体が星野リゾートの運営となり名称変更、メローウッドGCもH27年の営業から星野リゾートの冠入れる、星野リゾートはトマムGC(18H、北海道)含むトマムリゾートへの投資会社を中国のフォースングループに売却・運営は受託し関連に移動して掲載、運営受託していた星野R トマムGC(旧・アルファ・トマムGC、18H、北海道)はH28年シーズンでのゴルフ場営業終了をH29年2月発表、リゾナーレ小浜島CC(旧・ニラカナイCC、18H、沖縄)はユニマットグループとの運営受託がH29年3月末で解消し運営ゴルフ場2コース減

ゴルフ特信・ゴルフ場企業グループ&系列【不動産・観光系】

【ホスピタリティオペレーションズ】　既1(18)
①那須CC(旧・那須チサンCC、18H、栃木)
▽ホテル等再生でスマイルホテル等を運営する㈱ホスピタリティオペレーションズ(田中章生代表取締役、東京都千代田区、℡03-5755-5516)、PGMグループから那須チサンCCをH25年2月に取得、棚倉田舎C(27H、福島)をトピー工業からH26年4月23日に取得しゴルフ場2ヵ所目

【ホテル三日月グループ】　既1(18)
①勝浦GC(旧・四季CC、18H、千葉)
▽レストラン運営受託していた四季CCを競売により取得しH15年4月から勝浦GCに

【ホテルモントレ】　既9(162)　http://zuien.net/
★㈱随縁リゾート　古井明徳社長　資本金1億円
※ホテルモントレ㈱系列、アコム㈱を創業した丸糸殖産のマルイト㈱(営業部=℡06-6647-8828)グループ
〒556-0017　大阪市浪速区湊町1-2-3　マルイト難波ビル20F　℡06-6647-8771(マルイトグループ代表)
①随縁CC恵庭C(旧・丸増ノースヒルGC、18H、北海道)　②随縁CCキャニオン上野C(旧・キャニオン上野GC、18H、三重)
③随縁CCセンチュリー富士C(旧・センチュリー富士GC、18H、山梨)
④随縁CC西神戸C(旧・プレジデントCC神戸C、18H、兵庫)　⑤鳴沢GC(18H、山梨)
⑥随縁軽井沢900C(旧・軽井沢900C、18H、長野)　⑦妙見富士CC(18H、兵庫)
⑧ジャパンPGAGC(18H、千葉)　⑨福崎東洋GC(18H、兵庫)
▽野村證券系からH17年4月に鬼怒川森林CC買収、三菱東京フィナンシャルグループからH18年2月20日に鳴沢GC買収、H18年8月に大久保グループより軽井沢900C(18H、長野)買収しH19年1月に随縁軽井沢900Cに名称変更、妙見富士CCをCHAからH19年6月27日付けで買収、㈱随縁カントリー倶楽部をH20年2月㈱随縁リゾートに社名変更、PHIグループからジャパンPGAGC(18H、千葉)と福崎東洋GC(18H、兵庫)をH20年7月31日付けで買収、随縁リゾートはH21年6月末に不動産賃貸業のマルイト㈱と同じ事務所に本社移転、ウィンザーパークG&CCと業務提携、ウィンザーパークG&CC(18H、茨城)との業務提携は解消、H26年8月31日に随縁CC鬼怒川森林C(旧・鬼怒川森林CC、18H、栃木)を閉鎖し既設1コース減・メガソーラー用に

【マックアース】　既5(90)　http://macearthgroup.com/
★㈱マックアース　一ノ本達己代表取締役CEO　※スキー場中心に旅館業とゴルフ場等展開
兵庫県養父市　℡079-667-3320(本社)　℡03-6441-0873(東京事務所)
①志賀高原CC(18H、長野)　②鷲ケ岳高原GC(18H、岐阜)　③湯村CC(18H、兵庫)
④北軽井沢嬬恋GC(旧・パルコール嬬恋GC、18H、群馬)　⑤神鍋高原CC(18H、兵庫)
▽ホテル21施設やサーティワンアイスクリームの販売店29店舗、スキー場22施設保有の㈱マックアース(一ノ本達己社長、兵庫県養父市関宮633)がH24年5月1日に志賀高原CC(長野)を経営する㈱中部ゴルフの株式の過半数を取得してゴルフ場事業に参入、ゴルフ場運営コンサルの㈱ティアンドケイ(東京都港区、川田太三代表)の大株主、H25年3月21日に鷲ケ岳高原GC(岐阜)経営の東和観光㈱の株式を松岡グループから取得しゴルフ場2ヵ所に、H26年9月に美樹工業㈱から湯村CC(18H、兵庫)を取得、H27年2月に再生会社のスポンサーとなった会社からパルコール嬬恋GC(18H、群馬)を取得し北軽井沢嬬恋GCとしてH27年6月リニューアルオープン・運営は系列のティアンドケイが担当、H27年8月1日に神鍋高原CC(18H、兵庫)を経営する神鍋高原開発㈱の株式を地元の全但バス㈱(養父市)から取得し周辺のグループスキー場とともに運営、既設1コース増
▼H30年3月29日に㈱ティアンドケイの株式を53・1%を不動産再生事業で東証一部上場の㈱ビーロット(宮内誠社長)に譲渡

ゴルフ特信・ゴルフ場企業グループ＆系列【不動産・観光系】

【丸和セレクトホーム】 既2(36)
<ブライトン>①高山GC(18H、群馬) ②赤城GC(18H、群馬)
▽高山GCはH19年1月の修正再生計画案認可決定後にスポンサーがキヤノン電子から丸和セレクトホーム㈱(さいたま市)の矢部勤会長が設立した会社(ブライトン㈱)に変更、H18年10月再生計画認可の赤城GC(18H、群馬)もH20年1月からブライトン90%・矢部氏10%出資に変更されキヤノン電子は撤退、㈱赤城GCはH22年4月1日をもってブライトン㈱を吸収合併しブライトン㈱に商号変更

【美登】 既2(36)
①新宝塚CC(18H、兵庫) ②阿山CC(18H、三重)
▽新宝塚CCの更生計画がH16年3月認可となりマンション賃貸業の㈱美登(大阪府池田市)が傘下に、㈱美登にゴルフ場を事業譲渡する阿山CCの更生計画がH22年3月26日認可

【旧・御堂開発】
▽ベルビューCC白浜は用地譲渡した㈱ベルビューCC白浜がH9年2月破産、羊蹄CCはH13年に御堂開発(H17年7月債権者が破産申立も取下げ)から羊蹄観光㈱が営業譲渡を受け経営、羊蹄CCはH19年からコース閉鎖で電話も不通、羊蹄CC(18H=閉鎖中、北海道)はH20年に道内観光大手の加森観光が買収・営業再開は未定、ベルビューミドーCC北海道(18H=建、北海道)はH25年6月24日廃止届で消滅、関連だったベルビューCC白浜(18H=建、和歌山)は金坂重機が継承後に用地を町が借り受けメガソーラー事業(中部電力子会社)に

【南グループ(日本観光開発)】 既3(63) http://www.minami-group.jp/
★日本観光開発㈱ 南 啓次郎社長 ※ゴルフ場・スイミングスクール等スポーツ事業、飲食・不動産
〒525-0032 滋賀県草津市大路3-5-64 TEL077-562-1049
①甲賀CC(18H、滋賀) ②阿南CC(18H、徳島) ③恵那峡CC(27H、岐阜)
▽南グループがスポンサーとなった恵那峡CC経営の恵那観光開発㈱の更生計画案がH21年3月31日認可

【森インベストグループ】
▽㈱森インベストのグループ、オークビレッヂGCを民事再生の旧・東ハト(㈱RER)からH15年12月に買収(運営はPGMに委託)、再生法で鳩山CC(18H、埼玉)のスポンサーに内定も否決、H17年7月31日更生法でスポンサーとなった裾野CC(18H、静岡)の計画案認可、タイホー工業系・タイホーCCのスポンサーとなる計画案がH16年12月成立、更生法で私市グループの松尾GCの更生計画案がH17年6月可決、森インベストメント・トラスト㈱はH19年4月1日に㈱森インベストへ商号変更・ゴルフ場運営のMTゴルフマネージメント㈱も㈱エム・アイ・ゴルフに商号変更、スポンサーとなったサニーフィールドGCの再生計画案がH19年11月14日に認可、H21年3月末でオークビレッヂGCのPGMへの運営委託を解除し㈱エム・アイ・ゴルフが運営、株主会員制の㈱イーグルポイントGCの筆頭株主となりH21年4月1日から同GCを森インベストが運営受託、㈱森インベストはH21年10月に事務所移転、㈱エム・アイ・ゴルフは㈱サニーフィールドGCをH22年4月1日付けで吸収合併、イーグルポイントGC(18H、茨城)はH24年3月末で運営受託契約解消・株主企業としては継続、運営は4コースとも㈱エム・アイ・ゴルフ(森健社長)、保有は㈱森インベスト、㈱裾野CC、㈱エム・アイ・ゴルフに、H25年7月本社事務所移転、森インベストグループを率いた森健氏(森トラストの森章社長子息)はゴルフ場会社の代表を退任、㈱裾野CCと㈱エム・アイ・ゴルフは藤原峰之氏に、㈱森インベストもH27年4月に福永隆明氏に交代、裾野CC(静岡)は親会社の㈱森インベストの会社分割でH27年6月30日にリソルへ売却、残り3コースは会社分割で三井不動産系列へ(3コースともアルペンが引受け)、㈱森インベストはH27年にグループゴルフ場・会社を売却しゴルフ場事業から撤退、三井不動産を経由してアルペンに売却されたのはオークビレッヂGC(現・ゴルフ5Cオークビレッヂ、18H、千葉)かさまフォレストGC(現・ゴルフ5Cかさま

— 86 —

フォレスト、元・タイホーCC、18H、茨城)サニーフィールドGC(現・ゴルフ5Cサニーフィールド、18H、茨城)

【森トラスト(旧・森ビル開発)グループ】　既2(36)　http://www.mori-trust.co.jp/
　　森トラスト㈱　伊達美和子社長　※森トラストグループの中核でゴルフ場所有、持株会社は㈱森トラスト・ホールディングス
＜森観光トラスト＞　TEL03-6409-2811　※㈱森トラスト・ホールディングスの連結子会社で運営担当
①ラフォーレ修善寺&CC(18H、静岡)　②ラフォーレ&松尾GC(旧・松尾GC、18H、千葉)
▽森観光トラストはH18年4月に会社分割し資産保有・会員権発行の「森観光トラスト資産管理会社㈱」と運営の「森観光トラスト㈱」2社に、またH18年10月までに森トラスト㈱が資産保有会社を吸収合併し、運営会社も子会社化へ、傘下に収めた松尾GCを法人会員向け会員制ホテル事業の「ラフォーレ倶楽部」に組込みH18年4月コース名変更、森インベストと分離表記、ラフォーレ白河GCは震災の影響で営業休止中、震災の影響で閉鎖のラフォーレ白河GC(18H=廃業、福島)はメガソーラー事業に転用でH25年1月着工、既設ゴルフ場カウントから外す

【森ビルグループ】　既2(54)　http://www.shishido.co.jp/
　　★㈱宍戸国際ゴルフ倶楽部　多田野敬社長　※森ビル㈱が79.3%出資
　　〒105-0001　東京都港区虎ノ門3-21-6　愛宕グリーンヒルズアネックス TEL03-3434-4410
①宍戸ヒルズCC(旧・宍戸GC宍戸C、36H、茨城)　②静ヒルズCC(旧・宍戸GC静C、18H、茨城)
▽宍戸国際GCの更生計画成立により森ビルが株式の8割近くを引受け、残りは会員が出資、H14年10月名称変更、森ビルの森稔会長がH24年3月8日死去
▼事務所移転

【旧・ライオンゲイン】
　　ライオンゲイン㈱　TEL03-5537-1800　※運営受託を含め以前は10コースを運営
＜関連・インターフィールドグループ＞　※旧・ライオンゲインのコースを中心に運営受託事業展開
①君津香木原CC(旧・新香木原CC、元・香木原CC、18H、千葉)
②新・秋田ウインズCC(旧・秋田ウインズCC、元・コンコルドヒルGC、18H、秋田=子会社で経営)
③新ゲインズボローCC(旧・グローリィヒルズGC、18H、福島)
＜グレイスインターナショナル㈱、運営受託＞とちまるGC(旧・栃木県民G場、18H=運営受託、栃木)
▽ライオンゲイングループは飯田活海代表取締役が牽引、グループ解体で個別にゴルフ場が運営、以前運営受託していた新・ユーアイGCはH25年12月閉鎖・売却後メガソーラーに転換、以前関係していた新里美CC(旧・トッププレーヤーズCC、18H、茨城)はH25年12月10日をもって閉鎖、旧・ライオンゲイングループはインターフィールドグループとして連携、その中のグレイスインターナショナル㈱は旧運営の新・ユーアイGC(栃木)がH25年12月末閉鎖で運営コースなくなるもH26年4月から栃木県民G場(18H、栃木)の運営を受託、旧・ライオンゲイン関連の新美祢CC(旧・美祢CC、27H、山口)はH27年1月25日までに完全閉鎖、旧関連だった新・天城にっかつGC(旧・天城にっかつGC、27H、静岡)はMKK(㈱エム・ケー・ケー、長野県松本市)グループが債権取得しH27年7月から「フジ天城GC」(27H、静岡)として運営となりグループ離脱

【リサ・パートナーズ】　既1(18)
①オーシャンL宮古島(18H、沖縄)
▽不動産投資会社で東証一部上場の㈱リサ・パートナーズ(井無田敦社長、東京都港区)、平成16年に再生計画案が成立したオーセントGCにリゾートソリューション㈱(当時はミサワリゾート㈱)と共にスポンサーとなりゴルフ場投資に参入(現在も一部出資の模様)、H19年5月にはオーシャンL宮古島を傘下に・一時㈱Izanamiに運営委託も解除、一時リソルと共同出資していたオー

ゴルフ特信・ゴルフ場企業グループ＆系列【不動産・観光系】

セントGC(18H、兵庫)からは撤退、リサ・パートナーズはH23年10月にNECキャピタルによるTOBが実施され完全子会社化され上場廃止、オーシャンL宮古島(18H、沖縄)経営の㈱吉野はH24年1月20日再生計画認可(親会社は別除権者でもある合同会社村雨インベストメンツ)

【リゾートトラストグループ】　既13(288)　http://www.resorttrust.co.jp
　★リゾートトラスト㈱　伊藤與朗会長、伊藤勝康社長　※東証一部、名証一部上場
　〒460-8490　名古屋市中区東桜2-18-31　TEL052-933-6000
　〒460-0008　名古屋市中区栄2-6-1　RT白川ビル3F　会員制本部ゴルフ事業支社TEL052-310-0780
　※リゾートトラスト㈱が以下グランディ3コースを資産保有しグランディ鳴門含む4コースを運営、表記会社は当該ゴルフ場資産保有会社で原則運営会社、表記と異なる運営は鳴門がリゾートトラスト㈱でセントクリークGCが㈱セントクリークGC、メイプルポイントGCが㈱メイプルポイントGC、グレイスヒルズCCとパインズGCはリゾートトラストゴルフ事業㈱が運営
①グランディ那須白河GC(旧・ザ・グリーンブライヤーウェストヴィレッジ、36H、福島)
②グランディ浜名湖GC(旧・浜名湖頭脳公園、18H、静岡)
③グランディ軽井沢GC(旧・軽井沢森泉GC、18H、長野)
【多治見クラシック㈱】①スプリングフィールドGC(18H、岐阜)　【岡崎クラシック㈱】①ザ・トラディションGC(18H、愛知)
【㈱オークモントGC】①オークモントGC(27H、奈良)　【㈱グレイスヒルズCC】①グレイスヒルズCC(18H、三重)
【ジャパンクラシック㈱】①セントクリークGC(27H、愛知)　②メイプルポイントGC(18H、山梨)
【リゾートトラストゴルフ事業㈱】①グランディ鳴門GC36(旧・瀬戸内CC、36H、徳島)　②ザ・CC(18H、滋賀)
【㈱パインズGC(旧・小原興業㈱)】①パインズGC(旧・松名CC、18H、愛知)
【㈱関西GC(旧・三明㈱)】①関西GC(18H、兵庫)
▽H22年11月に民事再生法申請の関西GC(18H、兵庫)経営の三明㈱のスポンサー就任、グランディ那須白河GCは東日本大震災の修復工事に数カ月かかる見込み、H23年9月30日に関西GC(H23年7月11日に再生計画認可、兵庫)経営の三明㈱を子会社のリゾートトラストゴルフ事業㈱が取得して子会社化・商号変更、H25年4月1日付けでゴルフ場事業会社の代表が岩田政浩氏から林戸里巳氏に交代、ゴルフ事業本部が会員制本部ゴルフ事業支社となり事務所移転

【リソルグループ(旧・リゾートソリューション)】　既13(270)　http://www.resol.jp/
　★リソルホールディングス㈱　平田秀明会長　今泉芳親社長　※東証一部上場　略称：リソル(ＲＥＳＯＬ)
　〒160-0023　東京都新宿区西新宿6-24-1　西新宿三井ビルディング12F　TEL03-3344-8811
　H28年10月1日にリゾートソリューション㈱を「リソルホールディングス㈱」に商号変更
　ゴルフ場運営はリソルゴルフ㈱等の運営事業会社は中間持株会社のリソル㈱が保有
　出資比率は三井不動産約40%、コナミ20%で三井不動産グループ、運営受託5コース108Hで総運営G場は17コース360H
①北武蔵CC(18H、埼玉)　②真名CC真名C(27H、千葉)　③真名CCゲーリー・プレーヤーC(18H、千葉)
④スパ&GR久慈(久慈ガーデンGC)(旧・久慈ガーデンGC、元・久慈大洋GC、18H、茨城)
⑤大熱海国際GC(36H、静岡)　⑥瀬戸内GR(旧・ミサワ瀬戸内GR、18H、広島)　⑦南栃木GC(旧・永野GC、18H、栃木)
⑧岡崎CC(18H、愛知)　⑨備前GC(18H=H30年1月から閉鎖、岡山)　⑩益子CC(27H、栃木)
⑪高松CC(18H、香川)　⑫裾野CC(18H、静岡)
＜中京との共同経営＞⑬中京GC(18H、愛知)
▽H17年11月1日ミサワリゾート㈱からリゾートソリューション㈱に商号変更、鹿児島GR(旧・鹿児島GC、18H、鹿児島)経営のジェイジー鹿児島㈱の株式をH23年2月に焼酎製造の西酒造㈱(鹿児島県)関連の㈱Emotionに売却も運営受託、西東京GC(旧・TAKE1CC、18H、山梨)は更生手続中の武富士系からH23年7月30日取得、南栃木GC(旧・永野GC、18H、栃木)は企

業再生ファンドの㈱キャピタルメディアグループからH23年12月20日取得、スポンサーとなった福島石川CC(27H、福島)の民事再生計画がH23年11月認可となり同12月取得、アマンテスから運営受託の岡崎CC(18H、愛知)をH24年3月29日取得、兼松㈱が100%子会社の東吉備観光開発㈱の新設分割で備前GC㈱設立しリソルがその新設会社の全株式をH25年3月29日に承継、H26年2月28日にグループの三井不動産から益子CCを取得し保有13コースに、一般社団運営だった高松CCをH26年9月取得、H24年4月から運営受託の兵庫CC(兵庫)はH27年3月末取得、H27年6月30日に森インベストグループから裾野CC(18H、静岡)を取得することが決定、裾野CC(18H、静岡)取得の一方で那須ハイランドGC(18H、栃木)をH27年6月末にコナミスポーツへ売却し保有ゴルフ場変わらず、兵庫CC(18H、兵庫)はH28年10月27日にパチンコ店等展開の㈱タツミコーポレーション(兵庫県明石市)に売却、福島石川CC(27H、福島)はH29年7月31日までゴルフ場営業終了へ・太陽光発電やゴルフパーク等の営業に転換へ

▼福島石川CC(27H、福島)はメガソーラーとショートコース、レストランに業態変化したため削除、H29年9月末で西東京GC(旧・TAKE1CC、18H、山梨)の運営終了・以前の㈱テイクワンの運営に戻る、**備前GC(18H=H30年1月から閉鎖、岡山)は閉鎖しておりこの状態が続けば保有数減に**

＜個別運営受託・業務提携＞　※リソルゴルフマネジメント㈱(旧・㈱ジャパンゴルフマネジメント)　運営事業部TEL03-3344-8889
　※以下既設数には含まず、運営受託は個別5コース108H、旧・アマンテスG&Rは撤退で運営受託解消
①相生CC(18H、兵庫)　②作州武蔵CC(27H、岡山)　③鹿児島GR(旧・鹿児島GC、18H、鹿児島)
④唐津GC(18H、佐賀)　⑤伊香保GC岡崎城C(27H、群馬)

▽三井不動産系の益子CC(27H、栃木)にH22年4月から運営協力(受託コースとしてはカウントせず)、千草CCをH22年10月1日から運営受託、H23年2月に西酒造㈱関連に売却した鹿児島GR(旧・鹿児島GC、18H、鹿児島)を運営受託、福岡国際CC(36H、福岡)はH23年3月末で運営受託解消、内原CC(18H、茨城)はH23年7月から運営受託、唐津GC(18H、佐賀)はH23年11月運営受託、兵庫CC(18H、兵庫)はH24年4月1日から運営受託(3年後の取得契約も結ぶ)、八千代CC(27H、広島)タカガワオーセントGC関西迎賓館C(旧・オーセントGC、18H、兵庫)一志GC(18H、三重)・千草CC(18H、兵庫)内原CC(18H、茨城)は運営受託解消、運営受託の兵庫CC(兵庫)はH27年3月末取得、H26年10月から伊香保GC岡崎城Cの運営を受託

＜アマンテス・ゴルフ・アンド・リゾーツ投資事業有限責任組合(アマンテスG&R)＞SIAグループ参照、リソルの運営担当ゴルフ場のみ掲載
　※シンプレクス・インベストメントグループ(SIA)と三井不動産グループ(リゾートソリューションは運営担当)で設立のゴルフ場再生ファンド

▽リソルはアマンテスG&Rから6コース126Hを運営受託、アマンテスG&RはH19年2月に再生法申請のあさひケ丘CCのスポンサーに内定、アマンテスG&RはH19年3月30日に鉄建建設系から岡崎GC買収、あさひケ丘CCの再生計画がH19年10月3日認可、アマンテスG&Rは東雲GC(18H、栃木)をH21年12月にシャトレーゼグループのシーアール・エス㈱に売却、岡崎GCをH24年3月29日に運営委託先のリソルに売却、アマンテスで保有していたあさひケ丘CC(27H、栃木)はPGMグループにH26年2月27日売却されたため運営受託解消、アマンテスG&Rはゴルフ場事業整理で東条の森CC東条C(旧・旭国際東條C東条C、18H、兵庫)東条の森CC大蔵C(旧・旭国際東條C大蔵C、27H、兵庫)東条の森CC宇城C(旧・宇城CC、18H、兵庫)の3コースは運営受託解消

＜ジャパンゴルフプロジェクト(JGP)＞　※三菱UFJ証券中心のゴルフ場再生ファンド、リソルが運営受託
▽JGPはミサワホームグループゴルフ場の引受けで再生ファンドをスタート、ミサワホームがH16年12月28日に産業再生機構の支援決定となりグループゴルフ場の処分が始動、ミサワホーム系ゴルフ場の再生手掛け、最終的には鳥羽CC(18H、三重)をH22年8月末に一志GCの現経営会社である㈱片山(片山吉則代表)に売却しゴルフ場なくなる

【リビエラコーポレーション】　海1(18)

＜海外＞①リビエラCC(18H、米)
▽プレジデンシャルGC(18H=建、山梨)は日本広販から丸金系の富士ヴィレッジGCが継承模索も断念
▽編集部注：丸金コーポレーションからグループ名変更、境川CC(18H、山梨)は関連から外す

ゴルフ特信・ゴルフ場企業グループ＆系列【不動産・観光系】

【緑化開発(安蔵優)グループ】 既2(45)
①桜の宮GC(27H、茨城) ②湯本スプリングスCC(18H、福島)
▽桜の宮GCはH18年頃からベント1グリーン化を進めH21年にも27H終了

【ルートイングループ】 既3(81) http://www.route-inn.co.jp/
★ルートイングループ 永山勝利代表
〒140-0014 東京都品川区大井1-35-3 TEL03-3777-5515 【東京本部】
〒386-0005 長野県上田市古里2055-9 TEL0268-25-0001 【長野本部】※広報担当
①阿蘇Rグランヴィリオ HG場(旧・阿蘇プリンスHG場、36H、熊本) ②上田丸子グランヴィリオGC(旧・グランステージCC、27H、長野)
③上田菅平高原グランヴィリオGC(旧・菅平高原CC、18H、長野)
▽ビジネスホテルチェーンのルートイングループ(中核会社はルートインジャパン㈱)、H19年内にプリンスホテルから阿蘇プリンスG場を取得しH20年1月からグランヴィリオ阿蘇プリンスHG場に名称変更・同4月に現名称に変更、国際菅平観光の再生計画案認可(H20年1月23日)で同4月1日付けでルートイングループの上田リゾート観光㈱(永山代表、本社＝上田丸子グランヴィリオGC)が2コースを事業譲渡受ける

【レーサム(旧・レーサムリサーチ)】 既1(18)
①レーサムG&スパR(旧・プレスCC、18H、群馬)
▽上場の不動産会社、プレスCCをH15年9月に再生会社から営業譲渡型で買収、ジャスダック上場の㈱レーサムリサーチはH20年1月1日付けで㈱レーサム(東京都千代田区)に商号変更、4月にコース名も変更

【六本木トラスト】 既1(18)
①馬頭GC(18H、栃木)
▽㈱六本木トラスト(山根忍代表)の社名で不動産投資・ゴルフ場運営等行う、馬頭GCはH16年8月から競売で取得した㈲南那須リゾートが運営(経営は㈱中央地所)、H17年7月からグループの六本木トラストの運営に、H18年7月から㈱霞南GCで利根GCの運営を受託しコース名変更、H18年12月から㈱上伊佐野GCでメイフラワーGCの運営を受託しコース名変更、上伊佐野GCは㈱上伊佐野GC(山根忍代表)が施設取得した合同会社アンカーから施設を借り受け業務一切を担当もキャムコ傘下のクラシック直営となり削除、関連で掲載していた運営受託の霞南GC(旧・利根GC、18H、茨城)は保有会社の㈱利根GCの破産で外れる

【ワシントン】 既2(36) ※主に運営受託契約
★㈱ワシントンリゾート ※経営は各ゴルフ場
〒105-0013 東京都港区浜松町1-1-10 立川ビル301 TEL03-3432-6002 ※ワシントンはTEL03-3432-6004
①富士箱根CC(旧・南箱根CC、18H、静岡) ②宮崎大淀CC(旧・ニュー愛和大淀GC、18H、宮崎)
▽藤岡温泉CC(旧・西南CC、18H、群馬)は震災の影響もありH23年3月末で一旦クローズ・用地やホテル施設の競売で山梨の滝田建材㈱が落札しストーンヒル藤岡GC(旧・西南CC、18H、群馬)として営業もH27年2月15日をもって閉鎖
＜㈱アジアゲートホールディングス＝提携＞ ※既設コース数には含まず
①広島紅葉CC(旧・広島高原CC、元・愛和GC新広島C、27H、広島) ②米山水源CC(旧・レイクビューG、18H、新潟)
③シェイクスピアCC(旧・C・シェイクスピアサッポロGC、18H、北海道) ④姫路相生CC(旧・西相生CC、18H、兵庫)
▽ニュー愛和大淀GCを競売で落札しH17年11月から宮崎大淀CCに、広島紅葉CC(旧・広島高原CC、広島)は提携先のA.CホールディングスはC・シェイクスピアサッポロGCをH18年2月買収)、提携していた新夕張GC(現・

- 90 -

新札幌ﾜｼﾝﾄﾝGC、旧・ﾜｼﾝﾄﾝC札幌GC、27H、北海道)は旧会社の破産で、ﾜｼﾝﾄﾝC名阪GC(27H、三重)は運営会社の変更で新ﾌｫﾚｽﾀCCとなるなど提携解消に、三重中央CC(旧・榊原CC、36H、三重)の会員有志は旧経営の榊原国際観光㈱の破産を申立てH20年3月31日破産手続開始決定・運営はﾜｼﾝﾄﾝﾘｿﾞｰﾄで継続、A.Cｸﾞﾙｰﾌﾟｺﾞﾙﾌ場の会員管理業務も行っていた㈱ﾜｼﾝﾄﾝ(河野代表)はH20年10月に「Wﾎｰﾙﾃﾞｨﾝｸﾞｽ㈱」へ商号変更(本社は津市に移転、河野代表→秦幸友代表)するとともにA.Cｸﾞﾙｰﾌﾟｺﾞﾙﾌ場の会員管理のため設立の㈱ﾜｼﾝﾄﾝ(Wﾎｰﾙﾃﾞｨﾝｸﾞｽ㈱から会社分割によりH20年10月設立、河野代表→阿部勝代表)を㈱A.Cﾎｰﾙﾃﾞｨﾝｸﾞｽに売却(H21年2月17日)、A.Cﾎｰﾙﾃﾞｨﾝｸﾞｽがﾜｼﾝﾄﾝｸﾞﾙｰﾌﾟ運営の福島空港CC(18H、福島)を競売で落札しH21年5月1日から福島空港GCとして運営(ﾜｼﾝﾄﾝｸﾞﾙｰﾌﾟから提携先のA.Cｸﾞﾙｰﾌﾟに移動へ)、H21年12月に東証二部のﾕﾆｵﾝﾎｰﾙﾃﾞｨﾝｸﾞｽ株価操縦事件関連でﾜｼﾝﾄﾝｸﾞﾙｰﾌﾟ社主の河野博晶氏が詐欺容疑で逮捕される、A.Cﾎｰﾙﾃﾞｨﾝｸﾞｽの社長にﾜｼﾝﾄﾝｸﾞﾙｰﾌﾟ元運営会社・㈱ﾜｼﾝﾄﾝﾘｿﾞｰﾄ元社長の長谷川武司氏がH21年12月25日就任・ﾜｼﾝﾄﾝｸﾞﾙｰﾌﾟのｺﾞﾙﾌ場事業をA.Cﾎｰﾙﾃﾞｨﾝｸﾞｽに移管を進める(ｸﾞﾙｰﾌﾟ4ｺｰｽ会員管理業務の㈱ﾜｼﾝﾄﾝ=阿部勝社長、子会社化済み)、三重中央CC(旧・榊原CC、36H、三重)はH21年12月末で管財人に引渡して運営から撤退、A.Cﾎｰﾙﾃﾞｨﾝｸﾞｽが賃借営業していた姫路相生CC(旧・西相生CC、18H、兵庫)の債権を7億円で取得しH23年3月に7億14百万円で同CCを落札・所有運営へ、同じく新香木原CC(旧・香木原CC、18H、千葉)の債権を5億円で取得し同CCを11億円で落札・運営は第三者が継続中、提携先のA.Cﾎｰﾙﾃﾞｨﾝｸﾞｽは福島空港GC(旧・福島空港CC、18H、福島)を売却で保有数減、提携先のA.Cｲﾝﾀｰﾅｼｮﾅﾙ(現・ｱｼﾞｱｹﾞｰﾄﾎｰﾙﾃﾞｨﾝｸﾞｽ)は新香木原CC(18H、千葉=保有のみ)も売却

【和澄産業・ワークジャパン】

▽不動産会社の和澄産業㈱(名古屋市、℡052-561-2811)、子会社の人材派遣会社・ﾜｰｸｼﾞｬﾊﾟﾝで運営拡大に意欲、白鳥CCを競売で落札しH18年7月新名称で再開場、ｸﾞﾙｰﾌﾟの㈱あんりつが札幌ｾﾝﾄﾗﾙGCをH19年11月の競売で落札しﾜｰｸｼﾞｬﾊﾟﾝGC札幌Cの名称でH20年8月27日仮開場、H21年1月13日から新ｵｰﾅｰ・白川廣陸氏となったｱｻﾞﾚｱCC(18H、茨城)を㈱ﾜｰｸｼﾞｬﾊﾟﾝが運営協力、ｺﾞﾙﾌ場事業第1弾だったﾜｰｸｼﾞｬﾊﾟﾝGC国見C(旧・白鳥CC、18H、福島)はH24年12月末で閉鎖し施設を売却(ﾒｶﾞｿｰﾗｰ基地等で活用の模様)、第2弾のﾜｰｸｼﾞｬﾊﾟﾝGC札幌C(旧・札幌ｾﾝﾄﾗﾙGC、18H、北海道)は隣接地でﾀﾞｲﾅｽﾃｨGC(27H)を営業する㈱ｷﾀｺｰ(札幌市)にH25年4月18日売却し直営ｺﾞﾙﾌ場はｾﾞﾛに、ｱｻﾞﾚｱCC(茨城)は光洋開発㈱から営業譲渡で支配人が代表の㈱ひたちﾚｼﾞｬｰ(山川誠代表)にH26年8月1日付けで交代

▼運営協力関係にあったｱｻﾞﾚｱCC(18H、茨城)は競売で不動産取得したｻﾝｴｺ㈱(奈良市)がｻｯｶｰ、弓道場等備えた複合施設に転換する計画で9H縮小しH30年1月18日からｱｻﾞﾚｱ健楽園(旧・ｱｻﾞﾚｱCC、9H=18Hから縮小、茨城)に名称変更

Ⅵ　大企業集団・一般産業
住友グループ

【アサヒビール】
▼バッキンガムシャーGC（18H、英）をH29年2月15日付けで英国G場運営会社イーグル・リゾートに売却

【ＳＲＩ（住友ゴム）グループ】　既1(18)　http://www.dunlopsports.co.jp/
　★住友ゴム工業㈱　池田育嗣社長　※系列でゴルフ、テニスの用品メーカーのダンロップスポーツ㈱と合併
　［スポーツ事業本部］　〒651-0072　神戸市中央区脇浜町3-6-9　問合せ先は東京オフィス広報部＝TEL03-6863-2932
①ダンロップGC（18H、兵庫＝大林組と共同）
▽住友ゴム工業グループは事業の再編に伴いグループ名をH15年7月に「SRIグループ」に変更、H20年1月に「ゴルフ営業部」を「ゴルフ販売企画部」に変更、SRIスポーツ㈱はH23年3月24日の取締役会で馬場宏之社長の代表取締役取締役会長、野尻恭氏の代表取締役社長、木滑和生氏の代表取締役専務執行役員を決議、青野運動公苑アオノGC（18H、兵庫）は資本関係なく関連から外す、H24年5月1日にSRIスポーツ㈱はダンロップスポーツ㈱に商号変更、ダンロップスポーツ㈱はザ・オークレットGC（18H、岡山）経営の子会社をH24年11月28日にゴルフ場向け肥料等販売の㈱小畑辰之助商店（小畑文宏社長、和歌山市）に譲渡しゴルフ場1カ所減、H25年8月30日に青木功GC（18H、兵庫）をOGIグループの㈱アイランドゴルフに売却し系列ゴルフ場は1コースに
▼住友ゴム工業㈱はH30年1月1日付けで系列のダンロップスポーツ㈱と合併、ゴルフ・テニス用品事業はスポーツ事業本部（木滑和生専務取締役執行役員）が担当

【住友金属工業系（新日鐵住金グループ）】
▽佐野クラシックGC（18H、栃木）をH15年10月末市川造園土木グループに売却、西宮北GC（18H、兵庫）をH22年4月1日にゴルフ用品販売のつるや㈱に売却、H28年3月24日に新日鐵住金グループは有馬冨士CC（18H、兵庫）経営の有馬冨士開発㈱の株式をアイランドゴルフグループに売却しゴルフ場ゼロに、新日鐵住金はH31年4月1日に「日本製鉄」に社名変更

【住友金属鉱山系（泉建設）】　既2(54)
①中津川CC（27H、神奈川）　②上総富士GC（27H、千葉）

【住友商事系】　既1(18)
①サミットGC（18H、茨城）
▽H16年10月からサミットGCの運営に関して東急リゾートサービスと一部業務提携

【住友不動産系】　既1(27)
①泉CC（27H、千葉）
▽H17年1月にハワイCC（18H、米）を売却

【住友林業系】　既1(27)
①滝の宮CC（27H、愛知）

【三井住友銀行系(旧・住友銀行系)】 既2(54) ※経営は各ゴルフ場独立
①高坂CC(36H、埼玉=鹿島建設と共同) ②大月CC(18H、山梨)
▽旧関連の西茨城CC(新・石岡GCウエストC、18H、茨城)はH15年10月GSグループに売却(運営はアコーディア・ゴルフ)、プレジデントCC神戸C(現・随縁CC西神戸C、18H、兵庫)はH16年9月にホテルモントレ系に売却、プレジデントCC(27H、栃木)はH18年3月末にサクセス・プロ系に譲渡、同CC所有の鹿泉興産はH18年4月解散、プレジデントCC軽井沢C(18H、群馬)は鹿島建設で掲載、関連のザ・CC・ジャパン(千葉)はリクルートから独立のザイマックスがH27年6月に全株式取得予定で関連ではなくなる
【関連：旧・さくら銀行系】
①ホウライCC(18H、栃木) ②西那須野CC(18H、栃木)
▽ホウライ㈱はホウライCCの償還対応策を発表、預託金の1割返還と高額会員権の分割、西那須野CCは預託金の1割程度返還と高額会員権の分割を提案しほぼ終了・H20年5月26日から全会員権業者経由での名変も受付し公開

三井グループ

【昭和飛行機工業系】 既1(18)
①昭和の森GC(18H、東京)

【三井化学(旧・三井東圧化学)系】 既1(9)
【三西開発】
①不知火G場(9H、福岡)
▽白鳳CC(18H、千葉)を経営する三井化学子会社の空港エンタープライズ㈱がH16年12月再生法申請・スポンサー先はユニマット・グループに、同計画案がH17年3月16日に成立したため白鳳CCを削除

【三井鉱山系】
＜関連・グリーンランドリゾート㈱＞
①有明CC(18H、福岡) ②グリーンランドRGC(旧・三井グリーンランドGC、36H、熊本) ③久留米CC(18H、福岡)
▽三井グリーンランド㈱はH17年9月に三井鉱山が保有していた株式の6割を西部瓦斯に譲渡しH18年7月に現社名へ商号変更、三井グループ直系からは外れる、三井鉱山はH20年12月時点でグリーンランドリゾート㈱の株式を4・71％所有、中国のゴルフ場と会員交流

【三井住友銀行系(旧・さくら銀行系)】 既2(36)
【ホウライ】 http://www.horai-kk.co.jp/ ※旧・住友銀行系は住友グループ参照
①ホウライCC(18H、栃木) ②西那須野CC(18H、栃木)
▽ホウライ㈱はホウライCCの償還対応策を発表、預託金の1割返還と高額会員権の分割、西那須野CCは預託金の1割程度返還と高額会員権の分割を提案しほぼ終了・H20年5月26日から全会員権業者経由での名変も受付し公開

【三井造船系】 既2(36) ※経営は各ゴルフ場独立
①玉野GC(18H、岡山) ②瀬戸大橋CC(18H、岡山)
▽埋立地の暫定利用だった日吉原CC(18H、大分)はメガソーラー事業に転用のためH26年6月1日から完全閉鎖し1コース減、瀬戸大橋CC経営の玉野レクリエーション総合開発㈱(筆頭株主は玉野市)はH28年6月14日民事再生法申請(自主再建

方針)
▼玉野レクリエーション総合開発㈱の民事再生計画はH29年4月18日認可

【三井不動産系】 既7(145)　http://www.mitsuifudosan.co.jp/
　★三井不動産㈱　岩沙弘道会長　菰田正信社長　資本金1742億9600万円　※ゴルフ場部門は関連事業部他
　[関連事業部]　〒103-0022　東京都中央区日本橋室町2-1-1　三井本館ビル6F　TEL03-3246-3135
①三井の森軽井沢CC(18H、長野)
＜系列＞①臼杵CC(18H、大分)　②大浅間GC(18H、長野)
＜三井不動産ゴルフプロパティーズ㈱＞　※関連事業部
①三井の森蓼科GC(27H、長野)　②フォレストCC三井の森(18H、長野)
③成田フェアフィールドGC(18H、千葉)
▽益子CC(27H、栃木)は同じグループのリソルに売却、系列からは外れる
＜三井不動産リゾート㈱＞　※リゾート事業部
①NEMU GC(旧・合歓の郷GC、18H、三重)
▽大浅間CCはハウス内の女性施設やロッジ改装しH23年7月1日リニューアルオープン、合歓の郷GCはハウス・コース改修のためH27年1〜4月クローズし10月リニューアルオープン、三井不動産は子会社の㈱TG3で森インベストグループのサニーフィールドGC(18H、茨城)・かさまフォレストGC(同、同)及びオークビレッヂGC(同、千葉)の3コースをH27年6月末に承継しアルペンに転売、合歓の郷GC(18H、三重)はH27年10月1日リニューアルでNEMU GCに名称変更
＜関連・リソルホールディングス)＞　既設13コース270H保有　リソルグループの頁参照
＜関連・アマンテスG＆R＞　※三井不動産グループ(リソル含む)とシンプレクス・インベストメント(SIA)グループで設立のファンド
▽三井不動産はミサワリゾート(現・リソルホールディングス)と資本・業務提携、H18年3月に当時のリゾートソリューションの筆頭株主となりグループ化、三井不動産はヤマハから合歓の郷GC(18H、三重)等リゾート4施設をH19年7月末取得、ファンドのアマンテスはあさひケ丘CCのスポンサーとなり傘下に、アマンテスG&Rは東雲GC(18H、栃木)をH21年12月にシャトレーゼグループへ売却し1コース減、アマンテスは所有していたラ・ヴィスタGR(18H、千葉＝保有、運営は太平洋クラブに業務委託)をH23年4月の会社分割でアコーディアに売却、アマンテスは岡崎CC(18H、愛知)をリソルに売却、アマンテスで保有していた紫香楽国際CC(18H、滋賀)はグループ離脱、アマンテスで保有していたあさひケ丘CC(27H、栃木)はPGMグループに売却、アマンテスはゴルフ場事業整理で東条の森CC東条C(旧・旭国際東條CC東条C、18H、兵庫)東条の森CC大蔵C(旧・旭国際東條CC大蔵C、27H、兵庫)東条の森CC宇城C(旧・宇城CC、18H、兵庫)の3コースは離脱、三井不動産子会社の㈱TG3が森インベストからオークビレッヂGC(18H、千葉)サニーフィールドGC(18H、茨城)かさまフォレストGC(18H、茨城)を承継とH27年5月29日に公告

三菱グループ

【JX(旧・新日本石油)グループ】　既3(63)
①新潟サンライズGC(27H、新潟)　②和木GC(18H、山口)
【㈱NIPPO(元・日本鋪道)】①パサージュ琴海アイランドGC(18H、長崎)
▽NIPPOコーポレーションはH21年7月1日に㈱NIPPOに商号変更、新日本石油と新日鉱ホールディングスが経営統合しH22年4月1日から「JXグループ」(JXホールディングス㈱)に、グループ表記も変更

【三菱化学系】　既1(18)
①瀬板の森北九州GC(18H、福岡)

【三菱地所系】　既4(90)
★三菱地所㈱　資産活用室
〒100-8133　東京都千代田区大手町1-6-1　大手町ビル9F　TEL03-3287-5830
①泉パークタウンGC(18H、宮城)
＜東日本開発＞①東富士CC(18H、静岡)　②富士国際GC(36H、静岡)
＜佐倉ゴルフ開発＞①麻倉GC(旧・ちばリサーチパークGC、18H、千葉=東急不動産とのジョイント)
▽三菱地所はリゾートパークオニコウベGC(18H、宮城)を含むリゾートパークオニコウベの事業を新設分割しH16年11月に㈱ホテルサンバレーに譲渡、久米CC(18H、岡山=三菱地所と三菱商事の共同出資)は加ト吉グループにH16年12月に譲渡、H18年12月本格着工のちばリサーチパークGCは東急不動産とのジョイントで麻倉GCに・保証委託契約付きで会員募集も開始、麻倉GCH20年10月25日オープン、東富士CCは開場40有余年でKGAに加盟、富士国際GCのH数を修正(編集部)、東日本開発㈱はH24年4月1日代表者交代(石津保彦氏→猪俣昇氏=余暇事業室長)

【三菱重工業】　既1(18)
①湘南CC(18H、神奈川)

【三菱マテリアル系】　既2(36)
【西日本開発】①玄海GC(18H、福岡)　②筑紫野CC(18H、福岡)
▽H17年12月に全日本空輸㈱と三菱マテリアル㈱はデット・エクイティ・スワップ(債務株式化)でANAダイヤモンドCCを支援(菱空リゾート開発㈱はH18年12月27日付けで経済産業省から産業活力再生特別措置法に基づく認定)、西日本開発はブルーラインCC(18H、山口)を経営する長門リゾート開発(以前はピーエス三菱系、H14年から西日本開発の子会社に)の株式をH18年12月22日付けで市川造園グループに譲渡、ANAダイヤモンドGC(現・早来CC、旧・北海道早来CC、36H、北海道=全日空との共同)はH23年7月1日から明治海運グループの明海興産㈱傘下となりグループ離脱

【三菱ＵＦＪ証券】
＜ジャパンゴルフプロジェクト(JGP)＞　※三菱UFJ証券中心のゴルフ場再生ファンド、リソルに運営委託
▽JGP案件だったブリティッシュガーデンC(現・大月ガーデンGC、18H、山梨)はリソルがアコーディア・ゴルフへH20年5月29日付けで売却、H21年2月24日にM&AでJGP案件の豊田PG場(現・GC大樹豊田C、18H、愛知)をゴルフ練習場経営の大樹開発へ売却、JGPは宇都宮ガーデンC(旧・ミサワガーデンC、18H、栃木)をH21年9月に韓国の実業家・姜佰賢氏に売却、鳥羽CC(18H、三重)はH22年8月末に一志GC(三重)関係に売却しJGP関連ゴルフ場なくなる

一般産業

【ＩＨＩ（旧・石川島播磨重工業）】 既1(18)
①相生CC(18H、兵庫)
▽石川島播磨重工業はH19年7月1日付けで商号を㈱ＩＨＩに変更、グループ名表記を変更

【ＩＴＸ】
▽小杉CCはH16年12月24日にヘラクレス上場のITX㈱(オリンパス㈱グループ)の関連会社・ミネルヴァ債権回収㈱が買収しその後ITXが経営会社を100％子会社化、櫛形GC(当時はミサワカーディナルGC)はH17年12月1日付けで破産管財人からミネルヴァ債権回収㈱が買収しその後ITXが経営会社を100％子会社化、ITXはミネルヴァ債権回収㈱をその後売却、関連の2コースはITXとRSインベストメントが経営株を各50％ずつ暫定的に確保、櫛形GC(旧・ミサワカーディナルGC、18H、新潟)の経営会社の株式をグリーンヒル長岡GC(18H、新潟)の親会社でもある㈱ゼルコバに売却し1コース減、関連の東京国際GC(18H、東京)はH24年4月23日にシャトレーゼグループに売却、小杉CC(27H、富山)はH24年12月中旬に㈱アイザック・オールに売却
▼系列で掲載していた国際桜GC(旧・桜GC、27H、茨城)は会員が設立の会社が承継で削除

【葵会グループ】 既3(54)
①一関CC(18H=27Hから縮小、岩手)　②H&R那須霞ケ城CC(18H、栃木)　③千歳CC(18H、北海道)
▽破産会社から葵会関連でホテル運営のバイオシステム㈱が一関CCを取得しH26年11月から運営、またバイオシステム㈱はH&R那須霞ケ城CCも取得しH27年4月1日から運営、ゴルフ場2カ所に、H28年9月1日に新設した㈱千歳カントリークラブの全株式を㈱アコーディア・ゴルフ及び㈱アコーディアAH02から譲り受け千歳CC(18H、北海道)を傘下に収める、ゴルフ場等経営のバイオシステム㈱(花本恵嗣代表取締役、東京都中央区)はH29年6月1日付けでゴルフ場会社の㈱みずほを新設分割で設立予定

【昭産業】 既2(36)
①滝野CC八千代C(18H、兵庫)　②滝野CC迎賓館C(18H、兵庫)
▽2コース経営の昭産業はH14年5月に再生法申請、H14年11月21日再生計画案が可決し同月22日認可決定

【アサヒ商会】 既4(81)　http://www.asahishoukai.jp/
★㈱アサヒ商会　齊藤巌社長　※ガソリンスタンド経営
〒041-0834　北海道函館市東山町185-1　TEL0138-33-5877
①函館パークCC(18H、北海道)　②新釧路GC(旧・厚岸GC、18H、北海道)
③新札幌台GC(旧・札幌台CC、18H=27Hも9Hは閉鎖、北海道)
④新札幌ワシントンGC(旧・新夕張GC、元・ワシントンC札幌GC、27H、北海道)
▽H16年3月に破産となった厚岸GCを買収、破産会社から茜G場をH16年12月に買収、㈱ジャパンスポーツコムからH19年5月30日に札幌台CC買収し同6月30日から新名称で営業開始、札幌ワシントンクラブ㈱がH19年11月7日破産でH20年2月に管財人からゴルフ場買収し同4月新名称でオープン、新茜GC(旧・茜G場、18H、北海道)はH28年11月上旬迄の営業で閉鎖しゴルフ場事業停止

【アマダグループ】　既1(18)

①朝霧CC(18H、静岡)

▽グリーンリバーGC(36H、米)は詳細不明も売却済み、H26年10月1日付けで朝霧CC経営の㈱富士野ゴルフ倶楽部はグループ会社と合併し㈱富士野倶楽部へ商号変更、㈱アマダはH27年4月1日付けで持株会社制に移行・商号を㈱アマダホールディングスに変更

【アヤハグループ】　既3(63)　http://www.ayaha.co.jp/

★㈱アヤハゴルフリンクス　河本英典社長　資本金1億円　※母体は綾羽㈱(大津市)
〒520-3011　滋賀県栗東市下戸山500　TEL077-553-3333(ジャパンエースGC)

①ジャパンエースGC(18H、滋賀)　②朝日野CC(18H、滋賀)　③琵琶湖レークサイドGC(旧・琵琶湖大橋GC、27H、滋賀)

▽琵琶湖大橋GCはコース改造とハウス建替えでH23年7月1日に琵琶湖レークサイドGCとしてリニューアルオープン、朝宮GC(旧・綾羽朝宮GC、18H、滋賀)をオリックスグループに営業譲渡しH25年9月20日から同グループの運営に、2016年版よりグループ名を「綾羽(旧・綾羽工業)系」から変更

【アルファクラブグループ】　既1(27)

①矢板CC(27H、栃木)

▽高橋正明氏関連からアルファクラブ武蔵野㈱(さいたま市見沼区上山口新田53-1、TEL048-684-7000、神田成二代表取締役社長)がH21年2月に有限会社黒磯カントリー倶楽部を買収しゴルフ場事業に進出、同社は冠婚葬祭業のアルファクラブの中核、ユニマットグループからアルファクラブグループのむさしのコンサルティング㈱(神田社長)がH22年6月1日付けで買収、黒磯CC(18H、栃木)はH25年3月31日の営業をもって閉鎖し用地売却

【アルペン】　既6(117)　http://www.alpen-group.jp/

★㈱アルペン　水野敦之社長　※スキーショップ「アルペン」、ゴルフショップ「ゴルフ5」、「スポーツデポ」等経営
〒460-8637　名古屋市中区丸の内2-9-40　アルペン丸の内タワー　TEL052-559-0138　H18年3月東証一部上場

①みずなみCC(18H、岐阜)　②ゴルフ5C美唄C(旧・アルペンGC美唄C、27H、北海道)
③ゴルフ5C四日市C(旧・四日市リバティーGC、18H、三重)　④ゴルフ5Cサニーフィールド(旧・サニーフィールドGC、18H、茨城)
⑤ゴルフ5Cかさまフォレスト(旧・かさまフォレストGC、18H、茨城)　⑥ゴルフ5Cオークビレッヂ(旧・オークビレッヂGC、18H、千葉)

▽サンクラシックGC(18H、岐阜)はH20年3月1日に経営会社株をアコーディアに売却し系列2コースに、㈱アルペンはゴルフ場2コース経営の㈱ロイヤルヒルズをH22年6月1日付けで合併、㈱アルペンはH26年6月11日付けでユニマットグループの四日市リバティーGC(18H、三重)を取得・コース名を「ゴルフ5C四日市C」に変更、三井不動産㈱が一時的に引き受けていた㈱森インベストグループ3コースを取得しH27年8月31日より運営スタート、3コースはグループの統一感を出すため「ゴルフ5」を冠に付ける

【石井グループ(ネッツトヨタ秋田)】　既1(18)

①ロイヤルセンチュリーGC(18H、秋田)

【一正蒲鉾】

▽H15年3月に民事再生計画が成立したイーストヒルGC経営の㈱オリエントプランからH16年3月に第三者割当増資で子会社化、一正蒲鉾はH26年2月7日にイーストヒルGC(18H、新潟)を新設分割等で㈱市川ゴルフ興業に譲渡すると発表・同年3月31日に株式譲渡、これにより系列ゴルフ場なくなる

ゴルフ特信・ゴルフ場企業グループ＆系列【一般産業】

【一家明成氏】　既2(45)
①ジャパンセントラルGC(旧・ステファニージャパンセントラルGC、18H、福井)　②小松P(旧・GC小松P、27H、石川)
▽H17年7月1日に破産管財人から南千葉GCを買収しゴルフ場名変更、買収したのは系列の㈲大多喜リゾート、H17年10月7日にジャパンセントラルGC(H16年7月に民事再生法申請後、再生管財人の管轄下となりH17年5月末に㈲キッズに営業譲渡される)を㈲キッズから買収しゴルフ場名変更、買収したのは子会社のコスメヴェル㈱、以前所有していた南千葉G&R(旧・南千葉GC、18H、千葉)は東証マザーズ上場の㈱ネクストジャパンホールディングスがH19年8月買収・同ホールディングス筆頭株主の㈱トップワンから譲り受けておりステファニー化粧品のグループからはすでに離脱、ステファニー化粧品の株式を韓国企業へ売却・このためグループ名を変更、パター上達機「師匠」製造・販売等の㈱MUGEN(一家明成代表)が会社更生法のGC小松Pを買収、GC小松PはH25年9月1日からコース名を小松Pに変更、㈱MUGENがジャパンセントラルゴルフ倶楽部㈱との合併(MUGENが存続)を官報で公告(H27年1月13日付)

【伊藤忠グループ】　既1(27)
　★伊藤忠商事㈱　TEL03-3497-7313(建設第一部建設第七課)
①伊豆大仁CC(27H、静岡)
▽一部出資の裾野CCはH16年4月に再生法申請もRCC申立でH16年7月更生手続開始決定・H17年7月に更生計画案成立し森インベストグループ入り、八甲田ビューCCはアマンテスG&Rも展開する㈱シンプレクス・インベストメント(SIA)にH19年3月売却し1コース減、H21年に利府GCを3月20日・イトーピア栃木GCを3月30日・イトーピア千葉GCを4月28日にPGMに売却、ベアズパウジャパンCCはH23年10月29日に㈱キタヤマビルディング経営の惣司寛子代表に売却、伊豆大仁CCは経営強化で伊藤忠完全子会社に、大山GCはH25年4月30日付けで㈱Yamazenに譲渡

【今治造船】　既4(81)　http://www.imazo.co.jp/
①サンセットヒルズCC(18H、愛媛)　②サンライズヒルズCC(旧・瀬戸タックCC、27H、香川)
③満濃ヒルズCC(旧・満濃GC、18H、香川)　④フォレストヒルズG&R(18H、広島)
▽H16年2月に特別清算が成立した親和観光産業㈱からサンセットヒルズCCの営業権譲受、今治造船グループにゴルフ場を営業譲渡する瀬戸タックCCの再生計画案がH18年3月24日に可決、H19年1月に三越グループから満濃GC買収、フォレストヒルズG&Rを経営する三セクの広島エアポートビレッジ開発㈱の再生手続きで今治造船グループの幸陽船渠㈱がスポンサーとなりH22年6月に認可、今治造船は小松G場(9H、愛媛＝9Hのショートコース付き)をH25年9月末閉鎖しメガソーラー基地(19メガ)に転用していたことが判明したため2015年版から削除・既設4コースに減少

【インターナショナル通商】　建1(18)
①ITC白河GC(18H＝建、福島)
▽カルダス・インターナショナルGC(18H、スペイン)は既に売却済みで削除

【宇部興産】　既4(72)　http://www.ube.co.jp/ucc/
　★宇部興産開発㈱　佐々木政伸社長　資本金1億円
　〒754-1277　山口市阿知須2423-1(宇部72CC万年池東C内)　TEL0836-65-3211
①宇部72CC阿知須C(旧・宇部CC万年池北C、18H、山口)　②宇部72CC万年池東C(旧・宇部CC万年池東C、18H、山口)
③宇部72CC万年池西C(旧・宇部CC万年池西C、18H、山口)
④宇部72CC江畑池C(18H、山口)

【エスフーズ】
▼エスフーズは「バンリューゴルフ」とグループ名を変更しⅢ専業グループ（50ページ）に移動

【ＮＨＧ（田渕道行代表）】 既5（90）　http://www.nhgm.co.jp/
★ＮＨＧ㈱　秋山政徳会長　田渕道行代表取締役　※運営のNHGマネジメント㈱をH23年4月1日付けで吸収合併
〒105-0011　東京都港区芝公園3-4-30　32芝公園ビル　TEL03-5472-0562　※田渕氏は寿司チェーン店等を経営
①那智勝浦GC（18H、和歌山）　②美杉GC（18H、三重）　③妙高高原GC（18H、新潟）
④エムズGC（18H、北海道）　⑤金ケ崎GC&ロッジ（18H、岩手）

▽㈱ほっかほっか亭総本部（東京都港区）創業者の田渕道行氏（当時は会長、現在は離れる）が南紀観光（那智勝浦GCと美杉GC2コース経営）のスポンサーとなる再生計画案がH17年4月成立し同社を核にゴルフ場事業を拡大、連動していた運営会社のチームトレインは岩舟GCをH16年9月に買収した全研グループから運営受託しゴルフ場運営展開、田渕氏は南紀観光を事業会社として運営会社のチームトレインと連動でゴルフ場拡大、南紀観光は三井住友建設系だった妙高高原GCをH18年8月に取得、さらに西武グループから金ケ崎GCをH19年6月に取得・会員募集開始し会員制に転換、白浜ビーチGCを東急電鉄から買収しH19年12月から経営、買収した妙高高原GCはH19年12月10日再生法申請、チームトレインはH20年4月1日より積水化学工業からやくらいGCを運営受託、妙高高原GCはH20年5月13日に自主再建型の再生計画案可決、チームトレインは全研グループから運営受託していた岩舟GCとの契約をH20年6月で解消、やくらいGCはH20年6月30日に積水化学工業からダヴィンチ・グループが買収もチームトレインの運営受託は継続、2009年版よりグループ名を「ほっかほっか亭総本部（田渕道行会長）」から「南紀観光（田渕道行代表）」に変更、H21年にチームトレインはやくらいGCを取得して南紀観光と分離（本誌の主な運営受託企業で掲載）、南紀観光はグループコースの運営会社としてH21年7月にNHGマネジメント㈱を設立、白浜ビーチGC（18H、和歌山）の土地・建物はH21年夏に成元コンテナー㈱に売却（運営は㈱チームトレインに継続して委託）し南紀観光は1コース減、南紀観光㈱はＮＨＧ㈱（田渕代表）に商号変更のためグループ名変更し掲載、事務所移転、ＮＨＧ㈱は100%子会社でグループの運営を担当していたNHGマネジメント㈱をH23年4月1日付けで吸収合併、金ケ崎GC&ロッジはH27年でゴルフ場営業を終了しメガソーラー事業用に賃貸・会員約550名に入会金を全額返還・メガソーラー工事着工に時間あるためH28年3月19日パブリック営業開始・メガソーラー工事はH28年11月予定

【エヌジーエス】 既1（18）
①さいたま梨花CC（旧・武蔵丘陵CC、18H、埼玉）
＜関連＞リバーサイドフェニックスGC（18H、埼玉）

▽武蔵丘陵CCを競売で落札後に破産管財人から営業権取得しH14年9月からさいたま梨花CCに、リバーサイドフェニックスGCの新クラブハウスH25年11月仮オープン・H26年5月グランドオープン、さいたま梨花CCはH27年4月30日に㈱エヌジーエスの秋元俊朗代表取締役が兼任で支配人に就任

【小野グループ】
▽更生法で再建中の佐藤工業㈱からGC小松PをH15年9月に買収、H18年3月31日に相武CC（18H、東京）を経営する㈱相武カントリー倶楽部の全株式をパシフィックマネジメント㈱（PMC）に推定84億円で売却、小野グループ3社の更生法申請でGC小松P（27H、石川）は一家明成氏の㈱MUGENが買収しゴルフ場名称を小松Pに変更、系列ゴルフ場なくなる

【オリオンビール】 既1（18）
①オリオン嵐山GC（旧・嵐山GC、18H、沖縄）

▽プレミアゴルフから施設を買収した会員組織からH14年に入札で経営権取得

【オリンピア】
▽経済不況等を理由に三州CC（18H、鹿児島）をH25年11月30日閉鎖・用地はメガソーラー事業に使用へ

【オンワード樫山】　既1（18）海2（36）
①レイクランドCC（18H、栃木）
＜海外＞①オンワードタロフォフォGC（旧・タロフォフォGR、18H、グアム）　②オンワードマンギラオGC（旧・マンギラオGC、18H、グアム）
▽旧・ミサワリゾート系のリゾート会社からタロフォフォGRを営業譲受する再生計画がH17年5月末成立、東洋不動産と長谷工コーポレーション系のマンギラオGC（H18年4月7日に再生法申請）をH18年10月16日買収、レイクランドCCはH23年11月以降預託金償還再開、新正会員募集の預託金150万円での再入会も可に

【カイタック】　既1（18）
①岡山北GC（18H、岡山）

【旧・加ト吉】
▽旧・チサンCC湯原は地産グループへの運営委託をH14年5月に解消、同7月名称変更、三菱地所と三菱商事合弁の久米CC（18H、岡山）をH16年12月買収し既設3コース経営に、加ト吉はH20年4月18日付けで日本たばこ産業㈱（JT）の完全子会社となりH20年4月14日上場廃止、加ト吉グループは湯原CC（現・タカガワ新湯原CC、元・チサンCC湯原、18H、岡山）をタカガワグループに売却、久米CC（18H、岡山）はカトキチリゾート㈱の会社分割で食品スーパーの㈱マルナカ（高松市）グループの㈱山陽マルナカが100％出資する㈱久米CCにH21年8月売却、㈱加ト吉はH22年1月にテーブルマーク㈱へ商号変更（カトキチブランドは残る）、傘下の屋島CC（18H、香川）経営のカトキチ高松開発㈱はH22年2月23日会社更生法を申請・新たなスポンサー模索、屋島CC経営のカトキチ高松開発㈱はH22年12月31日更生計画認可でH23年1月チェリーGグループ入りし㈱チェリーゴルフ屋島に商号変更、グループゴルフ場なくなる

【兼松】
▽麻生CCは米AGCにH13年7月から運営委託、米AGCの日本からの撤退でH15年6月末に運営委託解消、備前GCは鈴木商会系のスポーティングマネジメントの運営協力がなくなり直系で運営、備前GC（18H、岡山）はH25年3月25日付けでリゾートソリューションに事業譲渡
▼H30年3月31日に麻生CC（18H、茨城）の事業をアコーディアに売却（会員には預託金返還）しゴルフ場なくなる

【カバヤ食品・オハヨー乳業】　既5（99）　　　http://www.tokyo-leisure.jp/
　　　　　　　　　　　　　　※日本カバヤ・オハヨーホールディングス㈱（野津基弘代表取締役）傘下
　★東京レジャー開発㈱　野津基弘代表取締役社長　資本金4億5250万円
　〒102-0094　東京都千代田区紀尾井町3-12　紀尾井町ビル10F　TEL03-5275-0922
①カバヤGC（旧・新茨城CC、27H、茨城）　②伊勢中川CC（18H、三重）　③富嶽CC（18H、静岡）
④紀南CC（18H、和歌山）　⑤ザ・ロイヤルGC（旧・ザ・ロイヤルオーシャン、18H、茨城）
▽H11年4月に5コースのTLD共通平日会員を290万円で募集、マリブCC（18H、米）はH18年に米企業に売却し海外2コースに、ハットフィールドロンドンCCP（18H、英）とハットフィールドロンドンCCメンバーC（18H、英）はH23年秋に英国企業へ売却、野津基弘氏はH27年6月17日にグループ11社の社長に就任、カバヤ・オハヨーグループはH28年4月1日付けで持株会社・日本カバヤ・オハヨーホールディングス㈱を設立し持株会社制に移行、ザ・ロイヤルオーシャンはH28年1月7日からコースクローズし全面改修・H28年9月22日

にザ・ロイヤルGCの新コース名称で再開場へ、H28年11月21日に本社事務所移転、ザ・ロイヤルGCはH28年9月29日プレオープン、H29年3月25日グランドオープン、プレミアム会員を入会金込みで税別1000万円300名募集・最終600名募る方針

【川上産業】 既2(45)
①安芸CC(18H、広島)
<㈱ジャパンビレッジGC>①ジャパンビレッジGC(27H、兵庫)
▽新日本綜合開発㈱はジャパンビレッジGCの運営を目的に新たに設立した㈱ジャパンビレッジGCにH16年12月1日付けでゴルフ場を営業譲渡、新日本綜合開発㈱はRCCとの協議により承継手続後私的に清算方針もH18年1月11日特別清算開始決定受ける

【川崎重工グループ】 既1(18)
①淡路CC(18H、兵庫)
▽宇治CC(18H、京都)を貸ビル業の近畿エル・エス㈱に売却、樽前CC(27H、北海道)はH20年10月1日に会社分割でアコーディアへ売却

【川島グループ】 既9(180)
★㈱川嶋　川嶋義勝代表　資本金9000万円　　　※ゴルフ場持株会社　㈱グリーンドリーム
〒431-1103　静岡県浜松市西区湖東町3222　TEL053-437-3711　（岡本久夫代表、TEL0538-85-9889）
①ザ・フォレストCC(27H、静岡)　②ボナリ高原GC(18H、福島)　③宜野座CC(18H、沖縄)　④日本海CC(27H、新潟)
⑤大村湾CCオールドC(18H、長崎)　⑥大村湾CCニューC(18H、長崎)　⑦ウエストワンズCC(18H、兵庫)
⑧G7CC(旧・大金GC、18H、栃木)　⑨G8富士CC(旧・ザナショナルCC富士、18H、静岡)
<参考=ショートコース>オーシャンGC(静岡)花の山Gセンター(静岡)
▽川島グループ(編集部注：グループ名表記を川嶋グループから変更)の中核は非鉄金属総合百貨・不動産再生事業の㈱川嶋(静岡県浜松市)で日本海CC(27H、新潟)の大株主・練習場も経営、H21年6月に破産のレイコフからボナリ高原GC(18H、福島)を買収してグループ2コース目、宜野座CC(18H、沖縄)はH23年7月20日に米国投資ファンドのエートスグループから取得、民事再生手続中の日本海CC(27H、新潟)のスポンサーに就任・H24年5月15日に再生計画案が可決、大村湾CCオールドC(18H、長崎)と大村湾CCニューC(18H、長崎)経営の㈱大村湾がH24年11月再生法申請し川島グループがスポンサーとなる、H25年6月に民事再生法を申請したウエストワンズCC(18H、兵庫)のスポンサーとなる再生計画がH26年7月18日可決でグループ7コース目に、㈱グリーンドリーム100%子会社の㈱G7カントリー倶楽部がH28年7月1日に大金GC(18H、栃木)を事業継承・大金GCはゴルフ場名称をG7(ジーセブン)CCに変更、㈱グリーンドリーム100%子会社の㈱G8富士カントリークラブがH28年12月1日付けで再生法申請のザナショナル富士CCを事業譲受・同CCはG8(ジーエイト)富士CC(18H、静岡)にゴルフ場名変更、日本海CCは西コースのカート道路を改修

【関西電力】 既1(18)
<武庫ノ台開発㈱>①武庫ノ台GC(18H、兵庫)

【吉備システム】 既2(36)
①岡山空港GC(18H、岡山)　②鬼ノ城GC(18H、岡山)
▽岡山のソフトウェア会社、三セクの岡山空港開発㈱が再生法で岡山空港GCがH13年9月から系列に、鬼ノ城GC(18H、岡山)のスポンサーに内定、スポンサーとなった鬼ノ城GC(18H、岡山)の再生計画案がH16年4月6日成立

【九州電力】　既2(36)
①伊都GC(18H、福岡)　②湯布院CC(旧・九重CC、18H、大分)
＜関連・九電工＞北山CC(18H、佐賀)
▽九州高原開発㈱は九重CCをH19年1月に名称変更し同4月リニューアルオープン・老朽化した系列ホテルは閉鎖、九州電力グループで東証一部上場の㈱九電工はH16年11月破産の三瀬観光開発から北山CCを買収しH17年5月から営業

【協栄興業】　既1(18)
①ぎふ美濃GC(18H、岐阜)
▽高圧ガス販売等の協栄興業㈱(内田久利社長、愛知県東海市)、更生手続中のぎふ美濃GC(18H、岐阜)のスポンサーに内定、H17年11月1日にぎふ美濃GCの美濃観光開発は更生計画認可決定

【京セラ】　既1(18)
①インターナショナルGR京セラ(旧・イースタンR薩摩C、18H、鹿児島)

【倉商SK(旧・愛宕原GC)グループ】　既2(45)　http://www.kurasho-group.co.jp/
　★倉商㈱　奥平昌道代表
　〒550-0014　大阪府大阪市西区北堀江1-3-7　倉商本社ビル　TEL06-6541-8808
①佐用スターRGC(旧・佐用GC、27H=36Hから縮小、兵庫)　②播磨自然高原船坂GC(18H、兵庫)
▽佐用GCにH20年6月セグウェイ5台を導入(関西G場初)、播磨自然高原船坂GCが加わっていることが判明、倉商グループはフードサプライ事業が本業のため2010年版から一般産業に移動、佐用GCはH26年3月佐用スターRGCに名称変更、三朝CC(18H、鳥取)はH26年8月1日破産手続開始・コース閉鎖でグループ1コース減、佐用スターRGCはH25年から27H営業・閉鎖した9H及び余剰地にメガソーラー建設

【クラレグループ】　既1(18)
①入間CC(18H、埼玉)
＜関連＞倉敷CC(18H、岡山)
▽H19年3月30日に岡山御津CC(18H、岡山)を㈱アコーディア・ゴルフ子会社の日東興業に売却、クラレ直系は入間CCのみ

【コーユーグループ】　既1(18)海1(18)
①日光霧降CC(18H、栃木)
＜海外＞①キングフィッシャー・GL(18H、サイパン)
▽日光霧降CCはH21年5月に再生法を申請しH21年10月14日に会員制リゾートクラブ経営でグループの㈱コーユーコーポレーション(東京都渋谷区代々木)が支援する再生計画に認可・H25年1月再生手続終結決定

【西部ガス系】　既3(72)　http://www.greenland.co.jp/
　★グリーンランドリゾート㈱　江里口俊文社長　資本金41億8010万円　※大証2部、福岡上場
　〒864-8691　熊本県荒尾市下井手1616　TEL0968-66-2111　※H18年7月1日に三井グリーンランド㈱から商号変更
①有明CC(18H、福岡)　②グリーンランドRGC(旧・三井グリーンランドGC、36H、熊本)　③久留米CC(18H、福岡)
▽西部瓦斯㈱(東証一部上場の都市ガス供給会社)はH17年9月に三井鉱山が保有する三井グリーンランド㈱の株式の

6割を取得、H18年7月商号変更、三井グリーンランドGC(36H、熊本)は「グリーンランドリゾートゴルフコース」に変更へ、韓国の蔚山CCとH19年8月に会員の相互利用契約結ぶ、2016年版からグループ名を「西部瓦斯系」から変更

【ＳＡＮＫＹＯ(三共)】 既2(36) ※娯楽機械開発メーカー
①赤城CC(18H、群馬) ②吉井CC(18H、群馬)
▽関連会社がＲＣＣから吉井CCの債権・株式をH12年12月に買収し再生法申請しH13年2月13日認可取得、㈱三共(SANKYO)の会社名表記を今回から変更

【三甲】 既3(54) http://www.sanko-kk.co.jp/
　　★八甲㈱　後藤美奈子社長
　　〒501-0236　岐阜県瑞穂市本田474-1　TEL058-327-3535
①谷汲CC(旧・岐阜GC谷汲、18H、岐阜)　②榊原温泉GC(旧・富士C榊原温泉GC、18H、三重)　③京和CC(18H、愛知)
▽再生法申請の谷汲開発㈱からH16年3月に岐阜GC谷汲を営業譲渡受ける、再生会社で富士C榊原温泉GCを経営する富士グリーン㈱のスポンサーに内定しH17年3月31日債権者集会で計画案成立、再生手続の㈱京和から京和CCをH21年9月に買収しグループ3コースに、三甲㈱はH26年6月1日付けで後藤甲平社長が会長となり後任の社長に後藤利彦取締役常務が就任した、三甲㈱はH27年6月からレジャー部門(ゴルフ場、ゴルフ練習場、ボウリング場等)の経営を子会社の八甲㈱に移管

【賛光電器産業】 既1(54)
①サンコー72CC(54H=63Hから縮小、群馬)
▽H27年12月にサンコー72CCの観音C(9H)を営業休止・跡地は太陽光発電に利用

【サンヨー食品】 既3(63)海3(54)
　　★サンヨーリゾート㈱　井田純一郎社長　資本金5000万円　※富岡GC担当
　　〒371-0811　前橋市朝倉町555-4　TEL027-220-3430
①市原GC市原C(27H、千葉)　②富岡GC(18H、群馬)　③市原GC柿の木台C(18H、千葉)
＜海外＞①ローマス・サンタフェCC(18H、米)　②ヨーバ・リンダCC(18H、米)　③タスチンランチGC(18H、米)
▽サンヨー食品前社長でサンヨーリゾート㈱社長の井田毅氏がH25年8月20日に死去・後任のサンヨーリゾート㈱社長に井田純一郎氏が就任、ダヴキャニオンCC(18H、米)はH25年春に現地企業へ売却、市原GC柿の木台CでH27年からナイター営業開始(4月25日から9H、7月から18H)

【サンレックス(旧・三洋石油)】 既2(45)
　　★㈱シグマ　原口悟郎社長　資本金3000万円　※運営管理
　　〒160-0014　東京都新宿区内藤町1　新宿内藤町ハウス201　TEL03-5925-8951
①GCセブンレイクス(27H=当面18H、茨城)　②新バークレイCC(旧・バークレイCC、18H=一時休業中、栃木)
▽系列の㈱天城カントリー倶楽部はH16年3月末で株主会員制を廃止しプレー会員権制に、その後グループ離脱、ザ・ロールス・オブ・モンマウスG&CC(18H、英)はH17年3月頃米国ファンド会社の英国法人に売却、セブンレイクス・オーストラリアR(18H、豪)はアメリカのファンドに売却、㈱シグマはH23年10月に事務所移転、バークレイCC(18H、栃木)の資産保有会社がH24年4月18日に再生法申請、バークレイCCはH25年4月1日から新バークレイCCに名称変更、GCセブンレイクスはH26年12月から18H営業に、新バークレイCCはH27年9月の関東東北豪雨で土砂が流入し一部使用不能に・H27年10月10日に6Hで営業再開するも同月末で取

り止め従業員を一旦解雇し一時休業

【三和物産】 既1(18)
①サンメンバーズCC(18H、山梨)

【CHA】
▽㈱CHA(大阪府高槻市)はひかり病院グループの関連会社、妙見富士CCを経営する相武総合開発のスポンサーとなった再生計画案がH16年5月に可決、グリーンヒル嬉野GCをH17年8月末買収、同9月から名称変更して営業、2コース経営に、妙見富士CC(18H、兵庫)はホテルモントレグループにH19年6月27日売却
▽チェリーレイクCC(旧・グリーンヒル嬉野GC、18H、三重)はH28年8月7日迄に営業終了し同8日破産手続申立て

【JFEグループ】 既2(36)
<旧・NKKグループ> ①JFE瀬戸内海GC(旧・瀬戸内海GC、18H、岡山)
<旧・川崎製鉄グループ> ①半田GL(18H、愛知)
<関連>水島GL(18H、岡山=運営受託)
▽NKKと川崎製鉄が統合しH15年4月からJFEグループ(JFEホールディングス㈱)に、川鉄商事は小海リエックス・CCをH16年4月15日シャトレーゼに売却、瀬戸内海GCはH17年1月に名称変更、JFEスチールはバイロン・ネルソンCC(27H、福島)鷲羽GC(18H、岡山)赤坂CC(18H、岡山)リバー富士CC(27H、静岡)の4コースをH20年3月3日東京建物系のジェイゴルフに売却

【ジェルシステム】既1(18)
<上武ゴルフマネージメント㈱>①上武CC浄法寺C(18H、群馬)
▽電子ブレーカー等製造の㈱ジェルシステム(東京都世田谷区)の子会社2社がH24年3月に上武CCを買収・浄法寺C(18H)は上武ゴルフマネージメント㈱(TEL0274-50-8880)が取得・鬼石C(9H)は㈱オージーシーが取得・別会社所有のため2コースにカウント、上武CC鬼石C(9H、群馬)は太陽光発電に利用するためH25年8月末で閉鎖

【シキボウ】 既1(18)
①マーメイド福山GC(18H、広島)

【シャトレーゼ・グループ】 既16(324)海1(18) http://www.chateraise.co.jp/
★㈱シャトレーゼホールディングス 齊藤寛社長 ※和洋菓子製造販売の㈱シャトレーゼの持株会社
〒400-1593 山梨県甲府市下曽根町3440-1 TEL055-266-5151
①シャトレーゼCC札幌(27H、北海道) ②シャトレーゼCC石狩(旧・札幌東急GC、27H、北海道)
③シャトレーゼCCマサリカップ(旧・マサリカップ東急GC、18H、北海道) ④甲斐ヒルズCC(旧・甲斐芙蓉CC、18H、山梨)
⑤春日居GC(18H、山梨) ⑥東京国際GC(18H、東京) ⑦昇仙峡CC(27H、山梨) ⑧勝沼GC(18H、山梨)
⑨ユーグリーン中津川GC(18H、岐阜) ⑩ヴィンテージGC(18H、山梨)
<海外>①レイクランズGC(18H、豪)
<シーアール・エス>
★シーアール・エス㈱ 齊藤貴子社長
〒402-0025 山梨県都留市法能天神山1452(都留CC内) TEL0554-43-5596
①富士見ケ丘CC(18H、静岡) ②シャトレーゼCC野辺山(旧・アルパインCGC、18H、長野) ③都留CC(27H、山梨)

④小海リエックス・CC(18H、長野)　⑤城山CC(18H、栃木)　⑥東雲GC(18H、栃木)

▽破産のロイヤルクラシック札幌買収に続いて、旧・日債銀系都留CCの再生法成立で同CCを傘下に、再生法のアルパインCGCを買収、川鉄商事から小海リエックス・CC(18H、長野)をH16年4月15日に買収、再生計画成立で富士見ケ丘CCをH16年12月12日から経営、東急不動産から札幌東急GCとマサリカップ東急GCをH17年3月買収、H16年12月から経営の富士見ケ丘CCはシーアール・エス㈱にH17年3月譲渡、シーアール・エスが同CCとシャトレーゼCC野辺山と都留CCを運営、H20年6月に齊藤誠氏(齊藤寛会長の甥)がシャトレーゼの社長に就任、スポンサー(株式出資はシーアール・エス㈱)となった東武鉄道系列・城山CC(18H、栃木)の再生計画案がH21年4月8日認可決定、小海リエックス・CCをシーアール・エスへ移動、アマンテスG&Rから東雲GC(18H、栃木)をH21年12月に取得、シャトレーゼをスポンサーとする甲斐芙蓉CC(18H、山梨)の再生計画案がH22年3月5日認可、この1年間で城山CC含めグループ3コース増、㈱シャトレーゼはH22年4月に持株会社化し社名を㈱シャトレーゼホールディングスに変更、子会社4社を傘下に置き新・㈱シャトレーゼ(齊藤誠社長)は菓子生産に特化、春日居GC(18H、山梨)の更生手続きでスポンサーに、H24年4月23日に東京国際GC(18H、東京)を取得、再生手続きの昇仙峡CCのスポンサーになりH25年2月から傘下に、勝沼GCはH25年3月29日に傘下に入る、レイクランズGC(18H、豪)はH25年7月から傘下に、ユニマットグループからユーグリーン中津川GC(岐阜)をH25年9月に吸収分割で取得、城山CC㈱と㈱東雲スポーツセンターはH27年4月1日付けで合併し存続は城山カントリー㈱、H27年9月に破産手続開始決定を受けたヴィンテージGC(18H、山梨)のスポンサー候補先に、ヴィンテージGCは㈱シャトレーゼホールディングスが母体となり㈱シャトレーゼヴィンテージがH28年7月1日から経営を開始

【ジャパンバイオ】　既1(27)建1(18)

①ロイヤルスターGC(旧・君津GC、27H、千葉)　②ピークヒルGC(18H=建、千葉)

＜関連・海外＞　ロイヤル・クニヤ・CC(18H、ハワイ)

▽㈱ジャパンバイオ(TEL03-3259-5611)は旧・ジャック・ホールディングスからロイヤルスターGCの債権を買収、ロイヤル・クニヤ・CCはH15年4月にオープン

【シャロン】　※㈱シャロンと㈱シャロンインターナショナルは会社更生法成立(H15年7月)

▽㈱シャロンと㈱シャロンインターナショナルがH13年12月にRCCから会社更生法適用申立受ける、レイクフォレストGC(27H、京都)はスポンサーのゴールドマン・サックス(GS)に営業譲渡、管財人傘下の桜池スポーツR(18H=認、和歌山)は許可返上し削除、マリンフォレストR(18H=建、沖縄)はエナジックグループが計画を進めH27年以降開場予定

【ジュン】　既2(36)

①ジュンクラシックCC(18H、栃木)　②ロペC(18H、栃木)

【松安産業】　既1(18)

①サンベルグラビアCC(18H、愛知)

▽ベルグラビアCC(18H、岐阜)はH17年12月15日に経営交代し㈱アメリカンネットサービス(名古屋市)に移管、「メダリオン・ベルグラビアCC」(運営=㈱クレール、TEL06-6641-3373)に

【常磐興産】　既1(27)

①スパRハワイアンズ・GC(旧・クレストヒルズGC、27H、福島)

▽クレストヒルズGCの営業権を取得して25周年を迎えることからH28年6月1日付けでコース名称を「スパRハワイアンズ・Gコース」に変更・H28年4月1日から会員募集を40万円で開始

【新日鉄(新日鐵住金)ｸﾞﾙｰﾌﾟ】 既3(54)
【大同特殊鋼系】①木曽駒高原CC(18H、長野)②木曽駒高原宇山CC(18H、長野)
【日新製鋼】①金乃台CC(18H、茨城)
▽合鉄商事系の北方GC(18H、宮崎)はH18年7月にPGｸﾞﾙｰﾌﾟ(PGGIH)に売却で削除、肥後CC(18H、熊本)を経営する日鐵商事系の三陽開発㈱(日鐵商事60%、興和40%)はH18年10月16日に再生法申請・ﾘｿﾞｰﾄｿﾘｭｰｼｮﾝをｽﾎﾟﾝｻｰにH19年2月27日再生案認可で削除、H24年10月にｸﾞﾙｰﾌﾟの中心の新日本製鐵(新日鐵)は住友金属工業を吸収合併し新日鐵住金㈱に、ﾄﾋﾟｰ工業は棚倉田舎C(27H、福島)保有の棚倉開発㈱全株式を㈱ﾎｽﾋﾟﾀﾘﾃｨｵﾍﾟﾚｰｼｮﾝｽﾞ(田中章生代表、略称HO)へH26年4月23日に譲渡、木曽駒高原観光開発㈱はH28年2月18日付けで新設する木曽駒高原観光開発㈱に木曽駒高原CC事業及び別荘事業を承継・従前の木曽駒高原観光開発㈱は木曽駒高原宇山ｶﾝﾄﾘｰｸﾗﾌﾞ㈱と商号変更し従来通り木曽駒高原宇山CCを経営
▼新日鐵住金はH31年4月1日に「日本製鉄」に社名変更

【スズキ】 既1(18)
①いなさGC浜松C(旧・東名いなさCC、18H、静岡)

【セガサミーＨＤ】 既3(63)
①ｻﾞ･ﾉｰｽCGC(18H、北海道)
＜ﾌｪﾆｯｸｽ･ｼｰｶﾞｲｱ･ﾘｿﾞｰﾄ＞①ﾌｪﾆｯｸｽCC(27H、宮崎) ②ﾄﾑ･ﾜﾄｿﾝGC(18H、宮崎)
▽娯楽機械開発ﾒｰｶｰ、再生会社の㈱ｻﾞ･ﾉｰｽｶﾝﾄﾘｰｺﾞﾙﾌ場の再生計画認可でH15年10月に傘下に、H24年2月23日RHJｲﾝﾀｰﾅｼｮﾅﾙ保有のﾌｪﾆｯｸｽﾘｿﾞｰﾄ㈱の全株式を取得しﾌｪﾆｯｸｽCCとﾄﾑ･ﾜﾄｿﾝGCを傘下に、ﾄﾑ･ﾜﾄｿﾝGCはﾊｳｽ改装しﾌｪﾆｯｸｽCCから独立、ﾌｪﾆｯｸｽ･ｼｰｶﾞｲｱ･ﾘｿﾞｰﾄがｺﾞﾙﾌ競技のﾅｼｮﾅﾙﾄﾚｰﾆﾝｸﾞｾﾝﾀｰ(NTC)競技別強化拠点施設に決定(期間はH29年3月31日迄)、ﾄﾑ･ﾜﾄｿﾝGCでH26年7月下旬からﾅｲﾀｰ営業開始、ﾌｪﾆｯｸｽCCはH27年5月1日から名変停止し入会金のみ300万円募集を開始

【セコム】
＜関連・㈱ﾀﾞｲﾔﾓﾝﾄﾞｿｻｴﾃｨ＞①ﾀﾞｲﾔﾓﾝﾄﾞ滋賀CC(旧・ﾀﾞｲﾔﾓﾝﾄﾞR滋賀、元・ｲｰｽﾀﾝ･R滋賀C、18H、滋賀)
▽破産のｴｲﾍﾟｯｸｽから2ｺｰｽをｾｺﾑ損害保険㈱がH12年10月に特別目的会社(SPC)を通じて買収、運営はｳｨﾝｻﾞｰ･ﾎﾃﾙに委託、更生法のｲｰｽﾀﾝ･ﾘｿﾞｰﾄ滋賀Cの受け皿をﾀﾞｲﾔﾓﾝﾄﾞﾘｿﾞｰﾄ等と設立、ﾀﾞｲﾔﾓﾝﾄﾞ滋賀CC経営の㈱ﾀﾞｲﾔﾓﾝﾄﾞｿｻｴﾃｨは㈱ﾀﾞｲﾔﾓﾝﾄﾞﾘｿﾞｰﾄのﾎﾃﾙ事業譲渡を受ける、ｻﾞ･ｳｨﾝｻﾞｰﾎﾃﾙ洞爺でH20年7月に北海道洞爺湖ｻﾐｯﾄ開催、㈱ﾀﾞｲﾔﾓﾝﾄﾞｿｻｴﾃｨが佐用観光からH21年中にﾀﾞｲﾔﾓﾝﾄﾞCCを取得しH22年1月名称変更、ｳｨﾝｻﾞｰ･ﾌﾟﾘﾏﾄﾞﾝﾅ･ﾊｲﾊﾟｰGﾗﾝﾁ(旧・ｴｲﾍﾟｯｸｽGC豊浦、18H、北海道)がH16年途中から閉鎖中で再開場見込みなく削除、ｳｨﾝｻﾞｰ･ｸﾞﾚｰﾄﾋﾟｰｸ･ｵﾌﾞ･ﾄｰﾔ(旧・ﾛｲﾔﾙｸﾗｼｯｸ洞爺、18H、北海道)を東証一部上場の明治海運㈱にH26年6月売却して1ｺｰｽ減

【セントラルメディカル】 既1(18) 海1(18)
①成田ﾋﾙｽﾞCC(旧・ｻﾞ･CC･ｸﾞﾚﾝﾓｱ、18H、千葉)
＜海外＞①ｱﾗﾝﾃﾞﾙﾋﾙｽﾞCC(18H、豪)
▽ｾﾝﾄﾗﾙﾒﾃﾞｨｶﾙ㈱は千葉県中心に調剤薬局を経営、H23年11月にｱﾗﾝﾃﾞﾙﾋﾙｽﾞCC(18H、豪)を買収、H25年6月11日にｻﾞ･CC･ｸﾞﾚﾝﾓｱ(18H、千葉)の株式を取得し同年8月5日から改修工事のためｸﾛｰｽﾞ(H26年9月ｵｰﾌﾟﾝ)、ｻﾞ･CC･ｸﾞﾚﾝﾓｱはH26年5月1日から「成田ﾋﾙｽﾞCC」にｺｰｽ名変更

【染宮製作所(染宮公夫オーナー)】 既2(36)
①ロイヤルCC(18H=36Hから縮小、栃木) ②大田原GC(旧・チサンCC黒羽、18H、栃木)
▽㈱染宮製作所(さいたま市、TEL048-710-8041)オーナーの染宮公夫氏が個人でチサンCC黒羽を買収しH18年2月から営業・同10月から大田原GCに名称変更、染宮氏個人がロイヤルCCの株式をTOBでH18年6月に取得、H26年12月3日をもってロイヤルCCは18H閉鎖し18H営業に・閉鎖17H用地でメガソーラー建設、大田原GC(旧・チサンCC黒羽、18H、栃木)はH28年内にゴルフ場閉鎖
▼大田原GC(18H、栃木)はメガソーラー転用のため閉鎖方針の29年から2年間は暫定利用のため復活

【ダイイチ】
▽㈱ダイイチは㈱エディオン(㈱デオデオと㈱エイデンの持株会社、東証一部上場)の筆頭株主、H15年10月に再生計画成立の藤和不動産系㈱高宮CCから2ゴルフ場を買収、H26年9月16日にエディオングループはリージャスクレストGCグランド(18H、広島)とリージャスクレストGCロイヤル(18H、広島)をOGIグループに売却し系列コースなくなる・同コースの支援は継続

【大王製紙】 既2(36)
＜㈱エリエールリゾーツゴルフクラブ＞
①エリエールGC(18H、香川) ②エリエールGC松山(18H、愛媛)
▽エリエールGC松山(18H、愛媛)経営の㈱エリエールリゾーツゴルフクラブとエリエールGC(18H、香川)経営のエリエール商工㈱はH25年4月1日付け合併・存続会社は㈱エリエールリゾーツゴルフクラブ、エリエールマウイGC(旧・シルバーソードGC、18H、ハワイ)はH26年7月現地企業へ売却

【太平洋工業】
▽各務原CC(18H、岐阜)とH20年6月16日に友好協定締結・同7月から会員相互利用可に、子会社で保有していた養老CC(18H、岐阜)をH27年9月30日にアイライドゴルフグループへ売却し系列なくなる

【太平洋セメント(旧・日本セメント)】 既1(18)
①清澄GC(18H、埼玉)
▽秩父小野田と日本セメントの合併で太平洋セメントに

【ダイワボウ(大和紡績)】
▽赤穂国際CCを直営化、運営はH19年7月からPGMに委託
▼H30年1月31日に新設分割で赤穂国際CC(18H、兵庫)を経営する㈱赤穂国際CCの全株式を市川ゴルフ興業に売却

【タカガワグループ】 既8(144) http://www.takagawa.co.jp/
　★㈱タカガワホールディングス　高川晶会長　高川准子社長　※四国中心に予備校等を経営
〒770-0052　徳島市中島田町3-47　TEL088-633-8615　※H21年4月1日付けでグループ持株会社設立
①タカガワ新伊予GC(旧・新伊予GC、元・伊予GC、18H、愛媛) ②タカガワ東徳島GC(旧・徳島フォレストGC、18H、徳島)
③タカガワ新琴南CC(旧・琴南CC、18H、香川) ④タカガワ西徳島GC(旧・阿波CC、18H、徳島)
⑤タカガワオーセントGC関西迎賓館C(旧・オーセントGC、18H、兵庫) ⑥宝塚けやきヒルCC(旧・けやきヒルCC、18H、兵庫)
⑦周防CC(18H、山口) ⑧坂出CC(18H、香川)

▽H15年4月より徳島フォレストの経営委任受けH16年3月末決議で正式取得、伊予GCを破産会社からH15年9月買収、再生手続の相武総合開発から琴南GCをH15年12月に買収、スコットヒルGC(18H、北海道)のスポンサーに内定しH18年3月1日に再生計画可決、H20年1月17日に相互産業から阿波CCを取得し同3月から新名称に、社団法人山口CCからH20年8月末にゴルフ場事業譲受け(㈱タカガワアソシエイツ、高川准子社長)・同9月からタカガワ新山口CCに名称変更、㈱加卜吉から湯原CC買収・H20年12月1日からタカガワ新湯原CCに名称変更、三菱UFJ証券系ファンドのJGPからオーセントGCをH21年3月25日付けで買収してタカガワオーセントGC関西迎賓館CとしH21年4月から運営、H21年4月1日付けでグループ持株会社設立、札幌スコットヒルGCはH23年9月末に大阪の人材派遣会社(インターグループ)に売却(姉妹コースとして利用提携は継続)、けやきヒルCCはH23年11月1日付けでオリックスグループから取得しコース名を宝塚けやきヒルCCに、周防CCはH25年11月1日付けでアコーディアグループから取得、坂出CCはH25年11月15日付けで大本組から取得、タカガワオーセントGC関西迎賓館CはH26年3月1日からアコーディアに運営委託・またグループゴルフ場のショップにアコーディアブランドのgolfrevoを冠する、タカガワ新山口CC(旧・山口CC、18H、山口)はH28年4月に運営譲渡・同年4月28日からバンリューゴルフグループの新会社が新山口カンツリー倶楽部のゴルフ場名称で営業開始
▼タカガワ新湯原CC(旧・湯原CC、18H、岡山)はH29年12月末でゴルフ場閉鎖・隣接のホテル「湯原温泉・森のホテルロシュフォール」は営業継続

【高瀬グループ】　既5(135)
【小山観光開発㈱】　栃木県小山市神鳥谷202　TEL0285-24-5111　※小山グランドホテル経営
①風月CC(27H、栃木)　②郡山GC(18H、福島)　③ロックヒルGC(36H、茨城)
④フォレストCC(旧・フォレストGC、36H、新潟)　⑤中条GC(18H、新潟)
▽高瀬グループ(高瀬孝三代表)は外食専門卸の高瀬物産㈱(東京都中央区)を中心に、系列に風月CC経営の㈱風月CCがある、小山グランドホテル経営の小山観光開発㈱が中核となりゴルフ場再生事業も拡大、フォレストCCが中条GCを取得、中条GCはアデランスホールディングス子会社でH22年3月18日に特別清算を申請した㈱エーティーエヌからH22年春に事業譲渡を受ける、郡山GC経営の㈱山田のスポンサーとなった再生計画案がH23年3月9日認可、H25年12月1日付けで小山観光開発は㈱風月CCと合併し存続

【達川(砕石業)グループ】　既1(27)
①浅見GC(旧・浅見CC、27H、茨城)
▽クィーンズランドよいちGC(18H、北海道)は会員出資の㈲余市カントリークラブに競売で落札され、H16年から「エーヴランド(A-BRAND)ゴルフクラブ」に名称変更される、H21年2月にペニンシュラGC湯郷Cをグループ傘下にしたことが判明、ペニンシュラGC湯郷C(旧・JAPAN湯の郷旭GC、18H、岡山)はH27年12月1日から閉鎖・用地は太陽光発電事業者が買収
▼関連のエーヴランドGC(18H、北海道)はH29年5月11日に韓国資本に経営交代した関係で姉妹利用できなくなった

【タニグチ(砕石業)グループ】　既3(45)
①天山CC(18H、佐賀)　②多久GC(18H、佐賀)　③天山CC北C(9H、佐賀)

【ツネイシグループ】　既1(18)
①三和CC(18H、広島)
▽三和CCをH18年12月から閉鎖・預託金返還しクラブ解散、三和CCはH19年7月から営業再開

【つるや】 既1(18)
①つるやCC西宮北C(旧・西宮北GC、18H、兵庫)
▽ゴルフ用品販売のつるや㈱がH22年4月1日に住友金属工業系列から西宮北GCを買収、H23年10月1日コース名を変更

【東京タワー(日本電波塔)】
＜旧・関連＞ザ・鹿野山CC(27H、千葉)
▽資本関係がなくなっているため旧関連で表記、日本電波塔はH17年9月に債権者の立場でジャパンPGAGC(18H、千葉)経営会社の会社更生法適用を申立、H18年12月31日にパシフィックマネジメント(PMC)をスポンサーとする更生計画案認可でジャパンPGAGCは関連からも離れる

【東京電力】
＜関連＞当間高原Rベルナティオ GC(18H+18H=認、新潟=三セク)
▽10%出資していたザ・CCジャパン(18H、千葉)からは撤退

【トーシン】 既3(63) http://www.toshin-group.com/
★㈱トーシン 石田信文社長 資本金1億円 ※ジャスダック上場、携帯電話ショップ・不動産・飲食等
〒460-0003 名古屋市中区錦3-20-27 御幸ビル7F TEL052-212-5000 ※トーシンリゾート㈱=TEL052-238-1077
①TOSHIN GC Central C(旧・富加CC、18H、岐阜) ②TOSHIN さくら Hills GC(旧・美濃CC、27H、岐阜)
③TOSHIN Princeville GC(旧・樹王CC、元・津GC、18H、三重)
▽再生会社(後に破産)から太郎門CCをH18年3月末譲受けゴルフ場経営参入、再生会社から伊勢高原CCをH19年2月28日に譲受けて新名称に、再生会社から富加CCをH19年4月10日に譲受けて新名称に、破産の㈱ギャラックからH19年7月に10億円で美濃CC買収し新名称で再オープン、津GC破産管財人からH20年2月16日取得・同3月新名称で再オープン、TOSHIN Lake Wood GC(旧・伊勢高原CC、18H、三重)はH26年1月6日に閉鎖し同年1月31日付けでテス・エンジニアリング㈱に用地を売却・同年6月4日にオリックスが同ゴルフ場用地でメガソーラーの地鎮祭を挙行・51MWの太陽光発電を建設し発電開始はH28年5月を予定、TOKYO North Hills GC(栃木)はH27年6月30日付けで地元のアワノ総合開発㈱への事業譲渡を発表

【旧・東方グループ(永豊企業)】
▽恵庭CC(27H、北海道)はH15年8月末㈱コスモグラフィック(名古屋市、柴田和穂社長)に売却、富岡野上GC(現・C我山、18H、群馬)はH16年3月にビックカメラグループに売却、古川CC(18H、宮城)はH16年12月15日に㈱金和(青森県八戸市)に売却し、永豊企業のゴルフ場はゼロに、グループを離脱した古川CCはコース電話取り外しH25年5月から閉鎖・米国資本のパシフィコ・エナジー(TEL03-4540-7830)が用地を賃借し50MW規模のメガソーラーを計画

【トータルグリーン】
▽㈱トータルグリーンはレストランやフラワーショップ・不動産業を展開、破産の本庄CCを買収し、かんなGC(18H、群馬)としてH15年9月仮営業開始、資金難の大和産業㈱から岩代小浜城GCの営業権取得しH16年7月から岩代グリーンCC(18H、福島)に名称を改め営業、その後岩代グリーンCCは㈱サンフィールドが買収しH18年3月15日から「サンフィールド二本松GC岩代C」として在籍会員に有償で株主正会員になるよう要請、かんなGCもH17年10月から㈱かんなゴルフ倶楽部(白崎豊人社長)が営業権取得し、トータルグリーンとの関係はなくなる、かんなGCは県税・町税の滞納でH20年7月に公売となるも成立せず(その後SK白河GC関連が取得もゴルフ場営業再開は流動的)、閉鎖中の旧・かんなGCを神流町がH24年7月買収

ゴルフ特信・ゴルフ場企業グループ&系列【一般産業】

・メガソーラー等の活用目指す

【DOWAグループ】　既1(18)
①花回廊GC(旧・岡山PGC、18H、岡山)
▽東証一部のDOWAホールディングス㈱グループは「児島湖・花回廊プロジェクト」に協賛しゴルフ場名をH20年4月から変更

【常盤薬品㈱】
▽H26年9月1日に常盤薬品㈱の子会社の㈱エバースは会社分割でOGIグループへ常盤ロイヤルCCを事業譲渡し系列なくなる、OGIではアイランドGガーデン宇部(18H、山口)として運営

【土佐屋】　既2(54)
①かごしま空港36CC(36H、鹿児島)　②溝辺CC(18H、鹿児島)

【トヨタ自動車系列】　既1(18)
①ベルフラワーCC(18H、岐阜)
＜関連＞豊田CC(18H、愛知)　②ロイヤルCC(27H、愛知)

【トランス・パシフィック・リンクス・ジャパン】
▽茜G場(現・新茜GC、18H、北海道)は破産管財人から運営受託しH14年5月からH15年まで暫定運営、同G場の買受先がアサヒ商会に決まり運営契約解除、水明CCをH16年9月に㈱トーカイから買収、運営受託コース増、ケントスGC(27H=閉鎖改造中、栃木)は運営受託契約解除、運営受託していたクラシック島根GC(18H、島根)はH20年5月に破産となり運営受託契約解除、水明CC(18H、島根)は太陽光発電事業の計画出るもH27年のゴルフ場営業は継続、水明CCはH27年7月末で運営終了

【中島一族(パチンコ台メーカー・平和の創業者一族)】　既1(18)
①ローランドGC(旧・平和ローランドGC、18H、群馬)
▽平和ローランドGCは元㈱平和会長の中島健吉氏の個人会社経営に、平和ローランドGCはH23年7月から閉鎖しH24年10月1日リニューアルオープン、コース名をローランドGCに変更

【浪速企業グループ】　既2(54)　※浪速ビル等経営、関連で学校法人阪神学園姫路予備校も経営
①鳳鳴CC(27H、兵庫)　②ベル・グリーンCC(27H、兵庫)
▽2コース経営の浪速企業はH14年5月10日自主再建型の計画案成立、鳳鳴CCはコース内のスタートホール及び練習グリーンの案内看板に広告スペース設け出稿募集中

【成美グループ】
▽西方GC(18H、栃木)は成美デベロップメント㈱が任意売買で取得しH17年7月から栃木ウッズヒルGCに、茨城ゼネラルCC(18H、茨城)は債権者として成美デベロップメント㈱が競売で取得しH17年9月からスパ袋田GCに、グランデール久慈CCを競売で取得(H17年12月引渡し)しH18年3月25日に岩手洋野GCとして再オープン、これでゼネラルビルディンググループ3コースとも取得、スパ袋田GCはH19年10月16日から韓国系の㈱マトリックスが運営受託しマトリックス袋田GCの名称で営業・マトリックスの撤退でH20年4月から成美デベロップメントの直営に戻り名称も以前のスパ袋田GCに変更、編集部注：成美デベロップメント

- 110 -

㈱がH21年に商号をラ・コンフィエンス㈱（フランス語で信頼の意味）に変更したためグループ名を成美グループで表記、社長・事務所移転、栃木ウッズヒルとスパ袋田で入会金無料の単独及び共通会員募集中、栃木ウッズヒルGC（旧・西方GC、18H、栃木）及びスパ袋田GC（旧・茨城ゼネラルCC、18H、茨城）はグループから外れる、岩手洋野GCはH25年9月1日をもって閉鎖・スペインのゲスタンプ社グループがメガソーラーを建設、これによりグループゴルフ場なくなる

【成本コンテナー】 既3(63)
①北見ハーブヒルGC（18H、北海道）
＜中津CC＞①中津CC（18H、大分）　②榊原GC（旧・三重中央CC、27H=元36H、三重）
▽産廃物収集運搬業の成本コンテナー㈱（成本義雄代表取締役、大阪市淀川区）がH21年9月に北見ハーブヒルGCの経営会社を買収、H21年夏に白浜ビーチGCの土地・建物も取得（運営は㈱チームトレインに継続して委託）、数年前に買収していた中津CC（大分）経営の㈱中津カントリークラブで破産会社の榊原国際観光㈱から旧・三重中央CC（36H、三重）を買収しH22年12月23日から18Hで営業再開、H23年4月から27H営業再開、榊原GCは閉鎖9Hのうち3H分をメガソーラー用地として賃貸、白浜ビーチGC（18H、和歌山）はH27年4月1日からメガソーラー事業転用のため閉鎖・会員には入会金半額返還ないしアコーディア系の近隣ゴルフ場への入会金負担、既設は3コースに減少

【南紀観光（田渕道行代表）】
▽南紀観光㈱はNHG㈱（田渕代表）に商号変更のためグループ名変更し移動

【日医工】
＜関連＞①八尾CC（18H、富山）
▽日医工㈱関連会社の㈱TAMURAが民事再生手続中の八尾CC（18H、富山）のスポンサーに・H24年5月9日に再生計画案認可

【日菱】 既2(36)
①ダイヤグリーンC鉾田C（18H、茨城）　②香取CC（18H、千葉）
▽親会社の日菱㈱とゴルフ場会社2社はH14年10月再生法申請、ダイヤグリーンはH15年4月計画案可決、香取は同6月可決でともに一部株式を中間法人通じて会員が間接保有、香取は日菱㈱の直営に

【日清食品】 既1(27)
①日清都CC（27H、京都）
▽H23年に開場45周年を記念したベント1グリーン化工事等終了、H24年8月の京都府南部豪雨で被害・1年間閉鎖し復旧・H25年9月営業再開

【日本ガイシ】 既1(18)
①多治見CC（18H、岐阜）

【日本車輌製造】
▽親会社の日本車輌製造㈱がH16年3月1日付けでゴルフ場経営の日車開発を吸収合併、日本車輌製造はTOBによりH20年10月15日に東海旅客鉄道㈱（JR東海）が筆頭株主に、かずさCC（27H、千葉）は共同会社分割等によりH24年12月14日付けでアコーディアグループの㈱アコーディアAH38に譲渡

ゴルフ特信・ゴルフ場企業グループ＆系列【一般産業】

【日本製紙】 既2(45)
①ツキサップGC(18H、北海道)　②クラークCC(27H、北海道)
▽大昭和製紙グループ、日本製紙グループから移動、大昭和製紙㈱は日本製紙㈱とH15年4月に合併し日本ユニパックホールディンググループ（その後日本製紙グループ）に、2コースの運営はツキサップGC経営の道央興発に一元化

【貫井グループ】 既3(72) 海1(18)
【貫井観光】①埼玉国際GC(27H、埼玉)
【貫井木材工業】①グリーンパークCC(27H、群馬)　②仙台南GC(18H、宮城)
＜海外＞①オーガスチンGC(18H、米)
▽チェリーヒルズCC(18H＝建、群馬)はH25年12月事業廃止

【ノザワワールド】 既3(63)
①城里GC(旧・CC・ザ・ウイングス、18H、茨城)　②NSAJ(27H、栃木)　③袋田の滝CC大子C(旧・鷹彦スリーC、18H、茨城)
＜運営受託＞八ヶ岳CC(18H、長野)
▽飲食・スイミングプール・リサイクルショップ等多角経営する㈱ノザワワールド(野澤敏伸社長、茨城県ひたちなか市、TEL029-271-1116)がゴルフ場・練習場・ホテル等の再生事業に進出、野澤敏伸社長は元ツアープロ、破産会社からCC・ザ・ウイングスを買収してH16年10月から城里GCとして再オープン、再生法申請の㈱カワカミヴィラージュからカワカミヴィラージュCCの事業譲渡を受けH20年4月からカワカミバレーCCとして再オープン、城里GC隣接地にホテル・キャッスル・ヴィレッジをH20年5月オープン、練習場の茨交東海ゴルフセンター(茨城県東海村、現・東海ワールドGC)を買収しショートコース建設・H23年オープン、ロイヤルフォレストGCをH24年1月に外資系ファンドから買収、H26年8月8日にオリックス系のOGMからNSAJ(27H、栃木)を取得、一方でカワカミバレーCC(旧・カワカミヴィラージュCC、18H、長野)はH26年10月13日をもって閉鎖・メガソーラー事業に、同じく雲雀GC(旧・ロイヤルフォレストGC、18H、茨城)もH26年11月26日をもって閉鎖・メガソーラー事業に、東海パブリックGC(10H＝ショート、茨城)も閉鎖、ノザワグループは地元財産区と賃貸借契約し破産した八ヶ岳CC(18H、長野)の運営をH28年4月から開始
▼破産の上毛森林都市㈱からノザワワールドグループの合同会社NW-2(えぬだぶりゅうに、野澤康博代表社員)が上毛森林CC(18H、群馬)の資産を取得しH30年4月28日から**上毛CC(18H、群馬)**として仮オープン(運営はノザワワールド)

【日立製作所グループ】 既3(54)
①新沼津CC(18H、静岡)　②小山GC(18H、栃木)
【ヒッツ日立造船系】①伊東CC(18H、静岡)
▽㈱伊東CCは親会社の日立造船が支援する再生計画案がH20年1月23日認可、H20年5月2日再生手続終結

【ビックカメラ】 既1(18)
①C我山(旧・富岡野上GC、18H、群馬)
▽H14年7月ローズベイCCを傘下に(出資はビックカメラオーナーの新井隆二)、富岡野上GC(18H、群馬)はH16年3月に㈱ビックカメラが出資しC我山にコース名変更、ビックカメラがローズベイCCの遊休地と隣接地にメガソーラー建設、ローズベイCC(18H、群馬)はメガソーラー事業転換のためH28年9月末で閉鎖

【百又グループ】 既1(18)
①美作CC(18H、岡山)

▽メトロポリタンC(18H、三重)はH16年1月から別法人組織に、H17年4月の経営再編で伊勢湾CCとメトロポリタンCがスワソ㈱の経営(百又開発㈱は伊勢湾CCの会員預託金先として残る)に、美作CCは別会社の経営となる、センテニアルGC(18H、米)は売却で削除、ワイルドウイングプランテーション(72H、米)は離脱で海外1コースに、伊勢湾CCは伊勢湾CC㈱の経営、スワソ㈱はメトロポリタンCのみの経営となり3コース経営(経理)独立、コーラルオーシャンポイントRC(18H、サイパン)は同グループから離れた模様、メトロポリタンC(18H、三重)はH27年1月4日をもって閉鎖・メガソーラーに、このためグループ1コース減、伊勢湾CC(27H、三重)はH28年9月の台風16号接近で大きな損害受け同10月21日付けで会員に「ゴルフ場閉鎖のお詫びとご報告」を通知・ゴルフ場を閉鎖した

【平川商事グループ】既2(45)海1(18)
①太子CC(18H、大阪) ②KOMACC(18H、奈良)
＜海外＞①ホアカレイCC(18H、ハワイ)
▽2016年版から掲載、平川商事グループ(大阪市)はゴルフ事業を始めパチンコ事業、アミューズメント事業、不動産事業など多角展開、H26年12月1日に長谷工コーポレーションからホアカレイCC(18H、ハワイ)を取得、平川商事グループはKOMACC(18H、奈良)経営のコマ開発㈱の株式を取得しH29年4月1日から傘下に収めた

【芙蓉グループ】既4(81)
【丸紅】 既2(45)
　★紅栄㈱　大谷眞一社長
　〒530-0055　大阪市北区野崎町7-8梅田パークビル　TEL06-6362-1566
①札幌芙蓉CC(27H、北海道) ②ベニーCC(18H、大阪)
【旧・富士銀行系】①芙蓉CC(18H、神奈川=丸紅と共同)
【旧・千葉興業銀行系】①亀山湖CC(18H、千葉)
▽富士銀行は第一勧業銀行・日本興業銀行等とH12年9月にみずほフィナンシャルグループを形成、H14年4月から3行が合併し、みずほ銀行、みずほコーポレート銀行等で再スタート、富士銀行と大日本土木関連だったグアム・インターナショナルCCはH14年1月に自己破産で削除、立科芙蓉CC(現・立科GC、18H、長野)はH15年3月に再生計画成立・株主の八木工業・日本精工系で再建し芙蓉グループ主要企業は離脱したため削除、千葉興業銀行系の亀山湖CCはH18年8月再生法申請・芙蓉グループによる再建方針でH19年1月認可、武蔵富士CC(18H、埼玉)はH20年1月15日再生法申請・スポンサーはオリックス・グループのオリックス・ゴルフ・マネジメント㈱を選定、武蔵富士CCは再生計画案がH20年6月18日認可でオリックスグループ入りしH20年10月1日武蔵OGMGCに名称変更、甲斐芙蓉CC(現・甲斐ヒルズCC、18H、山梨)はH22年3月5日開催の債権者集会でシャトレーゼをスポンサーとする再生計画案が成立し芙蓉グループを離れる、三田C27と加賀芙蓉CCはそれぞれ新設分割により新設した会社の株式をH25年12月2日付けでOGIグループへ譲渡、紅栄㈱はH25年11月に事務所移転

【ブリヂストン(石橋一族所有)】既1(18)
①ブリヂストンCC(18H、佐賀)
▽あさひケ丘CC(27H、栃木)はH19年2月再生法申請・三井不動産グループ他設立のアマンテスG&Rがスポンサーとなった再生計画案がH19年10月3日認可でアマンテスG&R傘下に・運営はリソルグループ

【ベルーナ】既1(18)
①小幡郷GC(18H、群馬)
▽再生法の昭和グループから小幡郷GC(18H、群馬)買収(子会社の㈱エルドラドが保有)、運営はPGMへ委託、総合通販

の㈱ベルーナ(埼玉県上尾市)はH23年3月31日付けで不動産管理事業の一部のゴルフ場(小幡郷GC=群馬、運営はPGMグループに委託)の運営事業を会社分割し新会社の㈱エルドラドに承継、小幡郷GCはH26年4月30日付けでパシフィックゴルフマネージメント(PGM)の運営委託を終了

【本田開発興業】 海1(18)
①パールCC(18H、ハワイ)

【本坊グループ】 既2(45)
①蒲生CC(27H、鹿児島)　②喜入CC(18H、鹿児島)
▽鹿児島GC(現・鹿児島GR、18H、鹿児島)は運営委託していたリゾートソリューションにH18年3月に営業譲渡、蒲生CC等元経営の興南観光産業㈱はH19年7月13日特別清算開始決定(H18年10月に蒲生CCを南九州コカコーラ出資で新設した㈱蒲生カントリーに譲渡)、南九州コカコーラはH26年1月1日にコカコーラウエストの100％子会社に、2016年版よりグループ名を南九州コカコーラ(本坊酒造)系から変更

【前川製作所】 既1(27)
①朝霧ジャンボリーGC(27H、静岡)

【松屋】
＜関連＞河口湖CC(27H、山梨)
▽ロイヤルCCはミサワリゾートに運営委託、株主会員制のロイヤルCCは大株主の大木建設がH16年3月30日再生法申請で経営独立化模索、ロイヤルCC(36H、栃木=大木建設と共同)は染宮製作所オーナーの染宮氏個人がTOBで大木建設や松屋等保有の経営株をH18年6月に取得し松屋系から離れる、松屋関連が出資していた河口湖CCはH18年12月に再生法申請・東京建物をスポンサーとした再生案がH19年5月2日認可決定、再生計画案で河口湖CCは東京建物中心で松屋は一部出資となり関連に掲載

【丸正製粉】 既1(18)
①吉備CC(18H、岡山)
▽哲多G場(18H=認、岡山)はH14年2月6日に廃止届提出し撤退

【マルナカホールディングス】 既3(54)
　㈱マルナカホールディングス　〒760-0056　高松市中新町12-1　TEL087-831-2011
①高松ゴールドCC(旧・綾上GC、18H、香川)　②白水GC(18H、群馬)　③久米CC(18H、岡山)
▽四国中心に食品スーパーを経営する㈱マルナカ(中山芳彦社長、高松市)、H16年3月24日に再生計画認可の綾上開発㈱を子会社化し高松ゴールドCCにコース名変更、H18年3月28日再生計画認可の日本開発興業を買収し白水GCを傘下に、H21年8月1日にJT傘下の旧・加ト吉グループから久米CCを取得、H24年までにスーパーの事業をイオングループに譲渡したためグループ名をマルナカグループから「マルナカホールディングス」に変更、H26年に朝鮮総連の本部ビルを競落、朝鮮総連本部ビルはH27年1月までに約94億円で「グリーンフォーリスト」に売却との報道もあり

【丸松金糸㈱・宇治田原CCグループ】 既2(45)
①宇治田原CC(27H、京都)　②アートレイクGC(18H、大阪)

ゴルフ特信・ゴルフ場企業グループ＆系列【一般産業】

【マルマン】
▽旧・SFCGが傘下としたゴルフ用品メーカーのマルマンを事業継承、H21年5月28日に合同会社西山荘C.Cマネジメントの持ち分と債権をNISグループ㈱(旧・ニッシン)から取得し、H21年7月から新・西山荘CCの運営はライオンゲイングループから同合同会社となる、マルマンの役員は韓国系のLG電子やコスモ産業グループが多数に、マルマンは新・西山荘CC経営の子会社をH28年6月30日に韓国旅行代理店のグループに売却と発表、マルマンは新・西山荘CC(18H、茨城)経営の孫会社をH28年12月15日付けで㈱ユニマットプレシャスに売却、これにより系列ゴルフ場なくなる

【ミオスグループ】　既2(36)
①ミオス菊川CC(18H、静岡)　②クレステージCC(18H=H23年から休止中、福島)
▽クレステージCCは福島第一原発の20キロ圏内でH25年5月現在営業休止中

【ミナミグループ】　既1(18)
①サザンヤードCC(18H、茨城)
▽㈱サザンヤードCCは自主再建型の再生計画案がH21年12月に認可

【見村(東銀興産)グループ】
①ベイステージCC(18H=H23年から閉鎖、茨城)
▽スランクールCC(18H、仏)は時期不明も地元企業に売却、震災以降閉鎖中のベイステージCCを保有・経営する東銀興産㈱がH27年5月20日水戸地裁で破産手続開始決定、ベイステージCCの再開場は難しい模様

【武蔵野】　既1(18)
①ロイヤルメドウGC(旧・ロイヤルメドウGスタジアム、18H、栃木)
＜参考＞茅ケ崎GC(9H、神奈川)
▽武蔵野は弁当・おにぎり等製造販売、H21年1月6日付けでロイヤルメドウGCの営業譲渡を受けゴルフ場経営初進出、H23年7月にロイヤルメドウGCのコース名をロイヤルメドウGスタジアムに変更、H27年4月1日より観光日本㈱からの転貸により茅ケ崎GCの運営を行う、ロイヤルメドウGスタジアムはH28年4月にゴルフ場名を再び変更にロイヤルメドウGCと元に戻す

【メナード化粧品】　既2(36)
①メナードCC青山C(旧・メナード青山CC、18H、三重)　②メナードCC西濃C(旧・メナードCC上石津C、18H、岐阜)

【森永製菓グループ】　既1(18)
①森永高滝CC(18H、千葉)
▼エンゼルCC(27H、千葉)経営の森永製菓㈱と運営の森永エンゼルカントリー㈱がゴルフ場事業承継のため新設した富津田倉ゴルフ㈱の全株式をパシフィックゴルフプロパティーズ㈱(PGP)に譲渡する契約を締結・H29年7月3日にエンゼルCCはPGMグループ入り(ゴルフ場名も南総ヒルズCCに変更)

【ヤクルト本社】
▽長崎PG場(18H=建、長崎)はメガソーラー建設のためH25年12月18日事業廃止、福岡国際CC(36H、福岡)はH27年12月にPGMグループのパシフィックゴルフマネージメントが取得、これによりグループゴルフ場なくなる

ゴルフ特信・ゴルフ場企業グループ＆系列【一般産業】

【ヤマサキ（福岡）】 既1(18)
①玉名CC(18H、熊本)
▽浮羽CC(18H、福岡)はH27年8月に経営交代し高尾病院グループに

【ヤマザキマザック】 既1(18)
①クレセントバレーCC美濃加茂(18H、岐阜)

【山甚グループ】
▽山甚物産グループはH20年3月30日にロイヤルオークCC(27H、群馬)をJGMグループゴルフ場の所有会社・㈱関東管財マネージメントに売却し系列は東海開発の2コース(伊勢原CC・大秦野CC)のみに、2コース経営の東海開発㈱はH27年2月2日民事再生法申請・PGMグループとスポンサー契約も発表、東海開発はPGMグループをスポンサーとする民事再生計画案がH27年7月22日認可決定・H28年2月15日再生手続終結

【ヤマハ(旧・日本楽器)グループ】 既1(36)
①葛城GC(36H、静岡)
▽ヤマハリゾートはゴルフ場施設等毎に子会社設立して運営を移管、旧・ヤマハリゾート㈱はH14年10月にヤマハ㈱に統合され、ヤマハ㈱の「リゾート統轄本部」に、キロロリゾートのうちキロロGC(18H、北海道)をH15年10月末で閉鎖、キロロGCは小樽市の宮本土建工業㈱がH18年12月に買収へH19年7月にも「レラGC」(18H、北海道)としてパブリックでオープンへ、ヤマハは合歓の郷GCを含むリゾート4施設をH19年7月末に三井不動産に売却することを決定、ゴルフ場は葛城GCと伊勢CCの2コースに、H19年6月26日付けで伊藤修二社長の会長就任・梅村充常務の社長就任を決議、合歓の郷GC(18H、三重)を三井不動産へH19年7月末売却、ヤマハリゾートは伊勢CC(18H、三重)を経営する伊勢観光開発㈱の株式を50％所有していたが、H20年12月25日の総会日に地元有力者達に株式を売却、葛城GC経営の㈱葛城は会社合併に伴いH23年4月1日付けで㈱ヤマハリゾートに商号変更

【ヤンマー】 既1(27)
①琵琶湖CC(27H、滋賀)

【㈱ユニテックス】既2(36)
①宝塚クラシックGC(旧・スポーツニッポンCC、18H、兵庫) ②関空クラシックGC(旧・砂川国際GC、18H、大阪)
▽㈱ユニテックスはビルメンテナンス会社で多角化の一環でゴルフ場事業やゴルフ練習場事業に進出、日光GP:ハル(18H、栃木)はH26年2月㈱リゾートプレミア(埼玉県本庄市、倉林修司社長)系列の㈱日光プレミアゴルフ倶楽部が買収、スポーツニッポンCCはH26年6月18日付けで宝塚クラシックGCにコース名変更、H26年11月11日付けでユニテックスの中務稔也氏が㈱砂川国際ゴルフセンターの社長に就任しグループ2コースに戻る、砂川国際GCはH27年8月2日に関空クラシックGCへ名称変更

【ユニマットグループ】 既18(324)建1(18) http://www.unimat-golf.jp/
★㈱ユニマットプレシャス 高橋洋二代表取締役
※グループはオフィスコーヒーサービス等の㈱ユニマットライフが中核、㈱ユニマットプレシャスはH26年11月に㈱ユニマットリゾート＆コミュニティを商号変更、ゴルフ場は引き続きユニマットゴルフの事業部が担当で変更なし
〒107-0062 東京都港区南青山2-12-14 ユニマット青山ビル TEL03-5770-2080

＜旧・㈱ユニマットホールディング＞　※東日本の7コース
①多古CC（18H、千葉）　②中軽井沢CC（18H、長野）　③東京バーディC（18H、東京）
④富岡C（旧・富岡バーディC、元・富士C富岡C、18H、群馬）　⑤白鳳CC（18H、千葉）
⑥千葉バーディC（旧・八街CC、18H、千葉＝運営㈱ユニマットエコロジー）　⑦新・西山荘CC（18H、茨城）
＜旧・㈱西日本ユニマットリバティー＞　※保有・運営とも10コース
①法仙坊GC（18H、岐阜）　②広島西CC（18H、広島）　③ユニマット山口GC（旧・マタイ山口CC、18H、山口）
④山口レインボーヒルズ関門菊川GC（旧・山口G＆CC関門菊川G場、18H、山口）
⑤山口レインボーヒルズ豊田湖GC（旧・山口G＆CC長門豊田湖G場、18H、山口）
⑥山口レインボーヒルズ泉水原GC（旧・山口G＆CC山口泉水原G場、18H、山口）
⑦大和不動CC（18H、佐賀）　⑧関門GC（18H＝建、山口＝関門菊川GC増設用地）
⑨厚狭GC（18H、山口）　⑩山陽グリーンGC（18H、山口）
＜旧・㈱南西楽園リゾート＞
①シギラベイCC（18H、沖縄）
②小浜島CC（旧・リゾナーレ小浜島CC、元・ニラカナイCC、元・ハイムミラージュCC、18H＝運営は星野リゾートに委託、沖縄）
＜参考＞アパラギGC（18H＝ショート、H21年春より営業停止中、沖縄）

▽ユニマットリバティーは既設13コース（富岡Cと法仙坊GCを除くユニマットリバティー運営のコース）のゴルフ場保有会社11社をH19年4月1日付けで統合し㈱ユニマットヒルズに、㈱ユニマットフューチャー傘下のシギラベイCCを㈱ユニマットリバティーに移動、H19年7月30日付けで東急建設系から四日市東急GC（現・四日市リバティーGC）を買収、H20年1月末に広島西CCの経営株を取得、沖縄・南西諸島の南西楽園事業も直轄となりハイムミラージュCCも直営に、建設中に支援していた八街CCがH19年10月に完成・同11月に買収し千葉バーディC（18H、千葉）としてH20年4月12日開場、H19年12月再生法申請の大和不動CC（18H、佐賀）のスポンサーとなる（H20年7月2日再生計画認可、同10月から運営）、長崎県対馬市が市有地へのゴルフ場開発で㈱ユニマットリバティーの誘致をH20年6月に表明もユニマットはその後当面凍結を通知、㈱ユニマットリバティーはH20年7月1日にゴルフ場資産保有の㈱ユニマットヒルズとホテル・リゾート施設保有の㈱ユニマットガイアの権利義務を承継、H20年9月1日にクラシック島根GCを破産のレイコフから買収、高橋洋二会長が社長兼任に、矢板CC（27H、栃木）はH22年6月1日付けでアルファクラブグループに売却へ、ハイムミラージュCC（18H、沖縄）をニラカナイCCに名称変更、東証一部上場だったオフィスコーヒーサービスの㈱ユニマットライフは創業者（高橋洋二代表）グループ会社・㈱ユニマットレインボーによるMBOでユニマットグループが大半の株式を取得し上場廃止に・㈱ユニマットレインボーが旧・㈱ユニマットライフを吸収合併し新㈱ユニマットライフに、H22年6月1日付けで矢板CC（27H、栃木）をアルファクラブグループに売却、H22年6月30日付けでクラシック島根CC（18H、島根）を経営コンサルタント業務等を行う㈱日本アライアンス（小林義明代表取締役、愛媛県西条市）に譲渡、ユニマットリバティーはH22年9月に千葉バーディC（18H、会員制事業者＝㈱ユニマットクリーク＆ガーデン）を造園業も行うグループの㈱ユニマットエコロジー（菅原啓之代表、東京都港区）に譲渡＝ユニマットグループも㈱ユニマットホールディングとは直接の資本関係なし、H23年3月31日付けでグループ持株会社の㈱ユニマットホールディングがグループゴルフ場事業会社中核の㈱ユニマットリバティーと㈱ユニマット不動産のそれぞれ子会社を吸収合併、併せて新設分割により新設した㈱西日本ユニマットリバティーに対して中部・西日本・沖縄本島のゴルフ場事業の権利を承継、東日本の6コースはユニマットホールディングの直営に、H23年7月8日付けで㈱西日本ユニマットリバティーは新設分割で㈱ユニマット沖縄ゴルフ倶楽部に対してユニマット沖縄GC（現・美らオーチャードGC、18H、沖縄）の資産を承継・H23年9月にJGMグループ関連会社に売却、ニラカナイCCはH23年10月から星野リゾートに運営委託・H24年4月1日にコース名をリゾナーレ小浜島CCに変更、ゴルフ場はH23年3月31日付けで再編、東日本のゴルフ場はグループ持株会社の㈱ユニマットホールディング直営に、沖縄本島含む西日本ゴルフ場は新設分割で㈱西日本ユニマットリバティー（坂井孝敏代表、資本金1億円）設立し移管、㈱ユニマットゴルフマネジメントは千葉の2コース（レインボーヒルズCC、白鳳CC）を新設分割、ユーグリーン中津川GC（18H、岐阜）は㈱ユニマットゴルフマネジメントから吸収分割で㈱ユーグリーン中津川ゴルフ倶楽部に事業承継されH25年9月2日付けでシャトレーゼが㈱ユーグリーン中津川ゴルフ倶楽部の株式を取得、オリエンタルGC（18H、兵

庫)は新設分割で新設した㈱オリエンタルゴルフ倶楽部に資産及びゴルフ場運営事業に関する権利義務を承継・同社株式を大型練習場の富士Gセンター関連の㈱OGM(安原聖太代表)にH26年1月31日付けで譲渡、㈱ユニマットゴルフマネジメントはグループ会社との合併でH26年4月1日に「㈱ユニマット大沢商会」に社名変更・カンパニー制によりゴルフ事業は㈱ユニマット大沢商会 ゴルフカンパニーが担当する・同社は千葉バーディC経営の㈱ユニマットクリーク&ガーデンのゴルフ事業を承継、H26年6月11日付けで㈱アルペンに四日市リバティーGC(旧・四日市東急GC、18H、三重)を譲渡、シギラベイCC(18H、沖縄)はH26年4月から㈱ユニマット大沢商会が運営、東西のゴルフ場会社を合併し㈱ユニマットゴルフマネジメント(H25年4月)→㈱ユニマット大沢商会(H26年4月)→㈱ユニマットリゾート&コミュニティ(H26年7月)→㈱ユニマットプレシャス(H26年11月)、H26年6月に四日市リバティーGCの売却で既設1コース減、H27年9月30日に運営受託していた厚狭GC(18H、山口)と山陽グリーンGC(18H、山口)の2コースを大林組から取得、㈱ユニマットプレシャスはH28年4月1日付けで富岡C、法仙坊GC、広島西CC、大和不動CCの各経営会社と合併すると官報に公告、レインボーヒルズCC(旧・銚子CC、27H、千葉)はH27年2月にグループから独立、新・西山荘CC(18H、茨城)をH28年12月15日マルマンから取得、リゾナーレ小浜島CCはH29年3月31日で運営委託解消しゴルフ場名を小浜島CCに変更
▼沖縄の石垣リゾート&コミュニティ計画(仮称、18H計画)はH29年着工目指す

【淀川製鋼所】　既1(27)
①西脇CC(27H、兵庫)

【ヨネックス】　既1(18)
①ヨネックスCC(旧・ヨネックス寺泊CC、18H、新潟)
▽H17年夏から預託金を株式に転換する手続きを開始、株主会員制に

【喜びフーヅ】　既2(36)
①スカイベイGC(旧・デュオGC横浪C、18H、高知)　②スカイヒルGC(旧・高南CC、18H、高知)
▽レストラン経営等の㈱喜びフーヅ(高知市)、閉鎖した高南CCをH26年7月31日付けで取得・整備しスカイヒルGC(18H、高知)のゴルフ場名称でH27年9月18日営業再開

【ライジングプロモーション】　既1(18)
①群馬CC(18H、群馬)
▽ライジングプロモーション㈱(前橋市、須田公次代表取締役)グループの㈱ジーエスコーポレーション(前橋市、℡027-289-6622、須田代表取締役)がスポンサーとなりプレパッケージ型で再生法を申請した群馬CC(18H、群馬)経営の栄和土地開発㈱の再生計画がH22年9月15日認可、ライジングプロモーションは指定管理者となっている前橋G場(18H、群馬)の契約がH23年3月末で終了・前橋G場はH23年中は県の直営に

【リョービ】　既1(18)
①庄原CC(18H、広島)

【ロート製薬】　既1(27)
①春日台CC(27H、奈良)

Ⅶ 銀行・金融系

【アドミラルキャピタル㈱】既1(18)
①岡山西GC(18H、岡山)
▽H24年12月にSBIグループから離脱したSBIキャピタルソリューションズ㈱がアドミラルキャピタル㈱に商号を変更、H26年5月に市川グループから岡山西GC(18H、岡山)を取得

【SBIグループ】
▽SBIグループ(北尾吉孝代表)のSBIキャピタルソリューションズ㈱がスポンサーとなった㈱つつじの再生案がH18年8月可決、H20年2月4日再生法申請の紫塚GC(27H、栃木)のスポンサーに就任、H19年12月5日に再生法申請の東広島CC(36H、広島)のスポンサーに内定するも大口債権者から更生法申請(H19年12月31日更生手続開始)され再生手続きは停止(その後東広島CCのスポンサーはPGMに変更)、紫塚GC(27H、栃木)がH20年9月17日に再生計画認可で傘下に、つつじケ丘CCはH23年に民事再生手続前のオーナーだった芳賀一族(㈱TCCマネジメント=芳賀琴葉社長)の元に里帰り

【オリックスグループ】 既39(792)　http://www.orix-golf.jp
★オリックス・ゴルフ・マネジメント㈱(OGM)　小池正昭社長　※H27年11月11日に株式会社に変更
〒105-0014　東京都港区芝2-28-8 芝2丁目ビル TEL03-3451-0562、FAX03-6858-1283
①きみさらずGL(18H、千葉)　②おかだいらGL(18H、茨城)　③アドニス小川CC(18H、埼玉)
④ひととのやCC(旧・神鳥谷CC、18H、栃木)　⑤アゼリアヒルズCC(旧・栃木インターCC、18H、栃木)
⑥小名浜CC(27H、福島)　⑦かすみがうらOGMGC(旧・霞ケ浦出島GC、27H、茨城)
⑧ディアレイク・CC(旧・下野CC、18H、栃木)　⑨武蔵OGMGC(旧・武蔵富士CC、18H、埼玉)
⑩富士OGMGC出島C(旧・富士C出島C、18H、茨城)　⑪富士OGMGC市原C(旧・富士C市原C、18H、千葉)
⑫小萱OGMチェリークリークCC(旧・小萱チェリークリークCC、18H、岐阜)　⑬稲武OGMCC(旧・稲武CC、18H、愛知)
⑭東千葉CC(36H、千葉)　⑮いづも大社CC(18H、島根)　⑯浜田GL(18H、島根)　⑰ローズウッドGC(18H、兵庫)
⑱千代田OGMGC(旧・千代田GC、18H、広島)　⑲大分サニーヒルGC(18H、大分)
⑳阿蘇大津GC(18H、熊本)　21白竜湖CC(18H、広島)　22花祭GC(18H、佐賀)
23富士OGMエクセレントC御嵩花トピアC(旧・富士エクセレントC御嵩花トピアG場、18H、岐阜)
24富士OGMエクセレントC伊勢大鷲C(旧・富士エクセレントC伊勢大鷲G場、18H、三重)
25富士OGMエクセレントC一志温泉C(旧・富士エクセレントC一志温泉G場、18H、三重)
26富士OGMエクセレントC伊勢二見C(旧・富士エクセレントC伊勢二見G場、18H、三重)
27富士OGMGC小野C(旧・富士エクセレント小野C、27H、兵庫)
28三木70OC(18H、兵庫)　29グリーンハイランドCC(27H、三重)　30六甲CC(18H、兵庫)　31奈良若草CC(27H、奈良)
32サンリゾートCC(18H、和歌山)　33ロータリGC(36H、兵庫)　34奈良OGMGC(旧・平和観光J&PGC、27H、奈良)
＜個別保有＞
①比良GC(18H、滋賀)　②沖縄CC(18H、沖縄)　③オーシャンキャッスルCC(旧・中城GC、18H、沖縄)
④播州東洋GC(18H、兵庫)　⑤朝宮GC(18H、滋賀)
▽オリックス・ゴルフ㈱(松崎社長)とオリックス・ゴルフ・マネジメント㈱(社長同)はH18年10月に統合しオリックス・ゴルフ・マネジメント㈱に、H17年4月から運営受託していた関西CC(18H、京都)はH19年3月末運営契約を解消、ニューセントアンドリュースGCジャパンのスポンサーとなった再生案H19年1月12日認可・コース・ハウス改修しH19年4月23日再オープン、比良GC(18H、滋賀)のスポンサーとな

ゴルフ特信・ゴルフ場企業グループ＆系列【銀行・金融系】

った株主会員制移行の再生案がH18年10月31日認可、オリックスグループは沖縄CCと中城GCの2コース経営の新沖縄観光開発の株式約8割をH19年1月に取得し傘下に、スポンサーとなったけやきヒルCC経営の㈱けやきヒルCCの再生案がH19年3月31日認可決定、H18年9月更生手続開始の東ノ宮CC(27H、栃木)のスポンサーに内定、白竜湖CCをH19年10月1日大協系から取得、H19年7月17日再生法申請の小名浜CCのスポンサーとなる計画案H19年12月19日認可、H19年7月2日再生法申請の霞ケ浦出島GCのスポンサーに・グループの㈱ゴルフホリックが事業譲渡受けH20年1月から新名称に、H19年3月19日再生法申請の栃木インターCCのスポンサーに・H19年8月8日再生計画案認可・新名称に変更しH20年4月営業再開、スポンサーとなった東ノ宮CCの更生計画案がH19年9月17日認可、スポンサーとなった花祭GCの再生計画案がH19年10月31日認可、スポンサーとなった下野CCの更生計画案がH20年2月1日認可・同3月からディアレイク・CCに名称変更、H20年11月にグループ2カ所目のゴルフ練習場「OGMゴルフプラザ神戸」オープン、再生法申請の千代田GC(広島)のスポンサーとなりH20年9月末に事業譲渡受け計画案はH21年2月23日可決し同10月から千代田OGMGCとして営業、スポンサーとなった㈱大分サニーヒルGCと㈱阿蘇大津G場の再生計画案がH21年3月11日認可・同年5月31日目途にオリックス側が取得、武蔵富士CC(現・武蔵OGMGC、18H、埼玉)の再生計画案がH20年6月18日可決し傘下に、オリックス・ゴルフ・マネジメント㈱(OGM)はH20年9月1日付けで系列8コースの施設保有・会員権発行6社の会社分割を行い計8社を新設してそれぞれのゴルフ場事業を承継・同時にオリックス・ゴルフ・インベストメンツ有限会社は3社を新設して各ゴルフ場事業を承継させた、H21年に更生手続中の東千葉GC(36H、千葉)のスポンサーに内定、CO_2を3年間で100万kg削減するプロジェクト始動、H22年5月31日にスポンサーとなった東千葉CCの更生計画認可・同8月4日からOGMで運営でコース名は東千葉カントリークラブに倶楽部をカナカナ名に変更、オリックス・ゴルフ・マネジメント㈱(OGM)はH23年3月1日と4月1日の2回で子会社を再編し、34社(39コース)の内31社(36コース保有)をゴルフ場の所在地で東日本と西日本に分け所有会社を統合、東日本は東千葉CC(千葉)保有の東千葉カントリー倶楽部㈱を存続会社として統合・合併し商号は「OGI-1合同会社」に、西日本はいづも大社CC(島根)保有のオリックス・エステート㈱を存続会社として統合・合併し商号は「OGI-2合同会社」に、OGMも他2社と合併し同3月1日付けで合同会社に、H23年3月1日に更生会社の平和観光㈱から会社分割で奈良OGMGC㈱がゴルフ場事業承継し平和観光J&PGCを傘下に・コース名変更・OGI-2合同会社で保有、H23年9月27日付けでOGI-2合同会社はけやきヒルCC(18H、兵庫)の事業を吸収分割でけやきヒルカントリークラブ㈱に承継・H23年11月1日付けでタカガワグループにけやきヒルCCを売却(コース名を宝塚けやきヒルCCに変更)、播州東洋GC(18H、兵庫)をH24年6月1日付けで傘下に、OGMはH25年3月31日付けでOGI-1合同会社とOGI-2合同会社を吸収合併、オーシャンキャッスルCCは地元中城村と津波時の一時避難施設としての使用協定締結、綾羽グループからパブリックの朝宮GC(滋賀)買収、ニュー・セントアンドリュースGC・ジャパンはH26年8月8日にノザワワールドへ売却、いづも大社CCはH27年12月から9Hを閉鎖し18H営業に・閉鎖9Hでメガソーラー準備中、オリックス・ゴルフ・マネジメントは新設の㈱東ノ宮カントリークラブに東ノ宮CCのゴルフ場事業に関する権利義務を承継するとH28年5月20日付官報に公告、OGMは東ノ宮CCの事業承継新設会社株式をH28年7月1日に㈱バンリューゴルフへ譲渡、富士OGMエクセレントC伊勢二見Cの遊休地にソーラー発電所H29年3月31日完成し稼働開始

＜旧・富士カントリーグループから継承＞
▽特別清算申請の富士カントリー㈱からH16年11月30日に小萱チェリークリークCCと富士C市原Cと富士C出島Cの3コースを買収(事業はオリックス・ゴルフ・マネジメント㈱が担当)、再生法申請の富士エクセレントCから富士エクセレントC御嵩花トピアG場と富士エクセレントC伊勢大鷲G場と富士エクセレントC一志温泉G場と富士エクセレントC伊勢二見G場と稲武CCの5コースを傘下に、GSに更生法適用申請された富士エクセレント小野C(27H、兵庫)は再生法申請でオリックスグループが支援、名古屋事務所はH23年1月に閉鎖し東京本社に集約

＜旧・㈱シンコー＞　※H18年6月30日更生計画認可決定しオリックスグループに
▽㈱シンコーはH17年2月17日にRCCから会社更生法の適用申請も受ける、H17年3月31日更生手続開始決定H17年9月更生会社の㈱シンコーと三木セブンハンドレッドC㈱2社の支援事業者にオリックス㈱が決定、㈱シンコー他の更生計画案はH18年6月30日認可決定でオリックスグループ入り、オリックス・ゴルフ・マネジメント(OGM)が運営、大阪事務所はH23年1月に閉鎖し東京本

社に集約

【旧・加藤正見グループ】　既2(36)
　※ゴルフ場は独立経営
①岐阜稲口GC(18H、岐阜)　②茨城ロイヤルCC(18H、茨城)
▽直系の4コースともH13年10～11月に再生法申請、岐阜稲口GCと茨城ロイヤルCCは再生計画成立、デュオGC摩周湖C(18H、北海道、㈱東海技研がH15年12月買収しクレインCCに名称変更)とデュオGC横浪C(18H、高知、㈱喜びフーヅが買収しH15年11月からスカイ・ベイGCに)経営の㈱デュオは再生計画成立もスポンサーの都合で再生手続廃止・破産、加藤正見氏がH17年9月1日死去したためグループ名変更、みちのく古都CC(18H、岩手)は市川造園グループの㈱市川ゴルフ興業にH20年4月1日から経営委託、クレインCCはH20年9月に閉鎖・㈱クレインCCで継承する動きあるも立ち消え・名古屋国税局が同CCをH22年3月9日公売にかけるも入札なし、みちのく古都CCはH21年8月13日競売で市川造園グループが取得

【岐阜信用金庫】　既1(18)
①岐阜北CC(18H、岐阜)
▽㈱岐阜北カントリー倶楽部が岐阜北開発㈱の全事業に関する権利義務を承継する吸収分割を実施・H26年4月1日に㈱岐阜北カントリー倶楽部の経営に

【京都中央信用金庫系】　既1(18)
①瑞穂GC(18H、京都)
▽瑞穂GCがH14年2月に再生法認可で系列に

【群馬銀行系】　既1(18)
①高梨子C(18H、群馬)
▽高梨子Cを傘下に、当初同Cに関係していた加藤電工は再生法成立、高山GCグループはりそなグループと同行関連、関連で掲載していた赤城GC(18H、群馬)と高山GC(18H、群馬)は再生法(赤城はH18年10月18日認可、高山はH19年1月17日認可)でキヤノン電子系となり削除・その後ブライトンに母体変更、高梨子C(18H、群馬)はH28年4月からパブリック運営に転換

【小林洋行】　既1(18)
①ゴールデンクロスCC(旧・埴生CC、18H、千葉)
▽小林洋行は一部上場の商品先物取引会社、H16年7月再生会社から埴生CCを買収し名称変更して営業

【大和証券グループ】
＜関連＞筑波CC(18H、茨城)
▽札幌不二ロイヤルGC(現・ゴールド札幌CC)は㈱サクセスファクトリー(現・サクセス・プロ)に売却(H17年3月にサクセス傘下の㈱サクセスパーク札幌の管理下に)

【武富士】
▽親会社の㈱武富士がH22年8月に会社更生法を申請、韓国消費者金融大手のA&Pファイナンスがスポンサーに内定、H23年7月30日付けでリゾートソリューション㈱がTAKE1CC(現・西東京GC、18H、山梨)を取得、ゴルフ場なくなる、ただしH29年10月1

ゴルフ特信・ゴルフ場企業グループ＆系列【銀行・金融系】

日からリソルグループが運営受託を解消し武井氏関係の㈱テイクワンが西東京GC（旧・TAKE1CC、18H、山梨）を運営・直営に

【旧・東京相和銀行（長田一族）】
＜関連＞富士エースGC（18H、静岡）
▽同銀行は経営破綻でローンスターグループの東京スター銀行系に、旧関連の富士エースGCは長田一族の経営となり運営はY&Sに委託、元会長の長田庄一氏はH22年2月15日死去

【東和銀行】　既1(27)
①赤城国際CC（27H、群馬）

【西山ホールディングス（旧・西山興業グループ）】　既5(135)
　★西山興業㈱　西山茂行社長　資本金5000万円　※競走馬馬主の西山牧場も経営
　〒107-0052　東京都港区赤坂2-15-18　西山興業赤坂ビル3F　TEL03-3585-6015　TEL03-3585-6669＝会員課
①館山CC（27H、千葉）　②大宮国際CC（45H、埼玉）　③ニッソーCC（18H、茨城）
④棚倉ステークスCC（18H、福島）
▽H18年にグループ名を西山ホールディングスとしてグループ一体化、館山CC経営の㈱西山エンタープライズはH18年6月に㈱オーシャンヴェール館山に商号変更、館山CC含む同社運営・管理受託施設を「オーシャンヴェールリゾート」と命名、大宮国際CCは新クラブハウスをH21年2月7日から使用開始、いわきGCをグループの㈱バーガンディ・マミコから移動して掲載、館山CCはH24年4月15日にオール電化採用の新クラブハウスをグランドオープン、いわきGC（27H、福島）は震災でH23年3月12日から閉鎖・廃業し既設カウントから外す
▼H29年9月にサラブレッドCC（現・JGMサラブレッドGC、36H=H30年7月から18Hに縮小、福島）をJGMグループに売却
　★㈱バーガンディ・マミコ　西山真美子社長　※大宮CCの名変窓口はコース
①大宮CC（27H=36Hから縮小、埼玉）
▽大宮CC（36H、埼玉）は堤防工事のためH22年11月から27H営業に

【ニューセントラル（中央建物）グループ】　既3(72)
　★ニューセントラルグループ　松浦一彦社長　※ゴルフ場は独立経営
　〒104-0061　東京都中央区銀座7-3-13　ニューギンザビル　TEL03-3572-5900
①真名子CC（27H、栃木）　②ニューセントラルGC（27H、栃木）　③常総CC（18H、茨城）

【ネオライングループ】　既1(18)
　※母体はネオラインキャピタル㈱、ゴルフ場運営は㈱大多喜ヒルズリゾート、同リゾートの親会社は㈱フロッグス
①マグレガーCC（旧・南千葉GC、元・南千葉G&R、18H、千葉）
▽南千葉GCはネオライングループの㈱フロッグスが経営会社をH21年1月22日に買収し傘下に、十王CCは㈱フロッグスがH21年1月に買収し傘下に、同グループはゴルフ用品メーカーのマグレガーゴルフジャパン㈱を傘下に収める、十王CC（18H、茨城）はH21年9月に不動産業の㈱ザプロス（東京都）のグループが買収しベネCC日立Cにコース名変更し営業、南千葉GCをマグレガーCCに名称変更、増設中断で放置していた2ホールを貸切練習専用ホールに活用、千葉県の大多喜町との間で災害時一時避難所の協定結ぶ

【野村證券グループ】　既1(18)
①こだまGC(18H、埼玉)
▽法人会員制の鬼怒川森林CC(18H、栃木)は預託金全額返還しクラブ解散、H17年4月からパブリックになりホテルモントレ関連が買収・随縁CC鬼怒川森林Cとなりグループ離脱、野村プリンシパル・ファイナンス(野村PF)はミサワリゾート㈱(現・リソルホールディングス)と㈱UFJ銀行と組んでH14年11月にゴルフ場再生ファンド組成、野村PFは地元銀行等とハウステンボスのスポンサーにも、野村PFはH17年3月にミサワリゾート㈱(現・リソルホールディングス)の第1位株主となるもその後大半を売却、野村PF関連で掲載していたハウステンボスCCジャック・ニクラウスC(18H、長崎)はH19年12月20日にアコーディアに売却し削除

【プロミス】
＜関連＞マダムJGC(旧・ウォーターヒルズGC、18H、兵庫)
▽ウォーターヒルズGCは旧・福徳銀行系で会社整理の太陽リゾート開発からプロミス創業者の神内氏が買収、ウォーターヒルズGCはH19年5月10日に「マダムJGC」に名称変更・プロミスレディス開催

【ほくほくフィナンシャルグループ】　既3(81)
＜旧・北陸銀行系＞
①羊ケ丘CC(18H、北海道)　②真駒内CC(36H、北海道)　③滝のCC(27H、北海道)
▽北陸銀行と北海道銀行は合併により㈱ほくほくフィナンシャルグループに、H14年2月に3コース経営のたかを観光株式を取得、H16年に共通会員制の「たかをGC」のクラブ名を「札幌カントリー倶楽部」に変更、旧・北海道銀行系の札幌ベイGC(18H、北海道)はH16年12月に再生法申請・H17年6月13日に再生計画認可で中間法人と会員有志が株主となりグループから離脱、真駒内CC等3コース経営のたかを観光㈱はH19年12月6日に再生法申請(2度目の法的整理申請)、関連で掲載していたリージェント宮崎CC(18H、宮崎)は投資ファンド・合同会社エムシーアセット・ワン(東京都港区)をスポンサーにした再生計画案がH20年2月28日認可決定となり削除、3コース経営のたかを観光はH20年8月12日再生計画認可(社名は札幌カントリー倶楽部㈱に変更)、加森観光が主要株主に入り加森観光グループ関連に

【みずほフィナンシャルグループ】　既2(36)
【旧・日本興業銀行系・常和ホールディングス㈱】①八千代GC(18H、千葉)
【旧・富士銀行系】　※芙蓉グループを参照
①芙蓉CC(18H、神奈川=丸紅と共同)
【関連・日本土地建物、レイクウッドコーポレーション】
▽富士銀行は第一勧業銀行・日本興業銀行等とH12年9月にみずほフィナンシャルグループ形成、H14年4月に3行合併し、みずほ銀行、みずほコーポレート銀行等で再スタート、旧・富士銀行関連は芙蓉グループ参照、大多喜CCは更生法適用の佐藤工業グループからみずほグループ関連企業(日本土地建物他)に移動、武蔵富士CC(18H、埼玉)はH20年1月15日に再生法申請・オリックスグループがスポンサーの再生計画案H20年6月18日可決、同10月1日から武蔵OGMGCとなりグループ離脱
【関連・レイクウッドコーポレーション】　※レイクウッド・グループ・日土地グループは準大手専業に掲載
▽湘南観光開発はH16年8月に会社解散を決議し特別清算申請、H17年1月25日協定案成立、㈱レイクウッドコーポレーションがゴルフ場事業継承、スポンサー先はみずほ親密企業の日本土地建物㈱とその系列会社、清水建設等に、大多喜CCはH23年5月10日の会社分割で新設会社の㈱レイクウッド大多喜に事業譲渡(日本土地建物が株主でもある㈱レイクウッドコーポレーションが取得)、総成CC(27H、千葉)経営のセントラルビル㈱のスポンサーとなる(H24年5月18日計画案可決、コース名はレイクウッド総成CCに)、レイクウッドグループと日土地グループは準大手専業に掲載

ゴルフ特信・ゴルフ場企業グループ＆系列【銀行・金融系】

【三菱ＵＦＪフィナンシャルグループ】 既1（18）
　※H17年10月に三菱UFJフィナンシャル（MUFG）グループ形成
＜旧・三和銀行系＞
【東洋企業系】①小野東洋GC（18H、兵庫）
▽東洋不動産が福崎東洋GC（18H、兵庫）をH18年7月3日付けでパシフィックマネジメント㈱（PMC）に売却、東洋不動産と長谷工と共同のマンギラオGC（18H、グアム）は再生法申請・預託金100％保証・プレー権付きの再生案H18年8月成立・ゴルフ場はオンワード樫山系に売却
▽大熱海国際GC（36H、静岡）はH17年6月にミサワリゾート（現・リゾートソリューション）系に移動、旭CC（27H、愛知）はH21年8月25日民事再生法申請・有限会社大樹開発をスポンサーとする再生計画案がH21年12月24日可決、東洋グリーン企業㈱は播州東洋GC（18H、兵庫）と笠間東洋GC（18H、茨城）のゴルフ場事業を新設分割（笠間東洋GCは預託金を全額返還）・播州東洋GCはH24年6月1日付けでOGMグループ傘下、笠間東洋GCはH24年6月1日付けでスターツグループ傘下となりコース名をスターツ笠間GCに変更
【旧・東洋信託銀行系】
▽大林組と共同出資だった阿蘇ハイランドGC（現・コスギリゾート阿蘇ハイランドGC、18H、熊本）はH17年9月に熊本のコスギ不動産に売却、千葉セントラルGC（27H、千葉）は練習場（横浜市）経営の第百ゴルフクラブ系で掲載
【三菱ＵＦＪニコス（旧・日本信販）】
＜関連＞筑波CC（18H、茨城）
▽日本信販はH17年10月にUFJ銀行の連結子会社となるためゴルフ場売却、社名はUFJニコスに（MUFGグループとなり三菱UFJニコスに）

【もみじ銀行（旧・広島総合銀行）】
＜関連＞広島佐伯CC（36H、広島）
▽広島佐伯CCはH15年5月30日に再生法申請・自主再建型の計画案H16年10月成立

【りそなグループ】 既2（36）　http://www.resona-gr.co.jp/
①高麗川CC（18H、埼玉）　②上野原CC（旧・東相模GC、18H、山梨）
▽関連の昭和リース傘下の太郎門CC（現・TOSHIN TOKYO North Hills GC、18H、栃木）はH18年3月30日に㈱トーシンの傘下に

【旧・わかしお銀行（元・太平洋銀行）関連】
▽わかしお銀行は三井住友銀行と合併、RCCの申立で富士河口湖GC（18H、山梨）はH17年1月26日に破産宣告、身延GC（18H、山梨）はH17年2月9日に破産宣告受ける（H19年4月から身延山CCで再開場）

Ⅷ 鉄道・運輸系

【ｱﾙﾋﾟｺｸﾞﾙｰﾌﾟ(旧・松本電鉄)】 既1(27)
①蓼科高原CC(27H、長野)
▽松本電気鉄道㈱などｱﾙﾋﾟｺｸﾞﾙｰﾌﾟは私的整理で八十二銀行とﾘｻ・ﾊﾟｰﾄﾅｰｽﾞから支援を受けるとH19年12月末に発表、ｱﾙﾋﾟｺｸﾞﾙｰﾌﾟの代表はｺﾞﾙﾌ場と別荘をｾｯﾄで売却を検討と示唆、松本電鉄はH23年4月に諏訪ﾊﾞｽと川中島ﾊﾞｽと合併しｱﾙﾋﾟｺ交通㈱に、これによりｸﾞﾙｰﾌﾟ名も変更

【飯山陸送】 既2(36)
①斑尾高原CC(18H、長野)　②浅間高原CC(18H、長野)

【岩崎産業】 既2(36)認1(18)海1(36)　http://www.iwasaki-group.com/
　　★岩崎産業㈱　岩崎芳太郎社長　※ｺﾞﾙﾌ場管理=いわさきﾎﾃﾙｽﾞ㈱℡099-226-6668
　　〒892-0816　鹿児島市山下町9-5　℡099-223-0112
①いぶすきGC開聞C(18H、鹿児島)　②ｺｽﾓR種子島GR(18H、鹿児島)　③ﾐﾔﾏｷﾘｼﾏCC(18H=認、鹿児島)
＜海外＞①ｷｬﾌﾟﾘｺｰﾝRｲｪｯﾌﾟｰﾝGC(旧・ﾘｯｼﾞｽｷｬﾌﾟﾘｺｰﾝｲﾝﾀｰﾅｼｮﾅﾙRGC、36H、豪)
▽ｺｽﾓR種子島GCはH19年8月に売却の公告出すも買い手がつかず断念、いぶすきGC開聞CでPGAｼﾆｱ「いわさき白露ｼﾆｱ」(H26年11月28～30日)を開催

【小田急ｸﾞﾙｰﾌﾟ】 既4(72)　http://www.odakyu.jp/
　　★小田急電鉄㈱　星野晃司取締役社長
　　［広報］〒160-8309　東京都新宿区西新宿1-8-3　℡03-3349-2291
①富士小山GC(18H、静岡)　②小田急藤沢GC(18H、神奈川)　③小田急西富士GC(18H、静岡)
④中伊豆ｸﾞﾘｰﾝC(18H、静岡)
▽ｱｺｰﾃﾞｨｱ・ｺﾞﾙﾌと小田急不動産との間で新設される予定の㈱ｱｺｰﾃﾞｨｱAH39へ小田急志津GC(9H=ｼｮｰﾄ、千葉)をH27年7月1日売却

【柿木交通ｸﾞﾙｰﾌﾟ】 既1(18)
①加茂GC(18H、愛知)
▽近江富士CC(27H、滋賀)は外資系のﾌｧﾝﾄﾞ会社にH18年3月施設競落され、その後PGｸﾞﾙｰﾌﾟに売却されることになりH19年3月PGｸﾞﾙｰﾌﾟ傘下に、同年4月から近江ﾋﾙｽﾞGCに名称変更、近江富士CCの旧経営会社・㈱近江富士CCはH20年12月18日に自己破産申請、加茂GC経営の東加茂開発はH21年12月14日再生法申請・H22年6月16日関連の㈱諏訪中央自動車学校をｽﾎﾟﾝｻｰとする再生計画案決議

【近鉄ｸﾞﾙｰﾌﾟ】 既8(144)　http://www.kintetsu-g-hd.co.jp/
　　※近鉄ｸﾞﾙｰﾌﾟﾎｰﾙﾃﾞｨﾝｸﾞｽ(H27年4月1日東証一部上場)傘下に
　　★近畿日本鉄道㈱　〒543-8585　大阪市天王寺区上本町6-1-55　℡06-6775-3353　※広報
①飛鳥CC(18H、奈良)
＜関連＞奈良国際GC(18H、奈良)

ゴルフ特信・ゴルフ場企業グループ＆系列【鉄道・運輸系】

【近鉄不動産】
★近鉄不動産㈱　※㈱近鉄ゴルフアンドリゾートが一括で運営
〒543-0001　大阪市天王寺区上本町6-5-13　上本町新歌舞伎座ビル　TEL06-6776-3001
①近鉄賢島CC（旧・賢島CC、18H、三重）　②桔梗が丘GC（18H、三重）
③近鉄浜島CC（旧・浜島CC、18H、三重）　④伊賀GC（18H、三重）　⑤花吉野CC（18H、奈良）

【三重交通グループホールディングス】
②松阪CC（18H、三重）　③三重CC（18H、三重）
▽賢島CCと浜島CCはH18年3月コース名変更、海外で掲載していたビンタン・ラグーン・GC（36H、インドネシア=近鉄6社で26％出資）は削除、近鉄浜島CCはベント化のためH20年1月7日から7月末まで閉鎖して改造、近鉄不動産は近畿日本鉄道保有5ゴルフ場（近鉄賢島CC、近鉄浜島CC、桔梗が丘GC、伊賀GC、花吉野CC）の土地建物の資産をH29年4月1日付けで承継

【グリーン・キャブ】
▽関連で掲載していたミルフィーユGC（18H、千葉=熊谷組グループの主導）はH19年12月18日PMC系のPSRをスポンサーとする再生計画案が認可となり削除、グリーン・キャブグループの日本駐車ビル㈱は新設分割でH24年9月3日付け設立の㈱佐久平カントリークラブに佐久平CCのゴルフ場事業を承継、佐久平CCはメガソーラー事業への転換を決めH27年11月15日に特別清算開始申立・H28年4月1日から閉鎖

【京王電鉄】　既1（18）
①桜ケ丘CC（18H、東京）
▽桜ケ丘CCはベント1グリーン化の準備工事をH20年2月開始・開場50周年のH22年10月完成

【京成電鉄グループ】　既4（72）
①佐倉CC（18H、千葉）　②藤ケ谷CC（18H、千葉）
【小湊鉄道系】①長南CC（18H、千葉）　②長南PC（18H、千葉）

【京阪電鉄】　既1（18）
①くずはG場（旧・樟葉PGC、18H、大阪）
▽福井国際CCは株主会員制を解消しプレー会員権制に・H21年8月26日付けで経営会社株式を韓国系企業の㈱エイチ・ジェイが買収し傘下から離脱した

【京浜急行電鉄】　既2（36）
①市原京急CC（18H、千葉）　②長野京急CC（18H、長野）

【国際興業】　既4（90）　　　http://www.kokusaikogyo.co.jp/
★国際興業㈱　小佐野隆正代表取締役会長　南正人代表取締役社長
〒104-8460　東京都中央区八重洲2-10-3　TEL03-3273-1143（経営企画部）
①みちのく国際GC（18H、青森）
【富士屋ホテル】①富士屋ホテル仙石GC（18H、神奈川）
【紫興業】①紫CCすみれC（18H、千葉）　②紫あやめ36（旧・紫CCあやめC、36H、千葉）

▽国際興業㈱は米・投資ファンドのサーベラスグループが65%を出資・残り35%を小佐野一族が出資、H17年4月から新体制、みちのく国際GC（18H、青森）はH19年2月16日再生法申請（国際興業系で再建方針）、みちのく国際GCの再生計画案はH19年7月17日認可、紫CCすみれCはH23年11月から譲渡不可2000万円募集を開始、紫CCあやめCはH24年1月に愛称の紫あやめ36にコース名変更、グランドサイプレスGC（45H、米）はH24年4月現地企業へ売却、勝沼GC（18H、山梨）はH25年3月29日シャトレーゼグループに売却、三島GC（18H、静岡）はH25年8月PGMホールディングスに譲渡、H26年2月サーベラスは国際興業の株式55%を約1400億円で小佐野隆正社長等創業者一族に売却・国際興業HDの100%保有に

【佐川急便グループ】　既1（18）
①ヌーヴェルGC（旧・ゴールドバレーCC、18H、千葉）

【JR（日本旅客鉄道）】　既2（36）
【JR九州】①JR内野CC（18H、福岡）
【JR東日本系】①レインボーCC（18H、神奈川）

▽JR西日本はH16年4月にグランベール京都GCを直轄化し新設のJR西日本ゴルフに運営委託、JR東海はH20年10月15日にかずさCC所有の日本車輌製造㈱の親会社となる、新宿駅東口ビル「ルミネエスト」を経営する㈱ルミネ（JR東日本の子会社）の系列のレインボーCCを追加掲載、JR北海道系の大沼国際Rヴィレッジ（18H＝認、北海道）はH23年3月に事業廃止、JR東海の関連で掲載のかずさCC（27H、千葉）は日本車輌製造がH24年12月14日アコーディアに売却したため削除、JR西日本系のグランベール京都GC（36H、京都）はH26年10月1日付けでアコーディアに経営株を譲渡

【西武グループ】　既29（675）海3（63）　http://www.princehotels.co.jp/golf/
【プリンスホテル（旧・コクド）】　　　※西武ホールディングス（H26年4月23日東証一部上場）傘下
★㈱プリンスホテル　赤坂茂好社長　H30年6月開催の定時株主総会で小山正彦社長就任予定
〒170-8428　東京都豊島区東池袋3-1-5　℡03-5928-1111

㈱プリンスホテルと同社100%子会社の西武ゴルフ㈱がH23年10月1日付けで合併・存続は㈱プリンスホテル
①箱根湯の花G場（18H、神奈川）　②大箱根CC（18H、神奈川）　③晴山G場（18H、長野）
④箱根園G場（18H、神奈川）　⑤軽井沢プリンスホテルGC（9H、長野）　⑥軽井沢72G西（36H、長野）
⑦軽井沢72G北（18H、長野）　⑧軽井沢72G南（18H、長野）　⑨軽井沢72G東（36H、長野）
⑩嬬恋高原G場（18H＝36Hから縮小、群馬）　⑪雫石G場（36H、岩手）　⑫軽井沢 浅間GC（18H、長野）
⑬馬越GC（9H、長野）　⑭上士幌G場（36H、北海道）　⑮北海道CC大沼C（18H、北海道）
⑯女満別GC（18H、北海道）　⑰富良野GC（36H、北海道）　⑱岩手沼宮内CC（36H、岩手）
⑲日南串間GC（18H、宮崎）　⑳西熱海GC（旧・西熱海G場、18H、静岡）　21大原・御宿GC（18H、千葉）
22久邇CC（27H、埼玉）　23瀬田GC（54H、滋賀）　24竜王GC（18H、滋賀）
25北海道CCプリンスC（旧・函館大沼プリンスGC、18H、北海道）
【川奈ホテル】①川奈ホテルGC（36H、静岡）
【西武鉄道】　※プリンスホテルが運営
①武蔵丘GC（18H、埼玉）　②新武蔵丘GC（18H、埼玉）　③西武園G場（18H、埼玉）
＜海外＞①マウナケアGC（18H、ハワイ）　②ハワイプリンスGC（27H、ハワイ）　③ハプナGC（18H、ハワイ）
▽富良野プリンスホテルGC（18H、北海道）はH17年からゴルフ場営業休止し西武グループは46コースに、軽井沢プリンスホテルGC（18H、長野）はH17年4月から9H営業、㈱プリンスホテルはH18年2月1日付けで㈱コクドを吸収合併、H19年3月26日に鰺ケ沢高原G場（36H、青森）＝ニセコGC（18H、北海道）＝ニセコ東山プリンスホテルG場（36H、北海道）をシティグループ・プリンシパル・インベストメンツ・

ジャパン㈱(以下、シティグループ)へ売却、水上高原G場(54H、群馬)をH19年3月26日にシティグループへ売却、以下のゴルフ場は譲渡先と既に売買契約を締結するもH19年6月1日の引渡し(札幌北広島プリンスG場=PGP㈱=ゴルフ場名を札幌北広島GCに改称予定、津軽高原G場=シティグループ、金ケ崎GC=南紀観光、宮崎日向GC・生駒高原宮崎小林GC・鹿児島鹿屋GC=やよい住建㈱、阿蘇プリンスホテルG場=ルートインジャパン㈱)、アンカレジGC(18H、米)マケナGC(36H、ハワイ)の2コースは米国企業にそれぞれ売却済み、H19年6月1日に札幌北広島プリンスG場(現・札幌北広島GC、54H、北海道)はPGMグループへ・金ケ崎GC(18H、岩手)は南紀観光へ・津軽高原G場(18H、青森)はシティグループへ・阿蘇プリンスホテルG場(36H、熊本)はルートイングループへ売却、函館大沼プリンスGC(18H、北海道)と函館大沼プリンス駒ケ岳C(9H、北海道)はH19年のシーズンで営業休止し削除、宮崎日向GC(18H、宮崎)・生駒高原宮崎小林GC(18H、宮崎)・鹿児島鹿屋GC(18H、鹿児島)の3コースはやよい住建㈱への売却がH19年8月24日契約解除で白紙となるも韓国系の㈱龜尾開發に3コースをH20年5月1日売却、苗場プリンスホテルGC(18H、新潟)はH21年から営業休止を決定、同時点での西武グループは28コース675Hに減少、伊勢高原CC(旧・プリンスレイクウッドCC、18H、三重)はH18年11月再生法申請しトーシンリゾートをスポンサーとした再生計画がH19年2月26日に認可となり同年3月1日から「TOSHIN Lake Wood Golf Club」と名称変更、箱根くらかけG場(18H、神奈川)おおむらさきGC(27H、埼玉)吉井南陽台GC(18H、群馬)の3コースはH19年3月1日にパシフィックマネジメント系のパシフィックスポーツアンドリゾーツ㈱(PSR)へ売却、久邇CC(27H、埼玉)は預託金返還しH19年4月から譲渡可の会員権募集、久邇CCは新クラブハウスをH21年3月7日から使用開始、近江観光はH21年10月1日付けで西武ゴルフ㈱と合併し解散、西熱海G場はH22年4月リニューアルオープンで西熱海ゴルフコースに名称変更、㈱プリンスホテルと同社100%子会社の西武ゴルフ㈱がH23年10月1日付けで合併・存続は㈱プリンスホテル、㈱プリンスホテルや西武鉄道㈱等グループの持株会社㈱西武ホールディングスは株式上場目指すも筆頭株主である米投資会社サーベラスグループからTOBをかけられる、H25年6月25日開催の㈱西武ホールディングス定時株主総会で筆頭株主であるサーベラスグループの提案が全て否決される・㈱西武ホールディングスはH26年4月23日東証一部上場・サーベラスグループは西武ホールディングス株式の売出しを辞退、川奈ホテルGCで温浴施設H26年夏オープン、軽井沢72G東Cでクラブハウス新築しH26年7月2日オープン・同年9月には世界アマチュアゴルフチーム選手権が開催される、嬬恋高原GCはH26年3月末に浅間コース18Hの営業形態を変更し18H営業に縮小

▼閉鎖していた函館大沼プリンスGCが北海道CCプリンスC(18H、北海道)と名称変更しH29年6月1日に10年振りの営業再開・隣接の北海道CC大沼Cとの共用クラブハウスを建設しH29年4月24日オープン

【全日空】 既1(18)
①武蔵の杜CC(旧・奥武蔵CC、18H、埼玉)
▽H16年10月に再生法申請した奥武蔵CCのスポンサーに内定、同計画案はH17年3月9日の集会で認可(H17年10月に名称変更)、石垣島GCは用地が新空港建設予定地となるためH18年9月末をもって完全閉鎖した、ANAは国内13ホテル事業をモルガン・スタンレーグループにH19年6月売却すると発表、全日空はH23年7月1日にANAダイヤモンドCC(旧・北海道早来CC、36H、北海道=三菱マテリアルと共同)を経営する菱空リゾート開発㈱の株式を一部上場の明治海運㈱の系列会社・明海興産に譲渡・H24年からコース名を早来CCと変更し営業

【玉村グループ】 既2(36)
　　★大日観光㈱　玉村光社長　資本金5000万円
　　〒540-0019　大阪市中央区和泉町1-2-6　TEL06-6941-1141
①亀岡CC(18H、京都)　②サングレートGC(18H、兵庫)
▽吉川インターGC(兵庫)は離脱、大日観光はH15年10月29日再生法申請・自主再建型の計画案H17年5月14日認可

ゴルフ特信・ゴルフ場企業グループ＆系列【鉄道・運輸系】

【東急グループ】 既26(522) http://www.tokyu.co.jp/
【東急電鉄系】
　★東京急行電鉄㈱　野本弘文社長　資本金1217億2400万円　※ゴルフ場はそれぞれ独立経営
　〒150-8511　東京都渋谷区南平台町5-6　TEL03-3477-0109
①500C(18H、静岡)　②エメラルドコーストGL(18H、沖縄)　③東急700C(36H、千葉)
④東急グランドオークGC(旧・グランドオークGC、18H、兵庫)　⑤グランドオークプレイヤーズC(18H、兵庫)
＜系列＞①300C(18H、神奈川)
▽白浜ビーチGC(18H、和歌山)はH19年11月末に南紀観光へ売却、湯布高原GC(旧・東急湯布高原GC、18H、大分)はH24年6月にリベラグループに売却
▼H29年8月にフランシス・H・Ii・ブラウンGC(36H、ハワイ)を現地法人に売却し海外G場なくなる
【東急不動産系】　東急不動産単体で既20(396)　http://www.tokyu-land.co.jp/
　★東急不動産㈱　金指潔会長、大隅郁仁社長　※ゴルフ場は㈱東急リゾートサービス他に集約
　　　　　　　　　　　　　　　　　　　　　　　※東急不動産ホールディングス㈱傘下
　　　　　　　　　　　　　　　　　※東急不動産㈱及び㈱東急リゾートサービスはH27年8月事務所移転
　［広報］〒107-0062　東京都港区南青山2-6-21　ＴＫ南青山ビル　TEL03-5414-1347
①天城高原GC(18H、静岡)　②大分東急GC(18H、大分)　③阿蘇東急GC(18H、熊本)
④勝浦東急GC(18H、千葉)　⑤筑波東急GC(18H、茨城)　⑥蓼科東急GC(18H、長野)
⑦望月東急GC(18H、長野)　⑧斑尾東急GC(18H、長野)　⑨小見川東急GC(18H、千葉)
⑩季美の森GC(18H、千葉)　⑪有田東急GC(18H、和歌山)　⑫那須国際CC(18H=27Hから変更、栃木)
⑬大多喜城GC(旧・富士C大多喜城C、27H、千葉)　⑭鶴舞CC(36H、千葉)　⑮猿島CC(18H、茨城)
⑯吉川CC(18H、兵庫)　⑰芝山GC(旧・富士C芝山GC、18H、千葉)
⑱関西CC(18H、京都)　⑲三木よかわCC(27H、兵庫)
＜佐倉ゴルフ開発＞①麻倉GC(18H、千葉=三菱地所とのジョイント、東急不の出資比率は51%)
＜東急リゾートサービス　関連・運営受託＞　※保有数にはカウントせず
①サミットGC(18H、茨城=業務提携)　②板倉G場(18H、群馬=指定管理者=H28年4月1日からH33年3月31日予定)
③川崎国際生田緑地G場(18H、神奈川)
▽三菱地所とジョイントし麻倉GC(旧・ちばリサーチパークGC)の会員募集をH20年年頭から開始・H20年秋開場予定、東急リゾートサービスはH19年7月から太陽CC(27H、静岡)の運営受託を開始しH20年3月末で契約終了、東急不動産＋太平洋グループ連合は保有が計37コース、運営が受託4コース含め41コースに、那須国際GCの旧りんどうCの一部に実践型練習場「トライフィールド」H20年8月19日完成、三菱地所とジョイントの麻倉GCはH20年10月25日オープン、有田東急GCの9H増設認可を削除、嘉穂CC(現・かほGC、元・見上CC庄内C)はH24年1月1日付けでアコーディアグループに売却、東急不動産㈱の関連会社である㈱東急リゾートサービス、㈱石勝エクステリアが共同事業体を結成し、川崎市と川崎国際生田緑地G場の管理及び運営に関する基本協定書を締結・管理期間はH25年4月1日から30年3月31日までの5年間、ニセコ東急GC(18H、北海道)の運営受託契約がH28年3月末で終了
【TCプロパティーズ(旧・東急建設)】
▽東急建設はルアナヒルズCC(ハワイ)をH12年12月地元投資家に売却、東急建設はH15年10月の会社分割により商号変更、思い川東急GC(現・思い川GC、栃木)は会員に預託金全額を返還しH18年6月に市川造園グループへ営業譲渡、四日市東急GC(18H、三重)は預託金を全額返還しH19年7月30日付けでユニマットリバティーに売却(現・四日市リバティーGCに)

ゴルフ特信・ゴルフ場企業グループ＆系列【鉄道・運輸系】

【東都自動車グループ】 既5(90)　http://www.toto-motors.co.jp/
　★東都自動車㈱　宮本市郎代表取締役会長、宮本繁樹代表取締役社長
　〒171-0021　東京都豊島区西池袋5-13-13　TEL03-3987-1456(ゴルフ事業部)
①東都秩父CC(18H、埼玉)　②東都栃木CC(18H、栃木)　③東都飯能CC(18H、埼玉)
＜㈱東都観光企業統轄本部＞①東都埼玉CC(18H、埼玉)
＜東都観光バス㈱＞①東都郡山CC(18H、福島)
▽東都栃木CCは36Hのうち9Hを閉鎖し27Hに、その後18Hに、東都秩父CC(旧27H)も18Hに正式変更するなど全コースとも18H営業に、ともに閉鎖用地は山林並み課税で固定資産税減額、東都自動車はグループ企業再編と合理化のためH27年3月31日をもって東都埼玉CC事業を㈱東都観光企業統轄本社へ承継、グループの東都総合地所㈱が吸収合併で東都自動車から東都飯能CCの事業を承継とH27年5月29日官報で公告

【東武鉄道グループ】 既8(153)　http://www.tobu.co.jp
　★東武鉄道㈱　※ゴルフ場は東武興業㈱、それに各ゴルフ場会社で経営
①ユニ東武GC(27H、北海道)　②伊香保CC(18H、群馬)
＜東武興業㈱＞
　〒131-0045　東京都墨田区押上1-1-2　TEL03-3625-5271　※東武ゴルフサービス㈱も同
①朝霞PG場(18H、埼玉)　②桐生CC(18H、群馬)　③下仁田CC(18H、群馬)　④宮の森CC(18H、栃木)
⑤星の宮CC(18H、栃木)　⑥東武藤が丘CC(18H、栃木)
＜関連＞渡良瀬CC(18H、栃木=三セク、運営受託)
▽会津高原たかつえCC(27H、福島=三セク)から撤退(H14年から地元ゴルフ愛好者らで設立した会社の経営に)、東武鉄道は3コースを系列の東武不動産㈱に譲渡し直営はなくなる、東武鉄道はH17年12月に会津高原たかつえCCの資産を舘岩村に寄付(無償譲渡)、宮の森CC、星の宮CC、東武藤が丘CCを経営する東武不動産はゴルフ場事業を東武興業に譲渡し運営は東武ゴルフサービス㈱が担当、宮の森CCは倶楽部解散しH19年4月1日からパブリック運営に、東武鉄道連結子会社で城山CC経営の城山カントリー㈱がH20年11月14日再生法申請・シャトレーゼをスポンサーとした再生案H21年4月8日認可となりグループ1コース減少、東武緑地㈱はH21年10月しもふさCC(9H、茨城)を買収・H22年10月2日に「しもふさ東武CC」にコース名変更、しもふさ東武CCはH26年5月末で営業終了しメガソーラー事業へ、グループ1コース減

【南海電鉄グループ】 既2(45)
①橋本CC(27H、和歌山)　②大阪GC(18H、大阪)
▽大阪GCは南海電鉄が運営会社の㈱南海大阪GC設立してH19年6月から運営(従来の関連から系列に)・支配人と副支配人を㈱ティアンドケイから派遣受ける、橋本CCは27Hのベント1グリーン化記念でH21年1月から223・5万円募集、橋本CC経営の南海橋本観光開発㈱と大阪GC経営の㈱南海大阪ゴルフクラブの2社はH27年7月1日付けでグループ会社の南海ゴルフマネジメント㈱と吸収合併し解散

【南国交通グループ】 既2(36)
①南国CC(18H、鹿児島)　②知覧CC(18H、鹿児島)
▽2015年版より専業の南国CCグループを南国交通グループとして移動して掲載、知覧CC経営の南国興産㈱はH28年12月1日に同CCの事業を新会社の㈱南国リゾート(田島浩彦代表)に分割譲渡・南国興産㈱は同年12月31日解散を決議しH29年2月3日特別清算申請、知覧CC経営の南国興産㈱はH28年12月1日に新会社㈱南国リゾートに同CCの事業を分割譲渡・南国興産㈱は同年12月31日に解散決議を行いH29年2月3日付けで特別清算申請

【広島電鉄ｸﾞﾙｰﾌﾟ】 既1(18)
①ｸﾞﾘｰﾝﾊﾞｰｽﾞGC(18H、広島)
＜関連＞①宮島CC(9H、広島)　②宮島志和CC(18H、広島)

【富士急ｸﾞﾙｰﾌﾟ】 既3(72)　http://www.fujikyu.co.jp/
★富士急行㈱　堀内光一郎社長　資本金91億2634万円
〒151-0061　東京都渋谷区初台1-55-7　℡03-3376-1111(東京本社)
①富士GC(18H、山梨)　②大富士G場(旧・大富士GC、18H、静岡)　③CCｸﾞﾘｰﾝﾊﾞﾚｲ(36H、山梨)
▽Gﾊﾟｰｸ･Bandi(旧・日本ﾗﾝﾄﾞHOWG場、18H、静岡)は収益改善ならずH27年12月7日から閉鎖･ﾌｯﾄｺﾞﾙﾌ等でH28年春再営業

【丸善グループ】 既4(72)
①八代GC(18H、熊本)　②八女上陽GC(18H、福岡)　③ｸﾞﾗﾝﾄﾞ ﾁｬﾝﾋﾟｵﾝGC(18H、熊本)
④宮崎座論梅GC(18H、宮崎)
▽丸善グループは丸善海陸運輸㈱(久留米市)を中心に八代丸善運輸㈱など全国で運輸会社を展開、H22年7月に八代GCを傘下に収めた、八女上陽GCはH25年11月26日から丸善グループに親会社が交代、八代GCはH27年5月18日民事再生法申請、H28年7月27日付けで丸善グループの古賀大代表がｸﾞﾗﾝﾄﾞ ﾁｬﾝﾋﾟｵﾝGCの経営会社代表に就任
▼H29年5月25日に宮崎座論梅GCを傘下に、H30年3月22日に民事再生法申請した**大分CC月形C(18H、大分)と大分CC吉野C(18H、大分)**2ｺｰｽ経営の大分観光開発のスポンサーに丸善グループが名乗り

【南日本運輸倉庫】 既2(45)
①太田双葉CC(27H、群馬)　②初穂CC白沢高原C(18H、群馬)
▽南日本運輸倉庫㈱(東京都中野区、℡03-3388-6998、大園圭一郎代表取締役社長)はﾁﾙﾄﾞ･ﾌﾛｰｽﾞﾝ等の食品輸送が主業務、ﾃﾞﾘｽ建築研究所(東京本社･横浜本社)から太田双葉CC(27H、群馬)の経営会社(H23年9月21日再生計画認可)の株式をH24年11月に取得しｺﾞﾙﾌ場事業参入、同様に初穂CC白沢高原C(18H、群馬)をﾃﾞﾘｽ建築研究所から買収しｸﾞﾙｰﾌﾟ2ｺｰｽに

【宮崎交通】 既2(27)
①宮崎CC(18H、宮崎)　②宮崎PG(9H、宮崎)
▽宮崎交通㈱はH17年1月に産業再生機構の支援決定もｺﾞﾙﾌ場は継続保有方針

【明治海運】 既2(54)
①早来CC(旧・ANAﾀﾞｲﾔﾓﾝﾄﾞCC、36H、北海道)　②ｳｨﾝｻﾞｰ･ｸﾞﾚｰﾄﾋﾟｰｸ･ｵﾌﾞ･ﾄｰﾔ(旧・ﾛｲﾔﾙｸﾗｼｯｸ洞爺、18H、北海道)
▽早来CC(旧・ANAﾀﾞｲﾔﾓﾝﾄﾞCC、18H、宮崎)はH23年7月1日に全日空から取得、ｳｨﾝｻﾞｰ･ｸﾞﾚｰﾄﾋﾟｰｸ･ｵﾌﾞ･ﾄｰﾔ(旧・ﾛｲﾔﾙｸﾗｼｯｸ洞爺、18H、北海道)をセコムグループからH26年6月買収

【名鉄ｸﾞﾙｰﾌﾟ】 既3(54)
　※ゴルフ場はそれぞれ経営
①犬山CC(18H、愛知)　②伊良湖ｼｰｻｲﾄﾞGC(18H、愛知)

▽豊田PG場(18H、愛知)をH17年2月末にミサワリゾート(現・リソルホールディングス)に売却(その後ファンドのJGPに移管、さらにH21年2月に練習場経営の大樹開発に売却され「GC大樹豊田C」に)、鳥羽CC(18H、三重)はH18年1月末にリゾートソリューション㈱に売却(現在はファンドのJGPに移管)

【矢作建設工業】
①高森CC(18H、長野)
＜関連＞パインズGC(旧・松名CC、18H、愛知)
▽矢作建設工業が40%出資(残り60%は三井物産)の松名CCはH19年3月30日再生法申請、松名CCの小原興業㈱はリゾートトラストをスポンサーとした再生計画案がH19年8月21日認可(新株式の9割をリゾートトラスト事業、1割をヤハギ緑化に割当て)・名称はH20年2月にパインズGCへ変更
▼H28年3月に千羽平GC(27H、富山)をアイランドゴルフに売却

【ヤマコー(ユトリアグループ)】 既1(18)
①蔵王CC(18H、山形)
▽山形交通㈱はH9年12月に㈱ヤマコーに商号変更しており、グループ名称を今回からヤマコーに修正

Ⅸ　建設・造園・土木

【青木あすなろ建設（旧・青木建設系）】　建1（18）
①湖南CC（18H＝建、滋賀）

【秋田土建】　既2（36）
①大野台GC（18H、秋田）　②秋田北空港クラシックGC（18H、秋田）

【明輝建設】　既4（99）　http://www.akiteru.com/
㈱明輝建設　山下潤代表取締役、京都市　＜ＡＧＲ（アジアゴルフリゾート）グループ＞
①日本原CC（36H、岡山）　②那谷寺GC（旧・アイランドGガーデン加賀、27H、石川）
③千草CC（旧・アイランドGガーデン千草、18H、兵庫）　④北陸グリーンヒルGC（旧・アイランドGP北陸グリーンヒル、18H、石川）
▽㈱明輝建設（京都市）、H22年4月に野母崎GC買収、H23年10月に日の隈CC買収し2コースとなりグループ化、グループ会社で京都府南部でショッピングセンターを展開する㈱プロフェシーがH27年4月に再生手続廃止し破産手続開始決定の日本原CC（36H、岡山）のゴルフ場事業を引き継ぎH27年4月22日に営業再開
▼H29年8月前後に野母崎GC（18H、長崎）と日の隈CC（18H、佐賀）を韓国の成周憲氏（韓国で2コース所有）に売却、一方でH29年9月26日にアイランドゴルフ㈱からアイランドGガーデン加賀（旧・加賀芙蓉CC、27H、石川）とアイランドGガーデン千草（旧・千草CC、18H、兵庫）を買収し30年1月ともに新名称に、さらにアイランドGP北陸グリーンヒル（18H、石川）を29年12月に買収し30年4月から北陸グリーンヒルGCに名称変更、4コースのホームページにはAGRグループ（アジアゴルフリゾートグループ）とある

【浅沼組】
▽㈱浅沼組の子会社で奈良万葉CC（18H、奈良）経営の㈱奈良万葉カンツリー倶楽部の株式をH25年3月1日にアコーディアに売却しグループ離脱

【安達建設グループ】　既8（198）
【観光日本】
★観光日本㈱　安達雅克社長　資本金8000万円　※観光日本はH22年7月20日付けで持株会社・㈱AKGHDを設立
〒603-8047　京都市北区上賀茂本山　℡075-702-5811
①京都GC上賀茂C（18H、京都）　②京都GC舟山C（18H、京都）　③日野GC（36H、滋賀）
④美奈木GC（18H、兵庫）
▽5コース経営の観光日本㈱はH15年1月28日に民事再生法を申請、H16年9月自主再建型の再生案で成立、H18年11月6日再生手続終結決定、日野GCはキングC（18H）のグリーン改造でH20年1月7日から6月末までクローズ、観光日本㈱がH22年7月20日付けで持株会社の㈱AKGホールディングス新設、H25年度から観光日本の抽選償還開始、茅ケ崎GC（旧・茅ケ崎G場、9H、神奈川）は土地問題等でH27年3月末までに閉鎖を表明・これに対し同GC会員は「茅ケ崎GC存続を図る会」を立ち上げる・H27年3月末の運営撤退に伴い会員へグループコースの利用の代替案・H27年4月1日から同GCは㈱武蔵野（埼玉県朝霞市）が地権者の神奈川県や茅ケ崎協同㈱から借り受けている観光日本㈱からの転貸により運営開始（H29年4月1日から3年間、県と賃貸借契約更新）、茅ケ崎GC離脱で観光日本は4コース・グループで8コース経営に
【Ｎｉｋｋａｎ（旧・日観興業）】
★㈱Ｎｉｋｋａｎ（日観興業㈱）＝H23年7月1日商号変更　安達雅克社長　資本金4500万円

〒300-2352　茨城県つくばみらい市小島新田　TEL0297-58-1216(茨城GC内)
①茨城GC(36H、茨城)　②額田GC(36H、愛知)
【㈱Sasson】①札樽GC(18H、北海道)
【太宰府ニュータウン㈱】①太宰府GC(18H、福岡)
▽東京都民G場は打球事故防止のため9H閉鎖しH19年4月1日から9H営業、日観興業㈱の古賀始会長がH20年4月4日死去、東京都民G場はH21年3月末で撤退・新経営者が新東京都民G場としてH22年4月1日再オープン、日観興業㈱はH23年7月1日商号変更、茨城GCは東Cのワングリーン化工事を約半年間かけ終了しH23年7月36H営業に戻す、㈱NikkanはH28年9月1日新設分割実施・新設会社は㈱Sasson(畑中史雄代表)で札樽GC(18H、北海道)のゴルフ事業及び朝里川スキー場のスキー事業を承継

【市川ゴルフ興業グループ】　既28(531)
　★㈱市川ゴルフ興業　市川金次郎代表取締役　※㈱市川造園土木の市川金次郎会長の個人事業
　〒178-0061　東京都練馬区大泉学園町8-18-10　TEL03-3925-0039
＜㈱ロイヤルヴィレッジゴルフ倶楽部　TEL03-3925-5489＞
①霞山CC(18H、群馬)　②ストークヒルGC(18H、兵庫)　③ハイビスカスGC(18H、宮崎)
④宮崎国際空港CC(18H、宮崎)　⑤富士川CC(18H、山梨)　⑥思い川GC(旧・思い川東急GC、18H、栃木)
＜㈱市川ゴルフ興業＞
①秋田森岳温泉36G場(36H、秋田)　②サンフォレストGC(18H、岡山)　③みちのく古都GC(18H、岩手)
④湯田高原CC(18H、岩手)　⑤朝日CC(18H、山形)　⑥ザ・サードプレースCC(18H、三重)
⑦甲府国際CC(18H、山梨)　⑧大山カメリアCC(18H、富山)　⑨根羽CC(旧・東名根羽CC、18H、長野)
＜個別企業＞
①八洲CC(18H、栃木)　②佐野クラシックGC(18H、栃木)　③ブルーラインCC(18H、山口)
④阿賀高原GC(27H、新潟)　⑤平谷CC(18H、長野)　⑥出雲空港CC(18H、島根)
⑦下田城CC(18H、新潟)　⑧イーストヒルGC(18H、新潟)　⑨きぬがわ高原CC(18H、栃木)
⑩赤穂CC(18H、兵庫)　⑪下呂CC(18H、岐阜)　⑫赤穂国際CC(18H、兵庫)
⑬東海CC(18H、兵庫)
▽市川会長は美並CCを破産準備の㈱さくらんぼ高原総合開発(H18年1月自己破産申請)から買収し美並ロイヤルCCとしてH18年3月から営業、会員に預託金全額を返還した思い川東急GCをH18年6月1日に営業譲渡受ける、ゴルフ場名を思い川GCに変更しパブリックで営業、ル・ペタウGは経営の㈱ハートランドがH18年12月5日に再生計画認可決定で傘下に、ブルーラインCCはH18年12月に三菱マテリアル系列から同CCを経営する西日本開発㈱の株式を㈱市川ゴルフ興業が取得し傘下に、破産した秋田森岳温泉36G場(36H、秋田)は、破産管財人とH19年4月9日に譲渡契約を結びH19年4月25日に再オープン、三洋電機グループからサンフォレストGC(岡山)をH19年10月末買収(事業会社の再生計画案はH20年2月15日認可)、㈱市川ゴルフ興業がみちのく古都GCをH20年4月1日から経営受託し関連に掲載、福田組から阿賀高原GC(27H、新潟)と新潟市の練習場施設所有の㈱AGAの全株式を市川グループの㈱市川ゴルフ興業がH20年8月21日に取得、みちのく古都GC(18H、岩手)はH21年8月13日競売により土地建物取得、H20年4月21日に再生法を申請した錦秋開発㈱経営の湯田高原GC(18H、岩手)をH21年12月24日事業譲渡受ける、平谷CC(18H、長野)はH22年1月12日経営会社株式を買収、ル・ペタウG(18H＝他9Hは閉鎖中、北海道)H22年2月に経営会社株式を㈱太陽(リレントCC早来C等経営)に売却、H22年2月5日に再生法を申請した出雲空港CC(18H、島根)のスポンサーに内定、出雲空港CCの再生計画認可でグループ入り、㈱ロイヤルヴィレッジゴルフ倶楽部は新設会社にグリーンウッドCCの事業を承継(H22年11月)・H23年5月末グリーンウッドCCを売却(売却先未公表でコースは震災禍のため閉鎖中)、下田城CCはH23年6月22日に㈱スルガコーポレーションから取

得、破産の朝日CC(18H、山形)をH24年5月14日付けで取得、ザ・サードプレースCC(旧・ザ・サードプレースCC雲出川C、18H、三重)を破産管財人から買収しH24年6月29日オープン、相鉄グループから甲府国際CC(18H、山梨)をH24年12月21日に取得、H25年3月29日に大山カメリアCC(18H、富山)を破産管財人から取得し再開場、H25年10月新設分割で㈱霞山カントリー倶楽部を新設、イーストヒルGC(18H、新潟)を一正蒲鉾からH26年3月取得、東名根羽CC(18H、長野)を東名ゴルフから市川ゴルフ興業が取得しH26年5月1日より「根羽CC」にコース名を変更し経営開始、きぬがわ高原CC(18H、栃木)H26年5月9日付けでPGMグループから新設分割で下部市川ゴルフ興業が株式引受け、赤穂CC(18H、兵庫)をH27年3月31日付けでユニチカからゴルフ場会社の株式を取得、美並ロイヤルCC(旧・美並CC、18H、岐阜)は収益向上見込めずH27年12月15日をもって閉鎖、マグノリアCC(18H、宮城)はH28年12月末をもって業務終了

▼市川ゴルフ興業をスポンサーとした㈱下呂CCの再生計画案がH29年6月に可決しグループ入り、また市川ゴルフ興業はH30年1月31日にダイワボウから㈱赤穂国際CCの全株式取得し買収、H30年3月30日に東海CC(18H、兵庫)保有の㈱ヤマトハウジングの株式を取得、この1年間に新たに3コース取得

【市川造園土木グループ】 既8(180)
　★㈱市川造園土木　市川勝俊社長　TEL03-3925-2323
　〒178-0061　東京都練馬区大泉学園町8-18-10　TEL03-3925-5477(市川総業㈱=ゴルフ場運営)
　東京CC本社=TEL03-3925-5656　チェックメイトCC本社=TEL03-3925-5666
①東京CC(27H、神奈川)　②美里GC(18H、埼玉)　③チェックメイトCC(18H、神奈川)
④盛岡南GC(27H、岩手)　⑤美里ロイヤルGC(18H、埼玉)　⑥児玉CC(27H、埼玉)
⑦江刺CC(27H、岩手)　⑧花咲CC(18H、山梨)
▽盛岡南GC経営の㈱盛岡南ゴルフ倶楽部と江刺CC経営の㈱江刺カントリー倶楽部の2社がH22年12月16日に民事再生法を申請・自主再建目指す・H23年10月再生計画可決、岡山西GC(18H、岡山)はH26年5月1日付けでアドミラルキャピタル㈱傘下に、大間々CCはH27年2月1日に代表者が柴崎智洋氏に交代しグループから離れる、埼玉長瀞GCはH27年4月から運営会社の代表者が交代し市川グループと表明せず、美里GC及び美里ロイヤルGCはH27年12月4日民事再生法申請・自主再建型の再生計画案がH28年6月1日可決、花咲CCはH29年3月10日民事再生法申請
▼児玉CCはH30年3月13日民事再生法申請

【今井建設】 既1(18) 認1(18)
①ハッピーバレーGC札幌(旧・ハッピーバレーGC、18H、北海道)
②オークスGC白老C(18H=認、北海道)
▽戸建住宅やマンション分譲等を行う㈱今井建設(今井眞会長、今井隆社長、京都市右京区、TEL075-312-1199)、ハッピーバレーGCを経営する樺戸開発産業㈱(旧・マルホ観光開発㈱)がH21年5月特別清算申請しH22年3月26日に特別清算協定可決、同開発の新設分割で設立された伊達山倶楽部㈱を承継しH22年6月に名称変更、ゴルフ場経営進出

【植木組】 既1(18)
①柏崎CC(18H、新潟)
▽柏崎CC経営の高浜観光開発㈱(植木組が52%出資)は自主再建型の再生計画案がH17年5月20日認可決定

【植村組(南九州開発=ブルーパシフィックC)】 既5(90)　http://www.uemuragumi.co.jp/
　★南九州開発㈱　植村一社長　資本金3000万円
　〒895-1203　鹿児島県薩摩川内市樋脇町市比野315　TEL0996-21-0555

ゴルフ特信・ゴルフ場企業グループ＆系列【建設・造園・土木】

①奄美CC（18H、鹿児島）
【南日本開発】①大隅CC（18H、鹿児島）　②南九州CC伊集院C（18H、鹿児島）
【グリーンヒル】①グリーンヒルCC市比野C（18H、鹿児島）
【西原カントリー】①阿蘇グリーンヒルCC（18H、熊本）
▽㈱西原カントリーはH14年5月民事再生法申請（H15年6月再生計画成立）、九州開発㈱はH17年9月に分社化、南日本開発㈱を新設、南九州開発㈱の本社はH20年4月に移転、奄美CCは閉鎖した増設9Hが自衛隊のミサイル基地構想に検討されると話題に、H28年4月に発生した熊本地震により阿蘇グリーンヒルCCはH29年4月1日営業再開

【大林組】　既3(63)　http://www.obayashi.co.jp/
＜茨城グリーン開発㈱＞①ディスターGC（27H、千葉）　②オールドオーチャードGC（18H、茨城）
＜系列＞①ダンロップGC（18H、兵庫＝住友ゴム工業と共同で運営は住友ゴム工業）
▽名取GC（18H、宮城）はH16年12月で営業終了、用地を県に返還する仙台CCが名取GCを買収してH17年4月から仙台CC名取Cとして営業、押部谷GC（18H＝建、兵庫）は開発断念で計画取り下げ、大林組が40％出資し関連で掲載していた阿蘇ハイランドGC（現・コスギR阿蘇ハイランドGC、18H、熊本）はH17年9月に熊本のコスギ不動産に売却、日本生命グループが経営していたオールドオーチャードGC（18H、茨城）を買収しH18年2月から改修のためクローズ・同5月28日再オープン、山陽グリーンGC及び厚狭GCはH27年9月30日にユニマットグループへ売却

【大本組】
▽秩父国際CC（18H、埼玉）を経営する㈱秩父GCは全株式をH18年9月15日付けでアコーディアGに譲渡、坂出CC（18H、香川）はH25年11月15日付けでタカガワグループに売却、これにより系列ゴルフ場なくなる

【鹿島建設】　既7(138)認(18)　http://www.kajima.co.jp/
　★鹿島建設㈱　TEL03-5544-1111　※経営は各社、統括は関連事業部
①鹿島南蓼科GC（18H、長野）　②高坂CC（36H、埼玉＝旧・住銀と共同）　③森林公園GC（18H、埼玉）
④那須ちふり湖CC（18H、栃木）　⑤プレジデントCC軽井沢C（旧・浅間スポーツアリーナ・CC、18H、群馬＝運営も担当）
＜系列＞①旧軽井沢GC（12H、長野）　②当間高原RベルナティオGC（18H＋18H＝認、新潟＝鹿島・東電主体の三セク）
＜関連＞①越後GC（18H、新潟＝三セク、15％未満の出資で非連結）　②ザ・CC・ジャパン（18H、千葉＝他社と共同出資）
▽鹿泉興産系のプレジデントCC（27H、栃木）はH18年3月末サクセス・プロに売却、鹿島建設はH18年3月末に鹿泉興産（H18年4月に解散を決議）の株主から撤退、海外・関連のファアライGC（18H、ハワイ＝H18年4月までGCEと共同）はH18年6月1日に売却、喜連川G場（18H＝建、栃木）はH18年夏事業廃止し開発断念、那須ちふり湖CCで余剰地利用しメガソーラー建設
▼アングルブルックGC（18H、米）とサンタンドレオールGC（18H、仏）は関係が薄い等の理由から削除

【関西緑建グループ】
▽㈱関西緑建はプロゴルファーの牛島義則氏が代表を務める、H13年5月に中国GCを競落し同6月1日からアイリスCCとコース名変更しゴルフ場経営に初参画、H21年1月26日に再生法を申請した白須那CC（18H、山口）のスポンサーとなりグループ2コースに、アイリスCC（旧・中国GC、18H、広島）は営業不振でH27年11月30日から閉鎖、白須那CC（18H、山口）がH29年3月末をもって閉鎖、これにより関西緑建グループゴルフ場なくなる

【北野建設】　既1(18)
①川中嶋CC（18H、長野）

▽北野建設の子会社で木曽CC(18H、長野)経営の木曾高原開発㈱はH20年5月30日再生法申請、リベラホールディングス㈱(広島県呉市)グループオーナーの山本憲治会長が100%出資するＴ＆Ｔ㈱(竹本芳基代表取締役)にH20年12月10日事業譲渡で系列ゴルフ場が減少、川中嶋CCは南コース9Hを閉鎖し練習場整備・残り用地は北野建設がメガソーラーに転用

【協和道路】　既1(18)
①久万CC(18H、愛媛)
▽上海GC(18H、中国)は現地企業に売却、テンプラーパークCC(18H、マレーシア)は地元のバセッティ社へ売却・ただし運営及び管理は引続き行っている

【近畿建設グループ】
▽けやきヒルCC(18H、兵庫)はH17年10月民事再生法申請しスポンサー先は同CCの株式取得したチェリーゴルフグループに内定も一転してH18年4月30日に会社更生手続きとなりH19年3月31日に更生計画案認可で同CCはオリックスグループへ、大津CC西C(18H、滋賀)と大津CC東C(27H、滋賀)を経営する㈱大津CCはH20年3月17日債権者から更生法適用申請受ける・同3月31日更生手続開始決定(更生管財人小松陽一郎弁護士)、H20年12月25日付けで㈱大津CCの更生計画案が認可決定でアコーディア・グループに、系列ゴルフ場なくなる

【櫛谷組(湯田上CC)グループ】　既2(36)
①湯田上CC(18H、新潟)　②ノーブルウッドGC(旧・新潟紫雲寺公園GC、18H、新潟)
▽再生法の新潟紫雲寺公園GCの営業譲渡を受け、ノーブルウッドGCとしてH14年7月オープン、湯田上CC(18H、新潟)はH24年1月23日再生法申請・櫛田組の支援受け自主再建目指す・H24年8月再生計画案認可・H25年4月22日付けで再生手続終結決定

【熊谷組】
＜関連＞芦原GC(36H、福井=株主会員制)
▽江南バードレイクCC(埼玉)をH14年2月末に太平洋クラブへ売却、熊谷組は会社分割でH15年10月に不動産関連を資本関係のないニューリアルプロパティ㈱に移管、建設業に専業する熊谷組は資本関係のある株主会員制の芦原GCのみに、ハイアット・リージェンシー・クーラム(18H、豪)はH15年に豪企業に売却
＜ニューリアルプロパティ㈱系列＞　既2(63)　※TEL03-3262-2005　債権管理部で売却等も検討
①山代GC(旧・ダイヤモンド山代GC、36H、石川=100%出資)　②敦賀国際GC(27H、福井=36.5%出資)
＜関連＞ドリーム九重(27H=認、大分)
▽山代GCはH16年7月に再生法申請・H17年1月12日に自主再建型の再生案成立、ニューリアルプロパティは北海道GCの持ち株分をH18年3月に処分、ニューリアルプロパティ系列の北海道GC(旧・北海道GC苫小牧C、36H、北海道=グループ70%で出資)はH18年5月11日に再生法申請・スポンサーは一部上場の㈱アーバンコーポレイションでH18年10月再生計画認可、インターナショナルGC(18H=認、熊本)はH18年3月事業廃止で削除、ミサノCC(18H=建、岐阜)はH19年3月事業廃止で削除、五洋CC岩間C(18H=認、茨城)は債権手放したためH19年に削除、ミルフィーユGC(18H、千葉=グループ70%で出資)はH19年12月18日再生計画認可でPMC系のPSRに

【土地興業系】
▽南紀観光㈱のH17年4月再生計画案成立、スポンサー先に譲渡され2コースがグループ離脱、南総CC(36H、千葉)とニュー南総GC(18H、千葉)の2コースはH18年11月1日に各ゴルフ場の経営会社の株式をGSグループに売却したため、土地興業系列のゴルフ場はなくなる

ゴルフ特信・ゴルフ場企業グループ＆系列【建設・造園・土木】

【鴻池組】
＜関連＞みなみ霧島CC（18H＝認、鹿児島）
▽林田産業交通の破産でリンデンパークCGCと、みなみ霧島CCを引受け、レークスワンCC（山口）は市に売却打診も市が応じず、施工した関係で系列会社が保有していたリンデンパークCGC（18H＝建、鹿児島）は売却、レークスワンCC（27H、兵庫）とレークスワンCC美祢C（18H、山口）はH24年8月8日付けで建設仮設機材の㈱三共グループに売却

【國場組】　既1（18）
①ジ・アッタテラスGR（旧・海邦CC、18H、沖縄）
▽那覇CC（現・那覇GC、18H、沖縄）をH12年12月沖縄製糖グループに、福岡レイクサイドCC（18H、福岡）をH12年5月ミサワセラミックホームに売却、元社長が関与した海邦CCは國場組と系列会社を受け皿とする再建計画進める、旧・海邦CCを経営する海邦興産㈱は新会社・ティーアールエム㈱に施設を譲渡後に債務処理・会員継承を行ってH15年1月破産

【佐藤工業】
＜関連＞①糸魚川CC（18H、新潟）　②氷見CC（18H、富山）
▽佐藤工業はH14年3月3日に会社更生法適用申請、系列の大多喜CC（27H、千葉）の株式をみずほグループ親密企業に売却、佐藤工業はH15年3月末更生計画認可、GC小松P（18H、石川）をH15年9月に小野グループ（当時は相武CCも経営）に売却、糸魚川CC（18H、新潟）は自主再建型の再生計画案がH16年10月成立、系列で許認可済みの鴨川Rビレッジ（18H計画、千葉）はH18年7月に事業廃止

【旧・清水興産】
▽清水興産はH15年12月に破産会社となるも関連事業は別会社で継続も紀州葵CC（27H＝認、和歌山）はH18年1月事業廃止届正式受理で系列ゴルフ場消滅、紀州葵CC（27H＝認、和歌山）を進めていた㈱紀州葵はH21年2月25日に破産手続開始に

【鈴縫工業グループ】　既1（18）
①白帆CC（18H、茨城）
▽鈴縫工業から離脱した金砂郷CC（18H、茨城）と会津河東CC（27H、福島）2コース経営の鈴縫観光はH16年2月25日再生法申請、自主再建型の再生計画がH16年10月認可（その後会社分割で金砂郷CCはPMC系に、会津河東CCは韓国系に）

【大成建設グループ】　既1（18）
①軽井沢高原GC（18H、群馬）
▽アドニス小川CCをH13年2月にオリックスに売却、東条GCとつくでCCの経営会社は資本を増減資し財務体質強化、日光インターCC（旧・日光ICCC、18H、栃木）を同じ芙蓉グループでもある東京建物にH16年3月末売却、つくでCC（現・つくでGC:カムズ、18H、愛知）はグループから削除・東京建物グループに、石見空港GC（18H、山口＝旧・山之内製薬等と）は萩国際大学が買収し関連からも外す、東京建物系のジェイゴルフに東条GC（18H、兵庫）をH20年1月末、白河高原CC（18H、福島）をH20年3月末売却

【大和ハウス工業】 既10(189)　http://www.daiwaroyalgolf.jp/
　★ダイワロイヤルゴルフ㈱　柴山良成社長　資本金5000万円
　〒135-0063　東京都江東区有明3-7-18有明セントラルタワー10階　TEL03-3527-5910
　※大和ハウス工業㈱はH13年4月に大和団地を吸収合併、ゴルフ場運営はH19年4月大和リゾート㈱からダイワロイヤルゴルフに
①鹿部CC駒ケ岳ロイヤルC(18H、北海道)　②宮城蔵王CCロイヤルC(18H、宮城)
③アローエースGCロイヤルC(18H、栃木)　④能登GCロイヤルC(27H、石川)　⑤タートルエースGC(18H、三重)
⑥伊勢志摩CCロイヤルC(18H、三重)　⑦コムウッドGC(18H、滋賀)　⑧シプレCC(18H、奈良)
⑨佐賀ロイヤルGC(18H、佐賀)　⑩高千穂CC霧島ロイヤルC(18H、鹿児島)
▽H19年4月に大和ハウス工業はリゾート事業を大和リゾート㈱に譲渡、ゴルフ場部門は4月1日付けで設立したダイワロイヤルゴルフ㈱(タートルエースGC内、馬岡清周代表)に運営委託、会員預託金・ゴルフ場資産は従来通り大和ハウス工業が保有、コムウッドGCは預託金償還期限が到来し退会者に償還するためH20年4月21日から一時名変停止、アローエースGCロイヤルC(18H、栃木)シプレCC(18H、奈良)宮城蔵王CCロイヤルC(18H、宮城)で預託金返還での新規会員募集を実施、タートルエースGCで預託金返還対策・H26年6月から会員権の名変を停止し正会員92・4万円募集開始、ダイワロイヤルゴルフ㈱はH29年4月1日付けで柴山良成社長が就任・同6月1日付けで本社事務所をタートルエースGCから東京都江東区有明に移転

【竹中グループ】
【竹中工務店・竹中土木】　海1(18)
＜海外＞①ポイプベイGC(旧・ポイプベイRGC、18H、米)
▽平谷CC(18H、長野)はH16年3月19日に鈴木総本社(現・鈴木商会)に売却、金沢GC(18H、石川)及び北陸グリーンヒルG(18H、石川)はH18年12月にアコーディアGが全株取得しグループから離れる、ポイプベイRGCはグリーン芝をパスパラムに張替えH22年12月再開場しゴルフ場名からリゾートを外す

【千代田アクタス(磯子CC)系】　既2(36)
①磯子CC(18H、神奈川)　②キングフィールズGC(18H、千葉)
▽再生計画成立でキングフィールズGC(18H、千葉)をH13年10月買収、キングフィールズGCの余剰地にメガソーラー建設

【飛島建設グループ】
【関連・飛島都市開発】
▽飛島都市開発の関連だった、いわきグリーンヒルズCC(18H、福島)は㈱協和コーポレーション(高橋博之代表、東京都港区)のグループ会社に売却され「ヘレナ国際CC」としてH20年6月再オープン

【那須ナーセリー】
▽H16年3月15日にサンライズCC(18H、茨城)を旧・読広グループから買収もその後売却、ちなみにサンライズCCはH22年4月には経営権を取得した東邦グローバルアソシエイツ㈱(H22年8月にクレアホールディングスと商号変更)の新体制となる、参考で掲載していた黒磯高原GC(18H=ショート、栃木)はH22年2月28日をもって閉鎖済みで一時メガソーラー計画浮上も断念

【日成工事】　既1(27)
①長野国際CC(27H、長野)
▽ガーデンバレイCC(27H=閉鎖してメガソーラー転用、福島)とは資本関係なくなる、長野国際CCで「ザ・ファースト・ティ」ジュニアプログラムに基づきジュニア育成活動をスタート

【日本国土開発】
＜関連＞小野グランドCC（36H、兵庫）
▽アンビックス函館C上磯GC（18H、北海道＝運営）は経営会社破産も売却されるまで運営は小野グランドが引受け、エヴァンタイユGC（18H、栃木＝日債銀と）はローンスターグループへ、アンビックス函館C上磯GCは従業員が買い受け、小野グランドとは資本関係なくなるも親密会社で関連に

【長谷エコーポレーション】
▽ホアカレイCCはH18年着工しH21年1月12日グランドオープン、会員制で共同事業者は米国のクラブコープ、ホアカレイCC（18H、ハワイ）はH26年12月1日に平川商事㈱グループに売却

【ビック（旧・大明建設）】 既1（18）
①熊本クラウンGC深田C（18H、熊本）
▽熊本クラウンGCオーシャンドリームC（18H＝建、熊本）はH22年中に廃止届提出し削除、㈱ビック（H20年に大明建設㈱から商号変更）はH23年8月任意整理へ、熊本クラウンGC深田Cは関連会社の㈱熊本クラウンゴルフ倶楽部が運営、熊本クラウンGC会員らが預託金の返還を求め提訴

【㈱福島総合開発（旧・真田興産）】 既2（45）
①アローレイクCC（18H、福島） ②アリスト本別GC（旧・高原ヴィレッジの森本別＆GC、27H＝休業中、北海道）
▽アリスト本別GCはH15年10月にオープン、アローレイクCCはH25年から18H営業に、グループ名を真田興産から㈱福島総合開発に変更、アリスト本別GCは入場者減でH27年は休業

【本間組】 既1（36）
①紫雲GC（36H、新潟）
▽一部出資していた紫雲GCを子会社設立して買収し再建、H17年12月中峰GC経営の豊浦起業㈱が再生法申請、スポンサー先はPGグループに内定、中峰GC（18H、新潟）はH18年7月19日にPGグループをスポンサーとした民事再生計画が成立しグループから離脱

【前田建設工業】 既1（18）
①ウィーゴCC（旧・篠ノ井Gパーク：ウィーゴ、元・更科CC、18H、長野）
▽東京建物への運営委託はH16年3月末で解消、篠ノ井Gパーク：ウィーゴはH27年3月にウィーゴカントリー倶楽部にコース名変更

【本山】 既1（27） ※関連会社・㈱本山グリーン管理（本山博文社長、北海道苫小牧市、ゴルフコース管理請負）
①八千代CC（27H、広島）
▽藤和不動産からH17年3月に2コースを買収、本山グリーン管理はミサワリゾート（現・リゾートソリューション）とコース管理請負の㈱SEED330（現・㈱SEED）を展開、藤和那須CC（現・那須伊王野CC、27H、栃木）のコース・社名を那須伊王野CCに変更しH17年7月民事再生法申請、同年11月に再生計画案成立しスポンサー先のリゾートソリューション系に経営移動

Ⅹ　報道・出版・宗教・公社・公団

【秋田魁新報社系列】　既2(54)
①秋田CC(27H、秋田)　②秋田椿台CC(27H、秋田)

【朝日放送（ＡＢＣ）系列】　既1(18)
①ABCGC(18H、兵庫)

【㈱あつまるホールディングス】　既2(36)
①あつまるレークCC(旧・トーナンレイクCC、18H、熊本)　②あつまる阿蘇赤水GC(旧・阿蘇高原GC赤水C、18H、熊本)
▽地元で就職情報誌等発行の㈱雇用促進事業会(熊本市)、H14年にトーナンレイクCC(現・あつまるレークCC、18H、熊本)取得でゴルフ場事業参入、阿蘇高原GC赤水CをH25年11月に買収し「あつまる阿蘇赤水GC」として2コース目に
▼㈱雇用促進事業会はH28年7月16日創業35周年・社名を㈱あつまるホールディングスに変更

【河北新報社系列】　既2(36)
①富谷CC(18H、宮城)　②富谷PC(18H、宮城)

【北日本新聞社】　既1(18)
①富山CC(18H、富山)

【廣済堂グループ】　既1(18)　http://www.kosaido.co.jp
★㈱トムソンナショナルカントリー倶楽部
①トムソンCC(旧・トムソンナショナルCC、18H、栃木)
▽ブレントウッドGC(36H、米)リオビスタCC(18H、米)セントアンドリュース・ザ・デュークスC(18H、英)の3コースはH16年に売却で削除、オールドソーンズGC(18H、英)はH19年4月2日に英国の法人に売却、H19年7月20日にG・インターナショナル・レ・ボード(18H、仏)とG・ドゥ・プリウレ・デガネ(36H、仏)を仏企業に売却、H19年8月7日にカムデンレイクサイドCC(旧・廣済堂トムソンCC、18H、豪)を売却、H20年中に海外5コースの売却した、H20年7月20日にバリハンダラ廣済堂CC(18H、インドネシア)とのマネジメント契約終了しグループから外れる、廣済堂インターナショナルGCデュッセルドルフ(18H、独)を地元個人に売却、廣済堂札幌CC(36H、北海道)と廣済堂トムソンCC(18H、北海道)はH21年11月20日に合同会社ケイ・アンド・ケイに売却・その後㈱廣済堂札幌カントリー倶楽部は投資会社の合同会社JSGキャピタル(東京都港区西麻布3-2-13、野口信也代表社員)の子会社となり自主再建型の再生計画がH22年12月21日認可決定、廣済堂はH23年1月28日にロンボック廣済堂CC(18H=建、インドネシア)をインドネシアの実業家に売却することを発表、GCアンブロシアーノ(18H、伊)はH23年春に売却済み、廣済堂開発㈱はH24年11月28日に新設分割で㈱トムソンナショナルカントリー倶楽部を設立しトムソンナショナルCC(18H、栃木)と北京朝陽廣済堂GC(9H、中国)のG場事業を譲渡、廣済堂㈱は国内3コース海外2コースが関係する廣済堂開発㈱と㈱千葉廣済堂カントリー倶楽部と㈱廣済堂埼玉ゴルフ倶楽部と海外法人をH25年3月27日付けで富士合同会社に譲渡、トムソンナショナルCC経営の㈱トムソンナショナルカントリー倶楽部は会員に預託金の永久債化のお願い及び運営委託のお知らせを通知、ゴルフ場運営はH27年4月1日をもって㈱トムソンに委託すると同時にコース名を「トムソンカントリー倶楽部」に変更
▼北京朝陽廣済堂GC(9H、中国)は30年間の営業契約期間満了に伴い撤退

ゴルフ特信・ゴルフ場企業グループ＆系列【報道・出版・宗教・公社・公団】

【ゴルフダイジェスト社】 既1(27)
①東名CC(27H、静岡)

【主婦と生活社】 既1(18)
①足柄森林CC(18H、静岡)
▽足柄森林CCはH20年7月に新クラブハウス完成し使用開始・周辺整備後の同年10月グランドオープン
▼上毛森林CC(18H、群馬)経営の上毛森林都市㈱がH30年2月14日自己破産申請・すでに主婦と生活社との関係が薄くなっていたため系列から除外、上毛森林CCは破産会社からノザワワールドグループが買受けH30年4月28日から上毛CCに変更して再開場

【瀬戸内海放送(KSB)】 既1(18)
①鮎滝CC(18H、香川)

【大日本印刷】 既1(27)
①宇津峰CC(27H、福島)

【チュウケイ本社】
▽2コース経営のチュウケイ本社の芦澤大造社長がH21年3月14日死去、㈱チュウケイ本社(芦澤貞春代表取締役、東京都新宿区)は㈱太白カントリークラブに秋保CCを事業譲渡しそれぞれゴルフ場を個別経営に、秋保CCはH23年4月29日に太白CC秋保Cに名称変更、北上CC経営のチュウケイ本社はH27年2月再生法申請・同年7月自主再建型の再生計画案可決
▼2コースを系列としていたチュウケイ本社だが上記通り個別経営に移行した後にチュウケイ本社が民事再生を申請・同成立後に北上CCを金谷嶺孝プロがオーナーで練習場経営の㈱バーグルが買受ける、太白CC秋保C(旧・秋保CC、18H、宮城)は㈱太白カントリークラブ(芦澤貞春代表取締役)で継続

【中国新聞】 既1(27)
①芸南CC(27H、広島)
▽㈱中国新聞文化事業社(広島市中区)が会社更生手続中の㈱穴吹ハートレイから芸南ＣＣの事業譲渡を受ける更生計画案がH22年10月31日に認可

【中日新聞】 既1(27)
①中日CC(27H、三重)
▼鈴蘭高原CC(18H、岐阜)はクラブ解散し閉鎖する案内出すも経営の御嶽鈴蘭高原観光開発㈱の株式を地元の㈱佐合木材(佐合隆治代表取締役、岐阜県美濃加茂市)に譲渡しH30年4月21日新体制で営業をはじめ系列離れる

【中部日本放送(CBC)系列】 既1(18)
①南山CC(18H、愛知)
▽H14年3月1日に稲武CC(愛知)を富士カントリーグループに営業譲渡(現在はオリックス系に)

【東京スポーツ新聞社】
▽H19年から会員制に移行し千歳国際GCから「植苗CC」に変更、H28年4月1日に日商太平へ植苗CC(現・リバーヒルGC、

18H、北海道)の経営権を譲渡しゴルフ場なくなる

【名古屋放送】
＜関連＞小原CC(18H、愛知＝三晃社メイン)
▽小原CCはH14年10月頃から会員預託金を運営の㈱小原CCの株式に転換、新規株主募集も実施

【西日本新聞社】　既1(18)
①若宮GC(18H、福岡)

【福島民報社】　既1(18)
①福島GC民報C(旧・民報C、18H、福島)
▽民報CはH23年に開場50周年で福島GC民報Cにコース名変更・会社名も㈱民報コースから「㈱福島ゴルフ倶楽部」に変更

【フジサンケイグループ】　既2(72)
㈱サンケイビル　※上場の㈱フジ・メディア・ホールディングス傘下
★㈱グランビスタホテル＆リゾート　須田貞則社長　資本金1億円
　〒104-8256　東京都中央区新川1-26-9　TEL03-3297-8603
①苫小牧GR72エミナGC(旧・三井観光苫小牧GC、54H、北海道)
②苫小牧GR72アイリスGC(旧・三井観光アイリスGC、18H、北海道)
▽フジ・メディア・ホールディングス傘下の賃貸ビル業㈱サンケイビルが㈱グランビスタホテル＆リゾートの株式を企業再生ファンドグループ(㈱ジェイ・ウィル・パートナーズ)と共同でH27年4月24日に取得・これにより苫小牧GR72エミナGC(旧・三井観光苫小牧GC、54H、北海道)と苫小牧GR72アイリスGC(旧・三井観光アイリスGC、18H、北海道)の2コースを取得

【毎日新聞社系列】
▽塩原CCは経営再編中、H17年5月から元相武総合開発社長の高橋正明氏が社長に就任もH21年11月に退任、㈱毎日放送が筆頭株主でスポーツニッポン新聞社等が出資するスポーツニッポンCC(18H、兵庫)はH24年12月19日㈱ユニテックスに売却
▼下野新聞系列で掲載していた塩原CC(27H、栃木)は経営の㈱塩原GCがH29年7月7日民事再生法を申請・すでに経営母体が事業者向け貸金業の㈱リュージー・キャピタル(東京都千代田区)に交代していたため系列から削除、その㈱塩原GCはH29年12月27日再生計画認可

【UMK(テレビ宮崎)】　既1(18)
①UMKCC(18H、宮崎)

【読売グループ】　既6(108)　http://www.yomiuriland.co.jp/
【よみうりランド系】
　★㈱よみうりランド　関根達雄代表取締役会長　杉山美邦代表取締役社長　資本金60億5303万円
　〒206-8566　東京都稲城市矢野口4015-1　TEL044-966-1131(総務)
①東京よみうりCC(18H、東京)　②よみうりGC(18H、東京)　③千葉よみうりCC(18H、千葉)
④静岡よみうりCC(18H、静岡)
【読売ゴルフ系】①よみうりCC(18H、兵庫)　②よみうりGウエストC(旧・よみうりPC、18H、兵庫)

ゴルフ特信・ゴルフ場企業グループ＆系列【報道・出版・宗教・公社・公団】

▽読売広告社はH15年10月に㈱博報堂・㈱大広と合併し持株会社・㈱博報堂DYホールディングスを設立(H17年2月東証一部上場)、一方で子会社の㈱読広企画は会社分割でサンライズCC(18H、茨城)経営の㈱サンライズCC設立し、同CCの全株式をH16年3月㈱那須ナーセリーに売却(その後那須ナーセリーもサンライズCCから撤退)しゴルフ場事業から撤退、よみうりPCはベント1グリーン化でH18年7月20日からゴルフ場名を「よみうりGウエストC」に変更、よみうりCCはベント1グリーン化のためH20年1月21日から半年間クローズしH20年7月19日リニューアルオープン、H16年にグループから離脱したサンライズCCはH24年12月まで閉鎖しメガソーラーに転用の模様、㈱よみうりランドはH29年6月22日開催の定時総会及び取締役会で上村武志社長が取締役最高顧問に就任・新社長に杉山美邦氏が就任

【桑名CCグループ】 既2(45)
①桑名CC(18H、三重)　②六石GC(27H、三重)
▽H25年4月1日付け会社分割し六石GCの経営を分離、桑名CC(http://www.kuwanacc.com/)及び六石GC(http://www.rokkoku-gc.com/)はH27年6月にホームページを新規公開

【群馬県営】 既5(90)
①上武G場(18H、群馬=スバルリビングサービス㈱群馬営業所)　②玉村G場(18H、群馬=㈱三商)
③前橋G場(18H、群馬=久松商事㈱)　④板倉G場(18H、群馬=㈱東急リゾートサービス)
⑤新玉村G場(18H、群馬=金井興業㈱)
▽県からの無償譲渡で新太田G場(9H=現8H、群馬)はH13年4月から市営、草津高原G場(18H、群馬)は同月から町営に、指定管理者制度で各ゴルフ場毎に指定管理者を選定、指定管理期間はH18年4月からの5年間、財団法人群馬県観光開発協会は県内団体の再編・統合でH19年4月1日から新設の財団法人群馬県国際協会に変更、群馬県は指定管理者を再度選定、前橋G場はライジングプロモーション㈱がH23年3月末で外れH23年度は県直営に、新玉村G場は金井興業が引き続き担当も共同で参画していたPGMは撤退、前橋G場はスーパーマーケット展開の㈱フレッセイホールディングス(前橋市)が指定管理者となりH24年4月から28年3月までの4年間運営、玉村G場はH27年度までにクラブハウス建替え、県営5コースのH28年4月からの指定管理者が決定・前橋G場が久松商事㈱(前橋市)に決定し、その他4コースは従来通り

【神戸市営】 既2(45)
①北神戸G場(旧・神戸国際CC北神戸G場、27H、兵庫)　②西神戸G場(旧・神戸国際CC西神戸G場、18H、兵庫)
＜参考＞しあわせの村　すずらんG場(旧・神戸国際CCすずらんC、9H=ショートコース、兵庫=東光ローンコンサルタント㈱が受託)
▽神戸国際CCの2コースは㈱チュウブが経営を受託、受託期間は北神戸がH19年4月～25年3月までの6年間、西神戸がH20年4月～25年3月までの5年間、ショートコースの神戸国際CCすずらんCは東光ローンコンサルタント㈱がH19年4月～H22年3月まで運営受託、㈱チュウブの運営受託で北神戸G場がH19年4月、西神戸G場がH20年4月から神戸国際CCの冠を外す

【埼玉県営】 既3(63)　http://www.river-golf.com/
★㈱さいたまリバーフロンティア　水野博人社長　資本金1億3000万円　※H12年4月から民営化で県や地元市町・民間出資で県のゴルフ場の経営を移管、H21年4月から上里町保有となった上里G場も運営継続
〒355-0104　埼玉県比企郡吉見町大字地頭方680　TEL0493-54-9091
①吉見G場(旧・埼玉県県民G場、27H、埼玉)　②大麻生G場(旧・県営大麻生G場、18H、埼玉)
③妻沼G場(旧・県営妻沼G場、18H、埼玉)
＜関連・運営受託＞上里G場(旧・県営上里G場、18H、埼玉)
▽埼玉県、サッポロビール、三国コカ・コーラボトリング等出資、吉見G場は台風災害の東Cを9H閉鎖し全体で27Hに、上里G場(旧

・県営上里G場、18H、埼玉）はH21年4月1日に児玉郡の上里町に無償譲渡・運営は㈱さいたまリバーフロンティアが従来通り継続、大麻生G場でクラブハウス新築完成

【一般社団法人札幌GC】　既2(36)
①札幌GC輪厚C(18H、北海道)　②札幌GC由仁C(18H、北海道)

【長野県公社公団】　既1(18)
①富士見高原GC(18H、長野)
▽飯綱高原GC(9H、長野)は県の外郭団体の見直しからH17年4月に牟礼村に売却・牟礼村(現・飯綱町)の三セクで運営へ・その後三セクの飯綱リゾート開発㈱は特別清算申請しH21年夏にも飯綱高原GCを民間に譲渡方針

【野田市営】　既2(36)
①野田市PG場ひばりC(18H、千葉)　②野田市PG場けやきC(18H、千葉)

【PL教団】　既3(63)
　★㈱光丘　堂徳美社長　資本金4億7000万円
　〒584-0091　大阪府富田林市新堂2176　TEL0721-25-3993
①聖丘CC(27H、大阪)　②光丘CC(18H、大阪)
＜参考＞光丘PG場(27H＝ショート、大阪)

【㈱泉国際ゴルフ場】①泉国際GC(18H、宮城)
▽泉国際GCはH21年1月5日から3月19日までクラブハウス等改装工事終了、島原CC(18H、長崎)はH26年3月に韓国産業洋行グループ(エイチ・ジェイ)に売却、総丘CC(18H、千葉)はH27年3月17日に新設分割により富津ゴルフ㈱を設立してPGMグループに売却

【広島CCグループ】　既2(36)
①広島CC西条C(18H、広島)　②広島CC八本松C(18H、広島)

【三好ゴルフ倶楽部(土地管理会社、旧・中京国際CCグループ)】　既2(54)
①三好CC(36H、愛知)　②荘川高原CC(18H、岐阜)
▽H17年2月に㈱中京国際CCから「㈱三好GC」に商号変更

【山口福祉文化大学(旧・萩国際大学)】　既1(18)
①萩・石見CC(旧・萩・石見CC萩国際大学C、元・石見空港GC田万川C、18H、山口)
▽H16年4月にゴルフ文化コースを開設した萩国際大学(学校法人萩学園)が山之内製薬グループの不動産会社からゴルフ場買収、運営はパブリックで民間の萩石見CC㈱に委託、学校法人萩学園がH17年6月民事再生法申請、㈱塩見ホールディングスをスポンサーとした再生計画案がH18年1月成立、従来通り萩石見CC㈱に運営委託して継続保有、新体制で大学名が変更となりゴルフ場名も変更、学校法人萩学園はH24年1月からこおりやま東都学園に経営交代・H24年6月再生法申請・同12月再生計画可決

主な運営受託企業　※ゴルフ場名は運営受託コース

【㈱ゴルフ・アライアンス】　TEL03-6688-1600　※アコーディア・ゴルフ系
①札幌リージェントGC新C・旧C（旧・廣済堂札幌CC36、36H、北海道）
②札幌リージェントGCトムソンC（旧・廣済堂トムソンCC18H、北海道）　③タカガワオーセントGC（18H、兵庫）
▽H23年10月にコンサル契約を結んだ廣済堂札幌CC36と廣済堂トムソンCCをH24年4月1日から運営受託、コース管理、レストラン業務を含めH19年9月1日に受託運営した三州CC（18H、鹿児島）は不況を理由に閉鎖したため、H25年10月31日に契約解除、H26年3月1日にタカガワグループのタカガワオーセントGCの運営を受託

【㈱チュウブ】　※芝の生産・販売、コース管理・改造工事等、ショートコースの神田GC（18H、鳥取）も経営
　〒689-2304　鳥取県東伯郡琴浦町逢束1061-6　TEL0858-53-1771　※鳥取は本店、東京本社TEL03-5640-8122
①米子G場（18H、鳥取）　②北神戸G場（旧・神戸国際CC北神戸G場、27H、兵庫）
③西神戸G場（旧・神戸国際CC西神戸G場、18H、兵庫）　④宝塚高原GC（18H、兵庫）　⑤水島GL（18H、岡山）
▽米子G場はH18年4月から経営受託、神戸国際CCの2コースは北神戸がH19年4月～25年3月までの6年間、西神戸がH20年4月～25年3月まで5年間運営受託、ショートの神戸国際CCすずらんCはH19年4月～22年3月まで運営受託、㈱チュウブは経営受託のためH19年4月から北神戸G場、H20年4月から西神戸G場の名称について神戸国際CCの冠を外す、H23年4月から宝塚高原GCの運営を全面受託、H26年10月から水島GL（18H、岡山）の運営受託

【㈱ティアンドケイ】　㈱T＆K　※川田太三氏関連、大株主は㈱ビーロット
　〒106-0043　東京都港区麻布永坂町1　麻布パークサイドビル1F　TEL03-3560-6381
①敦賀国際GC（27H、福井＝子会社の㈱GT&Kが保有、H28年9月再生会社から取得）
＜運営受託＞
①ノースショアCC（18H、茨城＝韓国系BANDOから受託）　②若洲GL（18H、東京＝指定管理者グループの1社に）
＜コンサル契約＞
①小杉CC（18H、富山＝ITXグループと契約）　②大阪GC（18H、大阪＝南海電鉄系と）
③橋本CC（27H、和歌山＝南海電鉄系と）　④北軽井沢嬬恋GC（旧・パルコール嬬恋GC、18H、群馬）
▽ノースショアCCはH16年11月に親会社がムーアグループから韓国のBANDOグループに変更、H16年12月から小杉CCの運営を受託（ITX子会社のミネルヴァ債権回収㈱関連の中間法人から受託）、若洲GLの指定管理者グループの1社に、川田氏が更生手続中の東京国際CC管財人に就任、成田GC（18H、千葉＝オービスグループから受託）はH18年にGSグループ傘下となり運営受託をH18年4月までで解消、東京国際CCと桜GCはH19年4月末に更生計画認可決定確定で運営受託、大阪GCをH19年6月1日から運営受託（支配人1名と副支配人2名を派遣）、㈱BANDO JAPANが取得した加茂GCの運営をH20年11月16日から受託、櫛形GC（旧・ミサワカーディナルGC、18H、新潟＝ITXグループから受託）はH22年11月で契約解消、H23年4月1日に橋本CC（27H、和歌山）とコンサル・人材派遣契約、東京国際GCはH24年4月23日にシャトレーゼ・グループ入りしたこともありH24年6月末に運営受託契約を解消、運営受託していた加茂GC（18H、千葉＝韓国系BANDOから受託）リニューアル工事を実施するに当たり契約解消、大株主でもあるマックアースから鷲ケ岳高原GC（18H、岐阜）の運営受託、H27年6月リニューアルオープンの北軽井沢嬬恋GC（旧・パルコール嬬恋GC、18H、群馬）を運営受託、民事再生法を申請した敦賀国際GCを子会社の㈱GT&Kが取得し傘下に
▼マックアース系の鷲ケ岳高原GC（18H、岐阜）との契約消滅、国際桜GC（旧・桜GC、27H、茨城）はH30年2月末運営受託解除、H30年3月29日にマックアース等から㈱ティアンドケイ株式53・1%を不動産再生事業で東証一部上場の㈱ビーロット（宮内誠

社長）が取得

【東急リゾートサービス】　※東急不動産系　直営は東急グループ参照
①サミットGC（18H、茨城=業務提携）　②板倉G場（18H、群馬=指定管理者=H18年4月から）
③川崎国際生田緑地G場（18H、神奈川）
▽東急不動産グループの㈱東急リゾートサービスと㈱石勝エクステリア（東京都世田谷区）が共同事業体を結成しH25年3月29日に川崎市と同ゴルフ場の管理及び運営に関する基本協定書を締結・管理期間はH25年4月1日からH30年3月31日までの5年間。市に支払う納付金は年間3億5200万円

【トミーグループ】
　トミーリゾート㈱　富岡純一代表取締役　※ゴルフ会員権業のトミーヒルズ㈱の関連会社
　〒110-0005　東京都台東区上野5-8-5　CP10ビル4F　TEL03-3839-1031
①トミーヒルズGC鹿沼C（旧・双園GC栃木C、18H、栃木）
▽H26年9月から双園GC栃木C（栃木）の運営を韓国系のケイビーアイジャパン㈱から受託しH27年3月トミーヒルズGC鹿沼Cとしてリニューアルオープン、これに伴い25年7月リニューアルオープンしたトミーヒルズGC（旧・栃木ウッズヒルGC、栃木）はトミーヒルズGC栃木Cに名称変更、トミーヒルズGC（旧・栃木ウッズヒルGC、栃木）は所有会社がメガソーラーへの転用（売却）を決めたためH28年7月3日に閉鎖

【パシフィック・ゴルフ・マネージメント（PGM）】　※PGMグループ、グループ外からの受託コース
①サンヒルズCC（36H、栃木=リース契約）　②広島紅葉CC（27H、広島）
▽PGMは、H17年3月に再生手続きに入った山武グリーンCCの運営を同月から受託、新玉村G場の指定管理者となりH18年4月から運営開始、島根GCはH18年9月1日に賃貸借契約で運営受託、H18年9月14日にPGMグループが買収した加賀セントラルGCはH19年3月30日に韓国系の米国実業家に売却したがリース契約を結び継続してPGMが運営、一部上場のダイワボウから赤穂国際CCの運営を受託、H21年3月31日にLSグループ取得の昇仙峡CCを同日から運営受託、サンヒルズCCは再生計画に基づきH21年4月1日から運営受託、新玉村G場（18H、群馬）との運営受託はH23年3月31日に終了、H24年3月31日をもって加賀セントラルGC（18H、石川）のリース契約を終了、昇仙峡CCはH24年5月28日再生手続開始決定で運営受託解消、島根GC（18H、島根）とのリース契約（H18年9月契約）をH26年3月31日をもって解約、H17年5月から運営の小幡郷GC（18H、群馬）との契約をH26年4月末日で解消、山武グリーンCC（18H、千葉=リース契約）の運営受託はH27年4月末日で解消、H27年5月1日から広島紅葉CC（27H、広島）の運営を㈱アジアゲートホールディングスのグループから受託
▼赤穂国際CC（18H、兵庫）はH19年7月にダイワボウからの運営（リース契約）を受託も市川ゴルフ興業への売却でH30年1月末受託終了

【リソルグループ】　※三井不動産グループ、直営はリソルグループ参照
①相生CC（18H、兵庫）　②作州武蔵CC（27H、岡山）　③鹿児島GR（旧・鹿児島GC、18H、鹿児島）
④唐津GC（18H、佐賀）　⑤伊香保GC岡崎城C（27H、群馬）
▽内原CC（18H、茨城）はH23年7月から運営受託、唐津GC（18H、佐賀）はH23年11月運営受託、兵庫CC（18H、兵庫）はH24年4月1日から運営受託（3年後の取得契約も結ぶ）、H24年4月から運営受託の兵庫CC（18H、兵庫）はH27年3月末取得し直営に、伊香保GC岡崎城C（27H、群馬）の運営を弁護士事務所から受託

２０１８年ゴルフ場企業グループ＆系列

巻末資料

都道府県別名称変更コース一覧（計234コース）

年	コース数	年	コース数
平成23年	32コース	24年	26コース
25年	33コース	26年	39コース
27年	28コース	28年	39コース
29年	21コース	30年	16コース

都道府県別経営交代ゴルフ場一覧（計350コース＋130コース）

平成24年	57コース	25年	71コース
26年	40コース	27年	54コース
28年	35コース	28年	38＋130コース

都道府県別法的整理等ゴルフ場一覧（計146コース=一部重複含む）

平成23年	27コース	24年	44コース
25年	10コース	26年	14コース
27年	19コース	28年	16コース
29年	10コース	30年	6コース

ゴルフ場売買事例（計211コース=同一コース含む）

平成23年	26コース	24年	53コース
25年	39コース	26年	29コース
27年	25コース	28年	22コース
29年	16コース	30年	1コース

ゴルフ場売買価格推移表　１７２ページ

ゴルフ場用地でのメガソーラー約190計画一覧
再開場不明な閉鎖ゴルフ場一覧

ゴルフ特信・ゴルフ場企業グループ＆系列【巻末資料・名称変更】

都道府県別ゴルフ場名称変更一覧（平成23年以降）

県名	新コース名	旧コース名	変更年	変更月	理由
北海道	御前水ゴルフ倶楽部	アイランドGR御前水	29年	10月	再生計画成立後に㈱日進LRDが経営会社買収で
	グランド札幌カントリークラブ	旧・大札幌CC	29年	05月	台湾人代表の辰隆国際開発が取得し3年振り営業再開
	北海道カントリークラブプリンスコース	函館大沼プリンスGC	29年	06月	北海道新幹線開業で10年振り営業再開
	セベズヒルゴルフクラブ	HOKKAIDO R オークウッドGC	28年	02月	競売で所有会社交代、従来の運営会社が賃貸借契約
	ゴルフ5カントリー美唄コース	アルペンGC美唄C	28年	01月	グループ名称の統一から
	ダイナスティゴルフクラブ北広島	ダイナスティGC	28年	04月	H23年にキタコー㈱の傘下に、姉妹コース合わせて変更
	ダイナスティゴルフクラブ有明	ダイナスティ有明GC	28年	04月	H25年にキタコー㈱の傘下に、姉妹コース合わせて変更
	HANAZONO GOLF	ニセコ東急GC	28年	04月	運営委託契約終了で香港資本の所有会社直営に
	龍の舞ビッグスギゴルフ倶楽部	ビッグスギGC	28年	03月	㈱ジー・ピー・カムズが冠スポンサーとなり変更
	北海道リバーヒルゴルフ倶楽部	植苗GC	28年	07月	経営が同年4月㈱日商太平に交代で
	太平洋クラブ札幌コース	太平洋C&A札幌C	26年	07月	ゴルフ場名の冠を太平洋クラブに統一で
	札幌リージェントゴルフ倶楽部トムソンコース	廣済堂トムソンCC	26年	04月	投資会社傘下となり22年12月に再生計画認可
	札幌リージェントゴルフ倶楽部新コース・旧コース	廣済堂札幌CC	26年	04月	投資会社傘下となり22年12月に再生計画認可
	HOKKAIDO RESORT オークウッドゴルフクラブ	オークウッドGC	25年		運営会社がH25年から賃貸営業で運営会社名を冠に
	ダイナスティ有明ゴルフクラブ	ワークジャパンGC札幌C	25年	08月	施設をキタコー㈱が買収し、隣接のダイナスティGCと同系に
	アイランドゴルフリゾート御前水	御前水GC美々クラシックC	25年	07月	更生法でOGIグループ入りし名称変更
	廣済堂札幌カントリー倶楽部トムソンコース	廣済堂トムソンCC	25年	04月	共通会員制の廣済堂札幌CCに名称を統一
	早来カントリー倶楽部	ANAダイヤモンドGC	24年	01月	23年7月に明治海運グループとなり変更
	札幌つきがたゴルフコース	アイックス札幌つきがたGコース	24年	05月	母体は同じだが子会社に所管が変わったため
	SIRル・ペタウゴルフコース	ル・ペタウGコース	24年	05月	所有会社交代、運営は別会社に委託で
	星野リゾート トマムゴルフコース	アルファR・トマムGC	23年	10月	星野リゾートの運営となり、全体名称変更
	羽幌オロロンカントリークラブ	グリーンスコーレ羽幌オロロンCC	23年	04月	運営委託で一時名称変更も元に戻す
	ダイナスティゴルフクラブ	セントレジャーGC札幌	23年	08月	外資から国内系に経営交代後に名称変更
	北海道ポロトゴルフクラブ	北海道白老GR	23年	03月	経営交代で名称変更
青森	青森スプリング・ゴルフクラブ	ナクア白神GC	27年	12月	前年に経営母体が変更、リブランディングで心機一転
岩手	きたかみカントリークラブ	北上CC	30年	04月	金谷嶺孝プロが代表の㈱バーグルがM&Aで買収
山形	ゴルフパーク酒田	アイランドGP酒田	30年	03月	経営交代し名称変更予定
	アイランドゴルフパーク酒田	酒田カントリークラブ	24年	07月	破産管財人からOGIグループが買収し営業再開
宮城	仙台クラシックゴルフ倶楽部	レインボーヒルズGC	28年	04月	開場25周年を機に倶楽部名・会社名変更
	太白カントリークラブ秋保C	秋保CC	23年	03月	チュウケイ本社から新設分割で独立採算に
福島	JGMセベバレステロスゴルフクラブいわき	セベ・バレステロスGC泉C	29年	01月	グループ名称を再度統一化で
	スパリゾートハワイアンズ・ゴルフコース	クレストヒルズGC	28年	06月	スパリゾートハワイアンズとの親和性高める方針
	グリーンアカデミーカントリークラブ石川コース	グリーンアカデミーCC	28年	04月	新姉妹コースをグリーンアカデミーCC白河Cと変更し
	グリーンアカデミーカントリークラブ	グリーンアカデミーCC白河C	28年	10月	グリーンアカデミーCC石川Cが閉鎖で
	グリーンアカデミーカントリークラブ白河コース	ザ・ダイナミックGC	28年	04月	破産会社から取得し閉鎖改造・リニューアルオープンで
	星野リゾートメローウッドゴルフクラブ	アルツ磐梯メローウッドGC	27年		星野リゾート施設として名称を統一するため
	太平洋クラブ白河リゾート	太平洋C&A白河R	26年	07月	ゴルフ場名の冠を太平洋クラブに統一で
	大玉カントリークラブ	大玉TAIGACC	26年	09月	韓国系から一条工務店が取得しカネキグループに運営委託
	西の郷カントリークラブ	那須TAIGACC	26年	09月	韓国系から一条工務店が取得しカネキグループに運営委託
	勿来カントリークラブ	勿来TIGACC	26年	09月	韓国系から一条工務店が取得しカネキグループに運営委託
	矢吹ゴルフ倶楽部	スパ&GR白河矢吹	25年	03月	リソルとの利用提携が3月末に終了で
	千本桜リゾートゴルフクラブ	マーサRGC	23年	01月	㈱千本桜リゾートに経営交代で、冬期クローズ明けから
	福島ゴルフ倶楽部民報コース	民報C	23年	04月	開場50周年迎え発足当時の名称に戻す
茨城	アザレア健楽園	アザレアCC	30年	01月	公売で取得のサンエコ㈱が9Hの複合施設に業態変更で

ゴルフ特信・ゴルフ場企業グループ＆系列【巻末資料・名称変更】

都道府県別ゴルフ場名称変更一覧（平成23年以降）

県名	新コース名	旧コース名	変更年	変更月	理由
茨城	浅見ゴルフ倶楽部	浅見CC	29年	04月	クラブハウス等をリニューアルで
	JGMやさと石岡ゴルフクラブ	JGMGCやさと石岡C	28年	01月	グループ名称を再度統一化で
	JGM霞丘ゴルフクラブ	JGMGC霞丘C	28年	01月	グループ名称を再度統一化で
	JGM笠間ゴルフクラブ	JGMGC笠間C	28年	01月	グループ名称を再度統一化で
	アスレチックガーデンゴルフ倶楽部	アスレチックGC	28年	04月	H12年にガーデンGCから名称変更、今回旧名を入れる
	BOBOS（ボボス）カントリークラブ	サンクチュアリ久慈GC	28年	06月	今年1月韓国資本に経営交代しリニューアル
	ザ・ロイヤルゴルフクラブ	ザ・ロイヤルオーシャン	28年	09月	コース全面改修しリニューアルオープン
	坂東ゴルフクラブ	新東京GC	28年	04月	圏央道・坂東ICがH28年度内開通予定で
	ゴルフ5カントリー かさまフォレスト	かさまフォレストGC	27年	08月	27年8月30日にアルペングループ入りで
	ゴルフ5カントリー サニーフィールド	サニーフィールドGC	27年	08月	27年8月30日にアルペングループ入りで
	袋田の滝カントリークラブ大子コース	鷹彦スリーC	27年	07月	破産会社からノザワワールドが買収して名称変更
	JGMゴルフクラブ霞丘コース	JGM霞丘C	26年		運営交代によりH25年6月から仮名称に変更し再変更
	サンクチュアリ久慈ゴルフクラブ	久慈川CC	26年	06月	用地・施設の過半数を競落した会社で一時営業再開し
	太平洋クラブ美野里コース	太平洋C&A美野里C	26年	07月	ゴルフ場名の冠を太平洋クラブに統一で
	太平洋クラブ大洗シャーウッドコース	太平洋アソシエイツ大洗シャーウッドC	26年	07月	太平洋クラブ会員も利用可に変更、冠を太平洋クラブに統一
	JGMゴルフクラブ笠間コース	かさまロイヤルGC	25年	01月	グループコースの名称統一で
	JGMゴルフクラブやさと石岡コース	やさと国際ゴルフ倶楽部	25年	01月	グループコースの名称統一で
	JGMセベ・バレステロスゴルフクラブ	セベ・バレステロスGC	25年	06月	運営会社がJGMグループとなり
	JGM霞丘カントリークラブ	霞丘CC	25年	06月	運営会社がJGMグループとなり
	雲雀ゴルフ倶楽部	ロイヤルフォレストGC	24年	05月	24年1月に外資系からノザワグループが取得で
	スターツ笠間ゴルフ倶楽部	笠間東洋GC	24年	07月	東洋プロパティ㈱系から会社分割でスターツが取得
	ワンウェイゴルフクラブ	ホワイトバーチCC	23年	12月	運営会社が破産で所有会社が社名変更し運営
	笠間桜カントリー倶楽部	新水戸CC	23年	09月	風評被害を懸念し名称を一新
	かもめガス望海ゴルフコース	大心苑望海Gコース	23年	07月	かもめガス㈱が運営受託し再オープン
栃木	那須陽光ゴルフクラブ	アイランドGR那須	30年	04月	中国の実業家がゴルフ場・ホテル会社買収し
	IWAFUNE GOLF CLUB	岩舟GC	30年	06月	アコーディアグループ入りでリニューアルオープン
	日光紅葉ゴルフリゾート	日光プレミアGC	30年	03月	山澤新エネルギーが用地取得も運営委託しゴルフ場続行
	ロイヤルメドウゴルフ倶楽部	ロイヤルメドウGS	28年	04月	元の名称に戻す
	G7カントリー倶楽部	大金GC	28年	07月	会員が株主総会でスポンサー型再建を決断し
	栃木県民ゴルフ場とちまるゴルフクラブ	栃木県民G場	28年	03月	コース愛称を公募しH28年3月発表・新愛称使用開始
	栃木県民G場とちまるゴルフクラブ	栃木県民G場	28年	03月	コース愛称を公募しH28年3月発表・新愛称使用開始
	トミーヒルズゴルフクラブ栃木コース	トミーヒルズGC	27年	03月	トミーグループの運営が鹿沼Cと2コースに増えて
	JGM宇都宮ゴルフクラブ	JGMGC宇都宮C	27年	09月	グループ名称を再度統一化で
	TOCHIGI North Hills Golf Course	TOSHIN TOKYO North Hills GC	27年	07月	地元企業系に経営交代で、会社名はノースヒルズカントリークラブ㈱
	トムソンカントリークラブ	トムソンナショナルCC	27年	04月	㈱トムソンへの運営委託で
	トミーヒルズゴルフクラブ鹿沼コース	双園GC栃木C	27年	03月	韓国系からトミーグループが運営受託・リニューアルで
	太平洋クラブ益子PGAコース	太平洋C益子C	27年	06月	PGAとの提携でPGAゴルフアカデミー開設
	那須ハイランドゴルフクラブ コナミスポーツクラブ 初心者用ゴルフコース	那須ハイランドGC	27年	08月	コナミスポーツが初心者専用ゴルフ場として運営で
	コナミスポーツクラブ初心者用ゴルフコース（仮）	那須ハイランドGC	27年	08月	コナミスポーツが初心者専用ゴルフ場として運営で
	ベルセルバカントリークラブさくらコース	ベルセルバCC	26年	04月	千葉に姉妹コースの市原Cが誕生し、市の名称を採用
	太平洋クラブ益子コース	太平洋C&A益子C	26年	07月	ゴルフ場名の冠を太平洋クラブに統一で
	太平洋クラブ佐野ヒルクレストコース	太平洋アソシエイツ佐野ヒルクレストC	26年	07月	太平洋クラブ会員も利用可に変更、冠を太平洋クラブに統一
	日光プレミアゴルフ倶楽部	日光Gパーク：ハレル	26年	04月	H26年2月にリゾートプレミア系列となり変更
	JGMゴルフクラブ益子コース	ましこロイヤルGC	25年	01月	グループコースの名称統一で
	新バークレイカントリークラブ	バークレイCC	25年	04月	再生法で関連会社のシグマ傘下となり
	JGMゴルフクラブ宇都宮コース	宇都宮ロイヤルGC	25年	01月	グループコースの名称統一で
	トミーヒルズゴルフクラブ	栃木ウッズヒルGC	25年	07月	4月にトミーリゾート㈱に運営交代、7月リニューアルオープン
	那須カントリークラブ	那須チサンCC	25年	07月	PGMグループから㈱ホスピタリティオペレーションズが買収し
	アイランドゴルフパーク東那須	東那須GC	24年	04月	アコーディアからOGIホールディングスグループが買収で
	ロイヤルメドウゴルフスタジアム	ロイヤルメドウGC	23年	07月	石川遼プロの監修でグリーン改修に伴い
	南栃木ゴルフ倶楽部	永野GC	23年	12月	ファンド会社からリソルが買収し
	メイフラワーゴルフクラブ	上伊佐野GC	23年	07月	震災復旧の再オープンで元の名称に戻す

都道府県別ゴルフ場名称変更一覧（平成23年以降）

県名	新コース名	旧コース名	変更年	変更月	理由
群馬	上毛カントリー倶楽部	上毛森林CC	30年	04月	ノザワワールドグループが破産管財人から取得し再開場
	大間々ゴルフクラブ	大間々CC	29年	12月	再生計画成立し新名称で再スタート
	JGMベルエアゴルフクラブ	JGMGC高崎ベルエアC	28年	01月	グループ名称を再度統一化で
	JGMロイヤルオークゴルフクラブ	JGMGC高崎ロイヤルオークC	28年	01月	グループ名称を再度統一化で
	北軽井沢嬬恋ゴルフコース	パルコール嬬恋GC	27年	06月	㈱マックアースが再生認可会社からゴルフ場取得で
	サエラ尾瀬ゴルフ＆リゾートホテル	サエラCC尾瀬	26年	04月	さくらリゾート㈱から運営受託で
	熱海倶楽部東軽井沢ゴルフコース	松井田妙義GC	26年	04月	グループ名を冠して名称変更
	太平洋クラブ高崎コース	太平洋C&A高崎C	26年	07月	ゴルフ場名の冠を太平洋クラブに統一で
	JGMゴルフクラブ高崎ベルエアコース	ベルエアCC	25年	01月	グループコースの名称統一で
	JGMゴルフクラブ高崎ロイヤルオークコース	ロイヤルオークCC	25年	01月	グループコースの名称統一で
	ローランドゴルフ倶楽部	平和ローランドGC	24年	09月	コース等改修し24年10月1日に再オープン
	ストーンヒル藤岡ゴルフクラブ	藤岡温泉GC	23年	07月	競売で滝田建材㈱が落札し再オープン
埼玉	JGMおごせゴルフクラブ	埼玉ロイヤルGCおごせC	30年	01月	運営のJGMグループが新会員権でプレー権継承
	オリムピックナショナルゴルフクラブEAST	エーデルワイスGC	29年	10月	業務提携で2コース計45Hが使える大型クラブに
	彩の森カントリークラブ・ホテル秩父	彩の森CC	29年	04月	ホテルに名称を付けゴルフ場名も変更
	オリムピックナショナルゴルフクラブWEST	鶴ヶ島GC	29年	10月	業務提携で2コース計45Hが使える大型クラブに
	ザ ナショナルカントリー倶楽部 埼玉	廣済堂埼玉GC	27年	06月	旧・廣済堂開発が新社名・㈱ザ ナショナルCCでコース名統一
	KOSHIGAYA GOLF CLUB	越谷GC	26年	04月	クラブハウスのリニューアルグランドオープンで
	太平洋クラブ江南コース	太平洋C&A江南C	26年	07月	ゴルフ場名の冠を太平洋クラブに統一で
	さいたまゴルフクラブ	埼玉GC	24年	04月	23年7月にアコーディアグループ入りし
千葉	南総ヒルズカントリークラブ	エンゼルCC	29年	07月	森永製菓がPGMグループへ売却で、H29年7月3日新名称に
	東京ベイサイドゴルフコース	随縁CC竹岡C	29年	08月	会社分割で新設の会社をPGMグループが取得で
	ABCいすみゴルフコース	ABCGCいすみC	28年	04月	GPS付乗用カート導入等のリニューアルオープンで
	ゴルフ5カントリーオークビレッチ	オークビレッチGC	27年	08月	27年8月30日にアルペングループ入りで
	ザ ナショナルカントリー倶楽部 千葉	千葉廣済堂CC	27年	06月	旧・廣済堂開発が新社名・㈱ザ ナショナルCCでコース名統一
	キャスコ花葉CLUB花葉コース・本コース	キャスコ花葉C・本C	26年	11月	新設の花葉Cと一体化し36Hに
	キャスコ花葉CLUB・空港コース	キャスコ花葉C・ナリタC	26年	11月	25年7月に経営交代で名称変更し再度名称変更
	成田ヒルズカントリークラブ	ザ・CCグレンモア	26年	05月	クローズしてコース改造、リニューアルで
	ベルセルバカントリークラブ市原コース	タクエーCC	26年	04月	H25年8月に大和地所系に経営交代し名称変更
	君津香木原カントリークラブ	新香木原CC	26年	10月	運営の直営化とリニューアルで
	ムーンレイクゴルフクラブ鶴舞コース	セントレジャーGC千葉	25年	10月	10月1日からPGMグループ入りで
	キャスコ花葉CLUB・ナリタコース	ナリタGコース	25年	07月	マミヤOSグループが買収しキャスコ花葉Cとして募集計画
	キャスコ花葉CLUB・本コース	小御門CC	25年	07月	マミヤOSグループが買収し花葉CCと一体化構想
	ムーンレイクゴルフクラブ市原コース	セントレジャーGC市原C	24年	11月	PGMグループ入りで11月30日から新名称に
	ムーンレイクゴルフクラブ茂原コース	ムーンレイクGC	24年	11月	ムーンレイクGC市原Cが11月30日グループ入りで
	江戸川ラインゴルフ松戸コース	江戸川GC	24年	06月	財団法人との委託契約切れで、財団法人の直営に
	紫あやめ36	紫CCあやめC	24年	01月	正式名は従来通りも愛称を営業上の名称に決定
	レイクウッド総成カントリークラブ	総成CC	24年	06月	再生法でレイクウッドグループ入りし
	レイクウッド大多喜カントリークラブ	大多喜CC	23年	05月	5月10日の会社分割でレイクウッドグループ入り
	南市原ゴルフクラブ	天ケ代GC	23年	04月	経営交代でアコーディアグループ入り
神奈川	川崎リバーサイドパーク（ゴルフ場）	川崎リバーサイドG場	24年	04月	運営が河川健康公園機構に委託され名称変更
新潟	アパリゾート上越妙高の森ゴルフコース	妙高パインバレーCC	26年	04月	北陸新幹線上越妙高駅がH27年春開業予定で
長野	小諸高原ゴルフクラブ	小諸高原Gコース	29年	03月	運営会社設立30周年を機に事業所変更
	八ケ岳カントリークラブ	八ケ岳高原CC	28年	04月	運営会社破産し、地元財産区が新事業主と契約で変更
	ウィーゴカントリー倶楽部	篠ノ井Gパーク:ウィーゴ	27年	03月	15年目を迎え愛称を定着させるためコース名変更
	根羽カントリークラブ	東名根羽CC	26年	05月	東名ゴルフ㈱から市川グループの根羽カントリークラブ㈱に変更

ゴルフ特信・ゴルフ場企業グループ&系列【巻末資料・名称変更】

都道府県別ゴルフ場名称変更一覧（平成23年以降）

県名	新コース名	旧コース名	変更年	変更月	理由
長野	駒ケ根カントリー	信州駒ケ根CC	25年	11月	旧経営の破産後に債権者が自己競札し営業再開
	御岳ゴルフ&リゾートホテル	木曽御岳CC	23年	03月	旧経営は自己破産準備、4月から運営委託で
山梨	富士リゾートカントリークラブ	ワールドエースCC	29年	07月	クラウドファンディングで資金調達し管財人等から買受け
	西東京ゴルフ倶楽部	TAKE1CC	23年	07月	更生手続の武富士からリソルが買収し
静岡	G8富士カントリークラブ	ザナショナルCC富士	28年	11月	再生計画変更で川島グループに11月1日交代で変更
	ザ ナショナルカントリー倶楽部 富士	ザ・ナショナルCC	27年	06月	旧・廣済堂開発が新社名・㈱ザ ナショナルCCでコース名統一
	フジ天城ゴルフ倶楽部	新・天城にっかつGC	27年	07月	MKKグループが所有権・債権取得で経営交代し
	レンブラントゴルフクラブ御殿場	東名御殿場CC	27年	03月	㈱ATPが建物を競売で落札、新名称で再開場目指す
	伊豆ハイツゴルフ倶楽部	伊豆GC	26年	09月	マレーシア系投資家グループが事業継承し
	富士の杜ゴルフクラブ	太陽CC	25年	04月	旧・太陽CCの破産で新経営会社で運営再開
	湯ケ島ゴルフ倶楽部&ホテル菫苑	湯ケ島CG&R	23年	05月	H23年3月経営交代、中国人投資家も代表者に就任
愛知	ウッドフレンズ名古屋港ゴルフ倶楽部	名古屋港GC	30年	04月	指定管理者・ウッドフレンズがネーミングライツに応募し
	定光寺カントリークラブ	セントレジャーGC定光寺	25年	10月	経営が用地内に飛び地を持つ地元の砕石会社系に交代
	ウッドフレンズ森林公園ゴルフ場	森林公園G場	25年	04月	県のネーミングライツで運営会社の構成会社が3年間契約
岐阜	OGC岐阜中央ゴルフパーク	アイランドGP岐阜中央	30年	01月	ゴルフ練習場等経営のオリエンタルグループに経営交代し
	上石津ゴルフ倶楽部	アイランドGガーデン上石津	29年	11月	経営交代で会社名は㈱バンリューゴルフ上石津に
	ニューキャピタルゴルフ倶楽部	ニューキャピタルGCジャック・ニクラウス山岡C	28年	10月	PGMグループがゴルフ場会社の新設分割で事業継承
	ニューアドニスゴルフクラブ	アドニスGC	26年	04月	大豊トラスト㈱系列に運営が交代し
	美濃関カントリークラブ	ボウヴェールCC	26年	10月	H25年12月に民事再生でアコーディアグループ入りし
	アイランドゴルフパーク岐阜中央	岐阜中央CC	26年	09月	破産会社から譲受し新名称決定
	アイランドゴルフガーデン上石津	上石津GC	25年	11月	OGIグループ入りし名称変更
石川	北陸グリーンヒルゴルフクラブ	アイランドGP北陸グリーンヒル	30年	04月	経営会社が明輝建設系に交代で名称変更
	那谷寺（なたでら）カントリー倶楽部	アイランドGガーデン加賀	30年	01月	経営交代で明輝建設の傘下となり
	小松パブリック	GC小松P	25年	09月	更生法の小野グループから経営交代で
	アイランドゴルフガーデン加賀	加賀芙蓉CC	25年	12月	OGIグループ入りし名称変更
	アイランドゴルフパーク北陸グリーンヒル	北陸グリーンヒルG	25年	05月	OGIグループ入り後新ハウス完成し名称変更
福井	越前武生カントリークラブ	武生CC	24年	09月	㈱日興から新設分割で越前開発㈱が承継、オーナー交代
三重	NEMU GOLF CLUB	合歓の郷GC	27年	10月	ホテルを含めリニューアルオープンで
	ゴルフ5カントリー四日市コース	四日市リバティーGC	26年	06月	ユニマットグループからアルペンが買収し
	伊賀の森カントリークラブ	エリモGC	24年	03月	ゴルフ場施設を買収しコース等改修で再開場
	ザ・サードプレースカントリークラブ	ザ・サードプレースCC雲出川C	24年	06月	破産管財人から市川ゴルフ興業が買収で
	亀山ゴルフクラブ	セントレジャーGC亀山	23年	12月	米モルガンスタンレー系からPGMグループが買収で
滋賀	しがらきの森カントリークラブ	紫香楽国際CC	27年	06月	前年12月にグループ再編で㈱東条の森の経営となり変更
	滋賀ゴルフ倶楽部	滋賀GC	27年	10月	クラブ→倶楽部表記に変更、会社名と同じに
	琵琶湖レークサイドゴルフコース	琵琶湖大橋GC	23年	07月	18Hの大改造とクラブハウス建替えでリニューアル
京都	太閤坦カントリークラブ	太閤坦CC丹波C	24年	05月	破産会社からクラウンヒルズGCグループが買収
奈良	よしのカントリー倶楽部	吉野CC	28年	01月	開場40周年を迎えて
	奈良OGMゴルフクラブ	平和観光J&PGC	23年	03月	会社更生でOGMグループ入りで
和歌山	南紀白浜ゴルフ倶楽部	朝日GC白浜コース	29年	03月	前年10月末に再生手続終結でイメージ一新のため変更
	いなみカントリークラブフジ	和歌山GC	25年	03月	再生法で経営交代しリニューアルオープン
大阪	関空クラシックゴルフ倶楽部	砂川国際GC	27年	08月	26年11月に経営交代で、姉妹コースは宝塚クラシックGC
兵庫	三田SYSゴルフリゾート	アイランドGガーデン三田	30年	01月	韓国電気量販店等系列のSYSリゾートに経営交代
	千草カントリークラブ	アイランドGガーデン千草	30年	01月	経営交代で明輝建設の傘下となり
	東急グランドオークゴルフクラブ	グランドオークGC	29年	04月	ブランドイメージを活用して「東急」を冠に
	神戸グランドヒルゴルフクラブ	西宮六甲GC	29年	09月	PGMグループが施設等を競売で取得しグランドオープン
	G-styleカントリー倶楽部	ダイヤモンド佐用CC	28年	10月	経営交代で名称変更
	アイランドゴルフガーデン千草	千草CC	27年	03月	OGIのアイランドグループ傘下となり

都道府県別ゴルフ場名称変更一覧(平成23年以降)

県名	新コース名	旧コース名	変更年	変更月	理由
兵庫	佐用スターリゾートゴルフ倶楽部	佐用RGC	26年	03月	スターリゾートの施設として統一するため
	アイランドゴルフリゾート三田	三田カントリー27	26年	04月	OGIグループ入りし名称変更
	アイランドゴルフガーデン赤穂	青木功GC	26年	04月	OGIグループ入りし名称変更
	太平洋クラブ有馬コース	太平洋C&A有馬C	26年	07月	ゴルフ場名の冠を太平洋クラブに統一で
	姫路書写ハートフルゴルフクラブ	姫路CC	26年	07月	破産管財人から地元不動産会社が取得し
	宝塚クラシックゴルフ倶楽部	スポーツニッポンCC	25年	06月	前年12月に新設分割で㈱ユニテックスゴルフに経営交代で
	東条パインバレーゴルフクラブ	タイガースGC	24年	07月	阪神電気鉄道からアコーディアが買収で
	宝塚けやきヒルカントリークラブ	けやきヒルCC	23年	11月	OGMからタカガワグループが買収し
	やしろ東条ゴルフクラブ	グリーンエースCC	23年	07月	更生計画でアコーディアグループ入り
	つるやカントリークラブ西宮北コース	西宮北GC	23年	10月	用品販売のつるや、コース・ハウスを改修し
岡山	新岡山ゴルフクラブ	新岡山36CC	26年	12月	26年7月から18H(旧36H)に縮小したため
	和気愛愛ゴルフ・ファーム倶楽部	和気GC	23年	05月	ゴルフと野菜菜園(家庭菜園)の会員も募集開始
広島	広島安佐ゴルフクラブ	広島中央GC	24年	04月	24年1月に更生手続経てアコーディアグループ入りし
山口	美和ゴルフクラブ	アイランドGガーデン美和	29年	11月	経営会社がバンリューゴルフ系列に交代で
	新山口カンツリー倶楽部	タカガワ新山口CC	28年	04月	経営がバンリューゴルフ(村上真之助社長)系列に交代し
	アイランドゴルフガーデン宇部	常盤ロイヤルCC	26年	09月	常盤薬品の子会社から事業譲受けで
	アイランドゴルフガーデン美和	美和GC	25年	11月	OGIグループ入りしリニューアルオープン
高知	スカイヒルゴルフクラブ	高南CC	27年	09月	破産会社から取得し閉鎖改造・リニューアルオープンで
福岡	NEWユーアイゴルフクラブ	ユーアイGC宗像	28年	01月	平成17年から韓国系資本、変更理由は特に説明なし
	ムーンレイクゴルフクラブ鞍手コース	セントレジャーGC鞍手	25年	10月	10月1日からPGMグループ入りで
	かほゴルフクラブ	嘉穂CC	24年	03月	23年11月にM&Aでアコーディアグループ入りし
佐賀	K.Sみやきカントリークラブ	三根CC	30年	04月	民間への経営委託とネーミングライツで
	WITHIN STYLEゴルフクラブ	多久GC	29年	09月	新ハウス完成で新名称に変更
	武雄ゴルフ倶楽部	武雄CC	27年	01月	開場50周年機に変更、H25年10月地元企業スポンサーに再生認可
大分	大分ななせゴルフ倶楽部	アイランドGガーデン大分	30年	06月	韓国系に経営交代し名称変更
	アイランドゴルフガーデン大分	ニッポーGC	28年	04月	H26年12月にアイランドゴルフグループ入り
	パシフィックブルーカントリークラブ	パシフィックブルーG&R国東	28年	03月	韓国系企業が競売で10億円超で落札し
	城島高原ゴルフクラブ	セントレジャーGC城島高原	24年	05月	セントレジャーグループから大分銀行グループの系列へ
熊本	KAOゴルフ倶楽部	鹿央GC	28年	10月	類似名ゴルフ場があり混同されるため変更
	阿蘇高原ゴルフクラブ	阿蘇GC赤水C	25年	04月	賃貸借契約終了で隣接の㈱阿蘇高原ホテルが暫定営業
	あつまる阿蘇赤水ゴルフ倶楽部	阿蘇高原GC	25年	11月	㈱雇用促進事業会が事業譲り受けで
	チェリーゴルフクラブ天草コース	チェリーG天草C	24年	03月	九州G連盟にクラブ名変更を届出
	チェリーゴルフ人吉コース	チサンCC人吉	23年	04月	会社分割でPGMからチェリーグループが買収
	肥後サンバレーカントリークラブ	肥後CC	23年	05月	韓国の東廣グループで日韓のコース名を統一
	矢部サンバレーカントリークラブ	矢部GC	23年	04月	韓国の東廣グループで日韓のコース名を統一
宮崎	ジェイズカントリークラブ高原コース	ジェイズCC高原C36	28年	02月	36Hのうち18H売却し名称変更、母体は韓国系で変わらず
	TTS門川ゴルフ倶楽部	ジェイズCC日向C	28年	04月	韓国系から福岡県の会社が取得し名称変更
	宮崎サンシャインカントリークラブ	宮崎サンシャインベアーズタウンCC	24年	10月	韓国系から地元宮崎・遊技場等の㈱ミネックス系に交代
	ジェイズカントリークラブ高原コース36	高原CC	23年	10月	韓国・東光グループがフェニックスリゾートから買収で
鹿児島	チェリーゴルフ鹿児島シーサイドコース	鹿児島シーサイドGC	23年	04月	会社分割でPGMからチェリーグループが買収
沖縄	小浜島カントリークラブ	リゾナーレ小浜島	29年	04月	星野リゾートへの運営委託改称で、ホテル名も変更
	PGMゴルフリゾート沖縄	沖縄国際GC	29年	04月	9H毎のコース閉鎖改造とクラブハウス新築で
	かねひで喜瀬カントリークラブ	喜瀬CC	28年	04月	H28年4月27日名称変更、企業名を前面に出す
	リゾナーレ小浜島	ニラカナイCC	24年	04月	ユニマットグループが星野リゾートに運営委託で
	美(ちゅ)らオーチャードゴルフ倶楽部	ユニマット沖縄GC	23年	09月	ユニマットからJGMグループが買収し

都道府県別経営交代ゴルフ場一覧（平成24年〜29年）

所在地	年	ゴルフ場名	旧経営・母体	買収企業・母体	経営交代理由	備考
全国	29	アコーディア・ゴルフ系	上場で株式公開	㈱MBKPResort上場廃止	投資絡み	株式を取得
北海道		アイランドGR御前水	アイランドゴルフ	㈱日進LRD	経営再編	株式を取得、新名称＝御前水GC
		旭川メモリアルGC	高砂酒造㈱	㈱ゴルフレボリューション	経営再編	株式を取得
	29	岩見沢雉ケ森CC	国際開発興産系列	㈱ジアス	経営再編	施設を取得
		大札幌CC	－－	辰隆国際開発㈱	不明	不明、新名称＝グラント札幌CC
		エーヴランドGC	達川グループ	韓国系企業	経営再編	株式を取得
		伊達CC湘南C	個人オーナー	恵庭開発㈱	経営再編	株式を取得
		千歳CC	アコーディア・ゴルフ	葵会グループ	経営再編	株式を取得
	28	植苗CC	東京スポーツ新聞社	㈱日商太平	経営再編	施設を取得、新名称＝北海道リバーヒルGC
		HOKKAIDO RESORT オークウットGC	㈱オークウット	フォーラム㈱	競売	施設を取得、新名称＝セベスヒルGC
		星野R・トマムGC	星野リゾート	Fosun(フォースン)グループ	投資絡み	株式を取得
		苫小牧GRアイリスGC	㈱地域経済活性化支援機構	フジサンケイグループ	経営再編	株式を取得
		苫小牧GRエミナGC	㈱地域経済活性化支援機構	フジサンケイグループ	経営再編	株式を取得
		札幌藤の沢すずらんG場	㈱札幌藤の沢すずらんG場	㈱藤久	特別清算	施設を取得
	27	室蘭GC	新日鐵住金等4社	OGIグループ	経営再編	株式を取得
		茨戸CC	オーナー一族	SKホールディングス㈱	経営再編	株式を取得
		星野R・トマムGC	星野リゾート	Fosun(フォースン)グループ	投資絡み	株式を取得
		苫小牧GRアイリスGC	㈱地域経済活性化支援機構	フジサンケイグループ	経営再編	株式を取得
		苫小牧GRエミナGC	㈱地域経済活性化支援機構	フジサンケイグループ	経営再編	株式を取得
		札幌藤の沢すずらんG場	㈱札幌藤の沢すずらんG場	㈱藤久	特別清算	施設を取得
		室蘭GC	新日鐵住金等4社	OGIグループ	経営再編	株式を取得
		茨戸CC	オーナー一族	SKホールディングス㈱	経営再編	株式を取得
	26	ウィンザー・グレートピーク・オブ・トーヤ	セコム㈱	明治海運	経営再編	施設等取得
		滝川丸加高原CC	㈱キノシタ	地元の㈱竹中組	経営再編	施設を取得
		北海道リンクスCC美唄C	美唄三笠総合開発㈱	㈱壽造園土木	特別清算	施設を取得
	25	ワークジャパンGC札幌C	和澄産業	キタコー	経営再編	施設を取得
		札幌南GC駒丘C	北洋銀行関連	曲〆高橋水産㈱	民事再生法	株式を取得
	24	ル・ペタウG	太陽グループ	㈱ASK PLANNING CENTER	経営再編	株式を取得、新名称＝SIR・ルペタウGC
青森	28	十和田国際CC	－－	㈱下北スリーハンドレッドGC	再生法	株式を取得
	26	ナクア白神GC	韓国のCXCモータース	マレーシアのバララックスキャピタル	経営再編	
秋田	24	男鹿GC	アコーディア・ゴルフ	㈱男鹿興業社	経営再編	株式を取得
岩手	28	メイプルCC	加森観光	アジアゲートHD関連	経営再編	株式を取得
		安比高原GC	加森観光	アジアゲートHD関連	経営再編	株式を取得
	26	一関CC	㈱一関CC	バイオシステム㈱	破産	施設を取得
	25	岩手洋野GC	成美グループ	スペインのゲスタンプ系列	経営再編	施設を取得
山形	29	アイランドGP酒田	アイランドゴルフ	㈱リーフ	経営再編	株式を取得、新名称＝GP酒田
		酒田CC	㈱庄内東信グリーンビジネス	OGIグループ	破産	施設を取得、新名称＝アイランドGパーク酒田
	24	朝日CC	旧・千代田プロチェクト㈱関連	市川ゴルフ興業	破産	施設を取得
		鶴岡市赤川市民G場	三セクの赤川スポーツランド	鶴岡市	特別清算	施設を取得
宮城	25	天明CC	エバーグリーン㈱	ユーラスエナジーグループ	経営再編	施設を取得
福島	29	サラブレットCC	西山ホールディングス	JGMグループ	経営再編	株式を取得
	28	大玉CC	一条工務店	㈱カネキ	経営再編	施設を取得
		ザ・ダイナミックGC	㈱福郷	グリーンアカデミーCC	破産	施設を取得、新名称＝グリーンアカデミーCC白河C
	27	新白河GC	イーヒョングループ	㈱エスジーシー	経営再編	施設を取得
		ザ・ダイナミックGC	㈱福郷	グリーンアカデミーCC	破産	施設を取得、新名称＝グリーンアカデミーCC白河C
		新白河GC	イーヒョングループ	㈱エスジーシー	経営再編	施設を取得
		大玉TAIGACC	韓国の雲河リゾート	一条工務店＋㈱カネキ	経営再編	施設等を取得、新名称＝大玉CC
	26	勿来TAIGACC	韓国の雲河リゾート	一条工務店＋㈱カネキ	経営再編	施設等を取得、新名称＝勿来CC
		那須TAIGACC	韓国の雲河リゾート	一条工務店＋㈱カネキ	経営再編	施設等を取得、新名称＝西の郷CC
		棚倉田舎C	トピー工業	ホスピタリティオペレーションズ	経営再編	株式を取得
	25	太平洋C&A白河R	太平洋ホールディングス	㈱マルハン	会社更生法	株式を取得

ゴルフ特信・ゴルフ場企業グループ＆系列【巻末資料・経営交代】

都道府県別経営交代ゴルフ場一覧（平成24年〜29年）

所在地	年	ゴルフ場名	旧経営・母体	買収企業・母体	経営交代理由	備考
福島	25	ガーデンバレイCC	湘南信用金庫関連	台湾のギガソーラーマテリアルズ	経営再編	施設を取得
		福島空港GC	A.Cホールディングス	サニーヘルス㈱	経営再編	施設を取得、メガソーラー基地に転用
	24	福島CC	アコーディア・ゴルフ	OGIグループ	経営再編	株式を取得
		グリーンアカデミーCC	アコーディア・ゴルフ	ピエラレジェンヌ㈱	経営再編	株式を取得
茨城	28	新・西山荘CC	マルマン	ユニマットグループ	経営再編	株式を取得
		鹿島の杜CC	個人他	PGMグループ	再生法	株式を取得
		水府GC	アコーディア・ゴルフ	疾測量㈱系列	経営再編	株式を取得
		サンクチュアリ久慈CC	サンクチュアセットマネージメント	韓国のヘイソリアグループ	経営再編	施設を取得、新名称=ホボスCC久慈川C
		サニーフィールドGC	三井不動産㈱	㈱アルペン	経営再編	株式を取得
		かさまフォレストGC	三井不動産㈱	㈱アルペン	経営再編	株式を取得
		サニーフィールドGC	森インベストグループ	三井不動産㈱	経営再編	株式を取得
		かさまフォレストGC	森インベストグループ	三井不動産㈱	経営再編	株式を取得
		鷹彦スリーC	個人オーナー	ノザワワールド	破産	施設を取得
	27	内原CC	個人株主	PGMグループ	経営再編	株式を取得
		サニーフィールドGC	三井不動産㈱	㈱アルペン	経営再編	株式を取得
		かさまフォレストGC	三井不動産㈱	㈱アルペン	経営再編	株式を取得
		サニーフィールドGC	森インベストグループ	三井不動産㈱	経営再編	株式を取得
		かさまフォレストGC	森インベストグループ	三井不動産㈱	経営再編	株式を取得
		鷹彦スリーC	個人オーナー	ノザワワールド	破産	施設を取得
		内原CC	個人株主	PGMグループ	経営再編	株式を取得
	26	霞南GC	㈱利根ゴルフ倶楽部	サンクチュアセットマネージメント	破産	施設を取得
		太平洋A・大洗シャーウッドC	太平洋ホールディングス	㈱マルハン	会社更生法	株式を取得
		太平洋C&A美野里C	太平洋ホールディングス	㈱マルハン	会社更生法	株式を取得
		新美里CC	ライオンゲイン	ケン・コーポレーション	経営再編	土地を取得
	25	スパ袋田GC	成美グループ	スペインのゲスタンプ系列	経営再編	施設を取得
		霞丘CC	トップジャパングループ	JGMグループ	経営再編	事実上経営権
		セベ・バレステロス・GC	トップジャパングループ	JGMグループ	経営再編	事実上経営権
		サンライズCC	大証2部系投資会社	不明	投資ビジネス絡み	株式を取得、メガソーラー基地に転用
	24	笠間東洋GC	三菱UFJフィナンシャルグループ	スターツコーポレーション	経営再編	株式を取得
		ロイヤルフォレストGC	ファンド会社	ノザワワールド	投資ビジネス絡み	株式を取得、新名称=雲雀GC
栃木	29	メイフラワーGC	クラシックゴルフ	㈱ジョイ	経営再編	株式を取得
		岩舟GC	全研グループ	アコーディア・ゴルフ	経営再編	株式を取得
		サンヒルズCC	ヒューマックス系列	平和のオーナー個人	経営再編	株式を取得
	28	大金GC	株主会員制	川島グループ	特別清算	施設を取得、新名称=G7CC
		東ノ宮CC	オリックスグループ	㈱バンリューゴルフ	経営再編	株式を取得
		那須ハイランドGC	リゾートソリューション㈱	コナミグループ	経営再編	株式を取得
		TOSHIN TOKYO NorthHills GC	㈱トーシン	アワノ総合開発㈱	経営再編	株式を取得
		H&R那須霞ケ城GC	㈱ハウジングニチエー	バイオシステム㈱	経営再編	株式を取得
		パインズ日光GC	破綻した日本健康産業㈱	㈱ツー・エム・シー	競売	施設を取得
	27	那須ハイランドGC	リゾートソリューション㈱	コナミグループ	経営再編	株式を取得
		TOSHIN TOKYO NorthHills GC	㈱トーシン	アワノ総合開発㈱	経営再編	株式を取得
		H&R那須霞ケ城GC	㈱ハウジングニチエー	バイオシステム㈱	経営再編	株式を取得
		パインズ日光GC	破綻した日本健康産業㈱	㈱ツー・エム・シー	競売	施設を取得
		ニュー・セントアンドリュースGCジャパン	オリックスグループ	ノザワワールド	経営再編	株式を取得
		きぬがわ高原CC	PGMグループ	市川ゴルフ興業	経営再編	株式を取得
	26	益子CC	三井不動産系列	リゾートソリューション㈱	経営再編	株式を取得
		あさひケ丘CC	ファンドのアマンテス系列	PGMグループ	経営再編	株式を取得
		日光GP:ハレル	㈱ゼフィア	㈱リゾートプレミア	経営再編	施設を取得、新名称＝日光プレミアGC
		太平洋C&A益子C	太平洋ホールディングス	㈱マルハン	会社更生法	株式を取得
		太平洋A・佐野ヒルクレストC	太平洋ホールディングス	㈱マルハン	会社更生法	株式を取得
	25	那須チサンCC	PGMグループ	㈱ホスピタリティオペレーションズ	経営再編	株式を取得、新名称=那須CC
		東宇都宮CC	東宇都宮観光㈱	JGMグループ	破産	施設を取得
		バークレイCC	㈱バークレイCC	㈱シグマ	再生法	施設を取得
	24	新・ユーアイGC	ライオンゲイングループ	不明	競売	施設を取得
		栃の木CC	㈱サントラスト	チームトレイン	破産	施設を取得
群馬	29	初穂CC	㈱テリス建築研究所	南日本運輸倉庫㈱	経営再編	株式を取得

ゴルフ特信・ゴルフ場企業グループ＆系列【巻末資料・経営交代】

都道府県別経営交代ゴルフ場一覧（平成24年～29年）

所在地	年	ゴルフ場名	旧経営・母体	買収企業・母体	経営交代理由	備考
群馬	27	榛名の森CC	スンースグループ	サクセスユニバースグループ	投資絡み	株式を取得
		パルコール嬬恋GC	ブリーズベイホテル㈱	㈱マックアース	経営再編	施設を取得
		大間々CC	市川造園土木グループ	コンサル会社が関与	経営再編	株式を取得
		榛名の森CC	スンースグループ	サクセスユニバースグループ	投資絡み	株式を取得
		パルコール嬬恋GC	ブリーズベイホテル㈱	㈱マックアース	経営再編	施設を取得
		大間々CC	市川造園土木グループ	コンサル会社が関与	経営再編	株式を取得
	26	パルコール嬬恋GC	パルコール嬬恋㈱	ブリーズベイホテル㈱	民事再生法	株式を取得
	25	太平洋C軽井沢R	太平洋ホールディングス	㈱マルハン	会社更生法	株式を取得
		太平洋C&A高崎C	太平洋ホールディングス	㈱マルハン	会社更生法	株式を取得
	24	上武CC	㈱サントラスト	㈱ジェルシステム系列	破産	施設を取得
埼玉	29	鶴ケ島GC	旧・ケンインターグループ	GCEグループ	経営再編	施設を取得
	27	埼玉長瀞GC	市川造園土木グループ	㈱新たいらCC等	経営再編	株式を取得
		埼玉長瀞GC	市川造園土木グループ	㈱新たいらCC等	経営再編	株式を取得
	25	太平洋C&A江南C	太平洋ホールディングス	㈱マルハン	会社更生法	株式を取得
		廣済堂埼玉GC	廣済堂グループ	富士合同会社	経営再編	株式を取得
	24	おおむらさきGC	PSR	アコーディア・ゴルフ	法的整理絡み	株式を取得
千葉	29	随縁CC竹岡C	ホテルモントレグループ	PGMグループ	経営再編	株式を取得、新名称＝東京ベイサイドGC
		エンゼルCC	森永製菓	PGMグループ	経営再編	株式を取得、新名称＝南総ヒルズCC
	28	レインボーヒルズGC	ユニマットグループ	個人オーナー	経営再編	株式を取得
		上総モナークCC	個人オーナー	㈱コンパス	経営再編	株式を取得
		カナリヤガーデンCC	個人オーナー	外資系企業	経営再編	株式を取得
		スカイウェイCC	大昭和の元オーナー一族	アコーディア・ゴルフ	民事再生法	株式を取得
		オークビレッヂGC	三井不動産㈱	㈱アルペン	経営再編	株式を取得
		ザ・CC・ジャパン	鹿島建設、三井住友等	㈱ザイマックス	経営再編	株式を取得
		オークビレッヂGC	森インベストグループ	三井不動産㈱	経営再編	株式を取得
		千葉国際CC	個人等	PGMグループ	民事再生法	株式を取得
		総丘CC	PL教団系列	PGMグループ	経営再編	株式を取得
	27	カナリヤガーデンCC	個人オーナー	外資系企業	経営再編	株式を取得
		スカイウェイCC	大昭和の元オーナー一族	アコーディア・ゴルフ	民事再生法	株式を取得
		オークビレッヂGC	三井不動産㈱	㈱アルペン	経営再編	株式を取得
		ザ・CC・ジャパン	鹿島建設、三井住友等	㈱ザイマックス	経営再編	株式を取得
		オークビレッヂGC	森インベストグループ	三井不動産㈱	経営再編	株式を取得
		千葉国際CC	個人等	PGMグループ	民事再生法	株式を取得
		総丘CC	PL教団系列	PGMグループ	経営再編	株式を取得
	26	タケエーCC	㈱タケエー	㈱大和地所	経営再編	施設を取得、新名称＝ベルセルバCC市原C
		新香木原CC	A・Cホールディングス	㈱サングリーン	経営再編	施設を取得
		太平洋C市原C	太平洋ホールディングス	㈱マルハン	会社更生法	株式を取得
		太平洋C成田C	太平洋ホールディングス	㈱マルハン	会社更生法	株式を取得
	25	セントレジャーGC千葉	モルガン・スタンレー・グループ	PGMグループ	投資ビジネス絡み	施設を取得、新名称＝ムーンレイクGC鶴舞C
		タケエーCC	㈱タケエー	㈱大和地所	経営再編	施設を取得
		本千葉CC	Izanamiグループ	明治ゴルフセンター	投資ビジネス絡み	株式を取得
		ザ・CCグレンモア	企業と個人	セントラルメディカル㈱	経営再編	株式を取得
		小御門CC	満野一族	マミヤOSグループ	経営再編	株式を取得、新名称＝キャスコ花葉C・本C
		ナリタGC	満野一族	マミヤOSグループ	経営再編	株式を取得、新名称＝キャスコ花葉C・ナリタC
		千葉廣済堂CC	廣済堂グループ	富士合同会社	経営再編	株式を取得
		かずさCC	日本車輌製造	アコーディア・ゴルフ	経営再編	株式を取得
		セントレジャーGC市原	モルガン・スタンレー・グループ	PGMグループ	経営再編	施設を取得、新名称＝ムーンレイクGC市原C
	24	総成CC	セントラルビル㈱	レイクウッド・グループ	再生法	株式を取得、新名称＝レイクウッド総成CC
		江戸川GC	江戸川興業㈱	財団法人・東京スポーツ研究会	賃貸契約切れ	経営権を取得、新名称＝江戸川ラインG松戸C
		ミルフィーユGC	PSR	㈱ティ・ワイ・エッチ	法的整理絡み	株式を取得
東京	24	相武CC	PSR	アコーディア・ゴルフ	法的整理絡み	株式を取得
		東京国際GC	一般社団法人TKG	シャトレーゼ・グループ	経営再編	株式を取得
神奈川	27	伊勢原CC	山甚グループ	PGMグループ	再生法	株式を取得
		大秦野CC	山甚グループ	PGMグループ	再生法	株式を取得
		伊勢原CC	山甚グループ	PGMグループ	再生法	株式を取得
		大秦野CC	山甚グループ	PGMグループ	再生法	株式を取得

ゴルフ特信・ゴルフ場企業グループ＆系列【巻末資料・経営交代】

都道府県別経営交代ゴルフ場一覧（平成24年〜29年）

所在地	年	ゴルフ場名	旧経営・母体	買収企業・母体	経営交代理由	備考
神奈川	25	太平洋C相模C	太平洋ホールディングス	㈱マルハン	会社更生法	株式を取得
新潟	26	イーストヒルGC	一正蒲鉾㈱	市川ゴルフ興業	経営再編	株式を取得
新潟	24	日本海CC	地元企業、胎内市等出資	川島グループ	再生法	株式を取得
長野	28	サニーCC	個人株主	パインコーポレーション	再生法	株式を取得
長野	28	信州伊那国際GC	キノシタグループ	㈱ジー・プロジェクト	経営再編	株式を取得
長野	26	東名根羽CC	東名ゴルフ㈱	市川ゴルフ興業	経営再編	株式を取得、新名称＝根羽CC
長野	25	信州駒ケ根CC	大有開発㈱	㈱サン・エフ企画	破産	施設を取得、新名称＝駒ケ根C
長野	24	志賀高原CC	㈱中部ゴルフ	㈱マックアース	経営再編	株式を取得
山梨	29	ワールドエースCC	旧オーナー系＋債権者系	LCレンディング㈱関連	破産絡み	施設を取得、新名称＝富士リゾートCC
山梨	28	ヴィンテージGC	会員＋G場社員	シャトレーゼ・グループ	破産	施設を取得
山梨	26	小淵沢CC	遠山偕成㈱	上場会社の代表個人	経営再編	株式を取得
山梨	25	勝沼GC	国際興業㈱	シャトレーゼ・グループ	経営再編	株式を取得
山梨	24	甲府国際CC	相鉄グループ	市川ゴルフ興業	経営再編	株式を取得
山梨	24	昇仙峡CC	LSグループ	シャトレーゼ・グループ	再生法	株式を取得
静岡	29	日本平GC	稲森グループ	鈴与㈱	経営再編	施設を取得
静岡	28	ザ・ナショナルCC富士	旧・廣済堂グループ	川島グループ	再生法	施設を取得、新名称＝G8富士CC
静岡	28	伊豆スカイラインCC	エコナックホールディングス㈱	船橋CC系列	経営再編	株式を取得
静岡	28	新・天城にっかつGC	旧・ライオンゲイン	MKKグループ	経営不振等	施設を取得、新名称＝フジ天城GC
静岡	28	裾野CC	森インベストグループ	リゾートソリューション㈱	経営再編	
静岡	27	東名御殿場CC	東名御殿場CC㈱	㈱ATP	競売	施設を取得、新名称＝レンブラントGC御殿場
静岡	27	伊豆スカイラインCC	エコナックホールディングス㈱	船橋CC系列	経営再編	株式を取得
静岡	27	新・天城にっかつGC	旧・ライオンゲイン	MKKグループ	経営不振等	施設を取得、新名称＝フジ天城GC
静岡	27	裾野CC	森インベストグループ	リゾートソリューション㈱	経営再編	
静岡	27	東名御殿場CC	東名御殿場CC㈱	㈱ATP	競売	施設を取得、新名称＝レンブラントGC御殿場
静岡	26	伊豆GC	旧・㈱アリキ	マレーシアの投資家グループ	経営再編	施設を取得、新名称＝伊豆ハイツGC
静岡	26	太平洋C御殿場C	太平洋ホールディングス	㈱マルハン	会社更生法	株式を取得
静岡	26	太平洋C御殿場ウエスト	太平洋ホールディングス	㈱マルハン	会社更生法	株式を取得
静岡	25	太陽CC	㈱太陽CC	㈱秀地ゴルフマネージメント	破産	その他、新名称＝富士の杜GC
静岡	25	三島GC	国際興業	PGMグループ	経営再編	施設を取得
静岡	25	ザ・ナショナルCC	廣済堂グループ	富士合同会社	経営再編	株式を取得
愛知	25	セントレジャーGC定光寺	モルガン・スタンレー・グループ	㈱小西採石工業所	投資ビジネス絡み	施設を取得、新名称＝定光寺CC
愛知	24	岡崎CC	アマンテス・G・＆R	リゾートソリューション㈱	投資ビジネス絡み	株式を取得
岐阜	29	アイランドGガーデン上石津	アイランドゴルフ	パンリューゴルフ	経営再編	株式を取得、新名称＝上石津GC
岐阜	29	アイランドGP岐阜中央	アイランドゴルフ	オリエンタル商事	経営再編	株式を取得、新名称＝OGC岐阜中央GP
岐阜	29	下呂CC	元キノシタグループ	市川ゴルフ興業	再生法	株式を取得
岐阜	28	ニューキャピタルGCジャック・ニクラウス岡山C	㈱ZERO・Management	PGMグループ	経営再編	株式を取得、新名称＝ニューキャピタルGC
岐阜	28	養老CC	太平洋工業㈱	OGIグループ	経営再編	株式を取得
岐阜	28	アドニスGC	㈱エム・エル・シー	大豊トラスト㈱	経営再編	株式を取得、新名称＝ニューアドニスGC
岐阜	27	ニューキャピタルGC	栄信総合開発	㈱ZERO・Management	不明	施設を取得
岐阜	27	養老CC	太平洋工業㈱	OGIグループ	経営再編	株式を取得
岐阜	27	アドニスGC	㈱エム・エル・シー	大豊トラスト㈱	経営再編	株式を取得、新名称＝ニューアドニスGC
岐阜	27	ニューキャピタルGC	栄信総合開発㈱	㈱ZERO・Management	不明	施設を取得
岐阜	26	山岡CC	不明（未公表）	PGMグループ	経営再編	株式を取得
岐阜	26	笹岡CC	不明（未公表）	PGMグループ	経営再編	株式を取得
岐阜	26	岐阜中央CC	岐阜中央開発㈱	OGIグループ	破産	施設を取得
岐阜	26	中部国際GC	キノシタグループ	㈱ジー・プロジェクト	経営再編	株式を取得
岐阜	26	下呂CC	キノシタグループ	㈱ジー・プロジェクト	経営再編	株式を取得
岐阜	25	ボウヴェールCC	繊維業者共同出資	アコーディア・ゴルフ	民事再生法	株式を取得
岐阜	25	ユーグリーン中津川GC	ユニマットグループ	シャトレーゼ・グループ	経営再編	株式を取得
岐阜	25	上石津GC	ファンドの㈱中部リゾート	OGIグループ	経営再編	株式を取得
岐阜	25	鷲ケ岳GC	松岡グループ	㈱マックアース	経営再編	株式を取得
富山	28	千羽平GC	名古屋鉄道	アイランドゴルフグループ	経営再編	株式を取得
富山	25	大山カメリアCC	県内外の主要企業他	市川ゴルフ興業	破産	株式を取得
富山	25	小杉CC	投資会社	㈱アイザック・オール	投資ビジネス絡み	施設を取得
富山	24	八尾CC	地元有力企業共同出資	日医工㈱関連	再生法	株式を取得
石川	29	北陸グリーンヒル	アイランドゴルフ	明輝建設グループ	経営再編	株式を取得
石川	29	アイランドGガーデン加賀	アイランドゴルフ	明輝建設グループ	経営再編	株式を取得、新名称＝那谷寺CC
石川	27	GCツインフィールズ	ガイモ㈱	加賀電子の代表個人他	会社更生法	株式を取得
石川	27	GCツインフィールズ	ガイモ㈱	加賀電子の代表個人他	会社更生法	株式を取得
石川	25	加賀芙蓉CC	丸紅グループ	OGIグループ	経営再編	株式を取得、新名称＝アイランドGガーデン加賀
石川	25	GC小松P	小野グループ	㈱MUGEN	法的整理絡み	施設を取得、新名称＝小松P
石川	24	北陸グリーンヒルG	アコーディア・ゴルフ	OGIグループ	経営再編	株式を取得
石川	24	能登島G&CC	七尾市	会員設立の能登島HD	経営再編	株式を取得

都道府県別経営交代ゴルフ場一覧（平成24年～29年）

所在地	年	ゴルフ場名	旧経営・母体	買収企業・母体	経営交代理由	備　考
福井	29	わかさCC	㈱日興	韓国産業洋行	再生法	施設を取得
	28	敦賀国際GC	元・熊谷組系列	㈱ティアンドケイ	再生法	株式を取得
		越前武生CC	サンケイ観光関連	㈱バンリューゴルフ	経営再編	株式を取得
	27	越前CC	アコーディア・ゴルフ	㈱ムラタ	経営再編	株式を取得
		越前CC	アコーディア・ゴルフ	㈱ムラタ	経営再編	株式を取得
三重	26	四日市リバティーGC	ユニマットグループ	アルペングループ	経営再編	施設を取得、新名称＝G5C四日市C
	25	伊賀の森CC	清立商工㈱	一条工務店	経営再編	施設を取得
	24	ザ・サードプレースCC雲出川C	旧・畜産業のフジチク	市川ゴルフ興業	破産	施設を取得、新名称＝ザ・サードプレースCC
		嬉野CC	アコーディア・ゴルフ	NKスティール㈱	経営再編	株式を取得
滋賀	29	滋賀GC	株主会員制	PGMグループ	会社更生法	株式を取得
	27	紫香楽国際CC	アマンテスG&R系	㈱東条の森	再生ビジネス	株式を取得、新名称＝しがらきの森CC
		紫香楽国際CC	アマンテスG&R系	㈱東条の森	再生ビジネス	株式を取得、新名称＝しがらきの森CC
	25	朝宮GC	アヤハグループ	オリックスグループ	経営再編	施設を取得
	24	オレンジシカCC	不動産業の三甲興産	近畿エル・エス㈱	会社更生法	株式を取得
京都	28	福知山CC	㈱近畿環境開発	大栄環境HDグループ	経営再編	株式を取得
	26	グランベール京都GC	JR西日本	アコーディア・ゴルフ	経営再編	株式を取得
	24	太閤坦CC丹波C	京都東山観光㈱	クラウンヒルズ京都GC系列	破産	施設を取得、新名称＝太閤坦CC
奈良	29	KOMACC	永伸グループ	平川商事グループ	経営再編	株式を取得
		グランデージGC	会員有志共同	アカナスホールディングス	経営再編	株式を取得
	25	奈良万葉CC	浅沼組	アコーディア・ゴルフ	経営再編	株式を取得
和歌山	26	白浜ビーチGC	成本コンテナー	個人投資家	経営再編	株式を取得
	25	和歌山GC	韓国のローランドグループ	フジ田産業㈱	再生法	株式を取得、新名称＝いなみCCフジ
大阪	26	砂川国際GC	――	㈱ユニテックス	経営再編	施設を取得
兵庫	29	アイランドGガーデン千草	アイランドゴルフ	明輝建設グループ	経営再編	株式を取得、新名称＝千草CC
		アイランドGR三田	アイランドゴルフ	SYSHDグループ	経営再編	株式を取得、新名称＝三田SYSGR
		西宮六甲GC	ビーム㈱	PGMグループ	競売	施設を取得、新名称＝神戸グランドヒルGC
	28	兵庫CC	リソルグループ	㈱タツミコーポレーション	経営再編	株式を取得
		有馬富士CC	新日鐵住金グループ	アイランドゴルフグループ	経営再編	株式を取得
		フォレスト市川GC	PGMグループ	個人投資家	経営再編	株式を取得
		神鍋高原CC	全但バス系列	㈱マックアース	経営再編	株式を取得
		赤穂CC	ユニチカ㈱	市川ゴルフ興業	経営再編	株式を取得
		東条の森CC東条C	アマンテスG&R系	㈱東条の森	再生ビジネス関連	株式を取得
		東条の森CC大倉C	アマンテスG&R系	㈱東条の森	再生ビジネス関連	株式を取得
		東条の森CC宇城C	アマンテスG&R系	㈱東条の森	再生ビジネス関連	株式を取得
	27	フォレスト市川GC	PGMグループ	個人投資家	経営再編	株式を取得
		神鍋高原CC	全但バス系列	㈱マックアース	経営再編	株式を取得
		赤穂CC	ユニチカ㈱	市川ゴルフ興業	経営再編	株式を取得
		東条の森CC東条C	アマンテスG&R系	㈱東条の森	再生ビジネス関連	株式を取得
		東条の森CC大倉C	アマンテスG&R系	㈱東条の森	再生ビジネス関連	株式を取得
		東条の森CC宇城C	アマンテスG&R系	㈱東条の森	再生ビジネス関連	株式を取得
		湯村CC	美樹工業㈱	㈱マックアース	経営再編	施設を取得
		ウエストワンズCC	池田CC系列	川島グループ	民事再生法	株式を取得
	26	姫路CC	㈱姫路書写ゴルフ場	㈱ヒョウゴナカムラ	破産	施設を取得、新名称＝姫路書写ハートフルGC
		オリエンタルGC	ユニマットグループ	富士Gセンター関連	経営再編	株式を取得
		三田C27	丸紅グループ	OGIグループ	経営再編	株式を取得
	25	太平洋C六甲C	太平洋ホールディングス	㈱マルハン	会社更生法	株式を取得
		太平洋C宝塚C	太平洋ホールディングス	㈱マルハン	会社更生法	株式を取得
		太平洋C&A有馬C	太平洋ホールディングス	㈱マルハン	会社更生法	株式を取得
		青木功GC	ダンロップスポーツ系列	OGIグループ	経営再編	株式を取得
		千草CC	バンドー化学㈱	OGIグループ	経営再編	株式を取得
		スポーツニッポンCC	毎日放送系	㈱ユニテックス	経営再編	株式を取得
		レークスワンCC	鴻池組	三共グループ	経営再編	株式を取得
	24	播州東洋GC	三菱UFJフィナンシャルグループ	オリックスグループ	経営再編	株式を取得
		タイガースGC	阪神電鉄系列	アコーディア・ゴルフ	経営再編	株式を取得、新名称＝東条パインバレーGC
岡山	28	井原GC	第三セクター	㈱バンリューゴルフ	経営再編	株式を取得
	27	日本原CC	中道組、美樹工業等が株主	明輝建設グループ	破産	施設を取得
		日本原CC	中道組、美樹工業等が株主	明輝建設グループ	破産	施設を取得
	26	岡山西GC	市川造園土木グループ	アドミラルキャピタル㈱	経営再編	株式を取得
	25	岡山御津CC	アコーディア・ゴルフ	山陽空調工業㈱	経営再編	株式を取得
		坂出CC	大本組	タカガワグループ	経営再編	株式を取得

ゴルフ特信・ゴルフ場企業グループ＆系列【巻末資料・経営交代】

都道府県別経営交代ゴルフ場一覧（平成24年〜29年）

所在地	年	ゴルフ場名	旧経営・母体	買収企業・母体	経営交代理由	備考
岡山	25	英田光CC	破綻した森脇住宅関連	㈱エムオーコーポレート	民事再生法	株式を取得
		備前GC	兼松系列	リゾートソリューション㈱	経営再編	株式を取得
		明日香CC	滝本産業㈱	㈱神戸物産	破産・入札	施設を取得、養鶏場に転用
	24	ザ・オークレットGC	ダンロップスポーツ	㈱小畑辰之助商店	経営再編	株式を取得
		パインツリーGC	SPC絡み	チェリーゴルフグループ	投資ビジネス絡み	株式を取得
広島	29	リージャスクレストGCグランド	アイランドゴルフ	SYSHDグループ	経営再編	株式を取得
		リージャスクレストGCロイヤル	アイランドゴルフ	SYSHDグループ	経営再編	株式を取得
	26	リージャスクレストGCロイヤル	エディオンのオーナー関連	OGIグループ	経営再編	株式を取得
		リージャスクレストGCグランド	エディオンのオーナー関連	OGIグループ	経営再編	株式を取得
鳥取	25	大山GC	伊藤忠グループ	㈱Yamazen	経営再編	株式を取得
	24	鳥取GC砂丘C	地元財界中心	㈱玉川	再生法	株式を取得
島根	29	島根GC	アイランドゴルフ	㈱ゴルフレボリューション	経営再編	株式を取得
	24	島根GC	アベキャピタル系列	OGIグループ	経営再編	株式を取得
山口	29	アイランドGガーデン美和	アイランドゴルフ	バンリューゴルフ	経営再編	株式を取得、新名称＝美和GC
	28	タカガワ新山口CC	タカガワグループ	㈱バンリューゴルフ	経営再編	施設を取得、新名称＝新山口CC
	27	厚狭GC	大林組	ユニマットグループ	経営再編	施設を取得
		山陽グリーンGC	大林組	ユニマットグループ	経営再編	施設を取得
		下関ゴールデンGC	㈱船元建設工業系	長府製作所グループ	経営再編	施設を取得
		厚狭GC	大林組	ユニマットグループ	経営再編	株式を取得
		山陽グリーンGC	大林組	ユニマットグループ	経営再編	株式を取得
		下関ゴールデンGC	㈱船元建設工業系	長府製作所グループ	経営再編	株式を取得
	26	常盤ロイヤルGC	常磐薬品㈱	OGIグループ	経営再編	株式を取得、新名称＝アイランドGガーデン宇部
		徳山CC	PGMグループ	個人投資家	経営再編	株式を取得
	25	周防CC	アコーディア・ゴルフ	タカガワグループ	経営再編	株式を取得
		萩・石見CC	㈱塩見ホールディングス	こおりやま東都学園	再生法	学校法人権利
	24	美和GC	会員有志	OGIグループ	経営再編	株式を取得
		レークスワンCC美祢C	鴻池組	三共グループ	経営再編	株式を取得
香川	29	こんぴらレイクサイドGC	創業者一族	山佐㈱	経営再編	株式を取得
	26	高松CC	会員主体（社団法人）	リゾートソリューション㈱	経営再編	施設を取得
高知	27	高南CC	高南観光開発㈱	㈱喜びフーヅ	破産	施設を取得、新名称＝スカイヒルGC
		高南CC	高南観光開発㈱	㈱喜びフーヅ	破産	施設を取得、新名称＝スカイヒルGC
愛媛	24	奥道後GC	奥道後国際観光㈱	㈱新来島どっく	法的整理絡み	株式を取得
福岡	29	福岡レイクサイドCC	韓国産業洋行	PGMグループ	経営再編	株式を取得
	28	浮羽CC	㈱ヤマサキ	高尾病院グループ	経営再編	施設を取得
	27	福岡国際CC	松尚開発㈱	PGMグループ	経営再編	株式を取得
		福岡国際CC	松尚開発㈱	PGMグループ	経営再編	株式を取得
	25	セントレジャーGC鞍手	モルガン・スタンレー・グループ	PGMグループ	投資ビジネス絡み	施設を取得、新名称＝ムーンレイクGC鞍手C
		福岡センチュリーGC	旧・京都通信機建設工業	リバイバルマネジメント債権回収㈱	再生法	株式を取得
	24	福岡サンレイクGC	株主会員制	西直樹氏個人	経営再編	株式を取得
		嘉穂CC	東急不動産	アコーディア・ゴルフ	経営再編	株式を取得、新名称＝かほGC
佐賀	26	福岡セヴンヒルズGC	韓国のCXCモータース系	ユーコーグループ	経営再編	施設を取得
	25	武雄CC	地元有力企業共同出資	興和日東㈱	民事再生法	株式を取得
長崎	26	島原CC	PL教団系列	エイチ・ジェイ	経営再編	株式を取得
	25	大村湾CCオールドC	大村湾CCグループ	川島グループ	民事再生法	株式を取得
		大村湾CCニューC	大村湾CCグループ	川島グループ	民事再生法	株式を取得
大分	29	アイランドGガーデン大分	アイランドゴルフ	韓国系＋F58のコパン	経営再編	株式を取得
		久住高原GC	地元企業出資	セムグループ	再生法	株式を取得
	28	パシフィックブルーG&R国東	韓国のエルム社	韓国の投資会社	競売	施設を取得、新名称＝パシフィックブルーCC
	26	ニッポーGC	物流関係企業	OGIグループ	経営再編	施設を取得
		湯布高原GC	東急電鉄グループ	リベラグループ	経営再編	株式を取得
	24	セントレジャー城島高原GC	モルガン・スタンレー・グループ	大分銀行関連	経営再編	施設を取得、新名称＝城島高原GC
熊本	29	阿蘇高森GC	イーヒョングループ	韓国のノマトツアー	競売	施設を取得
	28	グランドチャンピオンGC	三洲建設㈱	運輸の丸善グループ	経営再編	株式を取得
		八代GC	地元財界等	ケイエム企業開発㈱	再生法	株式を取得
	27	鹿北GC	Mckenly Holdings	ホテルセキア	経営再編	株式を取得
		鹿北GC	Mckenly Holdings	ホテルセキア	経営再編	株式を取得
		阿蘇高原GC	旧・島崎観光グループ	㈱雇用促進事業会	土地トラブル等	施設を取得、新名称＝あつまる阿蘇赤水GC
	25	阿蘇やまなみRH&GC	マッケンリー・ホールディングス	T&Gネットワークスジャパン	経営再編	施設を取得
		熊本南CC乙女C	韓国系企業保有	河合興産㈱	経営再編	株式を取得
宮崎	29	宮崎座論梅GC	山崎興業㈱	丸善グループ（福岡）	経営再編	株式を取得

- 160 -

都道府県別経営交代ゴルフ場一覧（平成24年～29年）

所在地	年	ゴルフ場名	旧経営・母体	買収企業・母体	経営交代理由	備考
宮崎	28	ジェイスGC日向C	㈱亀尾(グミ)開發	㈱ティーティーエス企画	経営再編	株式を取得、新名称＝TTS門川GC
宮崎	24	宮崎サンシャインベアーズタウンCC	韓国のベアーズタウン	㈱ミネックス	経営再編	株式を取得、新名称＝宮崎サンシャインCC
宮崎	24	フェニックスCC	RHJインターナショナル	セガサミー	投資ビジネス絡み	株式を取得
宮崎	24	トム・ワトソンGC	RHJインターナショナル	セガサミー	投資ビジネス絡み	株式を取得
鹿児島	29	ゴールデンパームCC	有村建設㈱	㈱大和地所	再生法	株式を取得

注：アコーディア・ゴルフはH26年に90コースをアセットライト、さらにH29年に㈱MBKPResortの子会社になり上場廃止・保有41コース・AGA間接保有90コースが母体交代、ゴルフ場名は経営交代当時

ゴルフ特信・ゴルフ場企業グループ＆系列【巻末資料・法的整理】

平成23年以降の都道府県別法的整理ゴルフ場一覧

県名	コース名称	法的整理会社	年月	態様及び状況
北海道	稚内GC(M、北海道)	㈱稚内ゴルフ場	29.08.14	特別清算
	札幌つきがたGコース(北海道)	㈱札幌つきがたゴルフ場	29.08.04	特別清算→認可29.10.27、閉鎖
	帯広リバーサイドG場(北海道)	㈱帯広緑化振興公社	28.10.26	破産
	砂川オアシスGコース(P、北海道)	㈱砂川振興公社	27.02.05	特別清算→終結27.04.27
	岩見沢雉ケ森CC(M、北海道)	岩見沢雉ケ森ゴルフ場	25.11.15	民事再生法→認可26.05.25
	フォレスト旭川CC(M、北海道)	旭川リゾート開発㈱	25.10.15	民事再生法→認可26.03.10
	札幌南GC駒丘C(M、北海道)	㈱定山渓ゴルフ場他	24.11.22	民事再生法→認可25.03.21、水産物卸業の曲〆(カネシメ)高橋水産㈱がスポンサーとなり再建
	平取CC(M、北海道)	平取観光㈱	24.08.21	民事再生法→認可25.05.24
	太平洋C&A札幌C(M、北海道)	㈱太平洋クラブ他6社	24.01.23	民事再生法→否決24.10.03、会社更生法(保全命令)24.10.03→認可25.10.31、スポンサーは㈱マルハン
	北海道ロイヤルGCあつまC(北海道)	あつまリゾート㈱	23.05.18	破産→保全管理命令23.05.18→開始23.08.17
	北海道LCC美唄C(M、北海道)	美唄三笠総合開発㈱	23.03.28	特別清算→開始23.03.28→認可25.03.25、スポンサーは不動産会社の㈱BBI
	御前水GC(M、北海道)	美々リゾート開発㈱	23.03.17	民事再生法→否決24.03.12、更生法(保命令)24.03.15→開始24.06.29→認可24.12.19、OGIグループの㈱アイランドゴルフがスポンサーに
青森	十和田国際CC(M、青森)	青森県観光開発㈱	28.04.11	民事再生法→認可28.11.09
秋田	ラングスGC秋田(秋田)	㈱秋田空港ゴルフ倶楽部	24.12.13	破産、メガソーラー用地として転用
岩手	北上CC(M、岩手)	㈱チュウケイ本社	27.02.02	民事再生法→認可27.07.22
	一関CC(M、岩手)	㈱一関カントリー倶楽部他1社	26.06.30	破産、バイオシステム㈱が26.11取得
山形	酒田CC(M、山形)	㈱庄内東信グリーンビジネス	24.01.27	破産開始決定(自己)、ゴルフ場は㈱アイランドゴルフと売買契約締結
	鶴岡市赤川市民G場(M、山形)	赤川スポーツランド㈱	24.01.16	特別清算→開始24.03.02→可決24.07.20
	朝日CC(M、山形)	朝日観光開発㈱	23.11.02	破産→廃止、市川ゴルフ興業が買収
宮城	石巻オーシャンCC(M、宮城)	太平洋観光開発㈱	30.03.07	破産→開始30.03.07、廃業
福島	ザ・ダイナミックGC(M、福島)	㈱福郷	27.03.18	破産開始
	安達太良CC(M、福島)	安達太良観光開発㈱	24.02.06	民事再生法→認可24.08.08
	太平洋C&A白河R(M、福島)	㈱太平洋クラブ他6社	24.01.23	民事再生法→否決24.10.03、会社更生法(保全命令)24.10.03→認可25.10.31、スポンサーは㈱マルハン
	福島石川CC(M、福島)	㈱福島グリーンシステム	23.01.06	民事再生法→認可23.11.07、リゾートソリューション㈱(リソル)の支援で再建
茨城	鹿島の杜CC(M、茨城)	鹿島の杜カントリー倶楽部	28.02.01	民事再生法→認可28.09.28→終結29.02.27、PGMグループ入り
	ベイステージCC(M、茨城)	東銀興産㈱	27.05.20	破産、放置状態でG場としての復活は難しい模様
	鷹彦スリーC(M、茨城)	㈱鷹彦他2社	27.03.23	破産開始
	霞南GC(M、茨城)	㈱利根ゴルフ倶楽部	25.07.05	破産、㈱サンクチュアアセットマネージメントの子会社が資産譲受
	太平洋A・大洗シャーウッドC(M、茨城)	㈱太平洋クラブ他6社	24.01.23	民事再生法→否決24.10.03、会社更生法(保全命令)24.10.03→認可25.10.31、スポンサーは㈱マルハン
	太平洋C&A美野里C(M、茨城)	㈱太平洋クラブ他6社	24.01.23	民事再生法→否決24.10.03、会社更生法(保全命令)24.10.03→認可25.10.31、スポンサーは㈱マルハン
	ホワイトバーチCC(M、茨城、現=ワンウェイGC)	㈱ゆたか環境緑化	23.12.07	破産→終結25.05.07
	日立GC(M、茨城)	日立観光開発㈱	23.01.20	民事再生法→開始23.01.25→認可23.08.31
栃木	塩原CC(M、栃木)	㈱塩原ゴルフクラブ	29.07.07	民事再生法→認可29.12.27
	旧・大金CC(M、栃木)	㈱大金ゴルフ倶楽部	28.07.12	特別清算→開始28.09.16→終結29.04.19
	サンモリッツCC(M、栃木)	㈱サンモリッツ	28.01.15	特別清算→認可28.03.25
	東宇都宮CC(M、栃木)	東宇都宮観光㈱	25.04.11	自己破産→開始25.04.11
	バークレイCC(M、栃木)	㈱バークレイカントリークラブ	24.04.18	民事再生法→認可24.11.30
	太平洋C&A益子C(M、栃木)	㈱太平洋クラブ他6社	24.01.23	民事再生法→否決24.10.03、会社更生法(保全命令)24.10.03→認可25.10.31、スポンサーは㈱マルハン
	太平洋A・佐野ヒルクレストC(M、栃木)	㈱太平洋クラブ他6社	24.01.23	民事再生法→否決24.10.03、会社更生法(保全命令)24.10.03→認可25.10.31、スポンサーは㈱マルハン
	栃の木CC(M、栃木)	東日本興産㈱	23.12.21	破産→開始24.01.27→終結24.11.26、㈱ジェルシステム子会社の㈱オーシーシーが譲受
	那須小川GC(M、栃木)	那須八溝物産㈱他2社	23.01.17	民事再生法→開始23.01.26→認可23.09.27
群馬	大間々CC(M、群馬)	㈱大間々カントリー倶楽部	29.01.20	民事再生法→開始29.01.26
	パルコール嬬恋Gコース(SP、群馬)	パルコール嬬恋㈱	26.03.31	民事再生法→認可26.08.27、ブリーズベイホテルがスポンサーに
	太平洋C軽井沢R(M、群馬)	㈱太平洋クラブ他6社	24.01.23	民事再生法→否決24.10.03、会社更生法(保全命令)24.10.03→認可25.10.31、スポンサーは㈱マルハン
	太平洋C&A高崎C(M、群馬)	㈱太平洋クラブ他6社	24.01.23	民事再生法→否決24.10.03、会社更生法(保全命令)24.10.03→認可25.10.31、スポンサーは㈱マルハン
	上武CC(M、群馬)	上信レジャー開発㈱	23.12.21	破産→開始24.01.27→終結25.03.19、㈱ジェルシステム子会社の上武ゴルフマネージメント㈱が譲受、鬼石Cはメガソーラーのため閉鎖
	太田双葉CC(M、群馬)	双葉繊維工業㈱	23.04.13	民事再生法→認可23.10.18、㈱KTCリゾートがスポンサーに

ゴルフ特信・ゴルフ場企業グループ＆系列【巻末資料・法的整理】

県名	コース名称	法的整理会社	年月	態様及び状況
埼玉	鳩山CC(M、埼玉)	㈱鳩山カントリークラブ	30.03.28	民事再生法
	児玉CC(M、埼玉)	㈱児玉カントリー倶楽部	30.03.13	民事再生法
	美里GC(M、埼玉)	市川総業㈱	27.12.04	民事再生法→認可28.06.01
	美里ロイヤルGC(M、埼玉)	市川総業㈱	27.12.04	民事再生法→認可28.06.01
	廣済堂埼玉GC(M、埼玉)	㈱廣済堂埼玉ゴルフ倶楽部	26.06.18	民事再生法→認可27.02.04、自主再建
	太平洋C&A江南C(M、埼玉)	㈱太平洋クラブ他6社	24.01.23	民事再生法→否決24.10.03、会社更生法(保全命令)24.10.03→認可25.10.31、スポンサーは㈱マルハン
千葉	スカイウェイCC(M、千葉)	㈱スカイウェイカントリー倶楽部	27.03.31	民事再生法→認可27.09.02→終結28.01.15、アコーディアグループ入り
	千葉国際CC(M、千葉)	㈱千葉国際カントリー倶楽部	27.01.09	民事再生法→認可27.06.10、スポンサーはPGM
	千葉廣済堂CC(M、千葉)	㈱千葉廣済堂カントリー倶楽部	26.06.18	民事再生法→認可27.02.04、自主再建
	太平洋C市原C(M、千葉)	㈱太平洋クラブ他6社	24.01.23	民事再生法→否決24.10.03、会社更生法(保全命令)24.10.03→認可25.10.31、スポンサーは㈱マルハン
	太平洋C成田C(M、千葉)	㈱太平洋クラブ他6社	24.01.23	民事再生法→否決24.10.03、会社更生法(保全命令)24.10.03→認可25.10.31、スポンサーは㈱マルハン
	総成CC(M、千葉)	セントラルビル㈱	23.11.11	民事再生法→認可24.05.18、日土地グループがスポンサー
	旧・大多喜CC(M、千葉、現=レイクウッド大多喜CC)	大多喜ゴルフ㈱	23.06.30	特別清算23.06.20→開始23.06.30→認可23.10.12
神奈川	伊勢原CC(M、神奈川)	東海開発㈱	27.02.02	民事再生法→認可27.07.22→終結28.02.15、スポンサーはPGM
	大秦野CC(M、神奈川)	東海開発㈱	27.02.02	民事再生法→認可27.07.22→終結28.02.15、スポンサーはPGM
	太平洋C相模C(M、神奈川)	㈱太平洋クラブ他6社	24.01.23	民事再生法→否決24.10.03、会社更生法(保全命令)24.10.03→認可25.10.31、スポンサーは㈱マルハン
新潟	湯本上CC(M、新潟)	新栄総業㈱	24.01.24	民事再生法→認可24.08.23
	日本海CC(M、新潟)	㈱日本海カントリー	23.12.02	民事再生法→認可24.05.15、スポンサーは川島グループ
長野	佐久平CC(M、長野)	㈱佐久平カントリークラブ	28.01.15	特別清算→認可28.06.20→終結28.12.16、会員預託金を全額弁済しG場はメガソーラーに
	八ケ岳高原CC(M、長野)	八ケ岳高原ゴルフ㈱	27.12.16	破産→開始27.12.16→終結28.07.26
	サニーCC(M、長野)	望月サニーカントリー㈱	27.12.08	民事再生法→認可28.06.23→終結29.01.23、スポンサーは不動産所有・売買・賃貸等の㈲パインコーポレーション
	飯田CC(M、長野)	㈱飯田カントリー倶楽部	23.09.22	民事再生法(保全命令・監督命令)→認可24.03.30
山梨	花咲CC(M、山梨)	㈱花咲カントリー倶楽部	29.03.10	民事再生法
	ワールドエースCC(M、山梨)	㈱ワールドエースカントリークラブ	25.01.16	破産開始(第三者)
	昇仙峡CC(M、山梨)	㈱昇仙峡カントリークラブ	24.05.18	民事再生法→認可24.12.12→終結25.12.20、シャトレーゼがスポンサーに
静岡	旧・下田CC(M、静岡)	㈱下田カントリークラブ	28.09.15	破産(第三者申立)
	旧・伊豆GC(M、静岡)	伊豆ゴルフ開発㈱	28.09.01	特別清算→認可28.11.29
	ザ・ナショナルCC(M、静岡)	廣済堂開発㈱	26.06.18	民事再生法→認可27.02.04、自主再建
	太陽CC(M、静岡)	㈱太陽カントリークラブ	24.10.24	破産(第三者)、㈱秀地ゴルフマネージメントがゴルフ場の営業を行う
	太平洋C御殿場C(M、静岡)	㈱太平洋クラブ他6社	24.01.23	民事再生法→否決24.10.03、会社更生法(保全命令)24.10.03→認可25.10.31、スポンサーは㈱マルハン
	太平洋C御殿場ウエスト(M、静岡)	㈱太平洋クラブ他6社	24.01.23	民事再生法→否決24.10.03、会社更生法(保全命令)24.10.03→認可25.10.31、スポンサーは㈱マルハン
岐阜	東濃CC(M、岐阜)	東濃開発㈱	29.02.01	民事再生法→認可29.09.11
	下呂CC(M、岐阜)	㈱下呂カントリークラブ	29.01.17	民事再生法→開始29.01.24
	岐阜北CC(M、岐阜)	岐阜北開発㈱	26.06.24	特別清算→可決27.09.16、預託金制から株主会員制に移行
	ボウヴェールCC(M、岐阜)	㈱岐阜関スポーツランド	25.07.05	民事再生法→認可25.10.30、スポンサーはアコーディアゴルフ
	岐阜中央CC(M、岐阜)	岐阜中央開発㈱	25.04.16	自己破産、OGIグループ傘下に
	グリーンヒル瑞浪GC(M、岐阜)	㈱岐阜東濃土地建物	23.02.03	民事再生法→開始23.02.17→認可23.10.25
富山	花尾CC(M、富山)	福岡観光開発㈱	29.01.13	民事再生法
	高岡CC(M、富山)	御坊山観光開発㈱	28.03.04	民事再生法→認可28.08.03
	大山カメリアCC(M、富山)	大山開発㈱	24.12.19	自己破産、㈱市川ゴルフ興業が事業譲受
	太閤山CC(M、富山)	太閤山観光㈱	24.11.27	民事再生法→認可25.05.31
	八尾CC(M、富山)	八尾観光開発㈱	23.12.05	民事再生法→認可24.05.09、スポンサーは日医工㈱関連の㈱TAMURA
石川	旧・GC小松P(P、石川)	エクセル㈱	25.11.08	破産
	GCツインフィールズ(M、石川)	ツインフィールズ㈱	24.08.27	民事再生法→中止命令25.05.27、(会員有志)会社更生法25.03.29→開始25.10.10
福井	わかさCC(M、福井)	㈱日興	28.12.01	民事再生法
	敦賀国際GC(M、福井)	若狭観光開発㈱	27.12.14	民事再生法→認可28.07.12、スポンサーに8コース運営のT&Kを選定
三重	チェリーレイクCC(M、三重)	㈱チェリーレイク	28.08.08	破産

ゴルフ特信・ゴルフ場企業グループ＆系列【巻末資料・法的整理】

県名	コース名称	法的整理会社	年月	態様及び状況
三重	青山高原CC(M、三重)	藤信興産㈱	28.01.27	民事再生法→認可28.08.19
	新フォレスタCC(M、三重)	名阪ワシントンクラブ㈱他1社	27.07.30	破産→開始決定27.08.05
	ザ・サード・プレースCC雲出川C(M、三重)	興起産業㈱	24.03.30	破産開始決定→開始24.03.30、㈱市川ゴルフ興業が管財人から取得
	名阪ロイヤルGC(M、三重)	名阪開発㈱	23.11.28	民事再生法→認可25.09.03
滋賀	滋賀GC(M、滋賀)	㈱滋賀ゴルフ倶楽部	28.06.20	会社更生法→認可29.02.28→確定29.04.04
	富士スタジアムGC北C(M、滋賀)	㈱富士スタジアムゴルフ倶楽部	24.07.02	民事再生法→認可25.05.10
	富士スタジアムGC南C(M、滋賀)	㈱富士スタジアムゴルフ倶楽部	24.07.02	民事再生法→認可25.05.10
	オレンジ・シカCC(M、滋賀)	㈱三甲興産	23.06.23	会社更生法(会員債権者申立、保全命令)→開始23.07.31
京都	京都国際CC(M、京都)	㈱京都国際	24.10.01	民事再生法→廃止25.10.31、破産開始25.11.27、ゴルフ場施設は第三者へ譲渡もゴルフ場としての営業はない模様
	太閤坦CC丹波C(M、京都)	京都東山観光㈱	23.09.26	民事再生法→廃止24.01.26
	太閤坦CC東山C(M、京都)	京都東山観光㈱	23.09.26	民事再生法→廃止24.01.26
和歌山	朝日GC白浜C(M、和歌山)	㈱朝日ダイヤゴルフ	27.03.30	民事再生法→認可27.09.16→終結28.10
	紀の国CC(M、和歌山)	紀泉開発㈱	26.01.17	民事再生法→認可27.04、自主再建でOGIグループに運営委託
	海南高原CC(M、和歌山)	南海観光開発㈱	24.09.19	民事再生法→認可25.10.23
	和歌山GC(M、和歌山)	㈱LORDLAND WAKAYAMA GC	24.05.21	民事再生法→認可25.01、スポンサーは㈱フジ田産業
兵庫	アイランドGガーデン赤穂(M、兵庫)	播備高原開発㈱	29.07.03	特別清算→認可29.12.05
	レークスワンCC(M、兵庫)	セントラルゴルフマネジメント㈱	26.06.02	民事再生法→認可27.04.24
	姫路CC(M、兵庫)	㈱姫路書写ゴルフ場	26.03.12	自己破産→開始26.03.13、㈱ビョウコナカムラ
	ウエストワンズCC(M、兵庫)	㈱ウエストワンズ	25.06.28	民事再生法→認可26.07.18、川島グループがスポンサーに
	東広野GC(M、兵庫)	三津田開発㈱	24.12.14	民事再生法→認可25.08.02
	太平洋C六甲C(M、兵庫)	㈱太平洋クラブ他6社	24.01.23	民事再生法→否決24.10.03、会社更生法(保全命令)24.10.03→認可25.10.31、スポンサーは㈱マルハン
	太平洋C宝塚C(M、兵庫)	㈱太平洋クラブ他6社	24.01.23	民事再生法→否決24.10.03、会社更生法(保全命令)24.10.03→認可25.10.31、スポンサーは㈱マルハン
	太平洋C&A有馬C(M、兵庫)	㈱太平洋クラブ他6社	24.01.23	民事再生法→否決24.10.03、会社更生法(保全命令)24.10.03→認可25.10.31、スポンサーは㈱マルハン
岡山	瀬戸大橋CC王子が丘C(M、岡山)	玉野レクリエーション総合開発㈱	28.06.14	民事再生法→認可29.04.18
	日本原CC(M、岡山)	東中国開発㈱	26.09.19	民事再生法→廃止27.04.17→破産27.05.18、明輝建設傘下に
	英田光CC(M、岡山)	㈱英田光カントリークラブ	24.06.22	民事再生法→開始24.06.29→認可25.04.17、スポンサーは㈱エムコーポレート
	明日香CC(M、岡山)	滝本産業㈱	24.03.16	破産開始決定(第三者)、売却のための入札を実施し㈱神戸物産が落札
鳥取	大山日光CC(鳥取)	大山グリーン開発㈱	30.02.23	破産→開始30.03.30
	三朝CC(M、鳥取)	㈱三朝ゴルフ場	26.08.01	破産→開始決定26.08.21
	鳥取GC(M、鳥取)	鳥取振興開発㈱	24.03.09	民事再生法→認可25.12.20、鳥取振興開発㈱の株式をすべて減資し新発行株式を㈱玉川(鳥取市)に割当
	グリーンパーク大山GC(M、鳥取)	グリーンパーク大山㈱	23.05.27	民事再生法→認可23.12.10、グリーンパーク大山㈱の株式を100%減資しエスフーズ㈱の村上真之助代表が新株引受
島根	松江CC(M、島根)	㈱松江カントリー倶楽部	28.06.30	破産
	浜田G&CR(M、島根)	浜田観光㈱	26.05.15	破産
山口	レークスワンCC美祢C(P、山口)	セントラルゴルフマネジメント㈱	26.06.02	民事再生法→認可27.04.24
	萩・石見CC萩国際大学C(山口)	学校法人萩学園	24.06.01	民事再生法→認可24.11.30、スポンサーは「こおりやま東都学園」(福島県)
香川	讃岐CC(M、香川)	常磐(ときわ)観光㈱	23.07.29	民事再生法→認可24.01.17
高知	高南CC(M、高知)	高南観光開発㈱	27.02.16	破産、喜びフーヅが26.07.31取得
福岡	福岡センチュリーGC(M、福岡)	㈱福岡センチュリーゴルフクラブ	23.06.27	民事再生法→認可24.12.07、バイバルマネジメント債権回収㈱関連の合同会社RMがスポンサーに
佐賀	武雄CC(M、佐賀)	有明ゴルフ㈱	25.03.04	民事再生法→認可確定25.11.09、スポンサーは興和日東㈱
	日の隈CC(M、佐賀)	肥前観光開発㈱	24.10.02	民事再生法→25.11.26、㈱明輝建設系列に
	唐津GC(M、佐賀)	㈱唐津ゴルフ倶楽部	23.01.14	民事再生法→開始23.02.03→認可23.10.04、間接株主会員制採用
長崎	大村湾CCオールドC(M、長崎)	㈱大村湾カントリー倶楽部	24.11.20	民事再生法→認可25.07.08、スポンサーは川島グループ
	大村湾CCニューC(M、長崎)	㈱大村湾カントリー倶楽部	24.11.20	民事再生法→認可25.07.08、スポンサーは川島グループ
大分	大分CC月形C(M、大分)	大分観光開発㈱	30.03.22	民事再生法
	大分CC吉野C(M、大分)	大分観光開発㈱	30.03.22	民事再生法
	久住高原GC(M、大分)	㈱ニューグリーンステイくじゅう	27.11.04	民事再生法→認可29.01.27
熊本	八代GC(M、熊本)	八代グリーン開発㈱	27.05.18	民事再生法→認可28.03.23、ケイエム企業開発㈱がスポンサーとなり再建

県名	コース名称	法的整理会社	年月	態様及び状況
熊本	球磨CC(M、熊本)	㈱球磨カントリー倶楽部	26.02.10	民事再生法→認可26.09.08→終結27.05.12
	ザ・マスターズ天草C(M、熊本)	㈱ザ・マスターズコーポレーション	23.03.22	民事再生法→認可24.12.15、チェリーグループ入り後に
鹿児島	知覧CC(M、鹿児島)	南国興産㈱	29.02.03	特別清算
	ゴールデンパームCC(M、鹿児島)	吉田ゴルフ開発㈱	28.08.29	民事再生法→認可29.02.22
沖縄	オーシャンリンクス宮古島(M、沖縄)	㈱吉野	23.07.04	民事再生法→認可24.01.20

平成30年4月現在、年月は法的整理申請の原則申立日（破産の場合は宣告・開始日）、Mは会員制、コース名・状態は申立当時（カッコ内に現名称）、建は建設中、認は認可未着工

平成23年以降の売買価格等判明事例一覧（不成立含む、不動産鑑定価額、推定価格等含む）ゴルフ特信調べ（H30年4月1日現在）

年	売買月日	コース名	所在地	規模	運営	売買金額	売買状況	成否	買収企業・グループ	会員の処遇	売買後のG場名	特信
30年	1月31	赤穂国際CC	兵庫	既設18H	M	2億円	株式の任意売買額	成立	市川ゴルフ興業	預託金返還	―	6164
29年	12月21日	岩舟GC	栃木	既設18H	M−	推定7億円超	株式の任意売買額	成立	アコーディア・ゴルフ	会員継承	―	6181
29年	12月	日光プレミアAGC	栃木	既設18H	P	推定6億6700万円	施設の任意売買額	成立	山澤新エネルギー㈱	―	日光紅葉GR	6182
29年	9月29日	わかさCC	福井	既設27H	M	推定3億数千万円	再生法による施設譲渡	成立	韓国産業洋行	プレー会員権に	―	6130
29年	9月1日	西宮甲陽GC	兵庫	既設18H	M	19億5000万円	競売の落札価額	成立	PGMグループ	募集時優遇	神戸グランドヒルGC	6112
29年	7月	錦江高原GC	鹿児島	既設18H	SP	6億5000万円	競売の落札価額	成立	弘久実業㈱	会員継承せず	―	6111
29年	6月15日	錦江高原GC	鹿児島	既設18H	SP	1億5500万円	競売の売却基準価額	―	―	―	―	6099
29年	6月頃	アイランドGルデン赤穂	兵庫	既設18H	M	7億5000万円	特別清算で売却	―	太陽光発電事業者	預託金返還	―	6112
29年	5月23日	西宮甲陽GC	兵庫	既設18H	M	4億9539万円	競売の売却基準価額	―	―	―	―	6112
29年	5月19日	花屋敷GC	兵庫	既設36H	M	10億3100万円	DCF方式による企業価値	―	―	―	―	6115
29年	3月	ワールドエースCC	山梨	既設18H	M	10億4000万円	不動産調査額	―	―	―	―	6068
29年	2月28日	滋賀GC	滋賀	既設18H	M	推定18億円	更生法による売買額	成立	PGMグループ	プレー会員権に	―	6062
29年	2月20日	フジ天城GC	静岡	既設27H	H	8億462万2000円	競売の自己落札価額	成立	富岡開発㈱	―	―	6063
29年	2月16日	フジンチャールズG&R函館	北海道	既設18H	M−	7億8888万円	競売の自己落札価額	成立	㈱POINT	不明	―	6065
29年	1月	フジンチャールズG&R函館	北海道	既設18H	M−	5464万3000円	競売の売却基準価額	―	―	―	―	6047
29年	1月31日	阿蘇高森GC	熊本	既設18H	M	2億3888万1000円	競売の売却基準価額	不成立	―	―	―	6053
29年	1月1日	マグノリヤCC	宮城	既設18H	P	推定9億円	施設の任意売買額、メガソーラーに	成立	太陽光発電事業者	―	―	6023
28年	12月20日	井原GC	岡山	既設18H	M	推定1～2億円	株式の任意売買額	成立	㈱バンソリューゴルフ	会員継承	―	6035
28年	12月15日	新・西山荘CC	茨城	既設18H	M−	7・2～7・3億円	株式の任意売買額	成立	ユニマットグループ	―	―	6028
28年	12月1日	ケントスGC	栃木	既設18H	P	推定10億円超	施設の任意売買額	成立	太陽光発電企業	―	―	5999
28年	12月	フジ天城GC	静岡	既設27H	M	2億7311万円	競売の売却基準価額	―	―	―	―	6040
28年	11月頃	クリスタルCC	群馬	既設18H	M−	2億8344万4000円	競売の売却基準価額	―	―	―	―	6029
28年	10月27日	兵庫CC	兵庫	既設18H	M	推定9億5000万円	株式の任意売買額	成立	タツミ・コーポレーション	会員継承	―	6015
28年	10月14日	ニューキャセルGCジャックニクラウスの山岡C	岡山	既設18H	M	推定11～12億円	株式の任意売買額	成立	PGMグループ	会員継承	ニューキャセルGC	6009
28年	10月頃	ダイヤモンド佐用CC	兵庫	既設18H	M	推定6～7億円	施設の任意売買額	成立	佐用CH&R㈱	会員継承	G-styleCC	6010
28年	9月28日	鹿島の杜CC	茨城	既設18H	M	15億5000万円	支援金（内貸付金15億円）	成立	PGMグループ	プレー会員権に	―	5987
28年	9月1日	千歳CC	北海道	既設18H	M	推定2億7000万円前後	株式の任意売買額	成立	葵会グループ	会員継承	―	5991
28年	7月12日	敦賀国際GC	福井	既設27H	M	推定7億5000万円前後	再生法によるスポンサーの拠出金	成立	㈱ティアンドケイ	プレー会員権に	―	5973
28年	7月1日	大金GC	栃木	既設18H	M	推定5億円前後	特別清算で売却代	成立	川島グループ	プレー会員権等	G7CC	5969

ゴルフ特信・ゴルフ場企業グループ＆系列【巻末資料・売買事例】

年	売買月日	コース名	所在地	規模	運営	売買金額	売買状況	成否	買収企業・グループ	会員の処遇	売買後のG場名	特信
28年	7月1日	東ノ宮CC	栃木	既設27H	M	推定7億円	株式の任意売買額	成立	㈱パシフィックゴルフ	会員継承	ー	5967
28年	6月20日	佐久平CC	長野	既設18H	M	10億円	特別清算で売却代ぇメガソーラーに	成立	グリーンキャップ関連	預託金全額返還	ー	5964
28年	4月28日	幼カリ新山口CC	山口	既設18H	M	1億円弱	施設の任意売買額	成立	㈱パシフィックゴルフ	会員継承	新山口CC	5963
28年	4月	新・西山荘CC	茨城	既設18H	M-	8～9億円	韓国系が提示も不成立	不成立	ー	ー	ー	ー
28年	4月	ヴィンテージGC	山梨	既設18H	M	推定7億円	破産による任意売買額	成立	ジャトレーゼグループ	ブレー会員権に	ー	5968
28年	3月1日	水府GC	茨城	既設18H	M	推定5億円弱	株式の任意売買額	成立	㈱セブティグリーン	会員継承	ー	5920
28年	1月27日	HOKKAIDO R オークヴッドGC	北海道	既設18H	M	3億円	競売の落札価額	成立	フォーラム㈱	会員継承せず	セベストGC	5905
28年	1月27日	HOKKAIDO R オークヴッドGC	北海道	既設18H	M	1億4919万円	競売の売却基準価額	ー	ー	一代限り	ー	5898
28年	1月19日	パシフィックブルーG&R関東	大分	既設18H	M	10億5123円	競売の落札価額	成立	韓国の投資会社	会員継承	パシフィックブルーCC	5905
28年	1月19日	パシフィックブルーG&R関東	大分	既設18H	M	6億1149万8000円	競売の売却基準価額	ー	ー	ー	ー	5887
27年	12月1日	福岡国際CC	福岡	既設36H	M	推定25～30億円	株式の任意売買額	成立	PGMグループ	会員継承	ー	5861
27年	12月1日	星野RHヴァムGC(他ホテル等)	北海道	既設18H	P	183億円	民事再生でスポンサーの拠出金	成立	Fosun(フォースン)グループ	預託金カットで	ー	5878
27年	10月1日	越前CC	福井	既設18H	M	推定3億7000万円弱	株式の任意売買額	成立	㈱ムラケ	会員継承	ー	5864
27年	9月8日	フォレスト市川GC	兵庫	既設18H	M	推定3億5000万円	株式の任意売買額	成立	個人投資家	会員継承	ー	5835
27年	9月4日	ルーセントCC	新潟	既設18H	M	1億7561万円	ﾈｯﾄ公売の落札価額	成立	日本ハムグループ	不明	太陽光発電場	5863
27年	9月2日	スカイウェイCC	千葉	既設18H	M	25～27億円	民事再生でスポンサーの拠出金	成立	アコーディア・ゴルフ	預託金カットで	ー	5851
27年	9月1日	高南CC	高知	既設18H	M	1～2億円	破産による任意売買額	成立	㈱暑ぶフース	ブレー会員権に	スカイCC	5855
27年	8月31日	サニーフィールドGC	茨城	既設18H	M	6～7億円	株式の任意売買額	成立	㈱アルペン	会員継承	ー	5850
27年	8月31日	かさまフォレストGC	茨城	既設18H	M	10～12億円	株式の任意売買額	成立	㈱アルペン	会員継承	ー	5850
27年	8月31日	オーヒ゜レッジGC	千葉	既設18H	M	20～25億円	株式の任意売買額	成立	㈱マッウチアース	会員継承	ー	5850
27年	8月28日	ザ・ダイミックGC	福島	既設18H	M	推定2億5000万円	株式の任意売買額	成立	グリーンアカデミーCC系	一代限り	グリーンアカデミーCC白河	5856
27年	8月6日	榛名の森CC	群馬	既設9H	P	約3億3000万円	株式88.7%の売買価額	取下げ	サクセユニバースグループ	ー	ー	5869
27年	8月3日	伊豆スカイライCC	静岡	既設18H	M	3億1300万円	株式61.78%の売買価額	成立	船橋CCグループ	会員継承	ー	5835
27年	8月1日	神鍋高原CC	兵庫	既設18H	M	5000～7000万円	破産による任意売買額	成立	ノザワフールド	一代限り	ー	5840
27年	7月31日	下関ゴールデンGC	山口	既設18H	M	1億6303万円	競売の売却基準価額	成立	㈱長府製作所グループ	会員継承	ー	5853
27年	7月8日	千代田CC	沖縄	既設9H	M	推定7億円	株式の任意売買額	不成立	明建設グループ	会員継承他	ー	5805
27年	6月30日	TOSHIN TOKYO North Hills GC	栃木	既設18H	M	1億5600万円	ﾈｯﾄ公売の見積価額	成立	アワノ総合開発㈱	会員継承	TOSHIN North Hills GC	5810
27年	6月30日	鷹彦C	茨城	既設18H	M	2億5086万8000円	ﾈｯﾄ公売の見積価額	成立	ノザワフールド	一代限り	袋田の滝CC大子C	5829
27年	6月25日	ルーセントC	新潟	既設18H	M	推定3億円	破産による任意売買額	不成立	明建設グループ	ブレー会員権で	ー	5833
27年	5月22日	日本原CC	岡山	既設36H	M	推定10億円強	株式の任意売買額	成立	PGMグループ	会員継承	ー	5810
27年	5月15日	内原CC	茨城	既設36H	M			成立				5797

- 167 -

ゴルフ特信・ゴルフ場企業グループ＆系列【巻末資料・売買事例】

年	売買月日	コース名	所在地	規模	運営	売 買 金 額	売 買 状 況	成否	買収企業・グループ	会員の処遇	売買後のG場名	特信
27年	3月31日	赤穂CC	兵庫	既設18H	M	推定1億5000万円前後	株式の任意売買額	成立	ユニーカ	会員の預託金は返還	ー ー	5756
27年	3月17日	松丘CC	千葉	既設18H	M	推定20億円	株式の任意売買額	成立	PL教団系列	会員継承	ー ー	5764
27年	2月4日	室蘭CC	北海道	既設18H	M	推定5000～7000万円	株式の任意売買額	成立	新日鐵住金等4社	会員継承	ー ー	5768
27年	1月16日	アーレッスンGC	北海道	既設18H	M	7212万円	コース用地の一部とハウス	取下げ	韓人オーナー	ー ー	ー ー	5756
26年	12月24日	夜戸GC	北海道	既設18H	M	ほぼゼロ円	預託金3億円は屑代わり	成立	オーナー一族	会員継承	ー ー	5785
26年	12月16日	小淵沢CC	山梨	既設18H	P	推定12～13億円	施設の任意売買額	成立	遠山階成㈱	会員継承	ー ー	5755
26年	12月9日	パインズ日光GC	栃木	既設18H	M	8億2000万円	競売の落札価額	成立	旧・日本健康産業㈱	不明	ー ー	6758
26年	12月9日	パインズ日光GC	栃木	既設18H	M	1億9792万8300円	競売の売却基準価額	ー ー	旧・日本健康産業㈱	ー ー	ー ー	6758
26年	11月28日	西東京GC	山梨	既設18H	M-	8億3300万円	施設の任意売買額	成立	リゾートソリューション㈱	会員継承	ー ー	5729
26年	11月28日	西東京GC	山梨	既設18H	M-	4億1500万円	簿価	ー ー	ー ー	ー ー	ー ー	5729
26年	10月1日	湯村CC	兵庫	既設18H	P	4800万円	施設の任意売買額	成立	美樹工業㈱	退会者には預託金返還	ー ー	5716
26年	10月1日	グランベール京都GC	京都	既設36H	M	推定数億円	会社分割で任意	成立	JR西日本	メガソーラー予定	ー ー	5706
26年	9月26日	伊香保GC清灘城C	群馬	既設18H	M	推定7～8億円	施設の任意売買額	成立	伊香保GC系列	会員継承	ー ー	5625
26年	9月1日	ニューセントアンドリュースGC・J	栃木	既設27H	M	推定1億円弱	会社分割で任意	成立	オリックスグループ	プレー会員権に	ー ー	5709
26年	9月1日	高松CC城山C	香川	既設18H	M	2億3000万円	施設の任意売買額	成立	旧・社団法人高松CC	会員継承	ー ー	5708
26年	9月1日	随縁CC鬼怒川森林C	栃木	既設18H	P	推定8億円	施設の任意売買額	成立	ホテルモントレ・グループ	ー ー	ー ー	5706
26年	9月1日	常盤ロイヤルGC	山口	既設18H	M	推定8～9億円	株式の任意売買額	成立	常盤薬品㈱	預託金継承せず	アイランドGゴーデン宇部	5710
26年	9月1日	伊豆GC	静岡	既設18H	M	約6億9900万円+約8550万円	仮契約時の価額	成立	旧・㈱アリナ	預託金継承せず	伊豆ハイツGC	5710
26年	7月	新たいらCC	福島	既設18H	M	4億3582万3639円	破産による任意売買	成立	松山の業者	不明（メガソーラーに）	ー ー	ー ー
26年	7月	霊南GC(旧・利根GC)	茨城	既設18H	M	5億3502万2000円	クラブハウス公売の見積価格	成立	㈱利根国	プレー会員権に	ー ー	5692
26年	6月26日	パインヒルズRCC	広島	既設27H	P	1億1万円(ハウス、コースは借地)	競売の落札価額	不成立	韓国のパイントレルズ	ー ー	ー ー	5682
26年	6月11日	東名御殿場CC	静岡	既設18H	M	1664万円(同上)	競売の売却基準価額	成立	東名御殿場CCグループ	検討中	レンブラントGC御殿場	5682
26年	6月11日	東名御殿場CC	静岡	既設18H	M	推定2～3億円	施設の任意売買額	成立	ユニーマットグループ	会員継承	G5C四日市C	5682
26年	6月11日	四日市バディーGC	三重	既設18H	SP	1億5000万円	施設の任意売買額	成立	㈱P・T・C関連	不明	ー ー	5679
26年	6月	高富GC	岐阜	既設18H	M	1125万円	競売の落札基準価額	成立	ー ー	会員継承	ー ー	5667
26年	6月	高富GC	岐阜	既設18H	M	7億6000万円	株式の任意売買額	成立	ユニーマットグループ	会員継承	ー ー	5667
26年	6月	オリエンタルGC	兵庫	既設18H	M	10億円超	民事再生でスポンサーの拠出金	成立	池田CCグループ	預託金カットで	ー ー	5642
26年	5月	ウエストンズCC	兵庫	既設18H	M	推定2億円台	施設の任意売買額	成立	東名ゴルフ㈱	預託金返還	ー ー	5694
26年	4月30日	東名根羽CC	長野	既設18H	M	6億5000万円	施設の任意売買額	成立	ー ー	ー ー	根羽CC	5651
26年	4月	三州CC	鹿児島	既設18H	M	ー ー	ー ー	不成立	オリンピア	ー ー	ー ー	ー ー
26年	2月12日	ヤッスGC	栃木	既設18H	M-	1億8958万9520円	競売の売却基準価額	取下げ	ケーストーン㈱	ー ー	ー ー	5631

- 168 -

年	売買月日	コース名	所在地	規模	運営	売買金額	売買状況	成否	買収企業・グループ	会員の処遇	売却後のG場名	特信
26年	1月31日	Toshin Lake Wood GC	三重	既設18H	H	10億円	施設の任意売買額	成立	トーシン	転籍案内(メガソーラーに)	---	5598
	1月31日	Toshin Lake Wood GC	三重	既設18H	M	7億6000万円	簿価	---			---	5598
25年	12月27日	北海道リンクスCC美唄	北海道	既設18H	M	4000万円	スポンサーの拠出予定額	成立	旧・茂尻産業㈱関連	預託金カットで	---	5629
25年	12月20日	新春木原CC	千葉	既設18H	M--	6億5000万円	施設の任意売買額	成立	A・Cホールディングス	会員継承	---	5614
25年	12月前	新春木原CC	千葉	既設18H	M--	5億2800万円	簿価	---			---	5614
25年	12月2日	岡山御津CC	岡山	既設18H	M	推定3億円	株式の任意売買額	成立	アコーディア・ゴルフ	会員継承	---	5605
25年	12月1日	伊賀の森CC	三重	既設18H	P	10億円前後	施設の任意売買額	成立	清立商工㈱	メガソーラーに	---	5579
25年	11月15日	坂出CC	香川	既設18H	M	8億円	株式の任意売買額	成立	㈱大本組		---	5590
25年	11月1日	周防CC	山口	既設18H	M	推定5億円	株式の任意売買額	成立	アコーディア・ゴルフ	会員継承	---	5538
25年	10月31日	早来CC	北海道	既設36H	P		株式の約87%で2億3700万円 系列会社から株を任意で	成立	明治興産㈱		---	5591
25年		太平洋C軽井沢R	群馬	既設36H	M			成立			---	
		太平洋C相模C	神奈川	既設18H	M			成立			---	
		太平洋C御殿場C	静岡	既設18H	M			成立			---	
		太平洋C御殿場ウエスト	静岡	既設18H	M			成立			---	
		太平洋C&A江南C	埼玉	既設18H	M			成立			---	
		太平洋C六甲C	兵庫	既設18H	M	計17コースを	会社更生様と他で	成立	太平洋ホールディング		---	
	10月11日	太平洋C市原C	千葉	既設18H	M	270億円+設備投資17億円+	270億円はスポンサーの拠出金 +地設備投資17億円+	成立	合同会社	預託金カット+ 一部返還	---	5590
		太平洋C成田C	千葉	既設18H	M	運転資金5億円	運転資金として5億円 スポンサーのマルハンは担保権を	成立	(東急不動産、 大和証券グループ出資)		---	
		太平洋C宝塚C	兵庫	既設18H	M		買収(買収費不明)し、 確定した担保債権の	成立			---	
		太平洋C&A高崎C	群馬	既設18H	M		150億7220万円の 弁済を受ける	成立			---	
		太平洋C&A益子C	栃木	既設18H	M			成立			---	
		太平洋C&A有馬C	兵庫	既設27H	M			成立			---	
		太平洋C&A札幌C	北海道	既設18H	M			成立			---	
		太平洋C&A白河C	福島	既設18H	M			成立			---	
		太平洋A・大洗ショートカットC	茨城	既設18H	M			成立			---	
		太平洋A・佐野ヒルクレストC	栃木	既設18H	M			成立			---	
		太平洋C&A美野里C	茨城	既設27H	M			成立			---	
25年	10月1日	セントレジャーGC千葉	千葉	既設18H	P	2コースで推定30億円	施設の任意売買額	成立	モルガンスタンレー系列	---	ムーンレイクGC鶴舞C	5559
		セントレジャーGC鞍手	福岡	既設27H	M		施設の任意売買額	成立		会員継承	ムーンレイクGC鞍手C	
25年	8月30日	上石津GC	岐阜	既設18H	M	推定2億円	株式の任意売買額	成立	ファンド系の㈱上石津GC	会員継承		5568
25年	6月11日	ザ・CC・グレンモア	千葉	既設18H	M	推定7億円	株式の64%を推定7億円 株式の任意売買額	成立	㈱アミューズキャピタル	会員継承	成田ヒルズCC	5543

ゴルフ特信・ゴルフ場企業グループ&系列【巻末資料・売買事例】

年	売買月日	コース名	所在地	規模	運営	売買金額	売買状況	成否	買収企業・グループ	会員の処遇	売買後のG場名	特信
25年	5月頃	古川CC	宮城	既設18H	M	推定6億円	関係者の推定、ｶﾞｿﾘﾝ転用	—	金和	預託金全額返還済み	—	—
25年	5月頃	ﾎｯｶｲｴｰﾙCC	岐阜	既設18H	M	5億8300万円	民事再生前の入札で	成立	繊維会社等共同出資	預託金カット、一部配当	—	—
25年	4月18日	ﾜｰﾙﾄﾞｼﾞｬﾝﾌﾟGC札幌C	北海道	既設18H	P	1億数千万円	施設の任意売買額	成立	和産産業	—	ﾀﾞｲﾅｽﾃｨ有明GC	5522
25年		廣済堂埼玉GC	埼玉	既設18H	M		株式の任意売買額	成立	富士合同会社	会員継承	—	5506
25年	3月27日	千葉廣済堂CC	千葉	既設27H	M	26億円	3ｺｰｽの他に海外のﾋﾙﾃﾞｰﾙGC	成立	富士合同会社	会員継承	—	
25年		ｻﾞ・ｻﾞｲﾅﾙCC	静岡	既設18H	M		ｷｬﾝﾞｾﾙｲｸIAGCの2ｺｰｽ付き	成立		会員継承	—	
25年	3月19日	大山ｶﾞﾘｱCC	富山	既設18H	M	4800万円	破産による任意売買額	成立	市川ゴルフ興業	会員料金払い	—	5503
25年	3月1日	奈良万葉CC	奈良	既設18H	M	推定5億円	株式の任意売買額	成立	アコーディア・ゴルフ	会員継承	—	5492
25年	1月頃	札幌南GC勧丘C	北海道	既設18H	M	1億円	時価評価額	成立		会員継承	—	5484
25年	1月	星の郷G&H烏山	栃木	既設18H	M		競売の売却基準価額(面積は82㎡+建物)	取下げ			メガソーラーに転用か	5481
25年	12月26日	福島空港GC	福島	既設18H	M	1億500万円 1億6000万円 2000万円)	譲渡額(土地1億4000万円+建物	成立	サニーヘルス㈱	不明		5475
24年	12月中旬	小杉CC	富山	既設18H	P	約8億円	施設の任意売買額	成立	㈱アイザックオール	会員継承		5476
24年	12月14日	かずさCC	千葉	既設27H	M	推定20億円	株式の任意売買額	成立	アコーディア・ゴルフ	会員継承		5456
24年	12月12日	昇仙峡CC	山梨	既設27H	M	8億円	スポンサーの拠出予定額	成立	ｼｬﾝﾄﾚｰｾﾞ・ｸﾞﾙｰﾌﾟ	預託金カット、一部配当		5416
24年	12月12日	昇仙峡CC	山梨	既設27H	M	4億円	スポンサーの拠出予定額	不成立	滝田建材	預託金カット、一部配当		5450
24年	11月30日	ｾﾝﾁｭﾘｰGC市原	千葉	既設18H	P	25億8300万円	施設の任意売買額	成立	PGMグループ	会員継承	ﾑｰﾝﾚｲｸGC市原	5439
24年	11月29日	ﾊﾟｰﾚｲCC	栃木	既設18H	M	1億1500万円	吸収分割で取得代	成立	㈱ｼﾝｸﾞﾏ	会員継承(預託金はｶｯﾄ)	新ﾊﾟｰﾚｲCC	5452
24年	10月末	明日香CC	岡山	既設18H	M	1億500万円	破産管財人の売却希望額	成立		会員継承		5432
24年	10月19日	新ユーアイGC	栃木	既設27H	M	6億6077万円	競売の落札価額(面積は175㎡)	成立	個人(酪農等展開)	不明も未継承か	飼料作物農地へ転用か	5481
24年	10月19日	新ユーアイGC	栃木	既設27H	M	4億9430万5650円	競売の売却基準価額(面積は82㎡+建物)	成立				5481
24年	10月19日	宮崎ｻﾝｼﾔｲﾝﾊﾟｰｽﾞ ｻｯｶﾝCC	宮崎	既設18H	P	数億円	株式の任意売買額	成立	㈱ﾆｷｿﾆｯｸｽ		宮崎ｻﾝｼﾔｲﾝCC	5458
24年	10月	福岡ｾﾝﾁｭﾘｰGC	福岡	既設20H	M	7億7226万4758円	経営会社による評定額(ﾎﾃﾙ、会議室等含む)	成立				5447
24年	9月14日	奥道後GC	愛媛	既設18H	P	9900万円	簿価=売買額	成立	㈱新来島どっく			5438
24年	9月10日	上武CC	群馬	既設27H	M	1億7500万円	破産による施設売買額	成立	㈱ｼﾞｪﾙｼｽﾃﾑ	ﾌﾟﾚｰ会員権で		5511
24年	9月10日	栃の木CC	栃木	既設18H	M	7250万円	破産で入札による売買額	成立	㈱ﾁｰﾑﾚｲﾝ	ﾌﾟﾚｰ会員権で		5511
24年	8月23日	相武CC	東京	既設27H	M	推定20億円	新設分割で入札で株式売買額	成立	アコーディア・ゴルフ	会員継承		5402
24年	6月29日	酒田CC	山形	既設18H	M	推定5000万円未満	破産分割で入札による売買額	成立	OGIグループ	預託金の一部配当	ｱｲﾗﾝﾄﾞGﾊﾟｰｸ酒田	5396
24年	6月26日	おおむらさきGC	埼玉	既設27H	SP	推定20億円	株式の任意売買額	成立	アコーディア・ゴルフ	会員継承		5402
24年	6月	福島空港GC	福島	既設18H	M	1億6000万円	譲渡額(土地1億4000万円+建物2000万円)	成立	不動産会社	会員継承(預託金はｶｯﾄ)		5401
24年	6月	福島空港GC	福島	既設18H	M		簿価	不成立				5401
24年	5月18日	総成CC	千葉	既設27H	M	11億8500万円 土地8756万円、ﾊｳｽ2億2000万円の 計1億9555万円	スポンサーの拠出金の上限	成立	ﾚｲｸｳｯﾄﾞ・ｸﾞﾙｰﾌﾟ	会員継承(預託金はｶｯﾄ)	ﾚｲｸｳｯﾄﾞ総成CC	5375

ゴルフ特信・ゴルフ場企業グループ＆系列【巻末資料・売買事例】

年	売買月日	コース名	所在地	規模	運営	売買金額	売買状況	成否	買収企業・グループ	会員の処遇	売買後のG場名	特信
24年	5月15日	日本海CC	新潟	既設27H	M	出資金9000万円+貸付金4億300万円	再生法でスポンサーの拠出額	成立	川島Gグループ	非金+プレー会員権	ー	5375
24年	5月14日	朝日CC	山形	既設18H	M	推定数千万円	破産による任意売買	成立	市川ゴルフ興業	会員料金扱い	ー	5383
24年	5月1日	熊野CC	三重	既設18H	M	推定数億円	新設分割で株式売買価額	成立	NKスティール(株)	会員継承	ー	3584
24年	5月頃	相武CC	東京	既設27H	SP	推定25億円	売却側の最低売却希望価額	ー	ー	ー	ー	ー
24年	5月頃	おおむらさきGC	埼玉	既設27H	SP	推定25億円	売却側の最低売却希望価額	ー	ー	ー	ー	5375
24年	5月	バークレイCC	栃木	既設18H	M	3億3142万2272円	資産評価額	ー	ー	ー	ー	ー
24年	4月23日	東京国際GC	東京	既設18H	M	30億円強	株式の任意売買額	成立	シャトレーゼ・グループ	会員継承	ー	5352
24年	4月	ミルフィーユGC	千葉	既設18H	SP	推定10数億円	株式の任意売買額	成立	資産管理のティ・ワイ・エッチ	会員継承	ー	ー
24年	4月2日	タカーズGC	兵庫	既設18H	M	推定11億円	新設分割で株式売買額	成立	アコーディア・ゴルフ	預託金全額返還	東条パインレーGC	5353
24年	3月末	フェニックスCC	宮崎	既設27H	M	株式代金4億円+貸付金54億14百万円	ホテル、国際会議場等含む	成立	セガサミーHD	会員継承	ー	ー
24年		トムソンGC	宮崎	既設18H	M							5352
24年	3月23日	信州駒ヶ根CC	長野	既設18H	M	9200万円	破産管財人提示の入札可能額、入札ナシ	不成立	ー	ー	ー	5356
24年	2月29日	パインツリーGC	岡山	既設333H	M	推定数1000万円	株式の任意売買額	成立	チェリーゴルフグループ	会員継承	ー	ー
24年	1月31日	ラ・ヴィスタGR(23年5月買収)グリーンスタCC(23年4月買収) 計17コース	千葉	既設18H	P	2コース計で推定20億円	株式の任意売買額	成立	アコーディア・ゴルフ	会員継承(預託金はカット)	やしろ東条GC	5370
24年	1月23日	太平洋C	兵庫	既設18H	M	約280億円	更生法で株式の取得代	進行中	アコーディア・ゴルフ	ー	アイランドGハーヴェスト	5324
23年	12月2日	ヴィレッジ那須GC	全国	既設18H	M	数百万円	株式の任意売買額	成立	(株)エコ・24	会員継承	ー	5322
23年	12月1日	東那須CC	栃木	既設18H	M	5000万円未満	株式の任意売買額	成立	OGホールディングス系列	会員継承	アイランドGハーヴェスト那須	5292
23年	11月7日	福島石川CC	福島	既設27H	M	資本金5000万円+貸付金5000万円強+1億円	再生法でスポンサーの拠出額	成立	リゾートソリューション(株)	会員継承(預託金はカット)	ー	5311
23年	11月2日	朝日CC	山形	既設18H	M	売却希望額数千万円+コース整備費等約1億円	破産法でスポンサーの拠出額	ー	(株)ザ・マックス	会員継承(預託金はカット)	ー	5309
23年	11月1日	けやきヒルCC	北海道	既設18H	M	8億円	株式の任意売買額	成立	タカガワグループ	会員継承	宝塚けやきヒルCC	ー
23年	8月1日	日光Gハーヴェル	北海道	既設18H	P	推定1億円以下	売却希望額(日付は引渡日)	成立	(株)ゼフィア	ー	ー	ー
23年	7月31日	小田原城CC	群馬	既設18H	M	2億5000万円+2億5000万円強=5億円強	更生法でスポンサー支援金+コース、ハウス修繕費	成立	(株)文芸社	会員継承	ストーンヒル藤岡GC	5262
23年	7月6日	南富士CC	神奈川	既設18H	M	貸付金8億9230万円+資本金100万円=9億230万円	再生法でスポンサーの拠出額	成立	アコーディア・ゴルフ	会員継承(預託金はカット)	ー	5264
23年	7月4日	コリーナーデ・ルガーノCC	静岡	既設18H	P	3567万8810円	落札価額(日付は引渡日)	成立	(株)サイマックス	会員継承(預託金はカット)	ー	5269
23年	7月1日	コリーナーデ・ルガーノCC	埼玉	既設18H	M	4190万8000円	売却標準価額	成立	(株)BBI	会員継承(預託金はカット)	さいたま藤岡GC	5269
23年	7月3日	藤岡温泉CC	福島	既設18H	P	約1億8000万円	ゴルフ場施設の任意売買	成立	滝田建材(株)	プレー権は保証	さいたまGC	5225
23年	7月1日	埼玉GC	福島	既設18H	P	推定10数億円	株式の任意売買額	成立	アコーディア・ゴルフ	売却側が預託金全額返還	ー	5264
23年	6月1日	グリーンウッドCC	山梨	既設18H	M	推定5000万円	株式の任意売買額	成立	不明	会員継承(預託金はカット)	伊賀の森CC	5231
23年	6月1日	春日居GC	三重	既設18H	M	推定9億円(資本金及び準備金)+計1億9000万円+支援金	更生法でスポンサーの拠出額	成立	(株)ジャトレーゼ	会員継承	ー	5257
23年	5月26日	エリモGC		既設18H	P	推定2~3億円	施設の任意売買	成立	清文商工(株)	ー	伊賀の森CC	

- 171 -

ゴルフ特信・ゴルフ場企業グループ＆系列【巻末資料・売買事例】

年	売買月日	コース名	所在地	規模	運営	売 買 金 額	売 買 状 況	成否	買収企業・グループ	会員の処遇	売買後のG場名	特信
23年	5月10日	関西GC	兵庫	既設18H	M	約13億円	時価会計基準の簿価	―	―	―	―	5243
23年	5月1日	伊豆湯ヶ島G&R	静岡	既設18H	SP	推定10億円	株式の任意売買額	成立	中国の実業家	―	湯ヶ島GC&H翠苑	5243
23年	4月16日	セゲルジャーGC札幌	北海道	既設27H	P	推定(億数千万円	ゴルフ場施設の任意売買	成立	キタコー㈱	―	ダイナスティGC	5234
23年	4月	弟子屈CC	北海道	既設18H	P	5000万円	ゴルフ場施設の任意売買	成立	㈱合田観光商事	―	―	5243
23年	4月	新セントフィールズGC	茨城	既設18H	M	推定6億6500万円	競売の落札価額	成立	㈱フィーリークス	会員継承せず	―	5264
23年	3月30日	新香取原CC	千葉	既設18H	M	11億円	競売の落札価額	継続中	㈱A・C㈱ホールディングス	不明	―	5227
23年	3月22日	登別CC	北海道	既設18H	M	推定1億5000万円	再生法でスポンサーの拠出額	成立	麗庭開発㈱	会員継承(預託金わずか等)	―	5211
23年	3月23日	姫路相生CC	兵庫	既設18H	M	7億1400万円	競売の落札価額	継続中	㈱A・C㈱ホールディングス	会員の権利義務は変更なし	―	5211
23年	3月10日	姫路相生CC	兵庫	既設18H	M	2億6734万円	競売の売却基準価額	―	―	―	―	5211
23年	3月9日	郡山GC	福島	既設18H	M	2億6000万円＋3億円以上(設備投資費)	再生法でスポンサーの譲渡価額	成立	高瀬グループ	プレー会員＋12%弁済	―	5201
23年	2月1日	天ヶ代GC	千葉	既設18H	M	推定10数億円	株式会社分割で株式の譲渡価額	成立	アコーディア・ゴルフ	会員継承せず	南市原GC	5181

注:ゴルフ場名、買収企業・グループ名は当時の名称をそのまま採用。なお、売買月日は入札日・開札日、契約日等を含む、民事再生法・会社更生法関連の売買時期は原則債権者(関係人)集会日、売買後のゴルフ場名はその後再度変更の場合有り。「特信」の項の数字は「隔日刊ゴルフ特信」の掲載号数(参考号含む)

1コース平均のゴルフ場売買価格推移

年度	全体	単純平均価格	前年度比	成立	売買価格	前年度比
H16年度	57	9億6315万円	78%	49	9億6713万円	75%
H17年度	52	8億9392万円	-7%	43	9億9564万円	3%
H18年度	72	14億7713万円	65%	50	15億4089万円	55%
H19年度	69	12億1903万円	-17%	44	13億4822万円	-13%
H20年度	50	7億3989万円	-39%	40	8億3650万円	-38%
H21年度	43	4億8673万円	-34%	29	4億5841万円	-45%
H22年度	45	5億6970万円	17%	27	7億5300万円	64%

ゴルフ特信調べ 注:「全体」及び「成立」の数値はコース数

年度	全体	単純平均価格	前年度比	成立	売買価格	前年度比
H23年度	43	10億1702万円	79%	22	6億4536万円	-14%
H24年度	37	8億3658万円	-18%	26	8億9670万円	39%
H25年度	35	11億5565万円	38%	31	12億3774万円	38%
H26年度	30	4億7785万円	-59%	23	5億4072万円	-56%
H27年度	25	6億7522万円	41%	20	7億8529万円	45%
H28年度	24	7億5035万円	11%	18	8億5242万円	9%
H29年度	10	6億9714万円	-7%	7	7億5571万円	-11%

ゴルフ特信が報じたゴルフ場用地でのメガソーラー計画

	分類	ゴルフ場名	運営	県名	所在地	規模・状況	出力・年間発電量	着工時期	送電開始	稼働	号数
1	II	ひだかの森G	P	北海道	新ひだか町	18H・既設閉鎖 H25年内	1万7000kW	H28年8月			5989
2	II	知床GCなかしべつC	P	北海道	中標津町	18H・既設閉鎖 H28年10月末					6035
3	III	旧・恵庭G場恵南コース	—	北海道	恵庭市	9H・既設跡地 H23年11月	1250kW	H25年5月	H25年8月	1	5517
4	III	旧・ユニオンジャックCC		北海道	勇払郡安平町	18H・既設跡地 H23年	13メガ	H27年7月	H28年10月竣工	1	6016
5	II	ラングスGコース	M	秋田	大仙市	18H・既設破産閉鎖 H24年12月	不明	H28年中予定	—		5627
6	II	白神CC	M	秋田	三種町	18H・既設閉鎖 H28年	16・878メガ	H28年	H29年12月26日	1	6245
7	II	秋田プレステージGC		秋田	由利本荘市	18H・既設閉鎖（H26年11月末）	3万9キロワット	H28年春頃	H29年目指す		5874
8	II	金ケ崎ゴルフコース＆ロッジ	M	岩手	金ケ崎町	18H・既設閉鎖（H28年10月予定）		H28年11月予定			5929
9	II	岩手洋野GC	M	岩手	洋野町	18H・既設閉鎖 H25年9月	25メガ	H27年3月10日	H28年5月23日	1	5576 5547
10	II	山形玉庭CC	P	山形	川西町	18H・既設閉鎖 H26年12月	5万kW	H27年春予定	H29年4月	1	5750
11	I－II	西仙台CC		宮城	仙台市青葉区	27H・内9Hを閉鎖し賃貸	16メガ				5905
12	I－II	宮城野GC	M	宮城	山元町	27H・内閉鎖9H	5970kW		——		5751 5770
13	II	リゾートパークオニコウベGC	P	宮城	大崎市	18H・既設閉鎖（28年6月で閉鎖）ドイツ系の事業会社が計画					5972
14	II	マグノリアCC		宮城	川崎町	18H・既設閉鎖（H28年12月末）	メガの模様				6023
15	II	仙台ハイランドCC	M	宮城	仙台市	18H・既設閉鎖（H28年11月末）	スキー場とサーキット場跡地はすでにメガソーラー完成				6030
16	II	天明CC	M	宮城	丸森町	18H・既設閉鎖 H25年8月	1万4000kW	H25年11月	H27年3月	1	5562
17	II	古川CC	SP	宮城	大崎市	18H・既設閉鎖 H24年12月	4万kW	H27年春予定	H27年6月	1	5527
18	III	旧・石巻オーシャンCC		宮城	石巻市	9H・既設跡地 23年3月閉鎖	1万4000kW	H28年7月12日	H29年9月	1	5975
19	I	グランディ那須白河GC36		福島	西郷村	36H・遊休地	2000kW・200万kW時	H25年7月	H26年3月	1	5524
20	I	アローレイクCC	M	福島	矢吹町	18H・遊休地	2196kW＋1万4000kW	——	H26年春	1	5763
21	I－II	白河国際CC	M	福島	白河市	36H・内閉鎖18H					5998
22	II	龍の舞GC		福島	白河市	18H・既設閉鎖（H27年10月）					5864
23	II	福島石川CC	M	福島	石川町	27H・既設閉鎖 H29年6月		H30年度予定			6046
24	II	ラフォーレ白河Gコース	M	福島	泉崎村	18H・震災閉鎖 H23年3月	1期2000kW・240万kW時 2期8000kW＝工事中	H25年1月	H25年9月	1	5401
25	II	ガーデンバレイCC	P	福島	浅川町	27H・震災閉鎖 H24年9月	2000kW＋1万6800kW	H25年10月	H26年7月（2MW、16・8MWはH27年1月）	1	5583 5693
26	II	グリーンウッドCC	P	福島	西郷村	18H・既設閉鎖 H23年3月	1・93万kW	H26年7月16日	H27年11月	1	5684
27	II	福島空港GC	M	福島	須賀川市	18H・既設閉鎖 H24年12月	2・6kW	H26年1月	H27年3月	1	5475 5561
28	II	西の郷CC		福島	西郷村	18H・既設閉鎖 H28年11月末	約44メガワット	H29年4月	H32年1月		6081

ゴルフ特信が報じたゴルフ場用地でのメガソーラー計画

	分類	ゴルフ場名	運営	県名	所在地	規模・状況	出力・年間発電量	着工時期	送電開始	稼働	号数
29	II	SK白河GC	P	福島	白河市	18H・既設閉鎖 H25年5月	2万kW	不明	-		5541
30	II	新たいらCC	M	福島	いわき市	18H・既設閉鎖 H23年3月	ー	検討中	検討中		5693
31	III	旧・田人CC	P	福島	いわき市	18H・既設跡地（23年11月末で閉鎖）	2万7000kW	H27年9月16日	H29年9月	1	5859
32	IV	ITC白河GC	M	福島	西郷村	18H・建設頓挫	1.5kW	-	-		5670
33	I	新東京GC	M	茨城	坂東市	18H・遊休地	計1400kW	H25年5月	H25年8月	1	5528
34	I	オールドオーチャードGC	P	茨城	茨城町	18H・遊休地	1100kW	H25年5月	H25年9月	1	5551
35	I	鷹彦スリーCC	M	茨城	大子町	18H・遊休地	2400kW	-	H26年10月	1	5665
36	I	勝田GC	P	茨城	ひたちなか市	18H・遊休地	1638kW	H26年	H26年6月	1	5725
37	II	サットンヒルズCC	M	茨城	日立市	18H・既設閉鎖 H26年12月	ー	不明			5740
38	II	水戸グリーンCC照田C	M	茨城	常陸大宮市	27H・既設閉鎖 H28年12月末					5982
39	II	新セント・フィールズGC	M-	茨城	常陸太田市	18H・既設閉鎖 H26年5月	検討中	検討中	-		5651
40	II	サンライズCC	M	茨城	日立市	18H・既設閉鎖 H24年12月	計2万4000kW（内送電開始計1万kW）	H25年6月	H26年春～26年11月		5549
41	II	スパ袋田GC	M	茨城	大子町	18H・既設閉鎖 H25年9月	3.1万kW	H26年2月	H27年9月竣工	1	5547 5859
42	II	しもふさ東武CC	P	茨城	結城市	9H・既設閉鎖 H26年6月	不明	-	H27年春	1	5665
43	II	雲雀GC	P	茨城	水戸市	18H・既設閉鎖 H26年12月予定	36メガ	H27年	H28年11月	1	5718、6018
44	II	新里美CC	M	茨城	日立市	18H・既設閉鎖 H25年12月	3.12万kW（内送電開始2400kW）	H27年春	H30年	1	5698
45	II	ヴィレッジC大子GC		茨城	大子町	18H・既設閉鎖（H26年1月から閉鎖）	34メガ	H28年春以降	H30年4月以降		5914
46	V	旧・真壁G場		茨城	桜川市	9H・ショート跡地 H24年4月末で閉鎖	1万4520kW	着工済み	H27年内完成		5881
47	I	那須ちふり湖CC	SP	栃木	那須町	18H・遊休地	2000kW弱	H25年4月	H25年秋	1	5522
48	I	ディアレイクCC		栃木	鹿沼市	18H・遊休地	2540kW・約240万kW時	H25年6月	H26年1月	1	5541
49	I+I-II	ロイヤルCC	M	栃木	宇都宮市	36H・遊休地＋18H閉鎖	1期1900kW 2期1999kW＋1万3000kW	H24年12月	H25年4月 2期はH25年9月末	1	5477
50	I-II	那須小川GC	M	栃木	那珂川町	36H・内閉鎖18H	1万5000kW	-	H28年4月	1	5617
51	I-II	那須野ケ原CC	P	栃木	大田原市	27H・内閉鎖9H	1万kW	H28年着工済み	H29年	1	5710 5822
52	I-II	鬼怒川CC	M	栃木	日光市	27H・内閉鎖9H	1.5万kW・1500万kW時	-	-	1	5483
53	II	星の郷G&H烏山	M-	栃木	那須烏山市	18H・既設閉鎖 H24年8月	47.52MW			1	5670
54	II	元・パインズ日光GC		栃木	日光市	18H・既設閉鎖（H28年3月末）	メガの模様				5939
55	II	トミーヒルズGC栃木C	P	栃木	栃木市	18H・既設閉鎖 H28年7月3日で閉鎖					5990
56	II	ケントスGC	M	栃木	宇都宮市	18H・既設閉鎖 H28年11月末					5999
57	II	JGMGC益子コース	M	栃木	益子町	18H・既設閉鎖 H26年3月	ー	-	-		5637
58	II	新・ユーアイGC	M	栃木	那珂川町	27H・既設閉鎖 H26年1月	3社計で3.72万kW	H26年6月	H26年11月から（一部）	1	5617
59	II	東宇都宮CC	M	栃木	那須烏山市	27H・既設閉鎖 H25年1月	2.88万kW	H26年7月	H28年4月	1	5698
60	II	随縁CC鬼怒川森林C	P	栃木	塩谷町	18H・既設閉鎖 H26年9月	3.5万kW	H27年7月予定	H29年春	1	5706

ゴルフ特信が報じたゴルフ場用地でのメガソーラー計画

	分類	ゴルフ場名	運営	県名	所在地	規模・状況	出力・年間発電量	着工時期	送電開始	稼働	号数
61	II	58GC	M	栃木	矢板市	18H・既設閉鎖（H28年3月末）	41メガワット	H29年2月25日	H30年春		5854、6072
62	II	サンモリッツCC		栃木	佐野市	18H・既設閉鎖（H27年12月）	16・6メガ	H30年1月	H31年3月		5886、6187
63	II	黒磯CC	M	栃木	大田原市	18H・既設閉鎖 H25年9月	準備中か（市）	―	―		5570
64	IV	コリーナGC	―	栃木	矢板市	18H・建設頓挫	2・2万kW	H26年8月予定	H28年夏	1	5679
65	V	旧・野澤Gガーデン	―	栃木	宇都宮市	9H・ショート跡地 H13年までに	計6900kW・690万kW時	H25年4月	H25年10月	1	5531
66	V	旧・黒磯高原GC	―	栃木	那須塩原市	18H・既設ショート跡地 H22年		断念●	未定		5314
67	I	下秋間CC	M	群馬	安中市	18H・遊休地	3374kW	H25年5月	H25年11月	1	5599
68	I	初穂CC白沢高原C	M	群馬	沼田市	18H・遊休地	2380kW	――	H28年4月	1	5793
69	I+II	ローズベイCC	P	群馬	安中市	18H・遊休地＋28年10月から既設18Hも閉鎖し	計3980kW・400万kW時	H24年10月	H25年3～4月	1	5429 5522
70	I-II	サンコー72CC	M	群馬	高崎市	63H・内9H閉鎖し		準備中			5940
71	I-II	ルーデンスCC	M	群馬	藤岡市	36H・内閉鎖18H	当初1Hで1499kW+17Hでも計画	H25年4月	H25年12月	1	5507 5812
72	I-II	嬬恋高原G場	P	群馬	嬬恋村	36H・内閉鎖18H	1218kW	H26年4月	H26年12月	1	5720
73	I-II	上武CC	M	群馬	藤岡市	27H・内閉鎖9H売却	7686kW	H26年新春頃	H26年8月	1	5583
74	II	ストーンヒル藤岡GC	M	群馬	藤岡市	18H・既設閉鎖 H27年2月	――				5773
75	II	クリスタルCC	P	群馬	桐生市	18H・既設閉鎖 用地を太陽光事業者が落札					6086
76	II	伊香保GC清瀧城C	M	群馬	東吾妻町	18H・既設閉鎖 H26年1月	不明	―	―		5721
77	II	月夜野CC		群馬	みなかみ町	18H・既設閉鎖（H27年11月）	19.05メガ		H29年12月	1	5864
78	III	旧・榛名CC	M	群馬	榛東村	18H・既設跡地 H16年	2400kW・268万kW時	H24年4月	H24年7月	1	5361
79	III	旧・かんなGC	―	群馬	神流町	18H・既設跡地 H19年12月	1500kW	H25年6月	H25年11月	1	5464
80	IV	旧・レッドリーブスCC計画		群馬	高山村	18H・建設頓挫	3万1200kW	H28年秋予定			5927
81	IV	旧・昭和ヴィレッジGC開発跡地		群馬	昭和村	27H・建設頓挫	43メガ（いちごECOエナジー）	H27年10月	H30年2月	1	
82	IV	日刊スポーツGC計画	―	群馬	安中市	18H・計画用地	63・2メガ	H28年9月	H31年		5997
83	IV	旧・美州CC	―	群馬	高崎市	18H・計画跡地	8000kW	27年予定	―		5515 5561
84	I	日高CC	M	埼玉	日高市	27H・ハウス屋根等	500kW	H26年6月●	H26年8月	1	5714
85	I-II	ユニオンエースGC	M	埼玉	秩父市	27H・内閉鎖9H H26年8月末	年間578万kW	H27年3月	H27年9月	1	5728 5782
86	I	キングフィールズGC	M	千葉	市原市	18H・遊休地	2000kW	H25年秋	H27年8月	1	5492
87	IV	夷隅川CC（仮称）	―	千葉	いすみ市	18H・計画用地	約2・8万kW	H27年早々予定	―		5656
88	V	ショートコース計画地	―	千葉	八街市	H数不明・計画用地	6000kW	H26年夏か	―		5656
89	I	新潟サンライズGコース	P	新潟	聖籠町	18H・閉鎖断念		●とん挫			5743
90	IV	フォレストG四ツ郷屋C		新潟	新潟市	18H・計画用地	5万4569kW	H27年6月予定			5805
91	V	笹神ケイマンGP跡地		新潟	阿賀野市	18H・ケイマンショートH13年閉鎖	2万3546kW	H29年8月	H31年7月		6097
92	I-II	川中嶋GC	M	長野	長野市	27H・内閉鎖9H	1993kW・208・5万kW時	H25年5月	H26年1月	1	5507
93	II	小海高原Gコース	P	長野	小海町	9H・既設閉鎖 H26年から閉鎖					5696

ゴルフ特信が報じたゴルフ場用地でのメガソーラー計画

	分類	ゴルフ場名	運営	県名	所在地	規模・状況	出力・年間発電量	着工時期	送電開始	稼働	号数
94	II	カワカミバレーCC	M	長野	川上村	18H・既設閉鎖 H26年10月	不明	不明			5718
95	II	佐久平CC		長野	佐久市	18H・既設閉鎖（H28年3月末で閉鎖）	準備中				5875
96	II	駒ケ根カントリー		長野	駒ケ根市	18H・既設閉鎖（H26年12月）	32メガの模様	H30年夏			5931
97	II	諏訪GC	M	長野	諏訪市	18H・既設閉鎖（26年12月で閉鎖）	45.8メガワット	H28年4月	H30年2月	1	5843
98	IV	プレジデンシャルGC	M	山梨	鳴沢村	18H・建設頓挫	5万kW	未定	−		5576 5557
99	V	清水ゴルセンター		静岡	静岡市清水区	9H・ショート跡地	2120kW		H27年8月	1	5873
100	II	バードレイクGC		愛知	豊川市	12H・既設閉鎖 H25年4月	1.2万kW	H25年5月頃	H26年4月頃	1	5543
101	II	美並ロイヤルCC		岐阜	郡上市	18H・既設閉鎖（H27年12月）	55メガ	H30年2月	H31年7月		5886
102	IV	宝達山CC計画跡地		石川	宝達志水町	18H・計画用地	5万9000kW		H30年5月		5828
103	I	富士OGMEC伊勢二見	M	三重	伊勢市	18H・遊休地	810kW	●	H29年3月31日	1	6076
104	I−II	榊原GC	M	三重	津市	27H・閉鎖部分の遊休地	2000kW	H25年5月	H25年11月	1	5741
105	I−II	リオフジワラCC	M	三重	いなべ市	36H・内閉鎖9Hさらに9H	2000kW+α	H25年1月	H25年7月	1	5573
106	II	鳥羽CC		三重	鳥羽市	18H・既設閉鎖（27年8月末で閉鎖）	不明				5842
107	II	新フォレスタCC	M	三重	津市	27H・既設閉鎖（破産）	不明	●			5844
108	II	伊勢湾CC	M	三重	津市	18H・既設閉鎖 H28年10月中旬	旧コース跡地も先行してメガソーラーに				6014、6017
109	II	TOSHIN Lake Wood GC	M	三重	津市	18H・既設閉鎖 H26年1月	5万103kW	H26年6月	H28年5月17日	1	5598 5674
110	II	伊賀の森CC	P	三重	伊賀市	18H・既設閉鎖 H25年12月	5万kW	検討中	検討中		5579
111	I	比良GC		滋賀	大津市	18H・遊休地、クラブハウス屋上	766kW	●			5712
112	I−II	朽木GC	M	滋賀	高島市	27H・内閉鎖9H		H30年			6223
113	I	太閤坦CC		京都	京丹波町	18H・既設余剰地	1.2メガ		H27年3月	1	5859
114	II	伏見桃山GC	P	京都	京都市	9H・既設閉鎖 H26年7月	1万Kw超	H26年7月	−		5663
115	III	旧・綾部CC	M	京都	綾部市	9H・既設跡地 H22年3月	4000kW	H25年5月	H26年1月	1	5523
116	III	京都国際CC		京都	伏見区	18H・既設跡地（25年に破産で閉鎖）	2万3000kW	H27年6月28日	H29年9月	1	5859
117	V	加舎の里カントリー		京都	亀岡市	18H・ショート跡地	8900kW		H28年秋	1	5869
118	IV	旧・吉野桜GC	M	奈良	吉野町	18H・建設頓挫	2600kW・260万kW時	H24年12月	H25年8月	1	5452
119	I	和歌山CC	M	和歌山	和歌山市	18H・練習場跡地	約1300キロワット		H27年10月	1	5880
120	II	白浜ビーチGC	M	和歌山	田辺市	18H・既設閉鎖 H27年4月	3万kW	不明			5741
121	II	オレンジヒルズG&R	P	和歌山	日高川町	9H・既設閉鎖 H26年11月	1万6800kW	H27年12月	H28年11月30日	1	5746、6039
122	IV	ベルビューCC白浜	−	和歌山	富田町	18H・建設頓挫	1万7500kW	H25年11月	H26年秋		5588
123	I−II	旧・あいがわCC	−	大阪	茨木市	18H・内閉鎖9H	999kW・110万kW時	H26年内目標	稼働中	1	5485
124	I−II	吉川ロイヤルGC	M	兵庫	加東市	27H・内9H閉鎖し	8661.12kW		H28年6月	1	6088
125	I−II	篠山GC	M	兵庫	篠山市	27H・内閉鎖9H売却し	1期1.2メガ、2期6メガ	H28年5月	H30年7月		5981

ゴルフ特信が報じたゴルフ場用地でのメガソーラー計画

	分類	ゴルフ場名	運営	県名	所在地	規模・状況	出力・年間発電量	着工時期	送電開始	稼働	号数
126	II	チェリーGゆめさきC	P	兵庫	姫路市	18H・既設閉鎖（H29年1月末）					6064
127	III	旧・Gパーク山南GC		兵庫	丹波市	18H・既設跡地 H18年7月閉鎖	17・9メガ		H27年11月	1	5965
128	IV	旧・押部谷GC	－	兵庫	神戸市西区	18H・建設頓挫	9700kW・981万kW時	H25年8月	H26年10月	1	5569
129	IV	神戸CC淡路シーサイドCの一部		兵庫	淡路市	18H・建設頓挫の一部	10・5メガ	H27年3月	H29年7月		5918
130	IV	旧・ウッディー那珂GC	－	兵庫	多可町	18H・建設頓挫		検討中	未定		5261
131	V	ニッケGC土山コース	P	兵庫	稲美町	18H・既設ショート閉鎖 H24年9月	1期、2期合わせ1万6817kW	H25年4月	H25年10月	1	5389
132		備前GC	M	岡山	和気町	18H・既設閉鎖 H29年12月末で閉鎖し					
133		和気愛愛Gファームc	P	岡山	和気町	18H・既設閉鎖 H29年9月末で閉鎖し					
134	I－II	新岡山36CC（現・新岡山GC）	M	岡山	岡山市北区	36H・内閉鎖18H	4万kW	H26年12月	H28年12月以降		5694
135	II	英田光CC	M	岡山	美作市	18H・既設閉鎖（H27年3月末で閉鎖）	不明	●			5837
136	II	ペニンシュラGC湯郷		岡山	美作市	18H・既設閉鎖（H27年11月末で閉鎖）					5915
137	II	アランチャールズG＆R岡山	M	岡山	美作市	18H・既設閉鎖 H23年3月	3・5万kW	H26年12月	H28年7月	1	5678、6013
138	II	チェリーゴルフ高梁コース		岡山	高梁市	18H・既設閉鎖	25・6メガ	27年9月予定	H29年3月	1	5817 5849
139	II	津山GC	M	岡山	美咲町	27H・既設閉鎖 H26年3月	－－	検討中	検討中		5652
140	IV	チェリーG久米南C（旧・久米南G場）	－	岡山	久米南町	18H・建設頓挫	3・2万kW+2000kW	H26年6月	H28年3月	1	5678
141	I	瀬戸内GR		広島	竹原市	18H・既設余剰地	出力約2000kW	H27年12月	H28年5月	1	5949
142	III	旧・セントパインズGC		広島	東広島市	18H・既設跡地 H26年12月末閉鎖	18・68メガ	H28年6月	H30年7月		
143	II	倉吉GC	M	鳥取	倉吉市	18H・既設閉鎖 H28年9月13日で閉鎖し					5961
144	II	セントパインズ大山GC	M－	鳥取	米子市	18H・既設閉鎖 H26年7月	2万9200kW	H27年9月11日	H30年3月		5687
145	I＋II	浜田G＆CC	M	島根	浜田市	27H・当初9H+18H（結局全てG場閉鎖）	1期11メガ+2期12メガ	－	1期27年12月竣工、2期H29年4月竣工		5668、5891、6095
146	I－II	金城CC	M	島根	浜田市	27H・内閉鎖9H	14メガ	－	H28年5月		5627
147	I－II	いづも大社CC		島根	出雲市	27H・内9Hを閉鎖（H27年12月）	約14メガ		H29年12月	1	5890
148	II	水明CC	P	島根	邑南町	18H・既設閉鎖（27年7月末で閉鎖）	36メガ	H29年10月	H32年目指す		5825
149	I	中須GC	M	山口	周南市	18H・遊休地	1000kW	H26年末までに	H27年5月	1	5692
150	I	徳山国際CC		山口	周南市	18H・遊休地	1806kW	H27年夏	H28年2月	1	5923
151	II	新美祢CC	M	山口	美祢市	27H・既設閉鎖 H27年1月26日から閉鎖で					5761
152	II	白須那CC	M	山口	下松市	18H・既設閉鎖（29年3月末で閉鎖）					6061
153	II	光CC	M	山口	光市	18H・既設閉鎖 H26年3月	2万kW	－	－		5587
154	I	満濃ヒルズCC	M	香川	まんのう町	18H・遊休地	2000kW		稼働中	1	

ゴルフ特信が報じたゴルフ場用地でのメガソーラー計画

	分類	ゴルフ場名	運営	県名	所在地	規模・状況	出力・年間発電量	着工時期	送電開始	稼働	号数
155	Ⅱ	こんぴらレイクサイドGC	M	香川	まんのう町	18H・既設閉鎖 H29年12月末閉鎖	先に閉鎖の9HでH28年3月から10MWのﾒｶﾞｿｰﾗｰ稼働			1	6203
156	Ⅴ	旭PGコース	P	香川	三豊市	9H・既設閉鎖 H26年5月	約1万kW	ー	H27年8月	1	5655
157	Ⅰ－Ⅱ	御所CC	M	徳島	上板町	27H・内9Hを閉鎖し	2．7メガ		H28年8月	1	6034
158	Ⅴ	旧・瀬戸CC	ー	高知	高知市	10H・既設ショート跡地 H23年11月	2000kW・240万kW時	H24年8月	H25年1月	1	5375
159	Ⅰ	奥道後GC	P	愛媛	松山市	18H・遊休地	1期工事1800kW 2期工事2400kW	H25年5月	H25年12月	1	5605
160	Ⅰ	松山GC川内コース	M	愛媛	東温市	18H・遊休地	1000kW	H25年1月	H25年4月	1	5436
161	Ⅰ	サンセットヒルズCC	M	愛媛	松山市	18H・遊休地	1000kW		H26年秋	1	
162	Ⅱ	小松G場	SP	愛媛	西条市	9H・既設閉鎖 H25年10月	1万9000kW(全体計3万3000kW)	H25年5月	H26年2月	1	5801
163	Ⅳ	ゴルフ場開発跡地		愛媛	新居浜市	210haを確保し105haに、㈱リビエラの事業	約54メガ				5974
164	Ⅰ	島原CC	M	長崎	南島原市	18H・遊休地	2万8000kW	●H27年2月予定も業者がとん挫			5750
165	Ⅱ	滑石G場	SP	長崎	長崎市	18H・既設閉鎖 H26年11月	未発表	H26年12月までに着手済み			5756
166	Ⅱ	ひぐち時津CC	P	長崎	時津町	18H・既設閉鎖 H26年7月1日	1．5万kW		H27年10月	1	5651
167	Ⅳ	長崎PG場	ー	長崎	田手原町	18H・建設頓挫	1万3100kW	不明	H26年4月	1	5616
168	Ⅱ	日吉原CC	P	大分	大分市	18H・既設閉鎖 H26年6月	4．48万kW	H26年8月	H28年3月		5653 5693
169	Ⅳ	旧・宇佐CC計画		大分	宇佐市	18H・建設頓挫	10メガ以上				5923
170	Ⅳ	ドリーム九重（仮）	ー	大分	九重町	27H・計画頓挫	2．5万kW	H26年2月	ー		5632
171	Ⅳ	東別府GC	ー	大分	杵築市	18H・計画跡地		H25年11月	H26年10月		5600
172	Ⅰ	グリーンランドRGC	SP	熊本	荒尾市	36H・遊休地	2000kW	H24年12月	H25年4月	1	5452
173	Ⅱ	水俣国際CC	M	熊本	水俣市	18H・既設閉鎖 H26年4月	検討中	検討中	不明		5645
174	Ⅴ	高遊原パークGコース		熊本	益城町	8H・ショート閉鎖跡地、ﾒｶﾞｿｰﾗｰしらさぎ益城高遊ﾊﾟｰｸ発電所	3メガ		H26年3月	1	
175		TTS門川GC	P	宮崎	門川町	18H・既設閉鎖 H29年3月31日で閉鎖し					
176	Ⅰ－Ⅱ→Ⅱ	ジェイズCC高原C36		宮崎	宮崎市	36H・内18Hを閉鎖し→残り18HもH29年7月末で閉鎖しメガソーラーに					5953
177	Ⅱ	ジェイズCC高原C	M	宮崎	宮崎市	18H・既設閉鎖 H29年7月31日で閉鎖し					6089
178	Ⅱ	亀の甲CC	P	宮崎	国富町	18H・既設閉鎖（26年9月末で閉鎖）	3万2697kW	H27年8月20日	H29年1月20日	1	6034
179	Ⅳ	宮崎クラシックCC	ー	宮崎	宮崎市	18H・計画用地	9万6200kW	H27年3月	H30年春		5792
180	Ⅴ	永谷ゴルフ場	ー	宮崎	高鍋町	9H・ショート閉鎖	2000kW・231万2千kW時	ー			ー
181	Ⅰ－Ⅱ	チェリーGC鹿児島シーサイドコース	M	鹿児島	日置市	27H・内閉鎖9H H24年頃	1万247kW・1190kW時	H26年夏	H27年	1	5373
182	Ⅱ	加治木CC日木山C	M	鹿児島	加治木町	18H・既設閉鎖 H26年8月末で閉鎖し					5756
183	Ⅱ	鹿児島垂水CC		鹿児島	垂水市高城	18H・既設閉鎖 H29年3月20日					6087

ゴルフ特信が報じたゴルフ場用地でのメガソーラー計画

#	分類	ゴルフ場名	運営	県名	所在地	規模・状況	出力・年間発電量	着工時期	送電開始	稼働	号数
184	II	三州ＣＣ	M	鹿児島	曽於市	18H・既設閉鎖 H25年12月	1万8000kW	－	－		5657
185	II	桜島ＣＣ		鹿児島	霧島市	18H・既設閉鎖（H26年12月）	2万kW		H28年8月	1	6031
186	IV	リンデンパークＣＧＣ	－	鹿児島	湧水町	18H・建設頓挫	2万5800kW	H25年7月	H26年7月頃	1	5554
187	IV	栗野リゾート計画跡地		鹿児島	湧水町	18H・計画用地	3万2300kW		H29年度中		5831
188	IV	鹿屋市ゴルフ場計画跡地		鹿児島	鹿屋市、大崎町	G場計画跡地約200ha利用	92メガ	H29年4月	H32年1月		6089
189	V	島津ＧＣ白銀坂ショートコース		鹿児島	鹿児島市	9H・ショート閉鎖 H25年5月	7800kW以上	H25年6月	H26年4月	1	5517
190	I	オリオン嵐山ＧＣ	M	沖縄	浦添市	18H・遊休地	計4700kW	H25年11月	H26年春	1	5534

「号数」はその報道記事を掲載したゴルフ特信の号数、「分類」はⅠ既設余剰地、Ⅰ－Ⅱ既設一部転用、Ⅱ既設転用、Ⅲ元既設跡地、Ⅳ建設・計画用地、Ⅴショートコース跡地　●印は太陽光発電所断念ないしメガ未満、稼働状況は便宜上で一部確認できないもの含む

平成27年以降閉鎖で再開場不明なゴルフ場

県名	コース名	H数	運営	閉鎖時期	備考	メガソーラー
北海道	新茜ゴルフ倶楽部	18	M	H28年11月中旬	H6年に茜GC名で27Hで開場も、14年に経営会社破産、翌15年からは破産管財人の下で南Cを閉鎖して18Hで営業、高橋リゾートの破産管財人からアサヒ商会が16年12月に買収し18Hで営業も閉鎖決め用地売却、他用途に転用の模様	
	知床ゴルフクラブなかしべつコース	18	P	H28年11月	S49年に道東CCとして9Hで開場、その後度々経営交代し18Hにも拡張、14年2月に当時経営の㈱中標津空港CCが破産、用地競売で個人が落札後、運営を度々委託、H20年からはコース管理請負等のグリーンシステム㈱が運営委託も、土地所有者がメガソーラー事業者に売却しゴルフ場営業は終了	△
	星野リゾート・トマムゴルフコース	18	P	H28年10月11日	施設保有は中国を代表するコングロマリットの1つであるＦｏｓｕｎグループ傘下。㈱星野リゾートが全リゾート施設を運営していたが、ゴルフ場はH28年8月末の台風の影響等から閉鎖を決断、H29年2月のHPで「皆様に北海道を体感していただける魅力あふれるエリアとして生まれ変わる予定です」と案内	
	帯広リバーサイドゴルフ場	18	P	H28年 8月30日	台風10号の影響によりコースが冠水しスタートハウスや事務所を兼ねたフロント事務所が流失、営業再開に2億円かかる見込みで10月25日にゴルフ場廃止を決め10月26日に釧路地裁帯広支部から破産手続開始決定、破産管財人は岩田明子弁護士(℡0155・67・7785)	
	アリスト本別ゴルフ倶楽部	18	P	H27年	H23年から平日に原則クローズし土・日祝日に営業を続けていたが、来場者は1万人に遠く及ばず27年は営業を停止する方針、今後の活用方法は検討中	
	羽幌オロロンカントリークラブ	9	P	H27年	H27年までにクローズ、旧経営会社はH21年自己破産、有限会社が買受け一時グリーンスコーレ㈱に運営委託しパブリックで運営、23年から現名称も来場者減で廃業の模様	
青森	青森県体育協会ゴルフ場	9	P	H27年シーズン	H27年5月から今年の営業開始を準備も入場者減や施設改修費負担から閉鎖を決定、正式決定後27年6月以降青森空港を管理する県に施設を返還する方針	
岩手	金ケ崎ゴルフコース＆ロッジ	18	M	H28年11月1日	メガソーラー事業への賃貸を決定しH27年12月で一旦閉鎖もメガソーラー着工まで急遽H28年3月19日から営業することに決定(28年10月末まで)、会員には募集時の入会金全額返還	△
宮城	マグノリヤカントリークラブ	18	SP	H29年 1月1日	H14年からゴルフ場事業再生の市川ゴルフ興業グループに、水源の確保等の問題もありゴルフ場営業はH28年12月末で終了、コース用地はドイツ系のメガソーラー事業者に売却へ	△
	仙台ハイランドカントリークラブ	18	M	H28年12月1日	H18年民事再生法申請の青葉ゴルフ、弁済資金は事業収益等により賄う計画で、26年9月にスキー場とサーキット場を閉鎖し、メガソーラー用に売却も決定。隣接の遊園地も27年8月末に閉鎖。創業のゴルフショップ28年10月末で終了。跡地利用は太陽光発電事業が有力の模様	△
	リゾートパークオニコウベゴルフクラブ	18	P	H28年 6月11日	ゴルフ場用地はH26年に独系メガソーラー事業会社に転売されており、ゴルフ場営業はH28年6月10日までで終了、一時メガソーラー着工までの暫定営業を模索も不調	△
福島	グリーンアカデミーカントリークラブ石川コース	18	M	H28年12月1日	経営会社は白河市の旧ザ・ダイナミックGCを買収しグリーンアカデミーCC白河CとしてH28年7月仮オープン、石川Cの会員には白河Cへの転籍案内、石川Cの売却用地はメガソーラーの可能性も	
	西の郷カントリークラブ	18	M	H28年12月1日	韓国系の㈱大河から用地を取得した一条工務店より26年から㈱カネキが運営受託、一条工務店が太陽光発電事業者に用地を売却したためH28年11月30日でゴルフ場営業終了	△
	龍の舞ゴルフクラブ	18	P	H27年10月17日	メガソーラーに転用される計画でH27年10月16日まででゴルフ場の営業は終了、以前から予定していたためH27年は9Hの営業だった	△
	千本桜リゾートゴルフクラブ＆ホテル	18	M	H27年	H26年6月にアウト2Hの強制執行受けイン9Hで営業もH27年は営業見合わせとHPで告知(H27年3月31日まで電話対応と)、土地・建物所有はLED関連商品販売の㈱JSOフロンティア(東京都中央区)	
茨城	ライジングゴルフクラブ	18	M	H30年 1月21日	ゴルフ場事業の将来性を悲観し群馬県の㈱林牧場(群馬県桐生市)にゴルフ場用地を売却方針、跡地は牧場で利用する計画	
	水戸グリーンカントリークラブ照田コース	27	M	H29年 1月1日	メガソーラー事業に土地提供する計画で閉鎖、メインの山方コース18Hは営業継続	△
栃木	アイランドゴルフパーク東那須	18	P	H30年 1月1日	H29年12月31日をもって閉鎖、地域でのレジャー市況や人口動勢その他の経済情勢等を総合的に勘案し閉鎖を決めたという。コース閉鎖後については未定	
	大田原ゴルフ倶楽部	18	M	H29年 1月1日	H18年から染宮製作所グループに、売上減等からH28年12月末でのゴルフ場閉鎖決める、会員の預託金はH35年まで返還据置き、当初27Hのうち閉鎖の9Hはメガソーラー転用済みで18Hも同様か	△
	ケントスゴルフクラブ	18	M	H28年12月1日	運営は練習コースやフットゴルフ等話題になるも所有会社が太陽光発電事業者への用地売却決定しゴルフ場は閉鎖へ	△
	トミーヒルズゴルフクラブ栃木コース	18	P	H28年 7月4日	H25年4月からトミーヒルズ㈱が賃借して運営も所有会社がメガソーラー事業者に用地売却でゴルフ場営業終了	
	ファイブエイトゴルフクラブ	18	M	H28年 4月1日	原発事故と供給過剰でゴルフ場廃業決定、33メガの太陽光事業に賃貸・H30年春稼働予定、練習場や農業で法人継続へ、H27年内でクラブ解散し会員には預託金返還	○
	パインズ日光ゴルフ倶楽部	18	M	H28年 3月22日	競売で用地等を落札した抵当権者が太陽光事業者に用地を転売した模様でゴルフ場はH28年3月22日までで営業終了	△

平成27年以降閉鎖で再開場不明なゴルフ場

県名	コース名	H数	運営	閉鎖時期	備考	メガソーラー
栃木	サンモリッツカントリークラブ	18	M	H27年12月21日	管理型最終処分場の建設計画を計画しH26年秋などに地元説明会開催、H27年12月20日まででゴルフ場閉鎖、経営の㈱サンモリッツはH28年1月15日特別清算開始決定（会員に額面4％等弁済）、跡地に16.64MWのメガソーラー完成	◎
栃木	新パークレイカントリークラブ	18	M	H27年11月1日	H27年9月9日からの豪雨で土砂崩れ発生しクローズ、10月10日から一時6Hで営業再開も親会社の㈱シグマ(TEL03・5925・8951)では全面復旧に時間・費用を要する見込みで少なくとも1年程度休場	
群馬	ルーデンスカントリークラブ	18	M	H29年12月1日	11月末で閉鎖するさつきコース(18H)跡地もメガソーラーを整備する計画で、H24年末で閉鎖した旧・さくらコース(18H)同様にグループのロイヤルリース㈱(千葉市)が担当。H31年12月完成予定。総事業費は約70億円。会員(プレー会員)には近隣ゴルフ場に転籍紹介	◎
群馬	JGMロイヤルオークゴルフクラブ	18	M	H29年1月1日	破産の公算が高いとしてH28年12月31日まででゴルフ場の営業を終了すると会員に通知、姉妹コースのJGMベルエアGCへの転籍も案内	
群馬	クリスタルカントリークラブ	18	M	H29年1月1日	同CCHPではH28年12月10日付けで「H18年4月よりゴルフ場施設の運営受託により営業をしてまいりましたが、H28年12月31日をもって営業を終了する」と発表。H28年2月の火災でクラブハウス焼失、コース土地は前橋地裁で競売となり所有者交代	
群馬	渋川市民ゴルフ場	9	P	H28年12月1日	毎年赤字で経営が立ち行かないとH28年11月末でのゴルフ場閉鎖決める、今後はゴルフ場資産を株主でもある市に売却(市は3億8417万円余で取得)	
群馬	ローズベイカントリークラブ	18	P	H28年10月1日	H14年7月にビックカメラ関連の㈱ビックビルディングが買収、運営は新ローズベイCC、関連のクリーンエネルギー研究所がゴルフ場跡地でのメガソーラーを計画し28年9月末でのゴルフ場閉鎖を決定、太陽光は70～80MW規模でH29年6月頃着工予定	△
群馬	月夜野カントリークラブ	18	M	H27年11月24日	ゴルフ場の将来性から閉鎖を決定、用地はメガソーラー用に賃貸方針、H29年12月メガソーラー稼働	◎
群馬	ストーンヒル藤岡ゴルフクラブ	18	M	H27年2月16日	HPでH27年2月15日の営業をもって閉鎖と告知、新所有会社の㈱ウエッブウッズ(神奈川県川崎市)では温泉ホテルは営業継続と	△
千葉	カナリヤガーデンカントリークラブ	18	M	H27年12月31日	経営会社はH27年10月1日に外資系企業へ株式譲渡、外資系ではプライベートの保養施設として利用する計画でゴルフ場は12月30日をもって営業終了、会員には入会費用を下回らない金額で会員権を買い取り、跡地はプライベート利用でゴルフ場存続案も	
長野	佐久平カントリークラブ	18	M	H28年4月1日	ゴルフ場の経営環境が厳しく会員に預託金を返還してメガソーラー事業へ転換方針、H28年3月末まで営業しゴルフ場会社は特別清算予定	△
長野	駒ケ根カントリー	18	M	H27年12月	旧・信州駒ケ根CCが破産(H20年5月)し一時担保権者で等営業も、サンエッソンジャパン㈱(東京、当初米国系も台湾系となりBCPCジャパン㈱と社名変更、TEL03・5572・6363)が用地買収してメガソーラー事業計画、すでに工事着手済みで28年のゴルフ場営業はない模様	△
静岡	ゴルフパークBandi	18	P	H27年12月7日	スキー場や遊園地と隣接した旧・日本ランドHOWG場、子会社の㈱フジヤマリゾートに運営を委託もゴルフ場は収益改善見込めないとして閉鎖、花畑事業の展開及びキャンプ場の拡大等予定、2H分使いフットゴルフとディスクゴルフの専用コース整備し「富士アクティビティパーク」としてH28年4月29日再開場	
静岡	下田カントリークラブ	18	M	H27年3月1日	H27年2月末で営業休止、関係会社の㈱ライオン(福岡勇次社長)系となるもその後代表者度々交代、関連の土地所有会社は土地を売却し太陽光発電の準備に、㈱下田CCは会員債権者申立でH28年9月15日破産手続開始決定・破産管財人・土肥将人弁護士、財団経由でのゴルフ場再開は難しい模様	△
岐阜	美並ロイヤルカントリークラブ	18	M	H27年12月16日	H18年に市川グループの㈱ロイヤルヴィレッジゴルフ倶楽部が破産会社から買収、10年近く経過も業績向上が難しい等からゴルフ場閉鎖に、H27年12月15日の営業をもって閉場とHPで案内、ゴルフ場用地はメガソーラー事業者に賃貸へ	△
三重	グランシエロゴルフ倶楽部	18	P	H29年4月1日	ゴルフ場HPでH29年3月31日をもっての営業終了を告知	
三重	伊勢湾カントリークラブ	27	M	H28年10月24日	H28年10月21日付けで会員に「ゴルフ場閉鎖」を通知し24日から施錠して営業せず、台風の影響で危険個所多数のため閉鎖、また営業再開には多数の費用が必要で困難、東京の弁護士から会員には1％配当と通知	△
三重	チェリーレイクカントリークラブ	27	M	H28年8月8日	㈱チェリーレイクは前日までに営業停止しH28年8月8日に自己破産申請、破産管財人の涌井庄太郎弁護士(TEL03・3294・7222)は「ゴルフ場としての営業再開可能性はない」と	
三重	鳥羽カントリークラブ	18	P	H27年9月1日	省力化運営で収益改善目指すもH26年暮れにメガソーラー事業用に土地を賃貸することが決定しH27年8月31日まで営業し閉鎖、系列の一志GCは営業継続	△
三重	新フォレスタカントリークラブ	27	M	H27年8月6日	最大債権者かつ第一抵当権者である合同会社白山がメガソーラー事業への売却を決めた模様、所有関係2社(名阪ワシントンクラブ㈱等)が破産、管財人の田口和幸弁護士(阿部・井窪・片山法律事務所、TEL03-3273-2600)はゴルフ場は決まっていたメガソーラー事業者に売却済み	△
三重	メトロポリタン倶楽部	18	P	H27年1月5日	ゴルフ場HPで27年1月4日の営業をもって完全閉鎖と告知、太陽光発電で利用される模様	△

平成27年以降閉鎖で再開場不明なゴルフ場

県名	コース名	H数	運営	閉鎖時期	備考	メガソーラー
三重	嬉野カントリークラブ	18	M	H27年1月	H27年1～3月末までコースメンテナンスのためとしてゴルフ場営業休止、4月以降も閉鎖で廃業、ゴルフ場としての営業再開はないと	
和歌山	白浜ビーチゴルフ倶楽部	18	M	H27年4月1日	成本コンテナー㈱系からH26年6月オーナー交代、メガソーラー発電に転用する計画で会員にはアコーディア系のラビーム白浜GCの入会金全額負担、転換希望なしは入会時の半額返還	△
兵庫	アイランドゴルフガーデン赤穂	18	M	H30年1月1日	経営の播備高原開発㈱はH29年7月3日神戸地裁姫路支部に特別清算開始申立、会員など債権者には認可決定条件に債権全額を返還する方針（以前の再生計画で9割カット済み）、ゴルフ場はH29年12月31日をもって営業終了	
兵庫	チェリーゴルフゆめさきコース	18	P	H29年2月1日	旧・バードヒルGC夢前C、H22年6月に現名称で再オープン、入場者は比較的好調だったものの料金競争の激化によって客単価が上がらず、苦戦していたという。廃業後については、詳細不明だが太陽光発電を計画している模様	△
岡山	備前ゴルフクラブ	18	M	H30年1月1日	H29年12月31日をもって閉鎖、会員には当年度早々に案内済み、ゴルフ場用地で積極的に太陽光発電事業を行っているエネルギー事業者に用地を売却することが決まっている模様。リソルグループ	△
岡山	タカガワ新湯原カントリー倶楽部	18	M	H29年12月20日	ゴルフ場の営業不振で「温泉&ゴルフ場」の二元営業を止め「湯原温泉・森のホテルロシュフォール」の温泉&ホテルの営業に専念、ゴルフ場跡地はテニスコート、パターゴルフ等整備しホテルの野外施設に	
岡山	和気愛愛ゴルフファーム倶楽部	18	P	H29年9月30日	昭和54年にファーイースト佐伯Cとして開場。その後、長らく閉鎖後、CC桃太郎として平成11年にオープン。しかしコースは競売となり、19年にパブリック制の和気GCに変更。23年には和気愛愛に変更し、年間会員は貸農園付きのユニークな募集で話題を集めた。跡地は太陽光発電になる模様	△
岡山	クリスタルリンクスゴルフクラブ	18	M	H28年1月5日	H27年12月31日をもってゴルフ場の通常営業を終了と案内（実際は翌年1月4日まで営業）、東条の森CC（計63ホール、兵庫県加東市）の協力を得て、同CCを利用できるように案内（クラブインクラブ）	
岡山	ペニンシュラゴルフクラブ湯郷コース	18	M	H27年12月1日	浅見CC（茨城）母体の達川グループが年次会員制で運営もH27年11月末で閉鎖、用地27年9月に㈱室町不動産（京都市）が取得後に28年2月には中央地所㈱（大阪市）とパシフィコ・エナジー作東合同会社（東京都）が取得、メガソーラーに転売の模様	△
岡山	英田光カントリークラブ	18	M	H27年4月	H25年4月にスポンサー型の再生計画成立も営業は27年3月末で終了、メガソーラーを造るというウワサも詳細不明	
岡山	チェリーゴルフ高梁コース	18	M	H27年1月13日	H27年1月12日の営業をもって閉鎖、跡地は環境発電㈱（広島市）が25・6メガ規模のメガソーラー建設しH29年3月売電開始予定	◎
広島	パインヒルズリゾートカントリークラブ	18		H28年	H19年3月に韓国系資本の㈱パインヒルズが営業権と不動産の第一抵当権付き債権を取得し、20年11月にゴルフ場施設（27H）を落札、しかし同社は撤退し別の運営会社が賃借し営業継続、度々クラブハウスが競売かけられ営業もストップ	
広島	セントパインズゴルフクラブ	18	M	H27年1月	ゴルフ場は廃業しメガソーラーに転用、プロスペクトや九電工等で18・68MWのメガソーラー整備、H30年7月売電開始予定	○
広島	アイリスカントリークラブ	18	M	H27年11月30日	支配人・キーパーを務めた牛島義則氏がH13年に旧・中国GCを落札し新名称で運営、しかし施設の老朽化でH27年11月末（営業は11月29日まで）での閉鎖を決定、跡地利用は未定	
鳥取	大山日光カントリークラブ	9	M	H29年9月1日	H29年8月31日をもって閉鎖、利用者の減少に拍車がかかり営業継続断念と、債務整理を水田敦士弁護士（安田・林・水田法律事務所、鳥取県米子市、TEL 0859・33・1019）他1名に一任し、自己破産申請の準備	
鳥取	倉吉ゴルフ倶楽部	18	M	H28年9月14日	H28年6月13日のHPで、28年9月13日までをもってゴルフ場を閉鎖すると公表、預託金返還等は追って連絡すると、ゴルフ場用地は第三者に売却予定（太陽光発電事業の見込み）	△
島根	松江カントリー	18		H29年5月30日	旧・松江CCで島根県下で最古のゴルフ場・県ゴルフ協会の事務局も兼ねていた、旧経営会社の㈱松江カントリー倶楽部が営業不振でH28年6月自己破産申請・破産会社から資産を買収した会社が新運営会社設立し運営を継続もH29年5月30日をもって営業継続断念、連絡先は谷法律事務所の谷修弁護士（TEL 03・5568・1755）と	
島根	水明カントリークラブ	18	P	H27年8月1日	ゴルフ場施設を太陽光発電事業者に売却する計画でH27年7月末でゴルフ場閉鎖、発電事業者からの正式発表はまだも43・4メガ相当のメガソーラーを計画している模様	△
山口	岩国カントリー倶楽部	18	M	H29年12月1日	ナイター施設を備え、かつては18Hで10万人を超える入場者を数える人気コースだったが赤字続きで29年11月30日をもって閉鎖。跡地利用は不明も周辺用地で太陽光発電を計画する事業者あり	
山口	中関ゴルフ&コミュニティ倶楽部	9	SP	H29年7月14日	H29年7月13日をもってゴルフ場閉鎖、塩田跡地活用のゴルフ場、健康産業事業部として"健康会員"を募りセミパブリックで営業も新規投資は難しく事業継続断念、大和ハウス工業㈱が同跡地に産業団地造成を計画	
山口	白須那カントリークラブ	18	M	H29年4月1日	造園土木業の㈱関西緑建（牛島代表、広島市西区）にH22年5月に事業を譲渡し、再建を進めていたが閉鎖を決める。以前立て直したアイリスCC（広島）も施設老朽化等で27年11月29日まで閉鎖していた。会員は年間会員のみだった。跡地は大手ハウスメーカーへの売却や太陽光発電所への転用が見込まれている模様	△

平成27年以降閉鎖で再開場不明なゴルフ場

県名	コース名	H数	運営	閉鎖時期	備考	メガソーラー
山口	新美祢カントリークラブ	27		H27年1月26日	ウエストコーストアソシエイツ㈱が賃借して運営も所有会社との契約解消でH27年1月25日の営業をもって閉鎖、太陽光発電に利用される模様	△
香川	こんぴらレイクサイドゴルフ倶楽部	18	M	H29年12月末	讃岐開発㈱はH30年2月13日破産開始決定、破産管財人の仙頭真希子弁護士の事務所（せんとう法律事務所、丸亀市、TEL 0877-85-6070）では「資産の売却先は決まってい」としており、ゴルフ場の営業復活はほぼない見込み。跡地はH29年11月に讃岐開発㈱を傘下とした山佐㈱側により、メガソーラー事業に利用される模様。	△
愛媛	松山小野カントリークラブ	18	P	H29年9月1日	H29年8月31日をもってゴルフ場閉鎖、土地保有会社が土地売却方針で跡地は10メガ規模の太陽光発電事業になる模様	△
熊本	阿蘇東急ゴルフクラブ	18	M	H28年4月15日	H28年4月14日、16日の熊本地震で被害にあいクローズ、多数の被害で開場の目途立たずと、運営会社では休業期間中の年会費は徴収しないと案内	
熊本	くまもと阿蘇カントリークラブ湯の谷コース	18	M	H28年4月15日	H28年4月14日、16日の熊本地震で被害にあいクローズ、営業再開未定	
宮崎	ジェイズカントリークラブ高原コース	18	M	H29年8月1日	韓国・東光グループの㈱龜尾（グミ）開発の経営、H29年7月31日まで営業し閉鎖・太陽光発電事業に移行と、会員にはグループのジェイズCC日南コース（宮崎）を紹介、またH29年4月から閉鎖のTTS門川GC（旧・宮崎日向コース、宮崎）も太陽光事業者に売却済み	△
宮崎	TTS門川ゴルフ倶楽部	18	P	H29年4月1日	H9年に西武グループの宮崎日向Gコースとしてオープン、20年5月に韓国系の㈱龜尾開発が経営株を20億円で取得しジェイズCC日向コースに、25年は猛暑・少雨でコンディション不良となり26年12月まで1年間営業ストップ、28年3月に経営株を不動産業・太陽光発電業の㈱ティーティーエス企画（福岡県飯塚市）に売却	△
鹿児島	鹿児島垂水カントリー倶楽部	18	M	H29年3月21日	詳細不明もH29年3月20日をもって閉鎖と案内、不動産業界では太陽光発電事業物件としての紹介も出回っていた	
鹿児島	錦江ゴルフクラブ	18	SP	H28年	詳細不明も運営の錦江高原リゾート㈱がH27年12月に鹿児島労働基準監督署から「事実上の倒産」の認定受ける、付帯のホテルは27年9月に営業停止、同リゾートを巡り買付予定企業と係争中の話題も	
沖縄	千代田カントリークラブ	9	M	H29年9月25日	国が陸上自衛隊の「警備部隊」（地対空・地対艦ミサイル）を同用地跡地に配置する計画で会社側も売却に応じ9月24日をもってゴルフ場営業終了、会員（197名）には預託金（入会金なしで一律100万円）全額を返還する方針と	

メガソーラーの「◎」は稼働中、「○」は事業化が進む計画、「△」は検討中他、便宜上の分類で確認不能なケースあり

ゴルフ場企業グループ名索引

【あ】

名称	頁
アーマット(旧・烏山城CC)グループ	35
IHI(旧・石川島播磨重工業)	96
あいがわCC	35
アイランドゴルフグループ	66
葵会グループ	96
青木あすなろ建設(旧・青木建設系)	133
青葉ゴルフ	35
青山GC	35
秋田魁新報社系列	141
秋田土建	133
明輝建設	133
昭産業	96
明智GC・房総CCグループ(旧・富士カントリーグループ)	28
アコーディアグループ	17
朝日開発	35
朝日観光グループ	35
朝日コーポレーショングループ	32
旭国際グループ	36
アサヒ商会	96
朝日放送(ABC)系列	141
亜細亜観光	36
アジアゲートホールディングス	68
安達建設グループ	133
安達事業グループ	36
熱海ゴルフ(熱海倶楽部グループ・AGグループ)	32
厚木国際CCグループ	36
㈱あつまるホールディングス	141
アドミラルキャピタル㈱	119
穴吹興産	69
姉ケ崎CCグループ	36
アパグループ	69
アマダグループ	97
綾羽(旧・綾羽工業)系	97
あららぎCCグループ	37
有馬ロイヤルGC(レジェンド)グループ	37
アルピコグループ(旧・松本電鉄)	125
アルファクラブグループ	97
アルペン	97

【い】

名称	頁
イーケーカンパニー	55
飯山陸送	125
池田CCグループ	37
石井グループ(ネッツトヨタ秋田)	97
伊豆にらやまCCグループ	37
市川ゴルフ興業グループ	134
市川造園土木グループ	135
一条工務店	69
一家明成氏	98
一達国際投資㈱	62
一般社団法人札幌GC	145
伊藤忠グループ	98
今井建設	135
今治造船	98
岩崎産業	125
岩手中央観光	37
インターナショナル通商	98
インターファイヴグループ	37

【う】

名称	頁
植木組	135
植村組(南九州開発=ブルーパシフィックC)	136
宇部興産	98

【え】

名称	頁
エーヴランドGC	55
ASKグループ	70
ATP	70
SRI(住友ゴム)グループ	92
SYSホールディングス	55
恵庭開発グループ	37
NHG(田渕道行代表)	99
エヌジーエス	99
ngc	55
エビハラスポーツマングループ	32
エムディアイ(MDI)	70

【お】

名称	頁
桜庵(旧・東京石亭,羽根田知也)グループ	70
大分観光開発	38
大谷グループ	70
大場商事	38
大林組	136
小郡CCグループ	38
小田急グループ	126
オリオンビール	99
オリックスグループ	119
オンワード樫山	100

【か】

名称	頁
カイタック	100
柿木交通グループ	126
鹿島建設	136
鹿島総業	38
㈱片山	71
旧・加藤正見グループ	121
鹿沼グループ	33
カネキ	38
カネヒロ	71
カバヤ食品・オハヨー乳業	100
河北新報社系列	141
加森観光	71
唐沢観光グループ	38
川上産業	101
川崎圧延グループ	39
川崎重工グループ	101
川崎定徳グループ	39
川嶋グループ	101
韓国産業洋行グループ(エイチ・ジェイ)	56
関西電力	101
姜(カン)佰賢氏(韓国の実業家)	56
関文グループ	39

【き】

名称	頁
キタコー	71
北日本新聞社	141
北野建設	136
キノシタグループ	39
吉備システム	101
岐阜信用金庫	121
九州電力	102
協栄興業	102
京セラ	102
京都中央信用金庫系	121
京都日吉観光	39
協豊開発	39
協和道路	137
近畿エル・エス	72
近鉄グループ	125

【く】

名称	頁
櫛谷組(湯田上CC)グループ	137
熊谷組	137
龜尾(グミ)開發	56
クラシックグループ	72
倉商SK(旧・愛宕原GC)グループ	102
クラレグループ	102
グリーンアカデミーCC	40
グリーンライフ	40

ゴルフ特信・ゴルフ場企業グループ＆系列【グループ名索引】

栗橋國際CC	40
桑名CCグループ	144
群馬銀行系	121
群馬県営	144

【け】
京王電鉄	126
京滋観光開発	40
京成電鉄グループ	126
京阪電鉄	126
京浜急行電鉄	126
ケービーアイジャパン	57
祁答院リゾート	57
旧・ケンインター(水野健)グループ	40
ケンコーポレーション	73

【こ】
廣済堂グループ	141
鴻池組	138
郷原CC	40
神戸市営	144
コーユーグループ	102
国際開発興産(平井守)	41
国際興業	126
国際桜ゴルフ	41
國場組	138
国武関連	41
小平商事(旧・小平興業グループ)	42
小林洋行	121
コパン	57
㈱ゴルフ・アライアンス	146
Golf and Art Resort Japan	57
ゴルフダイジェスト社	142
Compass Blue Japan	57

【さ】
サイカンホールディングス	57
埼玉県営	144
西部ガス系	102
ザイマックス	73
佐賀CC	42
佐川急便グループ	127
サクセス・プロ(旧・サクセスファクトリー)	73
サクセスユニバースグループ	63
佐藤工業	138
ザナショナルCCグループ(富士合同会社)	73
佐野GC系	42
SANKYO(三共)	103
㈱三共グループ	74
サンクチュアアセットマネジメント	74
三恵観光(旧・サンケイ観光)	74
三甲	103
賛光電器産業	103
三田レークサイドCCグループ	42
山武グリーンCC	42
サンヨー食品	103
サンレックス(旧・三洋石油)	103
三和地所	74
三和物産	104

【し】
シーエイチアイ	75
GCEグループ(熊取谷稔)	28
JX(新日本石油)グループ	94
JR(日本旅客鉄道)	127
JFEグループ	104
JGM(ロイヤルGC)グループ	29
ジェルシステム	104
塩屋崎CCグループ	43
シキボウ	104
静岡カントリーグループ	33
品野台CCグループ	43
シャトレーゼ・グループ	104
ジャパンスポーツコム(小野敏雄、旧・千代田観光開発)	43
ジャパンバイオ	105
主婦と生活社	142
ジュン	105
松安産業	105
上総観光開発	43
湘南シーサイドCC	43
常磐興産	105
昭和飛行機工業系	93
シンクス	75
神東観光	75
新日鉄(新日鐵住金)グループ	106
新日本観光グループ	30
信和ゴルフグループ	33

【す】
水山ジャパン	58
スギー産業グループ	44
鈴鹿CC(名阪観光)グループ	33
スズキ	106
鈴縫工業グループ	138
スターツ	76
住友金属鉱山系(泉建設)	92
住友商事系	92
住友不動産系	92
住友林業系	92

【せ】
西武グループ	127
セガサミーHD	106
セコム	106
瀬戸内海放送(KSB)	142
ゼネラルビルディンググループ	76
セラヴィリゾート	76
㈱ゼルコバグループ	44
センチュリーグループ	44
セントラルメディカル	106
泉南CCグループ	44
全日空	128

【そ】
袖ケ浦CCグループ	44
染宮製作所(染宮公夫オーナー)	107

【た】
大王製紙	107
大樹開発	44
大松産業	76
大成建設グループ	138
大日本印刷	142
第百ゴルフクラブ	76
太平洋グループ(マルハングループ)	30
太平洋セメント(旧・日本セメント)	107
ダイヤエステート	45
ダイヤモンドソサエティ	76
太陽グループ	77
大和産業グループ	45
大和地所	77
大和証券グループ	121
大和ハウス工業	139
タカガワグループ	107
高瀬グループ	108
高槻GCグループ	45
高橋正明氏	77
詫間興業	45
竹中グループ	139
達川(砕石業)グループ	108
タニグチ(砕石業)グループ	108
タニミズグループ	45
多摩興産系列	45
玉村グループ	128
タラオCC(三栄建設)	46

ゴルフ特信・ゴルフ場企業グループ＆系列【グループ名索引】

【ち】

チームトレイン	46
チェリーゴルフグループ	78
チサングループ	58
千葉カントリーグループ	46
中央ゴルフ	46
中国新聞	142
中日新聞	142
㈱チュウブ	146
中部日本放送(CBC)系列	142
千代田アクタス(磯子CC)系	139
千代田開発観光	46
千代田トレーディング	79
清光(チョンガン)グループ	58
チョン・クリストファー・ヤン氏他韓国人実業家	58
千里浜CCグループ	46

【つ】

司観光開発	79
塚本總業	79
津軽CCグループ	46
ツネイシグループ	108
つるや	109
鶴屋産業(紀州鉄道)グループ	79

【て】

㈱ティアンドケイ	146
Ｔ＆Ｇネットワークジャパン	58
デイリー社グループ	31

【と】

董(トウ)学林氏	63
東急グループ	129
東急リゾートサービス	147
東京グリーングループ	47
旧・東京相和銀行(長田一族)	122
東京建物	79
東京タワー(日本電波塔)	109
東京電力	109
東建コーポレーション	80
東松苑GCグループ	47
東条の森	47
東神商事	48
東都自動車グループ	130
東濃CCグループ	48
東武鉄道グループ	130
東名御殿場CCグループ	48
東名ゴルフ	48
東和銀行	122
トーシン	109
遠山借成	80
DOWAグループ	110
土佐屋	110
戸田GCグループ	48
都和(トファ)総合技術公社グループ	59
トミーグループ	147
トヨタ自動車系列	110
東廣(トンガン)グループ	59

【な】

中島一族(パチンコ台メーカー・平和の創業者一族)	110
長野県公社公団	145
中山・武蔵野・川越グループ(旧・総武都市グループ)	48
名古屋放送	143
那須伊王野CC	59
浪速企業グループ	110
奈良開発興業	49
成本コンテナー	111
南海電鉄グループ	130
南国交通グループ	130
南大門グループ	80
南部富士CC	49

【に】

西日本観光	49
西日本新聞社	143
西山ホールディングス(旧・西山興業グループ)	122
日医工	111
日源	64
日動	49
日動グループ(札幌)	80
日菱	111
日商太平	81
日清食品	111
日神不動産	81
日成工事	139
日本ガイシ	111
日本国土開発	140
日本ゴルフ場企画	49
日本製紙	112
日本中央開発	49
日本緑地開発㈱	49
ニューセントラル(中央建物)グループ	122
ニューユーアイ	59

【ぬ】

貫井グループ	112
沼津GCグループ	50

【ね】

ネオライングループ	122

【の】

ノザワワールド	112
能勢CCグループ	50
野田市営	145
ノマドツアー	59
野村證券グループ	122

【は】

パインコーポレーション	81
パインヒールズ	59
パシフィック・ゴルフ・マネージメント	147
パララックスキャピタル	63
BANDO	59
ハンファグループ	60
バンリューゴルフ	50

【ひ】

PL教団	145
PCCW	64
東城陽GCグループ	50
東日本振興グループ	50
光観光開発	82
日高CCグループ(高橋正孝)	51
日田国際GCグループ	51
日立製作所グループ	112
ビック(旧・大明建設)	140
ビックカメラ	112
ビッグスギGC	51
百又グループ	112
日吉ハイランド	51
平岩観光	51
平川商事グループ	113
広島CCグループ	145
広島電鉄グループ	131
ヒロユキ観光	83

【ふ】

㈱福島総合開発(旧・真田興産)	140
福島民報社	143
福高観光開発	51
富士観光開発	83
富士急グループ	131
フジサンケイグループ	143
富士スタジアムグループ	83

藤田観光	83	三井不動産系	94	【よ】	
富士平原グループ	51	三菱化学系	95	㈱横浜国際ゴルフ倶楽部	53
船橋CC	83	三菱地所系	95	淀川製鋼所	118
フューチャーインベストメント	84	三菱重工業	95	ヨネックス	118
芙蓉グループ	113	三菱マテリアル系	95	読売グループ	143
ブリヂストン(石橋一族所有)	113	三菱UFJフィナンシャルグループ	124	廉(ヨム)英燮氏他韓国人実業家	61
プロミス	122	美登	86	喜びフーヅ	118
		緑産業(平山誠一)グループ	52	英(ヨン)流通	61
【へ】		ミナミグループ	115		
平城開発	84	南グループ(日本観光開発)	86	【ら】	
平和・PGMグループ	22	南日本運輸倉庫	131	旧・ライオンゲイン	87
大京(ペギョン)TLS	60	箕面GCグループ	52	ライジングプロモーション	118
ベルーナ	113	見村(東銀興産)グループ	115		
		宮古CCグループ	52	【り】	
【ほ】		宮崎交通	131	リサ・パートナーズ	87
ほくほくフィナンシャルグループ	122	三好ゴルフ倶楽部	145	リゾートソリューション(リソル)	88、148
北陸観光開発	33			リゾートトラストグループ	88
星田ゴルフ	52	【む】		リゾートマネジメント＜旧・富士ランドグループ＞	54
星野リゾート	84	武蔵CCグループ	52	りそなグループ	124
ホスピタリティオペレーションズ	85	武蔵野	115	リビエラコーポレーション	89
穂高CCグループ	52			リョービ	118
ホテル三日月グループ	85	【め】		緑化開発(安蔵優)グループ	90
ホテルモントレ	85	明治海運	131		
ボボスジャパン	60	名神八日市CCグループ	53	【る】	
本田開発興業	114	名鉄グループ	131	ルートイングループ	90
本坊グループ	114	メナード化粧品	115		
本間組	140			【れ】	
		【も】		レイクウッド・グループ・日土地グループ	34
【ま】		本山	140	レーサム(旧・レーサムリサーチ)	90
舞鶴CC(グリーンメンバーズ)	52	もみじ銀行(旧・広島総合銀行)	124		
前川製作所	114	森トラスト(旧・森ビル開発)グループ	87	【ろ】	
前田建設工業	140	森永製菓グループ	115	ロート製薬	118
松岡グループ(松岡茂)	34	森ビルグループ	87	六甲国際GCグループ	54
マックアース	85			六本木トラスト	90
松屋	114	【や】			
丸五観光開発	52	やおつ	53	【わ】	
丸正製粉	114	山形GC	53	ワイエイチビー・ジャパン	61
丸善グループ	131	山口福祉文化大学(旧・萩国際大学)	145	ワイ・ティー・エル・コーポレーション・バーハッド	65
丸正グループ	114	ヤマコー(ユトリアグループ)	132	ワシントン	90
マルナカホールディングス	114	ヤマサキ(福岡)	116		
丸松金糸㈱・宇治田原CCグループ	114	ヤマザキマザック	116		
丸和セレクトホーム	86	山田グループ	34		
マレーシア系の投資家グループ	64	ヤマハ(旧・日本楽器)グループ	116		
		ヤンマー	116		
【み】					
ミオスグループ	115	【ゆ】			
みずほフィナンシャルグループ	122	UMK(テレビ宮崎)	143		
三井化学(旧・三井東圧化学)系	93	ユニオンエースGC(京安グループ)	61		
三井鉱山系	93	㈱ユニテックス	116		
三井住友銀行系(旧・住友銀行系)	93	ユニマットグループ	117		
三井住友銀行系(旧・さくら銀行系)	93				
三井造船系	93				

- 187 -

ゴルフ場名索引

【あ】

アークよかわGC	23	明智GC荘川G場	28	アドニス小川CC	119
アートレイクGC	114	明智GC賑済寺G場	28	阿南CC	86
RKB皐月GC天拝C	23	明智GCひるかわG場	28	姉ケ崎CC	36
RKB皐月GC竜王C	23	赤穂CC	134	アバイディングCGソサエティ	24
アーレックスGC	83	赤穂国際CC	134	アパR上越妙高の森GC	69
相生CC	89	朝霞PG場	130	アパR栃木の森GC	69
相生CC	96	朝霧CC	97	アパR妙高パインバレーCC	69
相生CC	148	朝霧ジャンボリーGC	114	天瀬温泉CC	20
あいがわCC	35	麻倉GC	95、129	天ケ代GC	18
アイ・ジィ・エーCC	20	厚狭GC	117	天城高原GC	129
会津河東CC	58	旭CC	44	天草CC	78
ITC白河GC	98	朝日CC	134	奄美CC	136
愛野CC	56	あさひケ丘CC	26	阿見GC	23
アイランドGガーデン宇部	66	旭国際宝塚CC	36	綾上GC	114
アイランドGガーデン大分	57	旭国際浜村温泉GC	36	阿山CC	86
アイランドGガーデン加賀	133	旭国際姫路GC	36	鮎滝CC	142
アイランドGガーデン千草	133	朝日野CC	97	嵐山GC	99
アイランドGガーデン美和	50	浅間高原CC	125	あららぎ高原CC	37
アイランドGP北陸グリーンヒル	133	浅見CC	108	あららぎCC	37
アイランドGR三田	55	浅見GC	108	アランデルヒルズCC	106
アイランドGR那須	64	朝宮GC	119	有明CC	93、102
愛和宮崎GC	61	足利CC	32	アリジCC花垣C	59
青島GC	19	足柄森林CC	142	アリスト本別GC	140
青森スプリング・GC	63	愛鷹600C	20	有田東急GC	129
青森ロイヤルGC	31	芦の湖CC	83	有馬冨士CC	66
青山GC	35	アジア下館CC	36	有馬ロイヤルGC	37
青山台GC	49	アジア取手CC	36	アルパインCGC	104
赤城CC	103	飛鳥CC	125	アルファ津田CC	69
赤城国際CC	122	アゼリアヒルズCC	119	アルペンGC美唄C	97
赤城GC	86	麻生CC	19	アローエースGCロイヤルC	139
赤坂CC	79	阿蘇大津GC	119	アローレイクCC	140
赤坂レイクサイドCC	23	阿蘇グリーンヒルCC	136	アロハCC早来C	77
明石GC	30	阿蘇高原GC赤水C	141	アロハCCH&R烏山C	77
アカデミアヒルズCC	73	阿蘇高森GC	59	阿波CC	107
茜GC	38	阿蘇東急GC	129	淡路CC	101
阿賀高原GC	134	阿蘇やまなみホテル&GC	58	芦原GC	137
安芸CC	101	阿蘇RグランヴィリオHG場	90		
秋田ウインズCC	87	愛宕原GC	20	【い】	
秋田CC	141	熱海C東軽井沢GC	32	イーグルレイクGC	24
秋田北空港クラシックGC	133	熱海GC	32	イースタンR薩摩C	102
秋田椿台CC	141	厚岸GC	96	イーストヒルGC	134
秋田森岳温泉36G場	134	安比高原GC	68	伊香保CC	130
阿騎野GC	39	厚木国際CC	36	伊香保GC岡崎城C	89、148
秋葉GC	37	あつまる阿蘇赤水GC	141	伊香保GC清瀧城C	69
アクアラインGC	20	あつまるレークCC	141	伊賀GC	126
明智GC明智G場	28	あづみ野CC	52	伊賀の森CC	69
明智GCかしおG場	28	アテビCC	37	池田CC	37
		当間高原RベルナティオGC	109、136	生駒高原宮崎小林GC	56
				石岡GC	17

石岡GCウエストC	20	茨城ロイヤルCC	121	ABCGC	141
石川GC	17	いぶすきGC開聞C	125	江刺CC	135
伊豆大仁CC	98	伊良湖シーサイドGC	131	越後GC	136
伊豆国際CC	19	入来城山GC	24	江戸崎CC	52
伊豆下田CC	53	入間CC	102	恵那峡CC	86
伊豆スカイラインCC	83	岩瀬鹿島GC	76	恵庭CC	37
伊豆にらやまCC	37	岩瀬桜川CC	71	エヴァンタイユGC	23
伊豆ハイツGC	64	岩手沼宮内CC	127	エムズGC	99
泉CC	92	IWAHUNE GC	19	エメラルドコーストGL	129
泉国際GC	145	岩舟GC	19	エリエールGC	107
泉佐野CC	20	岩見沢雉ケ森CC	66	エリエールGC松山	107
和泉の郷GC	72	いわむらCC	37	塩山CC	49
泉パークタウンGC	95	インターナショナルGR京セラ	102	エンゼルCC	27
出雲空港CC	134				
伊豆湯ケ島G&R	63	【う】		【お】	
伊勢志摩CCロイヤルC	139	ウィーゴCC	140	オーガスチンGC	112
伊勢中川CC	100	ウィンザー・グレートピーク・オブ・トーヤ	131	オークスGC白老C	135
伊勢原CC	25	ウィンザーパークG&CC	74	オーク・ヒルズCC	17
磯子CC	139	ウイルソンGCジャパン鶴ケ島C	29	オークビレッチGC	97
板倉G場	129、144、147	ウエストワンズCC	101	オークモントGC	88
潮来CC	30	上田菅平高原グランヴィリオGC	90	オーシャンキャッスルCC	119
一志GC	71	上田丸子グランヴィリオGC	90	オーシャンパレスGC	60
一関CC	96	植苗CC	81	オーシャンL宮古島	87
一の宮CC	39	上野原CC	124	オーセントGC	107
市原京急CC	126	ウォーターヒルズGC	122	オータニにしきCC	70
市原GC市原C	103	うぐいすの森GC&H馬頭	49	オータニ広尾CC	70
市原GC柿の木台C	103	うぐいすの森GC水戸	49	オールドオーチャードGC	136
一達国際GC	62	宇治CC	72	オールドレイクGC	34
一達国際PrivateGC	62	宇治田原CC	114	皇子山CC	45
五浦庭園CC	47	臼杵CC	94	近江ヒルズGC	24
いづも大社CC	119	内原CC	26	大麻生G場	144
イトーピア千葉GC	25	ウッドフレンズ森林公園G場	35	OISHIDAGC	35
イトーピア栃木GC	24	宇都宮ガーデンGC	56	大分CC月形C	38
糸魚川CC	138	宇都宮ロイヤルGC	29	大分CC吉野C	38
伊東CC	112	宇津峰CC	142	大分サニーヒルGC	119
伊東パークG場	73	宇部72CC阿知須C	98	大分中央GC	46
伊都GC	102	宇部72CC江畑池C	98	大分東急GC	129
伊那エースCC	48	宇部CC万年池北C	98	大分ななせGC	57
猪名川グリーンCC	17	宇部72CC万年池西C	98	大分富士見CC	23
猪名川国際CC	17	宇部72CC万年池東C	98	大垣CC	48
いなさGC浜松C	106	梅ノ郷GC	70	大金GC	101
稲武CC	119	浦和GC	30	大倉CC	43
稲取GC	71	うるぎハイランドCC	37	大阪GC	130、146
稲武OGMCC	119	宇和島CC	23	おおさとGC	20
犬山CC	131			大隅CC	136
井原GC	50	【え】		大多喜CC	34
茨木高原CC	50	エーヴランドGC	55	大多喜城GC	129
茨木国際GC	24	ANAダイヤモンドCC	131	太田双葉CC	131
茨城GC	133	エースGC〈藤岡C〉	70	大玉CC	38
茨城パシフィックCC	46	エースGC〈茂木C〉	70	大玉TAIGACC	38
		エーデルワイスGC	28		

ゴルフ特信・ゴルフ場企業グループ&系列【ゴルフ場名索引】

名称	頁
大田原GC	107
大津CC西C	21
大津CC東C	21
大月CC	93
大月ガーデンGC	17
大利根チサンCC	23
大沼国際CC	36
大沼レイクGC	19
大野台GC	133
大秦野CC	25
大原・御宿GC	127
大日向CC	23
大平台CC	19
大宮CC	122
大宮国際CC	122
おおむらさきGC	17
大村湾CCオールドC	101
大村湾CCニューC	101
大山カメリアCC	134
岡崎CC	88
おかだいらGL	119
丘の公園清里GC	76
岡部チサンCC	23
岡山北GC	100
岡山空港GC	101
岡山国際GC	23
岡山西GC	119
岡山PGC	110
沖縄CC	119
沖縄国際GC	24
奥武蔵CC	128
小郡CC	38
小樽赤井川GC	58
小樽ジサンGC	58
小田急西富士GC	125
小田急藤沢GC	125
小田原GC日動御殿場C	49
小田原GC松田C	20
小名浜オーシャンホテル&GC	17
小名浜CC	119
小野グランドCC	140
小野東洋GC	124
尾道GC	23
小幡郷GC	113
小原CC	143
帯広白樺CC	72
小見川東急GC	129
思い川GC	134
思い川東急GC	134
小山GC	112
オリエンタルGC	83
オリオン嵐山GC	99
オリカG&HR	71
オリカGC	71
オリムピックCC	28
オリムピック・CCレイクつぶらだC	28
オリムピック・スタッフ足利GC	28
オリムピック・スタッフ都賀GC	28
オリムピックナショナルGC EAST	28
オリムピックナショナルGC WEST	28
オレンジシガCC	72
オロマナGL	40
オンワードタロフォフォGC	100
オンワードマンギラオGC	100

【か】

名称	頁
カイト&フォックスCC	70
甲斐ヒルズCC	104
甲斐芙蓉CC	104
海邦CC	138
鹿央GC	55
KAOGC	55
加賀セントラルGC	58
篭坂GC	49
鹿児島鹿屋GC	56
かごしま空港36CC	110
鹿児島GR	89
鹿児島GR	148
鹿児島シーサイドGC	78
加西インターCC	52
加西CC	20
笠岡CC	23
かさぎGC	23
笠間CC	24
笠間桜CC	41
笠間東洋GC	76
かさまフォレストGC	97
かさまロイヤルGC	29
霞山CC	134
賢島CC	126
鹿島CC	38
鹿島の杜CC	26
柏崎CC	135
鹿島南蓼科GC	136
春日井CC	34
春日居GC	104
春日台CC	118
かすみがうらOGMGC	119
霞ケ浦CC	23
霞ケ浦出島CC	119
霞丘CC	29
霞GC	20
霞台CC	17
かずさCC	19
上総富士GC	92
嘉瀬川リバーサイドG場	42
片山津GC片山津G場	33
片山津GC山代山中G場	33
勝浦GC	85
勝浦東急GC	129
勝田GC	24
勝沼GC	104
葛城GC	116
桂GC	23
香取CC	111
神奈川CC	41
金砂郷CC	32
金沢国際GC	78
金沢GC	78
金沢セントラルCC	20
霞南GC	74
鹿沼CC	33
鹿沼72CC	33
金ケ崎GC&ロッジ	99
カバヤGC	100
鹿北GC	75
嘉穂GC	18
かほGC	18
鎌ケ谷CC	39
鎌倉CC	35
鎌倉PG場	35
上石津GC	50
上里G場	144
上士幌G場	127
亀岡CC	128
亀岡GC	20
亀岡スポーツ振興CC	20
亀山湖CC	113
亀山GC	23
カメリアヒルズCC	83
蒲生CC	114
加茂CC	20
鴨川CC	20
加茂GC(千葉)	59
加茂GC(愛知)	125
唐沢GC唐沢C	38
唐沢GC三好C	38
唐津GC	89、148
軽井沢 浅間GC	127
軽井沢高原GC	138

軽井沢72G北	127	北郷フェニックスCC	56	久慈ガーデンGC	88
軽井沢72G西	127	北見ハーブヒルGC	111	くずはG場	126
軽井沢72G東	127	北武蔵CC	88	樟葉PGC	126
軽井沢72G南	127	北六甲CC西C	52	久邇CC	127
軽井沢900C	85	北六甲CC東C	52	球磨CC	32
軽井沢プリンスホテルGC	127	喜連川CC	20	久万CC	137
軽井沢町発知地区G場	94	木津川CC	23	熊本クラウンGC深田C	140
軽井沢森泉GC	88	紀南CC	100	熊本中央CC	46
軽米フェニックスCC	84	鬼怒川CC	70	くまもと中央CC	46
カレドニアン・GC	47	きぬがわ高原CC	134	久米CC	114
河口湖CC	79、114	紀の国CC	66	クラークCC	112
川越CC	48	鬼ノ城GC	101	クラウンCC	48
川越グリーンクロス	23	吉備CC	114	クラウンヒルズ京都GC	39
川崎国際生田緑地G場	129、147	吉備高原CC	43	倉敷CC	102
川中嶋CC	136	きみさらずGL	119	C我山	112
川奈ホテルGC	127	君津香木原CC	87	C・シェイクスピアサッポロGC	68
関越GC中山C	40	君津GC	105	クリアビューGC&H	23
関越ハイランドGC	20	季美の森GC	129	栗橋國際CC	40
関空クラシックGC	116	キャスコ花葉C空港C	29	久留米CC	93、102
関西CC	129	キャスコ花葉C本C・花葉C	29	クレステージCC	115
関西空港GC	23	キャッスルヒルCC	20	クレストヒルズGC	105
関西クラシックGC	76	キャニオン上野GC	85	クレセントバレーCC美濃加茂	116
関西GC	88	キャプリコーンRイェップーンGC	125	桑名CC	144
関東国際CC	17	旧軽井沢GC	136	桑名国際GC	30
CC・オブ・ザ・パシフィック	73	京CC	23	郡上高原CC	31
CCグリーンバレイ	131	京都GC上賀茂C	133	グランクリュGC	61
CC・ザ・ウイングス	112	京都GC舟山C	133	グランステージCC	90
CCザ・ファースト	20	京和CC	103	グランディ軽井沢GC	88
CC・ザ・レイクス	23	協和GC	20	グランディ那須白河GC	88
神鍋高原CC	85	清澄GC	107	グランディ鳴門GC36	88
かんなみスプリングスCC	28	桐生CC	130	グランディ浜名湖GC	88
関門GC	117	キングスロードGC	42	グラントオークGC	129
甘楽CC	20	キングヒルズGC	79	グラントオークプレイヤーズC	129
		キングフィールズGC	139	グランドスラムCC	23
【き】		キングフィッシャー・GL	102	グランドチャンピオンGC	131
キアタニCC	53	錦江GC	82	グランヴィリオ阿蘇プリンスHG場	90
喜入CC	114	近鉄賢島CC	126	グランベール京都GC	19
桔梗が丘GC	126	近鉄浜島CC	126	グリーンアカデミーCC	40
菊水GC	79	金乃台CC	106	グリーンアカデミーCC白河C	40
菊池CC	20	宜野座CC	101	グリーンエースCC	18
きさいちCC	20	岐阜稲口GC	121	グリーンハイランドCC	119
貴志川GC	23	岐阜北CC	121	グリーンバーズGC	131
岸和田CC	23	岐阜国際CC	31	グリーンパークCC	112
木曽駒高原宇山CC	106	岐阜GC谷汲	103	グリーンパーク大山GC	50
木曽駒高原CC	106	ぎふ美濃GC	102	グリーンヒルCC市比野C	136
北浦GC	59	ギャラクシーRGC	57	グリーンヒル長岡GC	44
北方GC	78			グリーンランドRGC	93、102
北軽井沢嬬恋GC	85、146	**【く】**		グリッサンドGC	42
北九州CC	23	櫛形GC	44	グレースリッジCC	24
北神戸G場	144、146	釧路空港GC	39	グレート岡山GC	23

ゴルフ場名	頁	ゴルフ場名	頁	ゴルフ場名	頁
グレート札幌CC	23	ココパRC白山ヴィレッジGC	84	さいたまGC	18
グレート仙台CC	23	ココパRC三重白山GC	84	さいたま梨花CC	99
グレイスヒルズCC	88	ココパRC三重フェニックスGC	84	埼玉ロイヤルGCおごせC	29
グレンオークスCC	17	越谷GC	23	彩の森CC	20
グローリィヒルズGC	87	KOSHIGAYAGC	23	堺CC	17
群馬CC	118	小杉CC	146	坂出CC	107
		コスモR種子島GC	125	榊原温泉GC	103
【け】		こだま神川CC	20	榊原GC	111
京阪CC	31	児玉CC	135	酒匂ロイヤルGC	28
京阪ロイヤルGC	31	こだまGC	122	佐賀CC	42
祁答院GC	57	児玉SCC	20	佐賀クラシックGC	45
けやきヒルCC	107	琴南CC	107	相模野CC	49
芥屋GC	51	琴平CC	23	相良CC	25
県営大麻生G場	144	湖南CC	133	佐賀ロイヤルGC	139
県営上里G場	144	小浜島CC	117	作州武蔵CC	89、148
県営妻沼G場	144	こぶしGC	32	さくらCC	53
見上C宇土C	78	KOMACC	113	佐倉CC	126
県民G場	53	高麗川CC	124	桜ケ丘CC	126
芸南CC	142	小松P	98	桜GC	41
下呂CC	134	小御門CC	29	桜の宮GC	90
玄海GC	95	コムウッドGC	139	佐久RGC	83
源氏山GC	79	ゴールデンクロスCC	121	笹平CC	26
		ゴールデンバレーGC	33	篠山GC	49
【こ】		ゴールデンパームCC	77	サザンウッドGC	37
甲賀CC	86	ゴールデンレイクスCC	28	サザンヤードCC	115
光丘CC	145	ゴールド越後湯沢CC	73	猿島CC	129
廣済堂埼玉GC	73	ゴールド川奈CC	73	佐世保国際CC三川内G場	20
廣済堂札幌CC36	17	ゴールド木更津CC	73	佐世保・平戸CC	78
廣済堂トムソンCC	17	ゴールド札幌CC	73	札樽GC	134
高南CC	118	ゴールド佐野CC	73	札幌北広島GC	24
鴻巣CC	39	ゴールド栃木プレジデントCC	73	札幌北広島プリンスG場	24
甲府国際CC	134	ゴールドバレーCC	127	札幌GC由仁C	145
神戸CC	29	郷原CC	40	札幌GC輪厚C	145
神戸CC淡路シーサイドC	29	ゴールド福井CC	73	札幌テイネGC	71
神戸CC神戸C	29	御殿場GC	54	札幌東急GC	104
神戸北GC	29	GCゴールデンウッド	58	札幌不二ロイヤルGC	73
神戸グランドヒルCC	25	GCセブンレイクス	103	札幌芙蓉CC	113
神戸国際CC北神戸G場	144	GC大樹 旭C	44	札幌リージェントGC新C・旧C	17、146
神戸国際CC西神戸G場	144	GC大樹豊田C	44	札幌リージェントGCトムソンC	17、146
神戸三田GC	29	GC小松P	98	札幌リッチヒルCC	74
神戸パインウッズGC	17	ゴルフ5C美唄C	97	皐月GC鹿沼C	23
神戸ロイヤルパインズGC	17	ゴルフ5Cオークビレッチ	97	皐月GC佐野C	23
小海リエックス・CC	105	ゴルフ5Cかさまフォレスト	97	皐月GC天拝C	23
広陵CC	20	ゴルフ5Cサニーフィールド	97	皐月GC竜王C	23
郡山熱海CC	38	ゴルフ5C四日市C	97	サニーCC	81
郡山GC	108			サニーヒルGC	70
古河GL	52	【さ】		サニーフィールドCC	97
小萱OGMチェリークリークCC	119	埼玉県県民G場	144	讃岐CC	78
小萱チェリークリークCC	119	埼玉国際GC	112	佐野クラシックGC	134
国際桜GC	41	埼玉GC	18	佐野GC	42
九重CC	102				

サホロCC	71	ザ・ロイヤルGC	100	白河高原CC	79
サミットGC	92、129、147	**【し】**		白河国際CC	38
佐用GC	102	シーダーヒルズCC	33	白鷺GC	20
佐用スターRGC	102	紫雲GC	140	不知火CC	58
サラブレッドGC	29	シェイクスピアCC	68、90	不知火G場	93
佐原CC	20	塩屋崎CC	43	白帆CC	138
佐原SCC	20	鹿部CC駒ケ岳ロイヤルC	139	シルクCC	24
サンクチュアリ久慈GC	60	滋賀CC	33	城里GC	112
サンクラシックGC	20	志賀高原CC	85	白水GC	114
サングレートGC	128	滋賀GC	26	城山CC	105
サンコー72CC	103	信楽CC杉山C	33	新・秋田ウインズCC	87
サンセットヒルズCC	98	信楽CC田代C	33	新茨城CC	100
三田SYSGR	55	しがらきの森CC	47	新伊予GC	107
三田国際GC	29	四季CC	85	新大阪GC	40
三田レークサイドCC	42	敷島CC	83	新香木原CC	87
サンパーク札幌GC	23	シギラベイCC	117	新釧路GC	96
サンヒルズCC	22、147	宍戸GC宍戸C	87	新ゲインズボローCC	87
サンフィールドGC	70	宍戸GC静C	87	新札幌台CC	96
サンフォレストGC	134	宍戸ヒルズCC	87	新札幌ワシントンGC	96
山武グリーンCC	42	静岡C島田GC	33	新城CC	23
サンベルグラビアCC	105	静岡C浜岡C&H	33	新庄アーデンGC	77
サンメンバーズCC	104	静岡C袋井C	33	新・西山荘CC	117
山陽グリーンGC	117	静岡よみうりCC	143	新セント・フィールズGC	69
山陽国際GC	20	雫石G場	127	新たいらCC	69
サンライズヒルズCC	98	静ヒルズCC	87	新宝塚CC	86
サンランドGC東軽井沢C	20	下田城CC	134	新玉村G場	144
サンリゾートCC	119	品野台CC	43	新千歳CC	24
サンロイヤルGC	74	篠ノ井GパークウィーゴJ更科CC	140	新千葉CC	46
三和CC	108	東雲GC	105	新奈井江CC	80
ザ・インペリアルCC	23	芝山グリーンヒルGC	24	新奈良GC	30
蔵王CC	132	芝山GC	129	新沼津CC	112
ザ・鹿野山CC	109	シプレCC	139	新バークレイCC	103
ザ・CC	88	志摩シーサイドCC	38	新水戸CC	41
ザ・CC・グレンモア	106	島原CC	56	新武蔵丘GC	127
ザ・CCジャパン	73、136	下野CC	119	新山口CC	50
ザ・クラシックGC	45	下仁田CC	130	神有CC	23
ザ・グリーンブライヤーウェストヴィレッジ	88	シャトレーゼCC石狩	104	新夕張GC	96
ザ・GC竜ケ崎	23	シャトレーゼCC札幌	104	新陽CC	19
ザ・サードプレースCC	134	シャトレーゼCC野辺山	104	森林公園GC	136
ザ・サザンリンクス・GC	17	シャトレーゼCCマサリカップ	104	森林公園G場	35
ザ・トラディションGC	88	シュガーミルウッドCC	37	G8富士CC	101
ザ・ナショナルCC埼玉	73	修善寺CC	35	GMG八王子G場	39
ザ・ナショナルCC千葉	73	守礼CC	32	G7CC	101
ザ・ナショナルCC富士	101	荘川高原CC	145	Gパーク吉川GC	31
ザ・ノースCGC	106	昇仙峡CC	104	ジ・アッタテラスGR	138
ザ・フォレストCC	101	湘南CC	95	JGM宇都宮GC	29
ザ・プリビレッジGC	42	湘南シーサイドCC	43	JGM笠間GC	29
ザ・マスターズ天草C	78	庄原CC	118	JGM霞丘CC	29
ザ・ミレニアムGC	77	昭和の森GC	93	JGMGC高崎ベルエアC	29
ザ・ロイヤルオーシャン	100			JGMサラブレッドGC	29

ゴルフ場名	頁	ゴルフ場名	頁	ゴルフ場名	頁
JGMセベ・バレステロスGC	29	スプリングフィルズGC	25	セントレジャーGC馬頭	49
JGMセベ・バレステロスGCいわき	29	スポーツ振興加西CC	20	セントレジャーGC水戸	49
JGMベルエアGC	29	スポーツ振興CC	17	千成GC	23
JGMやさと石岡GC	29	スポーツ振興竹原CC空港C	20	泉南CC	44
JR内野CC	127	スポーツニッポンCC	116	泉南CCPC	44
JFE瀬戸内海GC	104	300C	129	泉南PC	44
JクラシックGC	75	諏訪レイクヒルCC	40	千羽平CC	66
JC霞ケ浦	79	随縁軽井沢900C	85		
JG霞ケ浦C	79	随縁CC恵庭C	85	【そ】	
JG芸濃	21	随縁CCキャニオン上野C	85	双園GC児玉C	29
JG鶴ケ島	79	随縁CCセンチュリー富士C	85	双園GC栃木C	57
JG四日市C	21	随縁CC竹岡C	27	壮快美健館富士1ばんG	72
ジェイズCC鹿屋C	56	随縁CC西神戸C	85	総丘CC	26
ジェイズCC小林C	56	瑞陵GC	33	総成CC	34
ジェイズCC日南C	56			相武CC	18
ジャパンエースGC	97	【せ】		総武CC印旛C	25
ジャパンクラシックCC	33	聖丘CC	145	総武CC北C	25
ジャパンセントラルGC	98	晴山G場	127	総武CC総武C	25
ジャパンビレッジGC	101	瀬板の森北九州GC	95	双鈴GC関C	20
ジャパンPGAGC	85	西武園G場	127	双鈴GC土山C	20
ジャパンメモリアルGC	37	セゴビアGC・イン・チヨダ	23	袖ケ浦CC新袖C	44
JAPAN湯の郷旭GC	108	瀬田GC	127	袖ケ浦CC袖ケ浦C	44
十里木CC	20	瀬戸内GR	88		
樹王CC	109	瀬戸大橋CC	93	【た】	
ジュンクラシックCC	105	瀬戸タックCC	98	タートルエースGC	139
常総CC	122	瀬戸内海GC	104	タイガースGC	18
上武CC浄法寺C	104	セブンミリオンCC	36	太閤坦CC	39
上武G場	144	セベ・バレステロスGC	29	太子CC	113
常陽CC	43	セベ・バレステロスGC泉C	29	太平洋C&A有馬C	30
		セラヴィGCローズC	24	太平洋C有馬C	30
【す】		仙台空港CC	56	太平洋C&A美野里GC	30
スーパーGCC	31	仙台グリーンGC	41	太平洋C美野里C	30
周防CC	107	仙台ハイランドCC	35	太平洋C市原C	31
スカイウェイCC	19	仙台ヒルズGC	24	太平洋C大洗シャーウッドC	31
スカイヒルGC	118	仙台南GC	112	太平洋C軽井沢C	30
スカイベイGC	118	センチュリー富士GC	85	太平洋C軽井沢R	30
菅平高原CC	90	センチュリー三木GC	44	太平洋C江南C	30
鈴鹿CC	33	センチュリー吉川GC	44	太平洋C御殿場ウエスト	30
鈴鹿の森CC	18	セントクリークGC	88	太平洋C御殿場C	30
鈴鹿の森GC	18	セントヒルズGC	20	太平洋C&A札幌C	30
裾野CC	88	セントラルGC	20	太平洋C札幌C	30
スターツ笠間GC	76	セントラルGC麻生C	19	太平洋C佐野ヒルクレストC	31
スターツグアムGR	76	セントラルGCJ.T.C	20	太平洋C&A白河R	30
ステイタス吉和の森G&R	78	セントラルGCNEWC	20	太平洋C白河R	30
ステファニージャパンセントラルGC	98	セントラル福岡GC	20	太平洋C&A高崎C	30
ストークヒルGC	134	セントレイクスGC	33	太平洋C高崎C	30
砂川国際GC	116	セントレジャーGC市原C	23	太平洋C宝塚C	30
スパRハワイアンズGC	105	セントレジャーGC亀山	23	太平洋C成田C	30
スプリングG&アートR淡路	57	セントレジャーGC鞍手	24	太平洋C&A益子C	30
スプリングフィールドGC	88	セントレジャーGC千葉	24	太平洋C益子PGAC	30
				太平洋C六甲C	30

太平洋C相模C	30	玉造GC捻木C	23	チェリーヒルズGC	33
タカガワオーセントGC	17、146	玉造GC若海C	23	茅ケ崎GC	115
タカガワオーセントGC関西迎賓館C	107	玉名CC	116	筑紫ケ丘GC	51
タカガワ新伊予GC	107	玉野GC	93	筑紫野CC	95
タカガワ新琴南CC	107	玉村G場	144	千曲高原CC	70
タカガワ新山口CC	50	タラオCC	46	千草CC	133
タカガワ西徳島GC	107	樽前CC	21	チサンCC遠賀	23
タカガワ東徳島GC	107	タロフォフォGR	100	チサンCC黒羽	107
高坂CC	93、136	大浅間GC	94	チサンCC銭函	23
高崎KGCC	32	大熱海国際GC	88	チサンCC人吉C	78
高千穂CC霧島ロイヤルC	139	大厚木CC桜C	20	チサンCC北条	23
高槻CC	48	大厚木CC本C	20	チサンCC御船	23
高槻GC	45	大笠置GC	23	チサンCC森山	23
高梨子C	121	大甲賀CC油日C	38	知多CC	44
鷹羽ロイヤルCC	29	大甲賀CC神C	38	秩父国際CC	20
鷹彦スリーC	112	大神戸GC	30	千歳CC	96
高松CC	88	大相模CC	51	千葉夷隅GC	56
高松ゴールドCC	114	大山アークCC	24	千葉CC梅郷C	46
高松スポーツ振興CC	69	大宝塚GC	23	千葉CC川間C	46
高森CC	132	大千葉CC	43	千葉CC野田C	46
高山GC	86	ダイナシティGC成田C	24	千葉廣済堂CC	73
宝塚クラシックGC	116	ダイナスティ有明CC	71	千葉国際CC	26
宝塚けやきヒルCC	107	ダイナスティGC	71	千葉桜の里GC	20
宝塚高原GC	146	ダイナスティGC北広島C	71	千葉新日本GC	30
滝のCC	71、122	大新潟CC出雲崎C	20	千葉SCC	20
滝野CC迎賓館C	96	大新潟CC三条C	20	千葉セントラルGC	76
滝野CC八千代C	96	大博多CC	23	千葉バーディC	117
滝の宮CC	92	大箱根CC	127	千葉よみうりCC	143
タクエーCC	77	大富士GC	131	ちばリサーチパークGC	95
多久GC	108	大富士G場	131	チャーミング・R関越ハイランドGC	20
詫間CC	45	ダイヤグリーンC鉾田C	111	チャーミング・R藤岡GC	20
武雄・嬉野CC	57	ダイヤモンド滋賀CC	76、106	チャーミング・リゾート都GC	79
竹原CC	20	太宰府GC	134	チャーミング・RワイルドダックCC	20
武生CC	50	伊達CC湘南C	37	茶臼山GC	37
たけべの森GC	23	ダンロップGC	92、136	中央都留CC	23
多古CC	117			中央道晴ケ峰CC	23
多治見CC	111	【ち】		中京GC	88
多治見北GC	23	チェスナットヒルズCC	79	中日CC	142
タスチンランチGC	103	チェックメイトCC	135	美らオーチャードGC	29
龍野クラシックGC	35	チェリーキャピタルGC	78	長太郎CC	23
蓼科高原CC	126	チェリーG天草C	78	長南CC	126
蓼科東急GC	129	チェリーG猪名川C	78	長南PC	126
立野クラシックGC	36	チェリーG宇土C	78	千代田OGMGC	119
館山CC	122	チェリーG鹿児島シーサイドC	78	千代田CC	23
多度CC・名古屋	80	チェリーGC金沢東C	78	千代田GC	119
棚倉ステークスCC	122	チェリーGC小倉南C	78	知覧CC	130
谷汲CC	103	チェリーGC吉和の森C	78	千里浜CC	46
多摩CC	45	チェリーGときわ台C	78		
玉川CC	20	チェリーG一庫C	78	【つ】	
玉川SCC	20	チェリーG人吉C	78	ツインレイクスCC	20

司菊水GC	79	東京湾SCC	20	トムソンナショナルCC	141
司ロイヤルGC	79	東建塩河CC	80	トム・ワトソンGC	106
津軽CC	46	東建多度CC・名古屋	80	富山CC	141
津軽CC岳C	46	東松苑GC	47	豊田CC	110
津軽高原G場	32	東条湖CC	36	豊田PG場	44
ツキサップGC	112	東条GC	79	取手国際GC	50
つくでGC	21	東条の森CC宇城C	47	取手桜が丘GC	18
つくでGC:カムズ	21	東条の森CC大蔵C	47	ドリーム九重	137
筑波CC	121、124	東条の森CC東条C	47	【な】	
筑波国際CC	81	東条パインバレーGC	18	中伊豆グリーンC	125
筑波東急GC	129	東都郡山CC	130	中軽井沢CC	117
土浦CC	20	東都埼玉CC	130	那珂川GC	70
嬬恋高原G場	127	東都秩父CC	130	中城GC	119
津山GC	69	東都栃木CC	130	中条GC	108
都留CC	104	東都飯能CC	130	中津CC	111
鶴CC宇都宮C	79	東濃CC	48	中津川CC	92
敦賀国際GC	137	東庄GC	79	中峰GC	24
鶴ケ島CC	79	東武藤が丘CC	130	中山CC	48
鶴ケ島GC	28	東名厚木CC	23	長崎空港CC	60
鶴舞CC	129	東名いなさCC	106	長崎パークCC	19
つるやCC西宮北C	109	東名CC	142	長竹CC	48
		東名御殿場CC	70	長瀞CC	39
【て】		東名根羽CC	134	長野京急CC	126
テイネオリンピアGC	71	東名富士CC	75	長野国際CC	139
天山CC	108	桃里CC	43	永野GC	88
天山CC北C	108	ときわ台CC	78	ナクア白神H&R	63
ディアレイク・CC	119	常盤ロイヤルCC	66	名倉CC	37
ディスターGC	136	徳島フォレストGC	107	勿来CC	38
デイリー信楽CC	31	徳山CC	50	勿来CC	69
デイリー郡上CC	31	土佐山田GC	24	勿来TAIGACC	38
デイリー瑞浪CC	31	戸田PGC	48	勿来VIPロイヤルCC	69
デュオGC横浪C	118	栃木インターCC	119	名古屋ヒルズGCローズC	24
		栃木ケ丘GC	33	名古屋広幡GC	48
【と】		栃の木GC	46	那須伊王野CC	59
TOSHIN GC Central C	109	とちまるGC	87	那須小川GC	42
TOSHIN さくら Hills GC	109	利根パークG場	50	那須CC	85
TOSHIN Princeville GC	109	苫小牧GR72アイリスGC	143	那須黒羽GC	61
トーナンレイクCC	141	苫小牧GR72エミナGC	143	那須国際CC	129
トーヨーCC	81	トミーヒルズGC鹿沼C	57、147	那須チサンCC	85
東海CC	134	富岡CC	23	那須ちふり湖CC	136
東海山江CC	76	富岡C	117	那須陽光GC	64
東急グラントオークGC	129	富岡GC	103	那谷寺GC	133
東急700C	129	富岡野上GC	112	那智勝浦GC	99
東京CC	135	富岡バーディC	117	夏泊GL	32
東京クラシックGC	72	富岡レイクウッドGC	34	名張CC	40
東京国際空港GC	40	富加CC	109	名張サウスCC	73
東京国際GC	104	富里GC	47	奈良OGMGC	119
東京バーディC	117	富谷CC	141	奈良CC	49
東京ベイサイドGC	27	富谷PC	141	奈良CC大野C	49
東京よみうりCC	143	トムソンCC	141		
東京湾CC	20				

- 196 -

奈良CC五條C	49	日清都CC	111	萩・石見CC	145
奈良国際GC	125	ニッソーCC	122	萩・石見CC萩国際大学C	145
習志野CCキング・クイーンC	17	ニドムクラシックC	83	白山ヴィレッジGC	84
習志野CC空港C	17	日本海CC	101	白鳳CC	117
奈良スポーツ振興CC	20	日本原CC	133	白竜湖CC	119
奈良の杜GC	20	日本ラインGC	34	函館大沼プリンスGC	127
奈良万葉CC	19	ニュー愛和大淀GC	68	函館シーサイドCC	32
奈良柳生CC	52	ニュー愛和宮崎GC	61	函館パークCC	96
奈良若草CC	119	ニュー軽米CC	84	箱根園G場	127
ナリ会津CC	58	ニューキャピタルGC	26	箱根くらかけG場	32
成田GC	19	ニューしのつG場	37	箱根湯の花G場	127
キャスコ花葉CナリタC	29	NSAJ	112	橋本CC	130、146
成田SCC	20	ニューセントラルGC	122	秦野CC	24
成田の森CC	24	ニュー南総GC	18	八幡平CC	37
成田東CC	20	ニューブラッサムガーデンC	74	ハッピーバレーGC	135
成田ヒルズCC	106	NEWユーアイGC	59	ハッピーバレーGC札幌	135
成田フェアフィールドGC	94	ニューワールドGC	24	初穂CC白沢高原C	131
鳴沢GC	85	丹生CC	73	花生CC	19
南国CC	130			花回廊GC	110
南山CC	142	【ぬ】		花咲CC	135
南総ヒルズGC	27	ヌーヴェルGC	127	HANAZONOG	64
南部富士CC	49	額田GC	134	花の木GC	24
		沼津GC	50	花の杜GC	19
【に】				花祭GC	119
新潟サンライズGC	94	【ね】		花吉野CC	126
新潟紫雲寺公園GC	137	根羽CC	134	埴生CC	121
新潟SCC出雲崎GC	20	NEMU GC	94	ハプナGC	127
新潟SCC三条GC	20	合歓の郷GC	94	浜島CC	126
西相生CC	68			浜田GL	119
西熱海GC	127	【の】		浜名湖頭脳公園	88
西熱海G場	127	ノーザンアークGC	61	早来CC	131
西茨城CC	20	ノーザンCC赤城G場	19	播磨CC	20
西神戸G場	144、146	ノーザンCC上毛G場	19	播磨自然高原船坂GC	102
西仙台CC	35	ノーザンCC錦ケ原G場	19	榛名の森CC	63
西那須野CC	93	ノースショアCC	146	ハワイプリンスGC	127
西日本CC	45	ノースショアCC北浦C	59	ハンターズクリークGC	81
西宮北GC	109	ノーブルウッドGC	137	半田GL	104
西宮六甲GC	25	野島LGC	29	阪奈CC	72
西脇CC	118	能勢CC	50	飯能くすの樹CC	24
21センチュリーC富岡C	34	野田市PG場けやきC	145	飯能パークCC	45
25那須Gガーデン	39	野田市PG場ひばりC	145	バークレイCC	103
25メンバーズC那須Gガーデン	39	能登CC	83	バイロンネルソンCC	79
25メンバーズC琵琶池C	32	能登GCロイヤルC	139	馬頭GC	90
二丈CC	20	延岡GC	78	播州CC	78
ニセコGC	65	登別CC	37	播州東洋GC	119
ニセコ東急GC	64	野母崎GC	55	パーシモンCC	23
ニセコ東山プリンスホテルG場	65			パームヒルズGR	17
ニセコヴィレッジGC	65	【は】		パールCC	114
日南串間GC	127	ハーモニーヒルズGC	24	スパ&GR久慈(久慈ガーデンGC)	88
日光霧降CC	102	ハイビスカスGC	134	パインズGC	88、132
		ハウステンボスCC	20		
		芳賀CC	52		

パインツリーGC	78	ビッグライザックCC	24	富士OGMエクセレントC一志温泉C	119
パインヒルズRCC	59	ビッグスギGC	51	富士OGMエクセレントC御嵩花トピアC	119
パインヒルズG	78	ヴィレッジ東軽井沢GC	20	富士OGMGC市原C	119
パサージュ琴海アイランドGC	94	琵琶池GC	32	富士OGMGC小野C	119
パシフィックブルーCC	57	琵琶湖大橋GC	97	富士OGMGC出島C	119
パシフィックブルーG&R国東	57	琵琶湖CC	116	藤岡GC	20
パルコール嬬恋GC	85	琵琶湖レークサイドGC	97	富士小山GC	125
【ひ】		びわの平GC	32	富士C明智GC明智G場	28
東我孫子CC	32	ヴィンテージGC	104	富士C明智GCかしおG場	28
東相模GC	124	ピークヒルGC	105	富士C明智GC荘川G場	28
東城陽GC	50	PGMGR沖縄	24	富士C明智GCひるかわG場	28
東宝塚GC	30	ピートダイGCVIPC	23	富士C市原C	119
東千葉CC	119	ピートダイGCロイヤルC	23	富士C大多喜城C	129
東名古屋CC	48	**【ふ】**		富士C笠間C	28
東ノ宮CC	50	500C	129	富士C可児C可児G場	28
東広島CC	24	富貴GC	23	富士C可児C美濃G場	28
東富士CC	95	風月CC	108	フジCC	42
肥後CC	59	フェニックスCC	106	富士C明智GC賑済寺G場	28
肥後サンバレーCC	59	フォートラングレーGC	40	富士C榊原温泉GC	103
日田国際GC	51	フォレスト旭川CC	32	富士C芝山C	129
日立高鈴GC	34	フォレスト市川GC	50	富士C塩河CC	80
日高CC	51	フォレストオークスCC	81	富士C出島C	119
羊ケ丘CC	71、122	フォレストCC	108	藤ケ谷CC	126
一庫レイクサイドCC	78	フォレストCC三井の森	94	富士川CC	134
ひととのやCC	119	フォレスト芸濃GC	21	富士クラシック	72
日の隈CC	55	フォレストGC	108	富士グリーンヒルGC	45
日野GC	133	フォレストヒルズG&R	98	富士高原GC	49
響の森CC	63	フォレスト三木GC	23	富士国際GC	95
氷見CC	138	フォレストみずなみCC	20	富士御殿場GC	33
姫路相生CC	68、90	富嶽CC	100	富士GC	131
日吉ハイランドC	51	フクイCC	17	富士桜CC	83
平尾CC	35	福井国際CC	56	藤代GC	18
枚方国際GC	23	福岡国際CC	26	富士スタジアムGC北C	83
平川CC	81	福岡スポーツ振興CCフェザントC	20	富士スタジアムGC南C	83
比良GC	119	福岡フェザントCC	20	富士チサンCC	23
平谷CC	134	福岡雷山GC	51	富士宮GC	50
平塚富士見CC	34	福岡レイクサイドCC	26	富士の杜GC	19
ヒルデールGC	73	福崎東洋GC	85	富士箱根CC	68、90
広島安佐GC	18	福島GC民報C	143	富士平原GC	51
広島CC西条C	145	袋田の滝CC大子C	112	富士ヘルス&CC	45
広島CC八本松C	145	伏尾GC	46	富士ヘルスCC	45
広島高原CC	90	富士エースGC	122	富士見ケ丘CC	104
広島紅葉CC	22、68、90、147	富士エクセレント小野C	119	富士見高原GC	145
広島国際GC	23	富士エクセレントC伊勢大鷲G場	119	富士屋ホテル仙石GC	126
広島佐伯CC	124	富士エクセレントC伊勢二見G場	119	富士レイクサイドCC	83
広島中央GC	18	富士エクセレントC一志温泉G場	119	藤原GC	19
広島東城CC	59	富士エクセレントC御嵩花トピアG場	119	扶桑CC	23
広島西CC	117	富士OGMエクセレントC伊勢大鷲C	119	船橋CC	83
備前GC	88	富士OGMエクセレントC伊勢二見C	119	芙蓉CC	113、123
				富良野GC	127

ゴルフ場名	頁	ゴルフ場名	頁	ゴルフ場名	頁
ブルーラインCC	134	北海道クラシックGC帯広	72	三重CC	126
ブナの嶺GC	37	北海道クラシックGC帯広C	72	三重中央CC	111
ブラッサムガーデンC	74	北海道GC	72	三重白山GC	84
ブリヂストンCC	113	H&R那須霞ケ城CC	96	三重フェニックス&RGC	84
ブリティッシュガーデンC	17	ホロンGC	79	ミオス菊川CC	115
プリンスランドGC	36	本郷CC	20	三日月CC	23
プレジデントCC	73	ボゥヴェールCC	19	三河CC	33
プレジデントCC軽井沢C	136	房州CC	17	三木700C	119
プレジデントCC神戸C	85	房総CC大上G場	28	三木の里CC	24
プレジデントCC山陽	49	房総CC房総G場	28	三木よかわCC	129
プレスCC	90	ボナリ高原GC	101	岬CC	20
プレステージCC	23	ポポスCC久慈川C	60	美里GC	135
プレディアG	49	ポイプベイRGC	139	美里ロイヤルGC	135
【へ】		**【ま】**		ミサワ瀬戸内GR	88
平成C鉢形城C	34	マーメイド福山GC	104	三島CC	20
平和観光J&PGC	119	舞鶴CC	52	三島GC	25
平和ローランドGC	110	マウナケアGC	127	三島SCC	20
ベイステージCC	115	前橋G場	144	美杉GC	99
別府扇山GC	60	マオイGR	37	水島GL	104、146
別府GC	24	牧野パークG場	30	みずなみCC	97
別府ニットーGC	20	マグレガーCC	122	瑞浪トーカイCC	20
別府の森GC	20	真駒内CC	71、122	瑞穂GC	121
ベニーCC	113	馬越GC	127	溝辺CC	110
ベレナG	31	マサリカップ東急GC	104	美岳CC	32
ベル・グリーンCC	110	益子CC	88	みちのく国際GC	126
ベルセルバCC市原C	77	マタイ山口GC	117	みちのく古都GC	134
ベルセルバCCさくらC	77	マダムJGC	122	ミッションバレーGC	35
ヴェルデ佐野CC	73	斑尾高原CC	125	ミッションヒルズCC	32
ベルナティオGC	136	斑尾東急GC	129	三井観光アイリスGC	143
ベルビーチGC	77	松井田妙義GC	32	三井観光苫小牧GC	143
ベルビュー長尾GC	54	松ケ峯CC	32	三井グリーンランドGC	102
ベルフラワーCC	110	松阪CC	126	三井の森軽井沢CC	94
ペニンシュラオーナーズGC	56	松島国際CC	52	三井の森蓼科GC	94
ペニンシュラGC湯郷C	108	松島チサンCC大郷C	23	水海道GC	80
		松島チサンCC松島・仙台C	23	水戸グリーンCC山方C	32
【ほ】		松名CC	88、132	水戸GC	20
ホアカレイCC	113	松山国際GC	23	水戸レイクスCC	42
法仙坊GC	117	松山ロイヤルGC	23	緑野CC	19
鳳鳴CC	110	真名子CC	122	皆川城CC	20
鳳来イーストヒルGC	37	丸の内C	23	美奈木GC	133
ホウライCC	93	丸増ノースヒルGC	85	水俣国際CC	69
法隆寺CC	23	万木城CC	34	南市原GC	18
北山CC	102	マンギラオGC	100	南九州CC伊集院C	136
北陸グリーンヒルGC	133	万壽GC	17	みなみ霧島CC	138
星の宮CC	130	真名CCゲーリー・プレーヤーC	88	南千葉GC	122
星野R メローウッドGC	84	真名CC真名C	88	南栃木GC	88
穂高CC	52	満濃CC	98	南箱根CC	68
北海道CC大沼C	127	満濃ヒルズCC	98	南富士CC	73
北海道CCプリンスC	127			南茂原CC	34
北海道クラシックGC	72	**【み】**		箕面GC	52

美濃CC	109	室生ロイヤルCC宝池・室生C	29	山口G&CC泉水原G場	117
美濃関CC	19			山口G&CC関門菊川G場	117
美浦GC	23	【め】		山口G&CC長門豊田湖G場	117
美作CC	112	名岐国際GC	30	山口レインボーヒルズ関門菊川GC	117
宮城蔵王CCロイヤルC	139	名松・GC	19	山口レインボーヒルズ泉水原GC	117
宮城野GC	17	名神八日市CC	53	山口レインボーヒルズ豊田湖GC	117
宮古CC	52	名神栗東CC	40	山代GC	137
都GC	79	名神竜王CC	48	山田GC	34
宮崎大淀CC	68、90	名阪チサンCC	23	ヤマトCC	39
宮崎CC	131	名阪ロイヤルGC	31	大和高原CC	20
宮崎国際空港CC	134	メイフラワーGC札幌	70	大和不動CC	117
宮崎国際GC	24	メイプルCC	68	山の原GC	17
宮崎GC	52	メイプルポイントGC	88	八女上陽GC	131
宮崎座論梅GC	131	メドウガーデンズGC	40	八幡CC	51
宮崎PG	131	メナード青山CC	115		
宮島CC	131	メナードCC青山C	115	【ゆ】	
宮島志和CC	131	メナードCC上石津C	115	ユーアイGC宗像	59
宮之城いやしの郷	57	メナードCC西濃C	115	UMKCC	143
宮の森CC	130	妻沼G場	144	ユーグリーン中津川GC	104
ミヤヒル36GC	35	女満別GC	127	湯ケ島GC&H菫苑	63
ミヤマキリシマCC	125	メローウッドGC	84	湯沢パークG場	73
妙義CC	20			湯田上CC	137
妙義SCC	20	【も】		湯田高原CC	134
妙見富士CC	85	モダンGCシーサイドC	45	ユニオンエースGC	61
妙高CC	48	望月東急GC	129	ユニ東武GC	130
妙高高原GC	99	盛岡ハイランドCC	37	ユニマット沖縄GC	29
三好CC	145	盛岡南GC	135	ユニマット山口GC	117
美和GC	50	森永高滝CC	115	湯の浦CC	19
民報C	143			湯布院CC	102
		【や】		湯村CC	85
【む】		矢板CC	97	湯本スプリングスCC	90
ムーンレイクGC市原C	23	やくらいGC	46		
ムーンレイクGC鞍手C	24	やさと国際GC	29	【よ】	
ムーンレイクGC鶴舞C	24	屋島CC	78	ヨーバ・リンダCC	103
ムーンレイクGC茂原C	25	八洲CC	134	羊蹄CC	71
武庫ノ台CC	101	ヤシロCC	23	養老CC	66
武蔵OGMGC	119	やしろ東条GC	18	吉川インターGC	45
武蔵CC笹井C	52	八街CC	117	吉川CC	129
武蔵CC豊岡C	52	八千代CC	140	吉川ロイヤルGC	31
武蔵丘GC	127	八千代GC	122	横浜CC	53
武蔵野GC	48	八尾CC	111	吉井CC	103
武蔵の杜CC	128	八ケ岳CC	112	吉井南陽台GC	32
武蔵富士CC	119	八代GC	131	吉見G場	144
武蔵松山CC	45	柳井CC	23	四日市の里GC	21
紫あやめ36	126	矢吹GC	57	四日市リバティーGC	97
紫CCあやめC	126	矢部GC	59	米子G場	146
紫CCすみれC	126	矢部サンバレーCC	59	ヨネックスCC	118
紫式部CC	75	山岡CC	26	ヨネックス寺泊CC	118
むらさき野CC	53	山形GC	53	米原CC	56
ムロウ36GC	29	山形SCC	20	米原GC	56
		山形南CC	20	米山水源CC	68、90

ゴルフ場名	ページ
よみうりCC	143
よみうりGウエストC	143
よみうりGC	143
寄居CC	20

【ら】
ライオンズCC	23
ラインヒルGC	80
ラ・コスタGC房州	17
ラビーム白浜GC	17
ラ・ヴィスタGR	18
ラフォーレ&松尾GC	87
ラフォーレ修善寺&CC	87

【り】
リージャスクレストGCグランド	55
リージャスクレストGCロイヤル	55
リゾナーレ小浜島CC	117
リッジスキャプリコーンインターナショナルRGC	126
リバーサイドフェニックスGC	99
リバーサカワGC	28
リバーヒルGC	81
リバー富士CC	79
リビエラCC	89
利府GC	25
竜王GC	127
竜神山CC	75
龍の舞ビッグスギGC	51
リレントCC烏山C	77
リレントCC早来C	77

【る】
ルート25GC	20
ルスツRG72いずみかわC	71
ルスツRG72ウッドC	71
ルスツRG72タワーC	71
ルスツRG72リバーC	71

【れ】
レークスワンCC	74
レークスワンCC美祢C	74
レーサムG&スパR	90
レイクウッド大多喜CC	34、123
レイクウッドGC	34
レイクウッドGCサンパーク明野C	34
レイクウッドGC富岡C	34
レイクウッド総成CC	34
レイクグリーンGC	34
レイク相模CC	34
レイクビューG	68
レイクフォレストGC	20
レイクフォレストR	20
レイクランズGC	104
レイクランドCC	100
レインボーCC	127
レインボースポーツランドGC	20
レオパレスRCC	70
レオマ高原GC	23
レンブラントGC御殿場	70

【ろ】
ローズウッドGC	119
ローズランドCC	37
ロータリーGC	119
ローマス・サンタフェCC	103
ローランドGC	110
ローレルバレイCC	23
ローレル日田CC	51
ロイヤルCC	107、110
ロイヤル・クニヤ・CC	105
ロイヤルクラシック洞爺	131
ロイヤルシップ札幌GC	71
ロイヤルスターGC	105
ロイヤルセンチュリーGC	97
ロイヤルメドウGC	115
ロイヤルメドウGスタジアム	115
ロックヒルGC	108
六甲CC	119
六甲国際北GC	54
六甲国際GC	54
六甲国際PC	54
六石GC	144
ロペC	105

【わ】
ワークジャパンGC札幌C	71
ワールドウッドGC	37
ワールドCC熊本C	23
ワールドレイクGC	34
ワイルドダックCC	20
若木GC	23
わかさCC	56
若洲GL	146
若宮GC	143
和木GC	94
和倉GC	78
鷲ケ岳高原GC	85
鷲羽GC	79
渡良瀬CC	130

ゴルフ特信・ゴルフ場企業グループ＆系列【付録】

都道府県	ゴルフ場名	H数	都道府県	ゴルフ場名	H数	都道府県	ゴルフ場名	H数
アコーディア・ゴルフ保有43コース			アコーディア・ゴルフ・アセット合同会社					
プラス運営受託3コース☆			90コース					
北海道☆	札幌リージェントGC新C・旧C	36H	北海道	大沼レイクGC	27H	愛知	キャッスルヒルCC	18H
北海道☆	札幌リージェントGCトムソンC	18H	北海道	樽前CC	27H	愛知	つくでGC	18H
宮城	宮城野GC	27H	山形	山形南CC	18H	岐阜	サンクラシックGC	18H
福島	小名浜オーシャンホテル&GC	18H	宮城	おおさとGC	18H	岐阜	新陽CC	18H
茨城	麻生CC	18H	宮城	花の杜GC	18H	岐阜	フォレストみずなみCC	18H
茨城	石岡GC	18H	茨城	石岡GCウエストC	18H	石川	金沢セントラルCC	18H
茨城	霞台CC	36H	茨城	セントラルGC	36H	三重	霞GC	18H
茨城	取手桜が丘GC	18H	茨城	セントラルGCNEWC	18H	三重	双鈴GC関C	18H
栃木	岩舟GC	18H	茨城	土浦CC	27H	三重	フォレスト芸濃GC	18H
栃木	関東国際CC	27H	茨城	水戸GC	36H	三重	藤原GC	27H
埼玉	おおむらさきGC	27H	茨城	ワイルドダックCC	18H	三重	名松・GC	18H
埼玉	さいたまGC	18H	栃木	大平台CC	27H	三重	四日市の里GC	18H
千葉	オーク・ヒルズCC	18H	栃木	喜連川CC	27H	三重	ルート25GC	18H
千葉	かずさCC	27H	栃木	広陵CC	27H	滋賀	大津CC西C	18H
千葉	グレンオークスCC	18H	栃木	皆川城CC	18H	滋賀	大津CC東C	27H
千葉	スカイウェイCC	18H	群馬	関越ハイランドGC	27H	滋賀	双鈴GC土山C	18H
千葉	習志野CCキング・クイーンC	36H	群馬	甘楽CC	18H	京都	亀岡GC	18H
千葉	習志野CC空港C	18H	群馬	ツインレイクスCC	18H	京都	加茂CC	36H
千葉	成田GC	18H	群馬	ノーザンCC赤城G場	27H	京都	協和GC	18H
千葉	ニュー南総GC	18H	群馬	ノーザンCC上毛G場	18H	京都	レイクフォレストR	45H
千葉	房州CC	18H	群馬	ヴィレッジ東軽井沢GC	18H	奈良	奈良の杜GC	18H
千葉	南市原GC	18H	群馬	藤岡GC	36H	奈良	大和高原CC	18H
千葉	ラ・ヴィスタGR	18H	群馬	緑野CC	18H	大阪	泉佐野CC	27H
東京	相武CC	18H	群馬	妙義CC	18H	大阪	きさいちCC	27H
山梨	大月ガーデンGC	18H	埼玉	こだま神川CC	18H	大阪	岬CC	18H
静岡	富士の杜GC	18H	埼玉	彩の森CC	18H	兵庫	愛宕原GC	27H
岐阜	美濃関CC	18H	埼玉	玉川CC	18H	兵庫	加西CC	18H
石川	石川GC	27H	埼玉	秩父国際CC	18H	兵庫	白鷺GC	18H
福井	フクイCC	27H	埼玉	ノーザンCC錦ケ原G場	43H	兵庫	播磨CC	18H
三重	鈴鹿の森GC	18H	埼玉	寄居CC	18H	広島	竹原CC	18H
京都	グランベール京都GC	36H	千葉	アクアラインGC	18H	広島	本郷CC	18H
奈良	奈良万葉CC	18H	千葉	鴨川CC	18H	山口	山陽国際GC	36H
奈良	万壽GC	18H	千葉	佐原CC	18H	福岡	セントラル福岡GC	18H
和歌山	ラビーム白浜GC	18H	千葉	千葉桜の里GC	18H	福岡	二丈CC	18H
大阪	堺CC	27H	千葉	東京湾CC	27H	福岡	福岡フェザントCC	18H
兵庫	猪名川グリーンCC	18H	千葉	成田東CC	18H+9H	長崎	佐世保国際CC三川内G場	18H
兵庫	猪名川国際CC	18H	千葉	花生CC	18H	長崎	長崎パークCC	18H
兵庫	神戸バインウッズGC	18H	神奈川	小田原GC松田C	18H	長崎	ハウステンボスCC	18H
兵庫☆	タカガワオーセントGC	18H	神奈川	大厚木CC桜C	18H	大分	天瀬温泉CC	18H
兵庫	東条パインバレーGC	18H	神奈川	大厚木CC本C	27H	大分	別府の森GC	27H
兵庫	やしろ東条GC	18H	新潟	大新潟CC出雲崎C	18H	熊本	菊池CC	18H
兵庫	山の原GC	36H	新潟	大新潟CC三条C	18H	宮崎	青島GC	18H
広島	広島安佐GC	18H	静岡	愛鷹600C	18H	宮崎	レインボースポーツランドGC	18H
福岡	かほGC	18H	静岡	伊豆国際CC	18H	鹿児島	湯の浦CC	18H
沖縄	ザ・サザンリンクス・GC	18H	静岡	十里木CC	18H			
沖縄	パームヒルズGR	18H	静岡	三島CC	18H			

都道府県	ゴルフ場名	H数	都道府県	ゴルフ場名	H数	都道府県	ゴルフ場名	H数
	平和・PGMグループ ／ プラス運営受託2コース☆							
北海道	桂GC	18H	千葉	アバイディングCGソサエティ	18H	兵庫	アークよかわGC	18H
北海道	グレート札幌CC	18H	千葉	イーグルレイクGC	18H	兵庫	神戸グランドヒルCC	18H
北海道	札幌北広島GC	54H	千葉	京CC	18H	兵庫	神有CC	18H
北海道	サンパーク札幌GC	27H	千葉	クリアビューGC&H	18H	兵庫	大宝塚GC	36H
北海道	新千歳CC	36H	千葉	総丘CC	18H	兵庫	フォレスト三木GC	18H
北海道	チサンCC銭函	18H	千葉	総武CC印旛C	18H	兵庫	三日月CC	18H
宮城	グレースリッジCC	18H	千葉	総武CC北C	9H	兵庫	ヤシロCC	18H
宮城	グレート仙台CC	18H	千葉	総武CC総武C	27H	兵庫	ライオンズCC	27H
宮城	仙台ヒルズGC	27H	千葉	千葉国際CC	45H	岡山	赤坂レイクサイドCC	18H
宮城	松島チサンCC大郷C	18H	千葉	長太郎CC	18H	岡山	岡山国際GC	18H
宮城	松島チサンCC松島・仙台C	36H	千葉	東京ベイサイドGC	18H	岡山	笠岡CC	18H
宮城	利府GC	18H	千葉	成田の森CC	18H	岡山	グレート岡山GC	18H
福島	パーシモンCC	27H	千葉	南総ヒルズGC	27H	岡山	たけべの森GC	18H
福島	ローレルバレイCC	27H	千葉	丸の内C	18H	広島	尾道GC	18H
茨城	阿見GC	18H	千葉	ムーンレイクGC市原C	18H	広島	東広島CC	36H
茨城	内原CC	18H	千葉	ムーンレイクGC鶴舞C	18H	広島☆	広島紅葉CC	27H
茨城	笠間CC	18H	千葉	ムーンレイクGC茂原C	18H	広島	広島国際GC	18H
茨城	鹿島の杜CC	18H	神奈川	伊勢原CC	18H	鳥取	大山アークCC	18H
茨城	霞ケ浦CC	18H	神奈川	大秦野CC	18H	山口	柳井CC	27H
茨城	勝田GC	18H	神奈川	東名厚木CC	27H	香川	琴平CC	27H
茨城	CC・ザ・レイクス	27H	神奈川	秦野CC	18H	徳島	レオマ高原GC	18H
茨城	グランドスラムCC	27H	新潟	中峰GC	18H	高知	土佐山田GC	18H
茨城	ザ・インペリアルCC	27H	長野	中央道晴ケ峰CC	18H	愛媛	宇和島CC	18H
茨城	ザ・GC竜ケ崎	18H	山梨	中央都留CC	18H	愛媛	チサンCC北条	18H
茨城	スプリングフィルズGC	18H	静岡	相良CC	18H	愛媛	松山国際GC	18H
茨城	セゴビアGC・イン・チヨダ	18H	静岡	富士チサンCC	27H	愛媛	松山ロイヤルGC	18H
茨城	玉造GC捻木C	18H	静岡	三木の里CC	18H	福岡	北九州CC	27H
茨城	玉造GC若海C	18H	静岡	三島GC	18H	福岡	皐月GC天拝C	18H
茨城	千代田CC	27H	愛知	新城CC	27H	福岡	皐月GC竜王C	18H
茨城	扶桑CC	27H	岐阜	笹平CC	18H	福岡	大博多CC	27H
茨城	美浦GC	18H	岐阜	多治見北GC	18H	福岡	チサンCC遠賀	27H
栃木	あさひケ丘CC	27H	岐阜	名古屋ヒルズGCローズC	18H	福岡	福岡国際CC	36H
栃木	エヴァンタイユGC	18H	岐阜	ニューキャピタルGC	18H	福岡	福岡レイクサイドCC	18H
栃木	大日向CC	27H	岐阜	花の木GC	18H	福岡	ムーンレイクGC鞍手C	27H
栃木	皐月GC鹿沼C	27H	岐阜	山岡CC	18H	佐賀	若木GC	18H
栃木	皐月GC佐野C	18H	三重	亀山GC	36H	長崎	チサンCC森山	27H
栃木☆	サンヒルズCC	36H	三重	名阪チサンCC	45H	大分	大分富士見CC	18H
栃木	千成GC	18H	滋賀	近江ヒルズGC	27H	大分	別府GC	36H
栃木	ハーモニーヒルズGC	18H	滋賀	滋賀GC	18H	熊本	チサンCC御船	18H
栃木	ビートダイGCVIPC	18H	京都	かさぎGC	18H	熊本	ワールドCC熊本C	18H
栃木	ビートダイGCロイヤルC	18H	奈良	木津川CC	27H	宮崎	宮崎国際GC	27H
栃木	プレステージCC	36H	奈良	法隆寺CC	18H	鹿児島	入来城山GC	18H
群馬	シルクCC	18H	和歌山	貴志川GC	18H	沖縄	PGMGR沖縄	27H
群馬	富岡CC	18H	大阪	茨木国際GC	27H			
埼玉	岡部チサンCC	36H	大阪	関西空港GC	18H			
埼玉	川越グリーンクロス	27H	大阪	岸和田CC	27H			
埼玉	KOSHIGAYAGC	18H	大阪	枚方国際GC	18H			
埼玉	飯能くすの樹CC	18H						
埼玉	富貴GC	18H						

発行　一季出版株式会社
〒111-0053　東京都台東区浅草橋1-9-13
☎03-3864-7821
定価　（本体5,000円＋税）
ISBN978-4-87265-200-0 C3034 ¥5000E